Juristische ExamensKlausuren

Springer
*Berlin
Heidelberg
New York
Hongkong
London
Mailand
Paris
Tokio*

Walter Gropp · Georg Küpper
Wolfgang Mitsch

Fallsammlung zum Strafrecht

Springer

Professor Dr. Walter Gropp
Justus-Liebig-Universität
FB Rechtswissenschaft
Licher Straße 76
35394 Gießen
walter.gropp@recht.uni-giessen.de

Professor Dr. Georg Küpper
Universität Potsdam
Juristische Fakultät
August-Bebel-Straße 89
14482 Potsdam
kuepper@rz.uni-potsdam.de

Professor Dr. Wolfgang Mitsch
Universität Potsdam
Juristische Fakultät
August-Bebel-Straße 89
14482 Potsdam
wmitsch@rz.uni-potsdam.de

ISBN 3-540-42484-9 Springer-Verlag Berlin Heidelberg New York

Bibliografische Information der Deutschen Bibliothek
Die Deutsche Bibliothek verzeichnet diese Publikation in der Deutschen Nationalbibliografie; detaillierte bibliografische Daten sind im Internet über <http://dnb.ddb.de> abrufbar.

Dieses Werk ist urheberrechtlich geschützt. Die dadurch begründeten Rechte, insbesondere die der Übersetzung, des Nachdrucks, des Vortrags, der Entnahme von Abbildungen und Tabellen, der Funksendung, der Mikroverfilmung oder der Vervielfältigung auf anderen Wegen und der Speicherung in Datenverarbeitungsanlagen, bleiben, auch bei nur auszugsweiser Verwertung, vorbehalten. Eine Vervielfältigung dieses Werkes oder von Teilen dieses Werkes ist auch im Einzelfall nur in den Grenzen der gesetzlichen Bestimmungen des Urheberrechtsgesetzes der Bundesrepublik Deutschland vom 9. September 1965 in der jeweils geltenden Fassung zulässig. Sie ist grundsätzlich vergütungspflichtig. Zuwiderhandlungen unterliegen den Strafbestimmungen des Urheberrechtsgesetzes.

Springer-Verlag Berlin Heidelberg New York
ein Unternehmen der BertelsmannSpringer Science+Business Media GmbH

http://www.springer.de

© Springer-Verlag Berlin Heidelberg 2003
Printed in Germany

Die Wiedergabe von Gebrauchsnamen, Handelsnamen, Warenbezeichnungen usw. in diesem Werk berechtigt auch ohne besondere Kennzeichnung nicht zu der Annahme, dass solche Namen im Sinne der Warenzeichen- und Markenschutz-Gesetzgebung als frei zu betrachten wären und daher von jedermann benutzt werden dürften.

Umschlaggestaltung: Erich Kirchner, Heidelberg

SPIN 10975732   64/3111-5 4 3 2 1 – Gedruckt auf säurefreiem Papier

Vorwort

Die vorliegende Fallsammlung ist eine Gemeinschaftsproduktion der Autoren, aus deren Federn Springer-Lehrbücher zum Strafrecht Allgemeiner Teil, Besonderer Teil I und Besonderer Teil II stammen. Dahinter steht die Überlegung, dass eine so konzipierte Fallsammlung eine ideale Ergänzung dieser Lehrbücher sein könnte. Jeder Ko-Autor ist daher für die Fälle verantwortlich, deren Schwerpunktthemen in dem strafrechtlichen Teilgebiet „seines" Lehrbuches verankert sind. Walter Gropp hat demgemäß in den Fällen 1 bis 6 Probleme aus dem Bereich des Allgemeinen Strafrechts konzentriert, Georg Küpper hat in den Mittelpunkt der Fälle 7 bis 12 examensrelevanten Stoff der Nichtvermögensdelikte gestellt und Wolfgang Mitsch hat in den Fällen 13 bis 18 die Vermögensdelikte akzentuiert. Auf diese Weise ist eine Sammlung von 18 Fällen entstanden, die den prüfungsrelevanten Stoff des gesamten materiellen Strafrechts annähernd vollständig abdeckt. Die Falltexte sind von den Ko-Autoren eigenständig und voneinander unabhängig verfaßt worden, so dass stilistische und strafrechtsdogmatische Individualitäten erhalten geblieben sind. Umfang und Schwierigkeitsgrad der Fälle entsprechen durchweg schweren Klausuraufgaben im ersten juristischen Staatsexamen.

Das Buch kann zum Klausurentraining wie zur intensiven Stoffrepetition gleichermaßen benutzt werden. Den höchsten Lerneffekt dürfte der Leser erzielen, wenn er zunächst versucht, die Fälle unter prüfungsähnlichen Bedingungen (5 Stunden Bearbeitungszeit, keine Hilfsmittel außer Gesetzestext) klausurmäßig zu lösen, danach die Musterlösung aufmerksam studiert und schließlich zu einzelnen Themen die entsprechenden Kapitel in dem zuständigen Springer-Lehrbuch nachliest. Bei der Einschätzung der eigenen Lösung darf man sich natürlich nicht durch die Fehlvorstellung frustrieren lassen, die Musterlösung spiegele das Leistungsniveau wider, das ein Student mindestens erreichen muß, um im Staatsexamen erfolgreich zu sein. Denn die Texte in diesem Buch sind naturgemäß nicht unter prüfungsähnlichen Bedingungen entstanden.

Die Autoren danken Frau Brigitte Reschke vom Springer-Verlag für die gute Betreuung und angenehme Zusammenarbeit. Für vielfältige und wertvolle Unterstützung bedanken sich die Autoren bei ihren Lehrstuhlmitarbeitern Anja Fehr (Betreuung der Fälle 3, 4), Pierre Hauck (Betreuung der Fälle 1, 5) und Dr. Arndt Sinn (Betreuung des Falles 2) in Gießen, Antje Kroß (Betreuung der Fälle 8, 9), René Börner (Betreuung der Fälle 10,11), Kathleen Bornmann, Dr. Christian Fisch, Luise Gründel, Anne König, Sandra Stahlschmidt, Beatrix Suffa, Anja Uhlig und Christian Ullrich in Potsdam.

Gießen, Potsdam, im Oktober 2002   Die Autoren

Inhaltsverzeichnis

Fall 1: Die gefährdete Kunstsammlung 1
Mittäterschaft - Versuch - Versuchsbeginn bei sog. „Scheinmittäterschaft" - Tataufgabe durch Tatbeteiligte vor Versuchsbeginn bzw. vor Tatvollendung - Versuch der Beteiligung - Rücktritt vom Versuch - fehlgeschlagener Versuch - Vermögensdelikte - Hausfriedensbruch - Körperverletzungsdelikte

Fall 2: Die verweigerte Bluttransfusion 25
Unterlassungsdelikt - Garantenstellung - Rechtfertigender Notstand - Verbotsirrtum - Abgrenzung von dolus eventualis und fahrlässigem Verhalten

Fall 3: Fehlende Hilfsbereitschaft mit Folgen 47
Unterlassungsdelikt - Notwehr - Rechtfertigender Notstand - zivilrechtliche Rechtfertigungsgründe - Abgrenzung zwischen Tun und Unterlassen bei Rettungshandlungen - vorsätzliche actio libera in causa - Fehlen des subjektiven Rechtfertigungselements - Notwehrexzess

Fall 4: Die unglückliche Jagdgesellschaft 73
Handlungsbegriff - Rechtfertigender Notstand - Entschuldigender Notstand - Übergesetzlicher entschuldigender Notstand - Irrtümer des Tatvorderen (error in persona vel in obiecto und aberratio ictus) - Mittelbare Täterschaft - Internationales Strafrecht

Fall 5: Ein unachtsamer Bauarbeiter und ein gewissenloser Chef ... 93
Fahrlässigkeitsdelikt: objektiver und individueller Sorgfaltsmaßstab, Sorgfaltsmaßstab bei Sonderwissen, Pflichtwidrigkeitszusammenhang, Risikoerhöhung, Vertrauensgrundsatz, Schutzzweck der Norm, Zurechnungsverlagerung auf Dritte - Abgrenzung: eigenverantwortliche Selbstgefährdung und einverständliche Fremdgefährdung - übergesetzliche Entschuldigung wegen Unzumutbarkeit sorgfaltsgemäßen Handelns - Grundsatz „in dubio pro reo"

Fall 6: Der „grundlose" Hilferuf 115
Notwehr gegen Handlungen im unvermeidbaren Erlaubnistatbestandsirrtum - Notstand - Verbotsirrtum - Körperverletzung - Totschlag - Beteiligung an einer Schlägerei

Fall 7: Der lebensmüde Onkel 133
Mittelbare Täterschaft in Zwei-Personen-Verhältnissen - Auslegung des Merkmals der Heimtücke - Habgier bei der Ersparnis von Aufwendun-

gen - Verhältnis § 216 StGB zu §§ 212, 211 StGB -Verhältnis § 216 StGB zu §§ 223, 224, 226 StGB - Strafbarkeit des Teilnehmers im Hinblick auf §§ 216 und 211 StGB

Fall 8: Neptun geht baden. 151
Beleidigung eines Kollektivs - Beleidigung eines einzelnen unter einer Kollektivbezeichnung - Wasser als gefährliches Werkzeug - Versetzen in eine hilflose Lage bei bloßer Zustandsveränderung - ein von mehreren verübter Angriff - Dauer der Freiheitsberaubung

Fall 9: Die geschwätzige Kaffeerunde 169
Falschheit der Aussage - Fahrlässigkeitsvorwurf bei fest eingewurzeltem Erinnerungsbild - Rechtfertigung / Entschuldigung falscher Aussagen - Zumutbarkeitsklausel bei § 35 Abs. 1 StGB - Aussagenotstand - Berichtigung falscher Aussagen - Teilnahme und Täterschaft im Rahmen der Aussagedelikte

Fall 10: Zuviel Papier im Revier. 189
„Aufrücken" der Fotokopie zum Original – Fotokopie als Urkunde und technische Aufzeichnung - Gebrauch mittels Fotokopie - tätige Reue - Gesamturkunde - Verfälschen durch den Aussteller - zusammengesetzte Urkunde - vereitelter Strafanspruch und Urkundenunterdrückung

Fall 11: Die feurige Galeristin. 203
Wochenendhaus als Wohnung - schwere Gesundheitsschädigung - Ermöglichungsabsicht bei § 306 b II Nr. 2 StGB - „Retterfälle" - Versicherungsmissbrauch - Hindernisbereiten durch Verkehrsteilnehmer - Gefährdungsvorsatz - Gewaltbegriff - Verwerflichkeit im Straßenverkehr

Fall 12: Staatsanwalt mit Schulden 221
Urkundenfälschung mit eigenem Namen - Zahlung einer Geldstrafe - Strafvereitelung im Amt - Rechtsbeugung durch Staatsanwalt - Bestechung und Bestechlichkeit - Falschverdächtigung und Selbstbegünstigung

Fall 13: Mobilitätsprobleme 233
Eigentumsbeeinträchtigung durch Wegnahme, Zueignung und Beschädigung - Beeinträchtigung der Benutzbarkeit von Sachen als Gewalt - Vermögensschaden bei Erpressung - Einverständnis und Einwilligung bei Diebstahl, Unterschlagung und Hausfriedensbruch - Strafbarkeit des „Schwarzfahrens"

Fall 14: Essen auf Rädern 251
Vollendung und Beendigung - sukzessive Mittäterschaft - sukzessive Beihilfe - Unfall im Straßenverkehr - Begriff des „gefährlichen Werk-

zeugs" - Wiederholbarkeit der Zueignung - Drittzueignung - Zusammenhang zwischen Nötigung und Wegnahme beim Raub - Betroffensein auf frischer Tat - Abgrenzung von Vortat-Beihilfe und Begünstigung - Teilnahme des Vortäters an der Begünstigung - Sich-Verschaffen einer gestohlenen Sache

Fall 15: Drahtseilakt 269
Eigentumsverletzungsvorsatz und Gebrauchsrechtsverletzungsvorsatz - Autofalle als Unfall im Straßenverkehr - Erpresserischer Menschenraub und Geiselnahme im Zweipersonenverhältnis - Rechtswidrigkeit der Nötigung - Vermögensschaden bei Erpressung - Derivativer Erwerb bei Hehlerei und Geldwäsche - Drittnützige Pfandkehr - Ausnutzung der besonderen Verhältnisse des Straßenverkehrs

Fall 16: Makler mit Makeln 285
Error in persona - Fehlgeschlagener Versuch und Rücktritt - Bestimmung eines generell Tatentschlossenen - Wohnungseinbruchsdiebstahl - Zueignungstheorien - Dreiecksbetrug - Vermögensschaden durch Verlust illegalen Besitzes - Vermögensgefährdung als Vermögensschaden - Vermögensbetreuungspflicht

Fall 17: Sauberes Geld 305
Tatbestandsausschließendes Einverständnis - Subjektives Rechtfertigungselement - Wegnahme - Wertsummentheorie - Strafzumessungsregelbeispiele - Ersatzhehlerei - Vortäter als Täter des Anschlussdelikts - Dreiecksbetrug - Vermögensschaden beim Betrug

Fall 18: Goldesel 325
Omissio libera in causa - Strafrechtliche Organ- und Vertreterhaftung - Mißbrauch der Verfügungsbefugnis - Vermögensbetreuungspflicht - Probleme des Vorenthaltens von Sozialabgaben - Delikte gegen Gläubigerinteressen

Literaturverzeichnis 343

Sachverzeichnis 347

Fall 1

Die gefährdete Kunstsammlung

Mittäterschaft - Versuch - Versuchsbeginn bei sog. „Scheinmittäterschaft" - Tataufgabe durch Tatbeteiligte vor Versuchsbeginn bzw. vor Tatvollendung - Versuch der Beteiligung - Rücktritt vom Versuch - fehlgeschlagener Versuch - Vermögensdelikte - Hausfriedensbruch - Körperverletzungsdelikte

A und B planen wieder einmal den großen Coup. Nachdem ihre jahrelangen Bemühungen auf dem Sektor des Wohnungseinbruchsdiebstahls nur gelegentlichen Erfolg erbrachten, wollen die zwei dem reichen Geschäftsmann G in dessen Villa einen unangemeldeten Besuch abstatten und dabei die wertvolle Kunstsammlung (Wert: 500.000 €) entwenden.

Um sich die Tatausführung zu erleichtern, soll die Haushälterin F, die nach Angaben des A seine gute Bekannte ist, die Kunstsammlung transportfertig im Eingangsbereich hinter der Haustüre abstellen und die Haustüre öffnen. Zum Zeichen „reiner Luft" würde F auch das stets verschlossene Tor zum Vorgarten der Villa öffnen. Die F sei in den Plan von A eingeweiht und auch von dem Erlös der erwarteten Beute solle sie 50.000 € erhalten. F weiß von diesem Plan jedoch nichts, auch die Bekanntschaft mit A ist von diesem frei erfunden. Tatsächlich hat A lediglich in Erfahrung gebracht, dass F an diesem Morgen die Kunstsammlung für einen Transport zu einer Ausstellung nach Weisung des G in den Eingangsbereich stellen und die Haustüre öffnen würde. Weil die Sammlung um 8.30 Uhr abgeholt werden wird, wurde F von G beauftragt, auch das Vorgartentor zu öffnen.

Eine Absprache zwischen A und B sieht vor, dass A mit B in das Gebäude gehen, C, ein Freund der beiden, mit dem Pkw A und B zum Tatort bringen und in dem Wagen fluchtbereit vor der Villa warten soll. A und B würden großkalibrige Revolver mitführen, um für „Eventualitäten" gerüstet zu sein. Denn üblicherweise befinden sich auch andere Angestellte des G im Eingangsbereich des Hauses. C erklärt sich hinsichtlich der gesamten Planung einverstanden, wobei auch er von der Einweihung der F ausgeht. Der Erlös für die Beute soll, nach Abzug der 50.000 € für F, unter A und B gleich verteilt werden. C erhält nichts.

Am besagten Morgen hat C indes Skrupel. Er hatte in der Zeitung vom in Kraft getretenen 6. StrRG gelesen und erfahren, dass der Gesetzgeber durch eine „Strafrahmenharmonisierung" Vermögensdelikte insgesamt stärker unter Strafe gestellt hat. Mit dem Entschluss, A und B noch von dem Vorhaben abzubringen, fährt er mit diesen zur Villa des G.

Um 8.00 Uhr kommen A, B und C vor der Villa an. B hilft dem A abredegemäß noch beim Aussteigen und bei dem Laden der Waffe. Dann sehen die drei die F, als sie die Haustüre und das Vorgartentor öffnet. Im Hintergrund ist die Kunstsammlung in Kartons verpackt zu erkennen. Für den B ist klar, dass die Tatausführung durch das Handeln der „Mittäterin" F in diesem Moment bereits begonnen hat. Gerade jetzt bekommt aber auch er ein schlechtes Gewissen und läuft heimlich davon. C, der den A noch immer umstimmen will, bleibt tatenlos und wie gelähmt im Wagen sitzen.

Als A durch die Tür in den Eingangsbereich der Villa gelangt, erkennt er sofort, dass es ihm alleine unmöglich ist, die Kunstsammlung mitzunehmen. Er dreht sich hilfesuchend um und bemerkt, dass B verschwunden ist. Zufällig entdeckt er jetzt Bargeld i.H.v. 10.000 €, das offen auf einem Schrank liegt. Gerade als A die Geldscheine ergreifen will, wird er von F überrascht. Als diese sich ihm in den Weg stellt, zieht er sofort seinen Revolver, schießt auf F und verletzt sie schwer. Mit dem Geld verlässt A das Haus. C, der den Schuss gehört hat, gibt Gas und flüchtet ebenfalls unerkannt.

Wie haben sich A, B und C nach dem StGB strafbar gemacht?

Erforderliche Strafanträge sind gestellt.

Lösung

A. Strafbarkeit von A und B in Bezug auf die 10.000 €[1]

I. Schwerer Raub, §§ 249 I, 250 II Nr. 1

A hat sich möglicherweise eines schweren Raubes gemäß §§ 249 I, 250 II dadurch schuldig gemacht, dass er die 10.000 € an sich nahm und flüchtete, nachdem er die F anschoss.

1. Tatbestandsmäßigkeit

a) Objektiv

Dazu müsste zunächst der objektive Tatbestand der §§ 249 I, 250 II verwirklicht worden sein.

---

[1] Aufbauhinweis: Im Folgenden wird mit der Prüfung der von A vollendeten Delikte (bzgl. der 10.000 €) und anschließend der etwaigen Beteiligung des B hieran begonnen. Sodann werden die Versuchsdelikte (bzgl. der Kunstsammlung) geprüft. Ein chronologischer Prüfungsaufbau ist ebenfalls denkbar.

aa) (1) Zunächst müsste A die F gemäß § 249 I genötigt haben. Erforderlich ist Gewalt gegen eine Person oder die Drohung mit einer gegenwärtigen Gefahr für Leib oder Leben zur Erreichung eines Zwangs. Durch das Anschießen der F mit dem großkalibrigen Revolver hat A womöglich Personengewalt zum Nachteil der F ausgeübt. Darunter ist jede physisch vermittelte Zwangswirkung gegenüber einer natürlichen Person zu verstehen, die eine gewisse Erheblichkeit im Grad der körperbezogenen Einwirkung erreicht.[2] Hier hat A in Form der vis absoluta durch die Schussabgabe und die dadurch bedingte Einwirkung auf F eine Zwangswirkung physischer Art erreicht. F konnte A nicht an dem Entwenden der 10.000 € hindern. Folglich hat A einen Zwangserfolg bewirkt. „Gewalt gegen eine Person" gemäß § 249 I liegt also vor.

(2) Diese Zwangsanwendung müsste gemäß § 249 I die Wegnahme einer fremden beweglichen Sache ermöglicht haben. Den bestehenden Gewahrsam des G an den 10.000 €, einer für A fremden beweglichen Sache, hat A durch die Mitnahme aus dem Haus gebrochen und zeitgleich neuen tätereigenen Gewahrsam begründet. Folglich hat A die 10.000 € auch weggenommen.

(3) Ferner müsste zwischen dem Zwangsmittel und der Wegnahme eine spezifische Verbindung bestehen, die es ermöglicht, nicht jedes Zusammentreffen von Zwangsanwendung und Wegnahme als Raubtat erscheinen zu lassen.[3] Nach einer Meinung[4] soll diese Verbindung dadurch erreicht werden, dass der Täter Gewalt oder Drohung einsetzt, um die Wegnahme auszuführen. Ein solcher Finalzusammenhang liegt vorliegend bei dem Handeln des A vor. Eine andere Ansicht[5] fordert weitergehend eine kausale Verknüpfung zwischen Gewalt/Drohung und Wegnahme. Der Einsatz der vis absoluta war auch ursächlich dafür, dass A die 10.000 € wegnehmen konnte. Damit ist vorliegend nach allen Ansichten die spezifische Verknüpfung zwischen dem Zwangsmittel des A und der Wegnahme gegeben.

(4) Im Ergebnis hat A damit den Grundtatbestand des § 249 I verwirklicht.

bb) A könnte auch Qualifikationstatbestände gemäß § 250 II verwirklicht haben.

(1) Zunächst kommt die Qualifikation des § 250 II Nr. 1 in Betracht. Voraussetzung ist das Verwenden einer Waffe bei der Raubtat. Als Waffe gilt gemäß § 250 II Nr. 1 jede Waffe im technischen Sinne, also auch die Schusswaffe (§ 1 I WaffG).[6] Der großkalibrige Revolver ist damit Waffe gemäß § 250 II Nr. 1. Verwendet hat der Täter die Waffe, wenn er sie bei der Raubtat zur Nötigung einsetzt.[7] Der Einsatz muss über das bloße Mitführen hinausgehen, ein Schießen ist bei Schusswaffen nicht einmal erforderlich.[8] Hier hat A auf F geschossen. Die

---

[2] *Mitsch*, BT II/1, § 3 Rn. 17.
[3] *Mitsch*, BT II/1, § 3 Rn. 36.
[4] Vgl. BGH, NStZ 1982, 380 und *Mitsch*, BT II/1, § 3 Rn. 37 mwN.
[5] Vgl. nur NK-*Kindhäuser*, § 249 Rn. 29; *Wolter*, NStZ 1985, 245 (248); *Seelmann*, JuS 1986, 201 (203 f.) und die Nachweise bei *Schönke/Schröder/Eser*, § 249 Rn. 7.
[6] *Tröndle/Fischer*, § 250 Rn. 7a i.V.m. § 244 Rn. 3.
[7] BGHSt 45, 92 (94 ff.); BGH, NStZ 1999, 301 f.; *Tröndle/Fischer*, § 250 Rn. 7a.
[8] *Tröndle/Fischer*, § 250 Rn. 7a.

Schussabgabe ist selbst Zwangshandlung. Folglich hat A gemäß § 250 II Nr. 1 eine Waffe bei der Raubtat verwendet.

(2) Weiterhin könnte die Tat des A gemäß § 250 II Nr. 2 qualifiziert sein. Voraussetzung ist das Bei-sich-Führen einer Waffe im Fall des § 250 I Nr. 2. Dass A bei der Raubtat gemäß § 249 I eine Waffe gemäß §§ 250 I Nr. 1 1. Alt., 250 II Nr. 1 1. Alt. bei sich führt, wurde soeben unter (1) durch das Bejahen eines über das bloße Bei-sich-Führen hinausgehende Verwenden der Waffe festgestellt. Fraglich ist, ob A, B und C eine „Bande" iSd Vorschrift sind, als deren Mitglied A den Raub begangen haben müsste.

Welche Anforderungen an den Bandenbegriff zu stellen sind, ist jedoch umstritten.

(a) Nach älterer Rspr.[9] und Teilen der Literatur[10] ist eine Bande der Zusammenschluss von mindestens zwei Personen zur fortgesetzten Begehung von Diebstahl oder Raub.

Danach erfüllen bereits die seit längerem zusammen agierenden A und B die quantitative Anforderung dieser Ansicht an den Bandenbegriff, ohne dass es auf C überhaupt ankäme.

Auch erfüllen A und B durch ihre längjährigen Bemühungen auf dem Sektor des Wohungseinbruchdiebstahls das Erfordernis der fortgesetzten Begehung von Diebstahl oder Raub.

Allerdings ist es fraglich, ob A vorliegend unter Mitwirkung eines anderen Bandenmitglieds handelte, denn B half A lediglich beim Aussteigen und beim Laden der Waffe. Nachdem zu dieser Zeit für das Rechtsgut des Eigentums des G an den 10.000 € keine unmittelbare Gefährdung bestand und selbst aus Sicht der Beteiligten für den Beginn der Tatausführung noch mehrere wesentliche Zwischenschritte erforderlich waren, stellen diese o.g. Hilfestellungen des B Handlungen der Tatvorbereitung dar. Ob eine solch frühe und mit einiger Entfernung zum eigentlichen Tatort stattfindende Mitwirkung für die Verwirklichung des § 250 II Nr. 2 ausreicht, ist innerhalb dieser Ansicht wiederum umstritten.

Einerseits wird es für ausreichend erachtet, wenn das weitere Bandenmitglied im Vorbereitungsstadium der Tat mitwirkt.[11] Danach wäre durch das Handeln des B vorliegend der Qualifikationstatbestand des § 250 II Nr. 2 erfüllt. Andere[12] halten es für erforderlich, dass das weitere Bandenmitglied in engem zeitlich-räumlichen Zusammenspiel mit dem anderen direkt am Tatort agiert; nur so sei die spezifische Gefährlichkeit des Handelns in einer Bande als dynamischer Gruppe gegeben. Nach dieser Ansicht genügt die Mitwirkungshandlung des B im Stadium

---

[9] BGHSt 23, 239 f.; BGH, JR 1970, 388 f.; BGH, StV 1984, 245.
[10] *Krey*, BT 2 (12. Aufl.), Rn. 137 (anders jetzt *Krey/Hellmann*, BT 2, Rn. 137 a); *Maurach-Schroeder-Maiwald*, BT 1, § 33 Rn. 123.
[11] *Joerden*, StV 1985, 329 f.; *Jakobs*, JR 1985, 342 f.
[12] BGHSt 33, 50 (52); *Mitsch*, BT II/1, § 1 Rn. 257; LK-*Ruß*, § 244 Rn. 13.

der Tatvorbereitung nicht zur Qualifikation der Raubtat des A gemäß § 250 II Nr. 2. Womöglich kann an dieser Stelle aber auf eine Streitentscheidung hinsichtlich der beiden Ansichten zur Qualität des Handelns des weiteren Bandenmitglieds verzichtet werden, wenn schon das gemeinsame quantitative Erfordernis des Handelns zweier Personen abzulehnen ist.

(b) In der Tat hat der BGH[13] für den Bandenbegriff in einer neueren Entscheidung - ebenso wie schon länger Teile der Literatur[14] - quantitativ nur einen Zusammenschluss von drei Personen zur Tatausführung ausreichen lassen, wobei qualitativ an die Tatausführung nur noch die Anforderung gestellt wird, dass ein Mitglied der Bande als Täter und ein weiteres Mitglied in irgendeiner Weise bei Diebstahl oder Raub zusammenwirken.

Danach erfüllen A, B und C zwar in quantitativer Hinsicht den Begriff der Bande. Gleichwohl muss gemäß § 250 I Nr. 2 Gegenstand dieser Verbindung von drei Personen aber die fortgesetzte Begehung von Diebstahl oder Raub sein. C hat mit den früheren Taten von A und B jedoch nichts zu tun und durch seine einmalige Mitwirkung kann von einer Vereinbarung zur Begehung mehrerer selbständiger, im Einzelnen noch ungewisser Taten keine Rede sein. Nach dieser Meinung ist die Qualifikation des § 250 II Nr. 2 mithin nicht verwirklicht.

(c) Die erstgenannte Ansicht argumentiert zwar mit der engen Bindung, die die Mitglieder einer Bande für die Zukunft eingehen, die einen ständigen Anreiz zur Fortsetzung bildet und die auch bei nur zwei Bandenmitgliedern bestehen könne.[15] Jedoch ist nicht von der Hand zu weisen, dass eine Willensbildung als gruppendynamischer Prozess erst innerhalb einer größeren Gruppe entsteht und erst so eine solche Gefährlichkeit der Bande gegeben ist, welche die in §§ 244, 244a, 250 angedrohte hohe Strafe rechtfertigen kann.[16] Hinzu kommt, dass die Rechtspraxis bei der Annahme einer Bande als Verbindung von nur zwei Personen sich vor der Schwierigkeit sieht, bei alltäglichen Zweierbeziehungen in Lebensgemeinschaften u.ä. zusätzliche Kriterien wie ein übergeordnetes Bandeninteresse, das Bestehen gewisser organisatorischer Strukturen usw. zu fordern.[17] Gerade hierdurch werden die Bandendelikte aber in die Nähe des Organisationsdelikts der kriminellen Vereinigung des § 129 StGB gerückt, obwohl sie keine Organisationsdelikte sind.[18] All dem lässt sich entgehen, wenn man für die Bande eine Verbindung von mindestens drei Personen fordert.

---

[13] BGHSt 46, 321 (328 f./333 ff.) = BGH GSSt 1/00 Urt. v. 22.3.2001.
[14] SK-*Hoyer*, § 244 Rn. 30 f.; *Mitsch*, BT II/1, § 1 Rn. 254; *Tröndle/Fischer*, § 244 Rn. 19 f.
[15] BGHSt 23, 239 (240).
[16] *Erb*, NStZ 1999, 187 f.; *Endriß*, StV 1999, 445 ff.; *Mitsch*, BT II/1, § 1 Rn. 254; *Otto*, StV 2000, 313 ff.; *Engländer*, JZ 2000, 630 ff.; *Hohmann*, NStZ 2000, 258 f.; *Schmitz*, NStZ 2000, 477 f.
[17] BGHSt 42, 255 (257 ff.); BGH, NStZ 1997, 90 f.; BGH, NStZ 1998, 255 f. mit Anm. *Körner*, 256 f.
[18] BGHSt 46, 321 (327).

Folglich stellen A, B und C keine Bande gemäß § 250 I Nr. 2 dar. Damit ist die Tat des A nicht gemäß § 250 II Nr. 2 als bewaffneter Bandenraub zu qualifizieren.

(3) Für eine Qualifikation gemäß § 250 II Nr. 3 a bestehen allein durch die Herbeiführung einer schweren Schussverletzung, ohne dass F erhebliche Schmerzen hinnehmen musste, keine hinreichenden Anhaltspunkte.[19]

(4) Ebenso fehlt es bei F an einer konkreten Lebensgefahr, sodass auch keine Qualifikation gemäß § 250 II Nr. 3 b vorliegt.[20]

(5) Neben dem Grunddelikt des § 249 I hat A auch den Qualifikationstatbestand des § 250 II Nr. 1 verwirklicht, als er auf F schoss und dann die 10.000 € mitnahm.

b) Subjektiv

A handelte in Kenntnis der objektiven Tatumstände der §§ 249 I, 250 II Nr. 1 und er wollte deren Verwirklichung. Mithin handelt A vorsätzlich. Auch der Finalzusammenhang zwischen Nötigung und Wegnahme liegt in der Vorstellung des A vor. Zugleich handelte A mit der Absicht rechtswidriger Zueignung gemäß § 249 I. A hat den subjektiven Tatbestand verwirklicht.

2. Rechtswidrigkeit und Schuldhaftigkeit

A handelte auch rechtswidrig und schuldhaft.

3. Ergebnis

Somit hat sich A des schweren Raubes gemäß §§ 249 I, 250 II Nr. 1 dadurch schuldig gemacht, dass er auf F schoss und daraufhin die 10.000 € mitnahm.

II. Schwerer Raub in Mittäterschaft, §§ 249 I, 250 II Nr. 1, 25 II

B hat sich möglicherweise eines schweren Raubes in Mittäterschaft gemäß §§ 249 I, 250 II Nr. 1, 3 a, b, 25 II dadurch schuldig gemacht, dass A auf die F schoss und so die 10.000 € entwenden konnte.

1. Tatbestandsmäßigkeit

Erste Voraussetzung für eine Mittäterschaft an der Raubtat des A ist die Tätertauglichkeit des B zu einer Tat gemäß §§ 249 I, 250 II Nr. 1. § 249 I erfordert insbesondere das Vorliegen der Absicht rechtswidriger Zueignung. In dem Moment der Nötigung der F bzw. der Wegnahme des Geldes durch A, war B davon gelaufen und hatte innerlich von einem wie auch immer gearteten Vermögensdelikt Ab-

---

[19] Zu den Voraussetzungen: *Schönke/Schröder/Eser*, § 250 Rn. 33.
[20] Zu den Voraussetzungen: *Schönke/Schröder/Eser*, § 250 Rn. 34.

stand genommen; er hat also keine Zueignungsabsicht mehr. Wegen des geltenden Koinzidenzprinzips fehlt B die Täterqualität zu §§ 249 I, 250 II Nr. 1;[21] B ist daher kein tauglicher Täter eines Raubes.

2. Ergebnis

Folglich hat B sich nicht gemäß §§ 249 I, 250 II Nr. 1, 3 a, b, 25 II eines schweren Raubes in Mittäterschaft schuldig gemacht, als A unter Einsatz der Waffe die 10.000 € entwendete.

III. Beihilfe zum schweren Raub, §§ 249 I, 250 II Nr. 1, 27

B hat sich aber möglicherweise einer Beihilfe zum Raub gemäß §§ 249 I, 250 II Nr. 1, 27 dadurch schuldig gemacht, dass er dem A beim Aussteigen und Laden der Waffe half, worauf dieser im Haus F anschoss und die 10.000 € mitnahm.

1. Tatbestandsmäßigkeit

a) Objektiv

aa) Eine vorsätzliche rechtswidrige Haupttat des A liegt gemäß §§ 249 I, 250 II Nr. 1 vor.

bb) Weitere Voraussetzung der Beihilfe ist eine Gehilfenhandlung, also die Förderung der Haupttat (§ 27 I). Durch das Laden der Waffe hat B eine Handlung vollzogen, die nicht hinweggedacht werden kann, ohne dass die Haupttat des A entfiele. Damit erbringt B einen kausalen Gehilfenbeitrag zur vollendeten Tat des A. Somit kann dahingestellt sein, ob die Kausalität der Gehilfenhandlung notwendige Bedingung der Beihilfestrafbarkeit ist;[22] denn jedenfalls das Laden der Waffe erfüllt diese Voraussetzung.

b) Subjektiv („Doppelter Gehilfenvorsatz")

aa) B handelte bzgl. seiner Gehilfenhandlung mit Vorsatz.

bb) Sodann müsste B vorsätzlich in Bezug auf die Haupttat des A gehandelt haben. Dies erscheint fraglich, denn B hatte im Zeitpunkt seiner Hilfeleistung und danach keine genaue Kenntnis von den Vorgängen innerhalb der Villa. Für den Gehilfenvorsatz zur Haupttat ist eine exakte Kenntnis des Haupttatvorganges einschließlich seiner rechtlichen Qualifikation allerdings nicht erforderlich. Es genügt, wenn sich der Gehilfenvorsatz auf eine bestimmte, nach ihrem wesentlichen

---

[21] Vgl. das Beispiel bei *Gropp*, AT, § 10 Rn. 86.
[22] Zum Streitstand *Gropp*, AT, § 10 Rn. 145-149.

Unrechtsgehalt und ihrer Angriffsrichtung umrissene Tat bezieht.[23] Ferner muss die Tat die Erfordernisse einer vorsätzlichen und rechtswidrigen Tat erfüllen, sie muss nach der Vorstellung des Gehilfen vollendet und nicht nur versucht werden.[24]

A, B und C hatten die Vorstellung von einem Geschehen, bei dem A und B aus der Villa des G die Kunstsammlung entwenden und Revolver zur Sicherung mitführen würden. Für den Fall der Gegenwehr sollten die Waffen auch eingesetzt werden. Damit entschlossen sich A und B für diese Wendung des Geschehens zu einer Raubtat (§ 249 I). Weil die lebenssachverhaltliche Grundlage für diese Raubtat auf einer sog. bewusst unsicheren Tatsachengrundlage beruht, handeln A, B und der eingeweihte C mit Raubvorsatz. Lediglich die Frage, ob dieser Entschluss tatsächlich betätigt wird, bleibt objektiven Umständen überlassen, die sich dem Einfluss des Täters entziehen.[25] Die tatsächlich vollendete Raubtat richtete sich zwar nicht auf die Kunstsammlung, sondern auf die 10.000 €. Damit wird der Unrechtsgehalt der geplanten Tat jedoch nicht erhöht und auch die Angriffsrichtung bezieht sich nach wie vor auf Vermögen des G iwS. Die „Dimension des Unrechts der ins Auge gefassten Tat"[26] war B damit bekannt; als B dem A mit der Waffe das entscheidende Tatmittel an die Hand gibt,[27] hatte er folglich Vorsatz hinsichtlich der Haupttat des A im maßgeblichen Zeitpunkt seiner Hilfeleistung.

cc) Dieser Vorsatz ist auch nicht deshalb entfallen, weil B nach dem Erbringen der Hilfeleistung innerlich von der weiteren Tatausführung durch A Abstand nahm und davonlief. Die Rücktrittsregelung des § 24 II 2 2. Alt. wird nur dann analog angewandt, wenn ein Tatbeteiligter von der Tatausführung vor Versuchsbeginn Abstand nimmt, die Haupttat lediglich in das Versuchsstadium gelangt ist und ohne das Zutun des betreffenden Tatbeteiligten nicht zur Vollendung gelangt.[28] Vorliegend wurde die Haupttat des A gemäß §§ 249 I, 250 II Nr. 1 vollendet. Eine ausnahmsweise Anwendung der Rücktrittsregeln für den Tatbeteiligtenrückzug durch B kommt nicht in Betracht.

2. Rechtswidrigkeit und Schuldhaftigkeit

B handelte rechtswidrig und schuldhaft.

---

[23] *Lackner/Kühl*, § 27 Rn. 7; weiter nunmehr BGHSt 42, 135 (138 f.) in Gefolgschaft von Teilen der Literatur, zitiert bei *Gropp*, AT, § 10 Rn. 150 und BGHSt, aaO.
[24] *Lackner/Kühl*, § 27 Rn. 7.
[25] *Baumann/Weber/Mitsch*, AT, § 20 Rn. 14; BGHSt 12, 306 (309 f.).
[26] *Roxin*, JZ 1986, 908 f.
[27] So argumentiert BGHSt 42, 135 (138) im sog. „Edelstein-Fall".
[28] SK-*Rudolphi*, § 24 Rn. 37 mwN.

3. Ergebnis

B hat sich daher gemäß §§ 249 I, 250 II Nr. 1, 27 der Beihilfe zum schweren Raub schuldig gemacht, als er A beim Laden der Waffe und beim Aussteigen half, worauf dieser im Haus F anschoss und die 10.000 € mitnahm.

IV. Gefährliche Körperverletzung, §§ 223, 224 I Nr. 2, Nr. 3, Nr. 4, Nr. 5

A hat sich möglicherweise einer gefährlichen Körperverletzung gemäß §§ 223 I, 224 I Nr. 2, Nr. 3, Nr. 4, Nr. 5 schuldig gemacht, als er mit dem großkalibrigen Revolver auf F schoss.

1. Tatbestandsmäßigkeit

a) Objektiv

aa) Durch das Anschießen der F hat A diese übel und unangemessen behandelt, sodass ihre körperliche Unversehrtheit nicht lediglich unerheblich beeinträchtigt ist. Auch wurde durch die Schussverletzung ein pathologischer Zustand, mithin eine Gesundheitsschädigung bewirkt. Folglich hat A die F körperlich misshandelt und an der Gesundheit geschädigt, sodass der Grundtatbestand des § 223 I vorliegt.

bb) Die Tat des A könnte gemäß § 224 I qualifiziert sein.

(1) A verwendet zur Verwirklichung des Grunddelikts gemäß § 223 I eine Waffe im technischen Sinne.[29] Folglich ist die Körperverletzung objektiv gemäß § 224 I Nr. 2 qualifiziert.

(2) In Betracht kommt die Qualifikation gemäß § 224 I Nr. 3. Ein hinterlistiger Überfall ist jedes planmäßige, auf die Verdeckung der wahren Absichten berechnete Vorgehen, um hierdurch dem Gegner die Abwehr des unerwarteten Angriffs zu erschweren.[30] Das hier gegebene bloße Ausnutzen eines Überraschungsmoments erfüllt diese Anforderungen indes nicht.

(3) Auch eine gemeinschaftliche Tatbegehung gemäß § 224 I Nr. 4 liegt nicht vor. Die Voraussetzung, dass zwei Tatbeteiligte am Tatort räumlich anwesend sind,[31] um nach der ratio des § 224 I Nr. 4 die Körperverletzung wegen der spezifischen Gefährlichkeit zu qualifizieren, die durch die zusätzliche Handlungs- und Eingriffsmöglichkeit weiterer, am Tatort anwesender Personen entsteht,[32] wird durch den sich entfernenden B und den in Unkenntnis der Sachlage im Wagen sitzenden C nicht erfüllt.

---

[29] Siehe Gutachten oben unter A. I. 1. a) bb) (1) = S. 3f.
[30] *Lackner/Kühl*, § 224 Rn. 6.
[31] *Lackner/Kühl*, § 224 Rn. 7.
[32] *Schönke/Schröder/Stree*, § 224 Rn. 11.

(4) Schließlich könnte A die Tat mittels einer das Leben gefährdenden Behandlung, § 224 I Nr. 5, begangen haben. Voraussetzung dafür ist mindestens[33], dass die Körperverletzungshandlung - abstrakt - dazu geeignet ist, das Leben des Opfers zu gefährden.[34] Bei dem von A auf F abgegebenen Schuss aus dem großkalibrigen Revolver handelt es sich um eine Handlung, die bei F sogar schwere Verletzungen hervorgerufen hat. Somit wurde das Leben der F nicht nur abstrakt, sondern konkret gefährdet. Folglich ist der Qualifikationstatbestand des § 224 I Nr. 5 objektiv gegeben.

b) Subjektiv

Bezüglich des Grunddelikts und der Qualifikationen handelt A jeweils willentlich und in Kenntnis aller objektiven Tatumstände. Somit weist A Vorsatz auf und der subjektive Tatbestand ist gegeben.

2. Rechtswidrigkeit und Schuldhaftigkeit

A handelte auch rechtswidrig und schuldhaft.

3. Ergebnis

Somit hat sich A gemäß §§ 223 I, 224 I Nr. 2, Nr. 5 der gefährlichen Körperverletzung schuldig gemacht, als er die F mit dem großkalibrigen Revolver anschoss.

V. Gefährliche Körperverletzung in Mittäterschaft, §§ 223, 224 I Nr. 2, Nr. 5, 25 II

B hat sich möglicherweise einer gefährlichen Körperverletzung in Mittäterschaft gemäß §§ 223 I, 224 I Nr. 2, Nr. 5, 25 II schuldig gemacht, als er dem A beim Laden der Waffe und beim Aussteigen aus dem Pkw half, woraufhin A in das Haus des G ging und F anschoss.

1. Tatbestandsmäßigkeit

a) Keine vollständige eigene Verwirklichung des Tatbestandes

Vorliegend hat B den Tatbestand gemäß §§ 223 I, 224 I Nr. 2, 5 nicht selbst verwirklicht.

---

[33] Strenger freilich Teile der Literatur, die eine konkrete Gefährdung fordern: NK-*Paeffgen*, § 224 Rn. 27; *Schönke/Schröder/Stree*, § 224 Rn. 12 mwN.
[34] So die Rspr. Vgl. nur BGHSt 2, 160 (163); BGH, NStZ-RR 1997, 67.

b) Zurechnung der Tatbeiträge des A zu B

Möglicherweise sind dem B die Tatbeiträge des A jedoch gemäß § 25 II zuzurechnen.

aa) Voraussetzung ist zunächst ein Tatplan zwischen A und B, der auf die gemeinschaftliche Begehung einer gefährlichen Körperverletzung gerichtet ist. Wie oben gezeigt,[35] hatten A und B einen gemeinschaftlichen Tatentschluss zur gemeinschaftlichen Raubbegehung auf unsicherer Tatsachengrundlage. Dabei sollte die Schusswaffe als Nötigungsmittel eingesetzt werden. Das Abfeuern der Waffe durch A stellt auch keinen sog. Mittäterexzess dar, der in der Überschreitung des gemeinschaftlichen Tatentschlusses zu sehen wäre.[36] Der Exzess ist nämlich bei unwesentlichen Abweichungen, d.h. solchen, mit denen nach den gewöhnlichen Umständen zu rechnen ist oder bei denen die verabredete Tatausführung nur durch eine in ihrer Schwere und Gefährlichkeit gleichwertige ersetzt wird, zu verneinen.[37] Folglich war das Handeln des A beim Anschießen der F und der Wegnahme der 10.000 € von dem mit B verabredeten Tatplan erfasst. Ein Tatplan, der die gefährliche Körperverletzung der F gemäß §§ 223 I, 224 I Nr. 2, 5 beinhaltet, liegt daher vor.

bb) Für eine mittäterschaftliche Zurechnung der Tat des A gemäß §§ 223 I, 224 I Nr. 2, 5 ist gemäß § 25 II ein eigener Tatbeitrag des B erforderlich. Vorliegend war B nicht vor Ort, als A auf die F schoss. Als Tatbeitrag kommt nur das Helfen beim Laden der Waffe und beim Aussteigen in Betracht. Dieser Tatbeitrag des B ist jedoch nur von geringem Gewicht und er liegt zeitlich im Stadium der Tatvorbereitung. Damit ist es fraglich, ob ein solcher Tatbeitrag als mittäterschaftlicher Tatbeitrag ausreicht.

Einige Vertreter[38] der Tatherrschaftslehre scheiden Tatbeiträge im Vorbereitungsstadium, also solche, die nicht in engem zeitlich-örtlichen Zusammenhang mit der Tatausführung erbracht werden, für die Mittäterschaft aus. Damit erbringt B keinen mittäterschaftlichen Tatbeitrag.

Andere[39] fordern für eine tatherrschaftliche Stellung bei der Mittäterschaft, dass der Beteiligte im Rahmen des arbeitsteiligen Zusammenwirkens den Tatablauf wesentlich mitgestaltet und durch seine hieraus resultierende gewichtige Funktion den tatbestandlichen Geschehensablauf insgesamt steuernd in seinen Händen hält. B erbringt Hilfeleistungen im Bereich der Tatvorbereitung. Diese zeitlich dem eigentlichen Tatgeschehen vorgelagerte Mitwirkungshandlung kann für eine Mittäterschaft nur ausreichen, wenn B aus anderen Gründen eine gewichtige Stellung im Tatganzen erwächst. Ohne die geladene Waffe hätte A die F aber dennoch bedrohen können und auf den weiteren Ablauf der Tatausführung hat B keinen Ein-

---

[35] Vgl. Gutachten oben unter A. III. 1. b) bb) = S. 8.
[36] Zu dieser Voraussetzung *Lackner/Kühl*, § 25 Rn. 17.
[37] *Lackner/Kühl*, § 25 Rn. 17.
[38] Bspw. *Roxin*, TuT, S. 292 ff./687 ff.; *ders.* in LK, § 25 Rn. 181.
[39] *Gropp*, AT, § 10 Rn. 84; *Lackner/Kühl*, § 25 Rn. 11.

fluss. Die für die Raubtat wesentliche Zwangshandlung wäre damit ebenso zu erbringen. B wirkt durch seine Mitwirkungshandlung damit nicht steuernd auf den Geschehensablauf ein. Auch wird sein geringfügiger Tatbeitrag nicht durch eine entsprechend gewichtigere Stellung bei der Tatplanung ausgeglichen. B hat daher nach keiner Einzelansicht Tatherrschaft.

Zum selben Ergebnis gelangt die Rspr., die zwar zusätzlich auf den erwarteten Beuteerlös i.H.v. 225.000 € als Täterschaftsindiz abstellen würde, aber bei einer wertenden Gesamtschau die fehlende Tatherrschaft und den ganz geringfügigen Tatbeitrag als ausschlaggebend für die Verneinung der Täterschaft ansehen müsste.[40]

Damit erbringt B keinen eigenen täterschaftlichen Tatbeitrag zur Verwirklichung der §§ 223 I, 224 I Nr. 2, 5.

2. Ergebnis

B hat sich nicht gemäß §§ 223 I, 224 I Nr. 2, 5, 25 II der gemeinschaftlichen gefährlichen Körperverletzung schuldig gemacht, als er A beim Laden der Waffe und beim Aussteigen half.

VI. Beihilfe zur gefährlichen Körperverletzung, §§ 223 I, 224 I Nr. 2, 5, 27

B hat sich aber möglicherweise einer Beihilfe zur gefährlichen Körperverletzung gemäß §§ 223 I, 224 I Nr. 2, 5, 27 durch dieselbe Handlung schuldig gemacht.

1. Tatbestandsmäßigkeit

Die vorsätzliche rechtswidrige Haupttat des A gem. §§ 223 I, 224 I Nr. 2, 5 hat B durch seine Handlung gefördert. Dabei war zumindest das Laden der Waffe auch ursächlich für die Haupttat. B handelt auch mit Vorsatz im Bezug auf seine Hilfeleistung. Fraglich ist allein, ob der Vorsatz des B zur Haupttat des A entfallen ist, weil B nach seiner Hilfe davonläuft und von einer weiteren Mitwirkungshandlung Abstand nimmt. Wie oben gezeigt[41], ist eine Analogie zur Rücktrittsregel des § 24 II 2. Alt. bei einem Wirksamwerden des Gehilfenbeitrags bei der Tatvollendung nicht möglich. Damit handelt B insgesamt vorsätzlich und tatbestandsgemäß.

2. Ergebnis

B ist wegen der Beihilfe zur gefährlichen Körperverletzung gem. §§ 223 I, 224 I Nr. 2, 5, 27 strafbar.

---

[40] Zur Täterlehre der Rspr. *Kühl*, AT, § 20 Rn. 31 sowie LK-*Roxin*, § 25 Rn. 14-29.
[41] Siehe Gutachten oben unter A. III. 1. b) cc) = S. 8.

VII. Hausfriedensbruch, § 123 I 1. Alt.

Indem A in die Villa des G als einer Wohnung iSd Vorschrift ohne bzw. gegen den Willen des G als Hausrechtsinhaber eingedrungen ist, hat er den objektiven Tatbestand verwirklicht. Dabei handelte A auch vorsätzlich, rechtswidrig und schuldhaft und ist somit gemäß § 123 I 1. Alt. wegen Hausfriedensbruchs strafbar.

VIII. Hausfriedensbruch in Mittäterschaft, §§ 123 I 1. Alt., 25 II

B hat sich möglicherweise des Hausfriedensbruchs in Mittäterschaft gemäß §§ 123 I 1. Alt., 25 II schuldig gemacht, als A abredegemäß in das Haus des G ging, um zu stehlen.

1. Tatbestandsmäßigkeit

a) Keine vollständige eigene Verwirklichung des Tatbestandes

B hat den Tatbestand des § 123 I 1. Alt. nicht selbst verwirklicht. Ihm ist das tatbestandsmäßige Verhalten des A gem. § 25 II möglicherweise zuzurechnen.

b) Zurechnung des Tatbeitrags des A zu B

aa) Ein gemeinsamer Tatplan zwischen A und B, der das widerrechtliche Betreten der Villa durch A und B vorsieht, liegt vor.

bb) B selbst hat die Villa des G nicht betreten. Möglich erscheint es aufgrund des gemeinschaftlichen Tatplans, dem B das Verhalten des A zuzurechnen. Dann müsste B aber einen eigenen Tatbeitrag erbracht haben, der entweder allein oder durch Hinzunahme weiterer Faktoren zur Bejahung einer die Tat des A mitbeherrschenden Stellung des B führt. Wie bereits oben gezeigt[42], ist dies nicht der Fall. Damit entfällt eine Mittäterschaft des B bereits aus objektiver Sicht.

2. Ergebnis

B ist daher nicht eines mittäterschaftlichen Hausfriedensbruchs gemäß §§ 123 I 1. Alt., 25 II schuldig.

---

[42] Siehe Gutachten oben unter A. V. 1. b) bb) = S. 11 f.

IX. Beihilfe zum Hausfriedensbruch, §§ 123 I 1. Alt., 27

Aus derselben Handlung ist B indes einer Beihilfe zum Hausfriedensbruch gemäß §§ 123 I 1. Alt., 27 schuldig.[43]

B. Strafbarkeit von A und B in Bezug auf die Kunstsammlung

I. Versuchter schwerer Raub in Mittäterschaft, §§ 249 I, 250 II Nr. 1, 22, 23 I, 12 I, 25 II

B hat sich möglicherweise eines versuchten schweren Raubes in Mittäterschaft gemäß §§ 249 I, 250 II Nr. 1, 22, 23 I, 12 I, 25 II schuldig gemacht, als er neben dem Auto wartete, während F Haustüre und Vorgartentor öffnete.

1. Vorprüfung

a) Versuchsstrafbarkeit

Der Versuch des schweren Raubes ist gemäß §§ 249 I, 250 II Nr. 1, 12 I, 23 I mit Strafe bedroht.

b) Nichtvollendung

Die Kunstsammlung wurde von A und B nicht entwendet, es kam vielmehr nur zu einem Raub durch A an den 10.000 €. Folglich ist die Tat gemäß §§ 249 I, 250 II Nr. 1 hinsichtlich der Kunstgegenstände nicht vollendet.

2. Tatentschluss des B

B müsste Tatentschluss, gerichtet auf den schweren Raub der Kunstsammlung unter Mitwirkung der F als „Mittäterin" aufweisen.

Wie bereits oben[44] gezeigt, richtete sich der Tatplan zwischen A und B und damit auch der einzelne Tatentschluss des B auf einen schweren Raub gemäß §§ 249 I, 250 II Nr. 1 an der Kunstsammlung. Hinsichtlich der Wegnahme der Kunstsammlung als fremder beweglicher Sache geht B zwar davon aus, dass der Gewahrsamsbruch bereits durch das Handeln der Komplizin F eingeleitet, aber nicht

---

[43] Eine Analogie zu § 24 II 2 kommt wiederum nicht in Betracht, weil der Gehilfenbeitrag sich bereits im Rahmen der Tatvollendung auswirkte. Vgl. Gutachten oben unter A. III. 1. b) cc) = S. 8.

[44] Unter A. III. 1. b) bb) = S. 7 f.

bereits vollendet wird. B stellt sich damit aber immer noch eine Situation vor, bei der eine Gewahrsamsverschiebung durch Gewahrsamsbruch stattfindet.[45]

Für eine Zurechnung des Handelns der F müsste B auch Tatentschluss bzgl. der Erbringung ihres Tatbeitrages in der Eigenschaft als Mittäterin haben. B hat die Vorstellung, dass mit dem Handeln der F (Öffnen von Vorgartentor und Haustüre) eine gleichberechtigte Partnerin handeln würde, die auch wie eine Mittäterin am Beuteerlös beteiligt ist. Der gutgläubige B geht demnach von einem Tatplan zum schweren Raub der Kunstsammlung unter Einbezug der F als Mittäterin aus.

Ferner weist B im Moment des Handelns der F die gemäß § 249 I erforderliche Absicht rechtswidriger Zueignung auf. Folglich hat B Tatentschluss zu einem schweren Raub an der Kunstsammlung gemäß §§ 249 I, 250 II Nr. 1 bei Beteiligung der F als Mittäterin.

3. Unmittelbares Ansetzen

Objektiv ist erforderlich, dass die möglichen Mittäter auf Grundlage des festgestellten Tatentschlusses unmittelbar zur Tatausführung angesetzt haben, § 22.

Es wirft Probleme auf, dass weder A noch B nach der gemischt subjektiv-objektiven Theorie unmittelbar das Rechtsgut Eigentum des G an der Kunstsammlung gefährdeten,[46] als diese tatenlos neben dem Wagen warteten und F die Tore öffnete. Ein unmittelbares Ansetzen kann danach nur in dem Verhalten der F gesehen werden. Wie soeben gezeigt, erfüllt das Handeln der F tatsächlich die Kriterien der objektiv-subjektiven Theorie für den Versuchsbeginn, wenn man sie – wie B es tut - als „Täterin" betrachtet. Ob das Verhalten einer Person, die nur aufgrund der irrigen Annahme eines anderen als Mittäter anzusehen ist, ein unmittelbares Ansetzen mit Wirkung für diesen irrenden Mittäter nach der sog. Gesamtlösung[47] bewirken kann, wird nicht einheitlich beantwortet.

a) Generell ablehnende Ansicht

Nach einer Ansicht[48] kann das Handeln eines Mittäters, der nachträglich den Tatplan aufgibt oder bereits von Anfang an nicht tatsächlich, sondern nur in der irrigen Vorstellung eines anderen Tatbeteiligten Mittäter war, einem anderen Tatbeteiligten nicht zugerechnet werden, ein mittäterschaftlicher Versuch scheide aus.

Hiernach liegt kein unmittelbares Ansetzen durch F mit Wirkung für B vor.

---

[45] Diese Feststellung ist wichtig. In der Vorstellung des B könnte F nämlich den Gewahrsamsbruch selbst vollziehen, womit Tatvollendung einherginge. Freilich könnte aus Sicht des B das Handeln der F keine Vermögensverfügung gemäß § 263 I darstellen.
[46] Zu den Voraussetzungen des unmittelbaren Ansetzens nach hM insoweit *Gropp*, AT, § 9 Rn. 36.
[47] Dazu *Gropp*, AT, § 10 Rn. 91 mwN; zur abweichenden Einzellösung *Schönke/Schröder/Eser*, § 22 Rn. 55.
[48] *Schönke/Schröder/Eser*, § 22 Rn. 55a mwN.

b) Generell befürwortende Sichtweise

Nach anderer Meinung[49] ist Basis der objektiven Zurechnung des Handelns eines vermeintlichen oder Schein-Mittäters die subjektive Vorstellung desjenigen, dem dieses Handeln zugerechnet werden soll. Geht dieser vom Vorliegen der Voraussetzungen der Mittäterschaft bei der handelnden Person irrig aus, so liegt ein für ihn wirkendes unmittelbares Ansetzen vor.

Danach ist ein unmittelbares Ansetzen durch das Handeln der F mit Wirkung für B (Gesamtlösung) gegeben.

c) Ansicht des 4. Strafsenats des BGH

In einem Fall wie dem vorliegenden, bei dem eine mittäterschaftliche Stellung einer Person von Anfang an nicht bestand, deren Handeln aber gleichwohl für eine Zurechnung zu einem anderen (gutgläubigen) Tatbeteiligten ausreichen soll, hat der 4. Strafsenat[50] des BGH die Möglichkeit eines (untauglichen) Versuchs anerkannt.

Hiernach wäre ein unmittelbares Ansetzen der F mit Wirkung für B möglich.

d) Streitentscheidung und Ergebnis

Die eine Zurechnung generell ablehnende Ansicht stützt sich in ihrer Argumentation maßgeblich auf den Strafgrund des Versuchs, der nicht in der objektiven Manifestation einer rechtsfeindlichen Gesinnung, sondern in der Herbeiführung eines rechtserschütternden Eindrucks in der Allgemeinheit liege. Wolle man in den Fällen der Scheinmittäterschaft eine Zurechnung zulassen, so würde jedoch nur eine böse Gesinnung des irrenden Tatbeteiligten bestraft.[51] Mit der subjektiv-objektiven Ansicht zum Versuchsbeginn ist davon auszugehen, dass die Grundlage einer objektiven Zurechnung beim Versuchsdelikt stets die subjektive Vorstellung desjenigen bildet, dem die objektive Handlung zugerechnet werden soll (§ 22).[52] Wenn auch diese Vorstellung bei B nicht den Tatsachen entspricht, so ist sie doch Grundlage für die rechtliche Beurteilung seiner Tat.[53] Die ablehnende Ansicht berücksichtigt indes nicht die Gleichwertigkeit subjektiver und objektiver Versuchselemente, wenn sie eine mittäterschaftliche Zurechnung ablehnt. In den Fällen der Scheinmittäterschaft folgt auf das neutrale ungefährliche Handeln des Scheinmittäters regelmäßig ein Rechtsgutsangriff durch die anderen Tatbeteiligten. Dieser lässt sich mit den Regeln des Versuchs aber nicht mehr erfassen und ahnden, wenn es - wie im Fall des nachträglichen Wegfalls der Mittäterschaftsvoraussetzungen -

---

[49] *Gropp*, AT, § 10 Rn. 91 ff.
[50] BGHSt 40, 299 (303 f.) = BGH 4 StR 173/94 Urt. v. 25.10.1994 = sog. „Münzhändler-Fall".
[51] *Schönke/Schröder/Eser*, § 22 Rn. 55a.
[52] *Gropp*, AT, § 10 Rn. 91a.
[53] *Gropp*, AT, § 10 Rn. 91a.

zu einem völligen Scheitern der weiteren Tatausführung kommt. Der nähere Grund für eine Versuchsstrafbarkeit in diesen Fällen ist aber die objektive Gefährlichkeit, die dem unverhinderten Fortgang des Tatgeschehens innewohnt. Damit wird der zweiten Ansicht gefolgt. Das unmittelbare Ansetzen der F wirkt nach der Gesamtlösung vorliegend als Versuchsbeginn des B.

4. Rechtswidrigkeit und Schuldhaftigkeit

B handelte rechtswidrig und schuldhaft.

5. Rücktritt vom Versuch gemäß § 24 II 2 durch die Tataufgabe des B

B könnte jedoch strafbefreiend gemäß § 24 II 2 vom Versuch des Diebstahls im besonders schweren Fall zurückgetreten sein. Fraglich ist, ob sein Davonlaufen, begleitet von der inneren Abstandnahme von der Tat, den Anforderungen entspricht, die § 24 II an die Rücktrittshandlung stellt. Die Tat ist hier gemäß § 24 II 2 ohne das Zutun des B nicht vollendet worden. Durch das schlichte Weglaufen hat B kein ernsthaftes Bemühen gezeigt, die Tatvollendung zu verhindern. Folglich liegt kein strafbefreiender Rücktritt vom Versuch gemäß § 24 II 2 vor.

6. Ergebnis

B hat sich daher gemäß §§ 249 I, 250 II Nr. 1, 22, 23 I, 12 I, 25 II des versuchten schweren Raubes in Mittäterschaft schuldig gemacht, als er neben dem Auto wartete, während F Vorgartentor und Haustüre öffnete.[54]

II. Versuchter schwerer Raub in Mittäterschaft, §§ 249 I, 250 II Nr. 1, 22, 23 I, 12 I, 25 II

A hat sich möglicherweise ebenfalls eines versuchten schweren Raubes gemäß §§ 249 I, 250 II Nr. 1, 22, 23 I, 12 I, 25 II schuldig gemacht, als er neben dem Auto wartete, während F Haustüre und Vorgartentor öffnete.

1. Vorprüfung

Die Tat ist nicht vollendet und gemäß §§ 249 I, 250 II Nr. 1, 12 I, 23 I im Versuch strafbar.

---

[54] Falls ein unmittelbares Ansetzen durch F's Handeln abgelehnt wird, ist eine Versuchsstrafbarkeit des B durch die Vorbereitungshandlung des Ladens der Waffe und dem Helfen beim Aussteigen des A aus dem Wagen zu problematisieren; falls man Vorbereitungshandlungen (mit Blick auf die Bandenproblematik) als Ausführungshandlungen der Mittäterschaft für ausreichend erachtet, muss die Frage gestellt werden, ob A durch das Laufen in das Haus des G mit Wirkung für B (Gesamtlösung) unmittelbar zur Tat (Wegnahme der Kunstsammlung) ansetzt. Wird auch dies bejaht (trotz des inzwischen abweichenden Entschlusses des A), ist der Rücktritt von diesem Versuch durch B durch das Weglaufen zu verneinen (§ 24 II 2).

2. Tatentschluss

Erforderlich ist zunächst ein Tatentschluss des A, der auf den schweren Raub der Kunstsammlung unter Beteiligung der F als „Mittäterin" gerichtet ist. A weiß jedoch, dass F nicht als Mittäterin, sondern als unbeteiligte Dritte die Haustüre und das Vorgartentor der Villa öffnen wird; somit ist A hinsichtlich der Rolle der F im Tatgeschehen bösgläubig. Damit fehlt B der Tatentschluss zur Begehung eines schweren Raubes unter Einbezug der F.

3. Ergebnis

A hat sich daher nicht gemäß §§ 249 I, 250 II Nr. 1, 22, 23 I, 12 I, 25 II eines versuchten schweren Raubes in Mittäterschaft dadurch schuldig gemacht, dass er neben dem Pkw wartete, während F Haustüre und Vorgartentor öffnete.

III. Versuchter schwerer Raub in Mittäterschaft, §§ 249 I, 250 II Nr. 1, 22, 23 I, 12 I, 25 II

A könnte gemäß §§ 249 I, 250 II Nr. 1, 22, 23 I, 12 I, 25 II aber deshalb eines versuchten schweren Raubes schuldig sein, weil er die Villa des G betrat, um die Kunstsammlung zu entwenden.

1. Vorprüfung

Die Tat ist nicht vollendet und gemäß §§ 249 I, 250 II Nr. 1, 12 I, 23 I im Versuch strafbar.

2. Tatentschluss

A muss Tatentschluss aufweisen. Anders als bei B, weiß A indes, dass F nicht als Mittäterin handelt, wenn sie die Kunstsammlung zum Abtransport in das Museum in den Eingangsbereich des Hauses stellt und die Türen öffnet. Fraglich ist, ob diese Öffnung des Machtbereichs für bestimmte Dritte bereits die Qualität eines die Wegnahme ausschließenden „Gebens" der Sache hat.[55] F hat A und B durch dieses Handeln aber keine Gewahrsamsposition an der Sammlung verschafft. A hat daher Tatbestandsvorsatz zur Wegnahme der Kunstsammlung und daher insgesamt zu einem schweren Raub.

Ferner weist A die gemäß § 249 I erforderliche Absicht rechtswidriger Zueignung im Tatmoment auf, womit insgesamt Tatentschluss des A gegeben ist.

---

[55] Zum kontradiktorischen Verhältnis von Geben und Nehmen beim Diebstahl: *Mitsch*, BT II/1, § 1 Rn. 78 ff.

Fall 1: Die gefährdete Kunstsammlung

3. Unmittelbares Ansetzen

A müsste zur Tatbestandsverwirklichung unmittelbar angesetzt haben (§ 22). Als A durch das Passieren von Vorgartentor und Haustüre die Villa betrat, war nach seiner Vorstellung zwar nicht bereits der Versuchsbeginn durch das Handeln der F, aber ein eigenes unmittelbares Ansetzen zur Tatbestandsverwirklichung gegeben.

4. Rechtswidrigkeit und Schuldhaftigkeit

A handelte rechtswidrig und schuldhaft.

5. Rücktritt vom Versuch gemäß § 24 I 1

Möglicherweise ist A aber gemäß § 24 I 1 strafbefreiend vom Versuch zurückgetreten, als er im Eingangsbereich der Villa erkannte, dass ihm allein der Abtransport der Kunstsammlung unmöglich war und er deshalb von seinem auf die Kunstsammlung bezogenen Vorhaben abließ. A hatte aus seiner Sicht noch nicht alles getan, um die Raubtat zu vollenden. Der Rücktritt von einem solchen unbeendeten Versuch ist jedoch nur dann strafbefreiend gemäß § 24 I Satz 1 1. Alt., wenn der Täter freiwillig handelt. Die Tataufgabe des A hat ihre Ursache aber in dem Umstand, dass er nunmehr alleine ist. Hierauf hatte A wegen des autonomen Handelns des B keinen Einfluss, sodass die Motive für seine Tataufgabe heteronomer Natur sind und eine freiwillige Tataufgabe ausschließen.[56] Ein Rücktritt des A ist daher nicht möglich.

Zu demselben Ergebnis gelangt man bei Anerkennung der Figur des nicht rücktrittsfähigen fehlgeschlagenen Versuchs:[57] Nach der *Frank'*schen Formel ist er dann gegeben, wenn sich der Täter sagen muss: „Ich kann nicht zum Ziel kommen, selbst wenn ich es wollte."[58] Angesprochen sind also Fallgruppen, bei denen der Täter den Taterfolg mit keinen ihm zur Verfügung stehenden Mitteln mehr herbeiführen kann.[59] Vorliegend ist A selbst nicht im Stande, die Kunstsammlung alleine wegzuschaffen. Folglich fehlen A die Mittel zur Wegnahme im Rahmen des § 249 I. Somit liegt ein nicht rücktrittsfähiger fehlgeschlagener Versuch vor.

6. Ergebnis

A hat sich eines versuchten schweren Raubes gemäß §§ 249 I, 250 II Nr. 1, 22, 23 I, 12 I schuldig gemacht, als er nach Passieren von Vorgartentor und Haustüre die Villa des G betrat, um die Kunstsammlung zu entwenden.[60]

---

[56] Vgl. *Gropp*, AT, § 9 Rn. 73 f.
[57] *Kühl*, AT, § 16 Rn. 9.
[58] *Frank*, § 46 Anm. 2. Dort als Formel zur Feststellung der Unfreiwilligkeit des Rücktritts.
[59] *Gropp*, AT, § 9 Rn. 75 mit Hinweisen namentlich auf die Rspr.
[60] Die Prüfung des Versuchs der Erfolgsqualifikationen gemäß §§ 251, 227 I, 221 I Nr. 1, III, 22 unterbleibt, weil weder A noch B vorsätzlich hinsichtlich der Todesfolge handeln.

IV. Verabredung zum schweren Raub, §§ 30 II Var. 3, 249 I, 250 II Nr. 1

Mit der zwischen A und B getroffenen Absprache, einen schweren Raub gemäß §§ 249 I, 250 II Nr. 1 täterschaftlich zu begehen, liegt eine tatbestandsmäßige, rechtswidrige und schuldhafte Verbrechensverabredung gemäß §§ 30 II Var. 3, 249 I, 250 II Nr. 1 vor. Dabei erfüllen weder A noch B die Rücktrittsvoraussetzungen gemäß § 31 I Nr. 3 bzw. gemäß § 31 II.

Die Tat von A und B gemäß §§ 30 II Var. 3, 249 I, 250 II Nr. 1 tritt jedoch wegen Subsidiarität auf Gesetzeskonkurrenzebene hinter die Taten gemäß §§ 249 I, 250 II Nr. 1 (A) bzw. gemäß §§ 249 I, 250 II Nr. 1, 27 (B) zurück.[61]

C. Strafbarkeit des C

I. Schwerer Raub in Mittäterschaft, §§ 249 I, 250 II, Nr. 1, 25 II bzgl. der 10.000 €

C hat sich möglicherweise eines schweren Raubes in Mittäterschaft gemäß §§ 249 I, 250 II Nr. 1, 25 II schuldig gemacht, als er A und B zum Tatort fuhr und mit dem Fluchtfahrzeug bereitstand, während A die F anschoss und die 10.000 € wegnahm.

1. Tatbestandsmäßigkeit

C müsste die in der Absicht rechtswidriger Zueignung liegende Täterqualifikation gem. § 249 I aufweisen. In Betracht kommt Drittzueignungsabsicht des C zugunsten des A und des B. Mit dieser Absicht handelte C aber nur ganz zu Beginn, nachdem er von A und B in die Tatplanung eingeweiht wurde. Mit Abschluss seiner Lektüre des Zeitungsartikels zum 6. StrRG weist C diese Drittzueignungsabsicht nicht mehr auf; er hat von den geplanten Taten insgesamt Abstand genommen. Damit fehlt C die erforderliche Täterqualifikation.

2. Ergebnis

Folglich hat sich C nicht gemäß §§ 249 I, 250 II Nr. 1, 25 II des schweren Raubes in Mittäterschaft schuldig gemacht, als er A und B zum Tatort fuhr und mit dem

---

Allein aus der Gefährlichkeit der Tathandlung ergibt sich kein Schluss auf den Tötungsvorsatz (beachte auch BGH: „Hemmschwellen-Argument"; dazu *Schönke/Schröder/Eser*, § 212 Rn. 5; zahlreiche Nachweise bei *Lackner/Kühl*, § 212 Rn. 3).

[61] Vgl. *Lackner/Kühl*, § 30 Rn. 10.

Fluchtfahrzeug bereitstand, während A die F anschoss und die 10.000 € wegnahm.[62]

II. Beihilfe zum schweren Raub, §§ 249 I, 250 II Nr. 1, 27 bzgl. der 10.000 €

C hat sich durch dieselbe Handlung möglicherweise der Beihilfe zum schweren Raub gemäß §§ 249 I, 250 II Nr. 1, 27 schuldig gemacht.

1. Tatbestandsmäßigkeit

a) Objektiv

aa) Die erste Voraussetzung, eine vorsätzlich rechtswidrige Haupttat, liegt in der Tat des A gemäß §§ 249 I, 250 II Nr. 1.

bb) C müsste die Tat des A gefördert, also einen Gehilfenbeitrag erbracht haben. Dadurch, dass C den A (zusammen mit B) zum Tatort fuhr, hat er dessen Tatbegehung durch sog. physische Tathilfe gefördert. Durch das Bereitstehen mit dem Fluchtfahrzeug gab C dem A darüber hinaus auch eine motivationale Stütze; A konnte sich auf eine bereite Fluchtmöglichkeit verlassen. Somit fördert C die Tat des A auch in psychischer Hinsicht. Zumindest die physische Hilfestellung des C war auch kausal für die Tatbegehung des A, womit ein Gehilfenbeitrag des C vorliegt.

b) Subjektiv („Doppelter Gehilfenvorsatz")

C müsste mit doppeltem Gehilfenvorsatz handeln.

Hinsichtlich seiner eigenen Gehilfenhandlung handelt C mit Vorsatz. Die innere Abkehr von der Tatausführung bleibt tatenlos. Damit nimmt C jedoch billigend in Kauf, dass er A Hilfe leistet.

Ferner müsste C vorsätzlich in Bezug auf die Haupttat des A gemäß §§ 249 I, 250 II Nr. 1 handeln. Die Tatplanung zwischen A und B sieht die Begehung eines schweren Raubes für den bewusst unsicheren Fall vor, dass mit Widerstand bei der Wegnahme der Kunstsammlung zu rechnen ist. In diese Planung fügt sich C ein. Folglich handelt C hinsichtlich der Raubtat des A vorsätzlich.

c) § 24 II 2 analog

Auch eine analoge Anwendung der Rücktrittsregelung des § 24 II 2 zugunsten des C scheidet aus, da sein die Tat fördernder Beitrag sich bis hin zur Tatvollendung auswirken konnte. Damit handelt C tatbestandsgemäß.

---

[62] Dieses Ergebnis gilt auch für eine mittäterschaftliche Beteiligung an Diebstahlstaten von A und B. Sonach sind Beiträge des C fortan gemäß § 25 II nicht mehr zu problematisieren.

2. Rechtswidrigkeit und Schuldhaftigkeit

C handelte rechtswidrig und schuldhaft.

3. Ergebnis

C hat sich gemäß §§ 249 I, 250 II Nr. 1, 27 einer Beihilfe zum schweren Raub schuldig gemacht, als er A zum Tatort fuhr und mit dem Fluchtfahrzeug wartete.

III. Beihilfe zum versuchten schweren Raub, §§ 249 I, 250 II Nr. 1, 22, 23 I, 12 I, 27 bzgl. der Kunstsammlung

Möglicherweise hat sich C durch dieselbe Handlung zudem einer Beihilfe zum versuchten schweren Raub gemäß §§ 249 I, 250 II Nr. 1, 22, 23 I, 12 I, 27 an der Kunstsammlung schuldig gemacht.

1. Tatbestandsmäßigkeit

a) Objektiv

Die vorsätzliche rechtswidrige Haupttat liegt in der Tat des B gemäß §§ 249 I, 250 II Nr. 1, 22.[63] Durch das Fahren zum Tatort hat C die Tat des B gefördert. Die Gehilfenhandlung des C ist auch kausal für die Versuchstat des B.

b) Subjektiv („Doppelter Gehilfenvorsatz")

C handelt hinsichtlich seiner eigenen Gehilfenhandlung vorsätzlich.

C müsste ferner Vorsatz zur Haupttat des B aufweisen. So wie B dachte auch C, dass F Mittäterin sei. Folglich sollte es aus C´s Perspektive zur Tatvollendung kommen, wenn F durch ihr Handeln die Schwelle zum Versuchsbeginn überschritt. Damit handelt C mit Vorsatz bezogen auf die Haupttat des B gemäß §§ 249 I, 250 II Nr. 1, 22.

c) § 24 II 2 analog

Möglicherweise ist die Abkehr von der Tat durch C beachtlich und führt zu einer analogen Anwendung des § 24 II 2. Voraussetzungen dafür sind, dass die Haupttat nur in das Versuchsstadium gelangt ist, dass der Beteiligte die Tat vor Versuchsbeginn aufgibt und die Tatvollendung ohne sein Zutun verhindert wird.[64] Vorliegend gelangt der Raub der Kunstsammlung nicht zur Vollendung, C nimmt Abstand vom Tatgeschehen noch während der Tatvorbereitung und die Tatvollen-

---

[63] Die Prüfung der Beihilfe an der Versuchstat des B ergibt sich daraus, dass C wie B davon ausgeht, F handele als Mittäterin.
[64] SK-*Rudolphi*, § 24 Rn. 37.

dung wird ohne sein Zutun verhindert. Gemäß § 24 II 2 müsste sich C freiwillig und ernsthaft bemüht haben, die Vollendung der Tat zu verhindern. Das ist jedoch nicht der Fall. Somit kommt eine Analogie zu § 24 II 2 zugunsten des C nicht in Betracht.

2. Rechtswidrigkeit und Schuldhaftigkeit

C handelte rechtswidrig und schuldhaft.

3. Ergebnis

C hat sich daher gemäß §§ 249 I, 250 II Nr. 1, 22, 23 I, 12 I, , 27 der Beihilfe zum versuchten schweren Raub in Bezug auf die Kunstsammlung schuldig gemacht.

IV. Beihilfe zu gefährlicher Körperverletzung, §§ 223 I, 224 I Nr. 2, 5, 27

Ebenfalls macht sich C einer Beihilfe zur gefährlichen Körperverletzung gemäß §§ 223 I, 224 I Nr. 2, 5, 27 schuldig, indem er mit dem Fluchtfahrzeug bereit steht.[65]

V. Beihilfe zum Hausfriedensbruch, §§ 123 I 1. Alt., 27

Zudem ist C gemäß §§ 123 I 1. Alt., 27 einer Beihilfe zum Hausfriedensbruch schuldig, indem er mit dem Fluchtfahrzeug vor der Villa des G bereitsteht.

VI. Verabredung zum schweren Raub, §§ 30 II Var. 1, 249 I, 250 II Nr. 1 bzw. gemäß §§ 30 II Var. 3, 249 I, 250 II

Eine Strafbarkeit des C gemäß §§ 30 II Var. 1, 249 I, 250 II Nr. 1 scheidet aus, weil C keinen täterschaftlichen, sondern nur einen Gehilfenbeitrag zu erbringen verspricht. Für die Verabredungsvariante des § 30 II Var. 3 müsste C als Mittäter agieren, was nicht der Fall ist.

---

[65] Einzig problematisch ist die Frage, inwiefern der Gehilfenbeitrag des C kausal für die von A zum Nachteil der F begangene Körperverletzung ist. Die Frage ist zu bejahen, wenn man darauf abstellt, dass C durch seine Handlung psychisch die Bedingungen der Tatausführung ermöglicht.

D. Gesamtergebnis und Konkurrenzen

1. Strafbarkeit des A:

A hat sich eines schweren Raubes gemäß §§ 249 I, 250 II Nr. 1 hinsichtlich der 10.000 € schuldig gemacht. Die mitverwirklichte gefährliche Körperverletzung gemäß §§ 223 I, 224 I Nr. 2, 5 steht hierzu in Gesetzeskonkurrenz und wird wegen Subsidiarität verdrängt. Tateinheitlich hierzu steht jedoch der Hausfriedensbruch gemäß §§ 123 I 1. Alt., 52 I. Ferner macht sich A des versuchten schweren Raubes gemäß §§ 249 I, 250 II Nr. 1, 22 hinsichtlich der Kunstsammlung schuldig. Wegen der gegebenen natürlichen Handlungseinheit beim gesamten Tatgeschehen steht diese Tat zu Raub und Hausfriedensbruch in Tateinheit, § 52 I.

2. Strafbarkeit des B:

B macht sich der Beihilfe zum schweren Raub gemäß §§ 249 I, 250 II Nr. 1, 27 (10.000 €) schuldig. Zur Beihilfe zur gefährlichen Körperverletzung gilt das zu A Gesagte. In Tateinheit zur Raubbeihilfe steht die Beihilfe zum Hausfriedensbruch, § 52 I. Wegen der natürlichen Handlungseinheit steht der versuchte schwere Raub gemäß §§ 249 I, 250 II Nr. 1, 22 (Kunstsammlung) hierzu in Tateinheit, § 52 I.

3. Strafbarkeit des C:

C hat sich der Beihilfe zum schweren Raub gemäß §§ 249 I, 250 II Nr. 1, 27 schuldig gemacht, welche die Beihilfe zur gefährlichen Körperverletzung aufgrund Gesetzeskonkurrenz verdrängt. Tateinheitlich hierzu stehen die Beihilfe zum versuchten schweren Raub gemäß §§ 249 I, 250 II Nr.1, 22, 27, 52 I sowie die Beihilfe zum Hausfriedensbruch gemäß §§ 123 I 1. Alt., 27, 52 I.

Fall 2

Die verweigerte Bluttransfusion

Unterlassungsdelikt - Garantenstellung - Rechtfertigender Notstand – Verbotsirrtum - Abgrenzung von dolus eventualis und fahrlässigem Verhalten

V und M sollen Eltern einer Tochter werden. Zur Entbindung hatten sie sich für das Gießener Universitätsklinikum entschieden. Im Vorfeld der Geburt wiesen sie den Oberarzt Dr. O, verantwortlich für die medizinische Betreuung des Geburtsvorganges, auf ihre Glaubensrichtung hin, die ihnen die Verabreichung von fremdem Blut oder fremden Blutprodukten verbietet. Sie erklärten, dass sie im Falle einer notwendigen Bluttransfusion durch Komplikationen oder Unfälle auf eine Fremdblutspende verzichten müssten. Außerdem reiche die Eigenblutspende der M, die auch tatsächlich kurz vor der Geburt abgenommen wurde, für Komplikationen oder Unfälle aus. Schon bei dieser Besprechung, die drei Stunden dauerte, erklärte Dr. O, dass eine Eigenblutspende qualitativ und quantitativ nur sehr begrenzt verwendungsfähig sei und bei größerem Blutverlust nicht ausreichen würde. Im Übrigen wisse man nie, was alles passieren könne. Er erklärte unter umfassender Darlegung der medizinischen Sachlage, welche Gefahren auf M und das Kind zukommen könnten. Insbesondere betonte Dr. O nachdrücklich, dass M bei einem Verzicht auf die Fremdblutspende sicher sterben werde. V und M konnten ihrerseits dem Dr. O glaubhaft machen, wie wichtig ihnen ihre religiöse Grundentscheidung auch angesichts der aufgezeigten Konsequenzen sei. Auch bestanden an der Willensfreiheit der zu diesem Zeitpunkt geäußerten Gewissensentscheidung von V und M keinerlei Zweifel.

Tage später liegt M in den Wehen. V fährt sie zum Krankenhaus. Auf dem Weg dorthin werden beide in einen von ihnen unverschuldeten Verkehrsunfall verwickelt, bei dem M eine stark blutende Kopfverletzung erleidet. Im Krankenhaus angekommen hat M so viel Blut verloren, dass der anwesende Dr. O den V darauf hinweist, dass M nur dann überleben und ihr Kind zur Welt bringen kann, wenn sie sofort eine Fremdbluttransfusion erhält. Mittlerweile ist die Geburt der T so weit fortgeschritten, dass die Eröffnungswehen eingesetzt haben. Weil M in der Situation zwar bei Bewusstsein, aber dennoch zu keiner klaren Willensäußerung fähig ist, erklärt V, dass er aus seiner Sicht und mit Wirkung für seine Frau die Transfusion fremden Blutes ablehne. Im Übrigen könne er mit Hinweis auf das ausführliche Vorgespräch nur der möglichen Eigenblutspende zustimmen. Dabei ist sich V bewusst, dass M trotz der Eigenblutspende sicher sterben wird. Für T sieht V ohne Fremdblutgabe an M keine Möglichkeit der Rettung.

V und Dr. O ist nicht bekannt, dass M aufgrund des stattgefundenen eindringlichen Vorgesprächs und angesichts des überraschenden Unfalls ihre Ansicht hinsichtlich der Fremdbluttransfusion kurz vor dem Aufsuchen des Krankenhauses geändert hat. Zum jetzigen Zeitpunkt hätte sie einer solchen Blutspende ausdrücklich zugestimmt.

Dr. O kann die Beschränkung seines ärztlichen Handelns auf eine Eigenblutspende eigentlich nicht hinnehmen. Durch die Mahnung des V, die Gewissensentscheidung der Eltern zu respektieren, weist Dr. O das Klinikpersonal unter Führung von Assistenzarzt Dr. A dennoch an, auf eine weitere Behandlung der M zu verzichten und auch die Geburt der T nicht weiter fortzusetzen. Dabei weiß Dr. O, dass auch T sterben wird. Er geht jedoch davon aus, dass er aufgrund der Weigerung der M, transfundiert zu werden, auch zugunsten der T nichts mehr unternehmen dürfe. Dr. A nimmt diese Entscheidung indes nicht hin. Aufgrund der personellen und technischen Ausstattung ist jedoch nur entweder eine Bluttransfusion zugunsten der M mit dem Risiko des Verlustes der T oder die Rettung T's unter Billigung des Todes der M möglich. Dr. A entscheidet sich für die Rettung der T mittels operativen Eingriffs. Diese kommt gesund zur Welt, während M verstirbt.

Wie haben sich V, Dr. O und Dr. A nach dem StGB strafbar gemacht?

Erforderliche Strafanträge sind gestellt.

Lösung

Die Geburt der T

A. Strafbarkeit des Dr. O

I. Tötung auf Verlangen, §§ 216 I, 16 II

Indem Dr. O aufgrund des Vorgespräches mit M veranlasste, dass M kein Blut erhält, könnte er sich wegen einer Tötung auf Verlangen gemäß §§ 216 I, 16 II strafbar gemacht haben.

1. Tatbestandsmäßigkeit

Der Tod der M ist eingetreten. Der Erfolg müsste auch kausal durch Dr. O's Verhalten eingetreten sein. Fraglich ist bereits, ob der Tod der M durch ein Tun oder ein Unterlassen verursacht worden ist. Für die Abgrenzung von Tun und Unterlassen werden verschiedene Abgrenzungsmodelle angeboten:[1]

---

[1] Vgl. die Übersicht bei *Brammsen*, GA 2002, 193 ff.

a) Von einem Teil des Schrifttums und der Rspr. wird ein normativer Ansatz vertreten.

Teilweise wird dabei auf das Kriterium des „sozialen Sinngehalts" der Verhaltensweise abgestellt. Danach soll es darauf ankommen, wie sich das Verhalten des Täters insbesondere unter Berücksichtigung seiner Willensrichtung und der gesellschaftlichen Anschauung objektiv darstellt.[2] Problematisch ist diese Art der Abgrenzung jedoch deshalb, weil der soziale Sinn einer Handlung als Tun oder Unterlassen nicht feststeht und keine Wertungsmaßstäbe zu erkennen sind.

Nach anderer Ansicht gilt der Vorrang des Tuns vor dem Unterlassen.[3] Begründet wird dies mit normtheoretischen Erwägungen, da in der Rechtsgemeinschaft in der Regel Unterlassungspflichten bestehen und Handlungspflichten nur ausnahmsweise gefordert werden. Ist im Einzelfall zweifelhaft, ob ein Tun oder ein Unterlassen vorliegt, so soll vorrangig beim Tun angeknüpft werden. Ein Unterlassen kommt dann nur in Frage, wenn das Täterverhalten nicht als Tun bereits tatbestandsmäßig, rechtswidrig und schuldhaft war. Danach müsste also zunächst das Verhalten des Dr. O auf ein Tun hin hinterfragt werden. Anhaltspunkt dafür ist die Äußerung an das Klinikpersonal, dass die M kein Blut erhalten soll.

Ein weiterer Lösungsansatz favorisiert als Abgrenzungskriterium den „Schwerpunkt der Vorwerfbarkeit" des Verhaltens.[4] Allerdings vermag auch diese Ansicht nicht zu erklären, welche Eigenschaften einem Tun oder einem Unterlassen zugeschrieben werden sollen. Die Schwerpunktsetzung muss deshalb völlig unbestimmt und der Nachprüfung verschlossen bleiben.

b) Den normativen Kriterien wird von anderer Seite ein naturalistischer Ansatz entgegengestellt.

Demnach soll es auf die tatsächlichen Gegebenheiten wie Körperbewegung[5], Energieeinsatz[6] und Kausalität[7] ankommen.

Wird auf die Körperbewegung abgestellt, so richtet sich die Bewertung, ob ein Tun oder ein Unterlassen vorliegt, nach dem äußeren Erscheinungsbild des menschlichen Verhaltens. Aktives Tun ist danach die Änderung einer Körperlage durch gewillkürte Vornahme einer Körperbewegung. Unterlassen sei hingegen durch Körperruhe gekennzeichnet. Demnach müsste man ein Tun des Dr. O durch seine Anweisung annehmen.

Wird auf den Einsatz von Energie abgestellt, so liegt ein Tun dann vor, wenn die Handlung auf den Einsatz von Energie, ein Unterlassen, wenn sie auf den Nichteinsatz von Energie in einer bestimmten Richtung abzielt. Auch nach dieser

---

[2] Vgl. *Eb. Schmidt*, Engisch FS, 340 f.
[3] Vgl. *Kienapfel*, ÖJZ 1976, 281 (283); *Gropp*, AT, § 11 Rn. 64.
[4] Vgl. BGHSt 6, 59; 40, 266; *Schönke/Schröder/Stree*, vor § 13 Rn. 158; *Tröndle/Fischer*, vor § 13 Rn. 12.
[5] Vgl. *Gössel*, ZStW 96 (1984), 326 f.
[6] Vgl. *Engisch*, Gallas FS, 1973, 167, 170.
[7] Vgl. *Armin Kaufmann*, Die Dogmatik der Unterlassungsdelikte, 1959, S. 61 ff.

Ansicht müsste man ein Tun des Dr. O bejahen, da er Energie in Richtung des Klinikpersonals aufgewandt hat, um es zum Unterlassen der Bluttransfusion zu veranlassen.

Grenzt man nach anderer Ansicht Tun vom Unterlassen durch die Erfolgskausalität eines Verhaltens ab, so ist ein Tun dann anzunehmen, wenn das Verhalten des Täters kausal iSd. unmodifizierten condicio-sine-qua-non-Formel für den Erfolg gewesen ist. Demnach müsste also danach gefragt werden, ob die Äußerung des Dr. O zum Tod der M geführt hat.

Jüngere Lösungsansätze stellen einen rechtsgutzentrierten Bestimmungsansatz vor. Danach soll ein Tun dann vorliegen, wenn das konkrete Täterverhalten eine Gefahrenlage begründet. Ein Unterlassen sei anzunehmen, wenn eine bereits bestehende Gefahrenlage lediglich nicht abgewendet wird.[8] Danach hätte Dr. O durch seine Äußerung unterlassen, da M bereits akut in Gefahr geraten war.

Schließlich wird darauf abgestellt, ob in den Fällen, in denen auf Rettungswillige eingewirkt wird, der Retter einen unbeendeten oder einen beendeten Rettungsversuch unternommen hat. Wer einen beendeten Rettungsversuch verhindert, der begehe die Tat. Wer hingegen einen unbeendeten Versuch des Retters unterbinde, der unterlasse. Da das Klinikpersonal noch nicht alles zur Rettung der M unternommen hat, stellt das Einwirken des Dr. O auf das Personal ein Unterlassen dar.[9]

c) Die letztgenannten Lösungsansätze haben - entgegen den normativen Kriterien - vor allem die Trennschärfe und das Angebot eindeutiger und einer Überprüfung zugänglicher Kriterien auf ihrer Seite, weshalb ihnen hier gefolgt werden soll.

V hat sich demnach nicht einer Tötung auf Verlangen durch Tun strafbar gemacht.

2. Ergebnis

Dr. O hat sich nicht gem. §§ 216 I, 16 II strafbar gemacht.

II. Tötung auf Verlangen durch Unterlassen, §§ 216 I, 13 I, 16 II

Indem Dr. O aufgrund des Vorgesprächs mit M veranlasste, dass M kein Blut erhält, könnte er sich wegen einer Tötung auf Verlangen durch Unterlassen gemäß §§ 216 I, 13 I, 16 II strafbar gemacht haben.

1. Tatbestandsmäßigkeit

Der Erfolg, der Tod der M, ist durch ein Unterlassen des Dr. O eingetreten. Fraglich ist jedoch weiter, ob eine Tötung auf Verlangen durch Unterlassen überhaupt

---

[8] Vgl. *Brammsen*, GA 2002, 205 ff.
[9] Vgl. *Gropp*, Schlüchter GS, 2002, 173 ff.

begangen werden kann.[10] Dies kann an dieser Stelle jedoch dahingestellt sein, wenn bereits die Voraussetzungen des § 216 nicht vorliegen. M hat Dr. O zu keiner Zeit durch ein ernsthaftes und ausdrückliches Verlangen zur Tötung bestimmt. Zwar hat die M zunächst Dr. O untersagt, eine Fremdbluttransfusion vorzunehmen, jedoch ist in einer solchen Äußerung kein ausdrückliches Tötungsverlangen zu erblicken.[11] Des Weiteren handelte Dr. O auch nicht in der Annahme, die privilegierenden Merkmale des § 216 zu verwirklichen (§ 16 II).

2. Ergebnis

Dr. O hat sich nicht gemäß §§ 216 I, 13 I, 16 II strafbar gemacht.

III. Totschlag durch Unterlassen, §§ 212 I, 13 I

Indem Dr. O veranlasste, dass M keine Fremdbluttransfusion verabreicht wird, könnte er sich wegen eines Totschlags durch Unterlassen gemäß §§ 212 I, 13 I strafbar gemacht haben.

1. Tatbestandsmäßigkeit

Dr. O müsste zunächst eine ihm mögliche und geeignete Rettungshandlung unterlassen haben. Dr. O war es tatsächlich möglich, die Fremdbluttransfusion vorzunehmen. Dies wäre auch die in der lebensgefährlichen Situation für M einzig geeignete Rettungshandlung gewesen. Weiterhin müsste Dr. O Garant für das Leben der M gewesen sein. Diese Garantenstellung kann sich aus dem Arzt-/Patientenverhältnis ergeben. Aus einem solchen Verhältnis ist der Arzt als Beschützergarant verpflichtet, das Leben des Patienten und dessen Gesundheit durch aktives Handeln zu schützen. Aus dieser Garantenstellung könnte Dr. O jedoch von M aufgrund des gemeinsam geführten Vorgesprächs entlassen worden sein.[12] Dies ist dann der Fall, wenn der Patient bestimmte Behandlungsmöglichkeiten ausdrücklich ablehnt und auch beim Eintritt einer lebensbedrohlichen Situation diese bestimmte Therapie ausdrücklich nicht wünscht, mag dies auch die einzige Möglichkeit sein, sein Leben zu retten. In diesen Fällen ist der Arzt Kraft der limitierten Behandlungsbefugnis nicht mehr zur Lebensrettung verpflichtet. M hat durch ihr Vorgespräch die Behandlungsbefugnisse des Arztes auch in lebensbedrohlichen Fällen ausdrücklich auf die Therapie ohne Fremdblut beschränkt. Somit war Dr. O nicht verpflichtet, die lebensrettende Transfusion zu verabreichen. Zwar steht fest, dass M im Zeitpunkt der lebensbedrohlichen Situation der Fremdbluttransfusion doch zugestimmt hätte, allerdings wusste Dr. O zu diesem Zeitpunkt nichts von dem geänderten Willen der M. Geht man davon aus, dass der Patient Kraft über-

---

[10] Vgl. dazu: *Schönke/Schröder/Eser*, § 216 Rn. 10.
[11] Zu einer Prüfung des § 216 kommt man dadurch, dass die irrige Annahme des Dr. O gemäß § 16 Abs. 2 eine privilegierende Wirkung für ihn haben könnte.
[12] Vgl. näher OLG München, NJW 1987, 2943 f.; *Schönke/Schröder/Eser*, vor § 211 Rn. 28; vgl. zur Garantenstellung aus Übernahme *Schönke/Schröder/Stree*, § 13 Rn. 29.

einstimmender Willenserklärungen den Arzt aus der Garantenstellung entlassen kann, so kann es zu einer Neuverpflichtung nicht bereits dann kommen, wenn diese einseitig erklärt wurde und der Empfänger davon keine Kenntnis erlangt hat. Damit ist Dr. O nicht Garant für das Leben der M.

2. Ergebnis

Dr. O hat sich nicht gem. §§ 212 I, 13 I strafbar gemacht.

IV. Fahrlässige Tötung durch Unterlassen, §§ 222, 13 I

Indem Dr. O veranlasste, dass M keine Fremdbluttransfusion verabreicht wird, könnte er sich wegen einer fahrlässigen Tötung durch Unterlassen gemäß §§ 222, 13 I strafbar gemacht haben.

1. Tatbestandsmäßigkeit

Dr. O hat durch die Nichtgabe des Blutes den Tod der M kausal und unvorsätzlich verursacht. Mangels Garantenstellung des Dr. O scheidet jedoch auch eine Strafbarkeit gemäß §§ 222, 13 I aus.

2. Ergebnis

Dr. O hat sich nicht gemäß §§ 222, 13 I strafbar gemacht.

V. Unterlassene Hilfeleistung, § 323 c

Indem Dr. O veranlasste, dass M keine Fremdbluttransfusion verabreicht wird, könnte er sich wegen einer unterlassenen Hilfeleistung gemäß § 323 c strafbar gemacht haben.

1. Tatbestandsmäßigkeit

a) Objektiv

Zunächst müsste ein Unglücksfall vorliegen. Ein Unglücksfall ist ein plötzlich eintretendes Ereignis, das eine erhebliche Gefahr für Menschen oder Sachen hervorruft oder hervorzurufen droht. Ein Unfall ist demnach ein Unglücksfall.

Dr. O müsste weiterhin eine erforderliche Hilfeleistung unterlassen haben. Erforderlich zur Rettung der M war die Bluttransfusion. Diese hat er unterlassen.

Die Hilfeleistung müsste Dr. O zumutbar gewesen sein. Entscheidend ist für die Zumutbarkeit nicht das allgemeine Sittlichkeitsempfinden, sondern eine täter-opferbezogene Interessenabwägung. Dabei sind Art und Umfang der vom Täter aufzuopfernden Interessen und das Rettungsrisiko einerseits mit der drohenden Interessenverletzung, Schadensnähe und den konkreten Rettungsmöglichkeiten andererseits zu berücksichtigen.[13] In den Fällen, in denen Angehörige die Heilbehandlung aus religiösen Gründen ablehnen, hat das BVerfG die Zumutbarkeit des Handelns verneint.[14] Das tragende Argument des BVerfG ist, dass das Unterlassen der Rettungshandlung Ausdruck des Respekts vor dem Selbstbestimmungsrecht des Partners ist und vom Ehepartner nicht erwartet werden kann, dass er sich darüber hinwegsetzt.

Dieser Grundsatz muss auch in den Fällen Anwendung finden, bei denen nicht nur nächste Angehörige beteiligt sind. Ausgangspunkt der Zumutbarkeitsfrage ist das Lebensinteresse der M und die ärztliche Überzeugung des Dr. O, den vermeintlich bestehen gebliebenen Willen der M, nicht transfundiert zu werden, zu respektieren. In objektiver Hinsicht muss man deshalb das wirkliche Interesse der M an dem Erhalt einer lebensrettenden Transfusion dem Interesse des Dr. O an der Achtung eines nur noch vermeintlichen Willens seines Patienten überordnen. Es wäre widersinnig, den tatsächlichen Willen der M der Fehlvorstellung und deshalb einer konkret irrtümlich angenommenen sittlichen Überzeugung des Dr. O unterzuordnen.

b) Subjektiv

Dr. O müsste bezüglich der objektiven Merkmale des § 323 c vorsätzlich gehandelt haben. Fraglich ist insbesondere, ob Dr. O auch in Kenntnis der objektiv zu bejahenden Zumutbarkeit der unterlassenen Hilfeleistung gehandelt hat.

Auszugehen ist von Dr. O´s Vorstellung, dass M auf ihrem Entschluss, keine fremden Blutprodukte auch in lebensgefährlichen Situationen zu erhalten, beharrte. Für ihn war dies ein Gewissenskonflikt zwischen seiner ärztlichen Überzeugung, jedes Leben zu retten, und dem Respekt vor ihrem Selbstbestimmungsrecht und ihrer Glaubensfreiheit. Er ging also davon aus, dass in einer solchen Situation dem Selbstbestimmungsrecht der Patientin der Vorrang einzuräumen sei, und er deshalb der sittlichen Verpflichtung zu folgen habe, diesen Willen zu respektieren. Er stellte sich also eine Situation vor, in der die Zumutbarkeit objektiv zu verneinen gewesen wäre, wie dies schon das BVerfG (vgl. A.V.1.a = S. 30 f.) angenommen hat. Würde eine solche Situation tatsächlich vorliegen, dann wäre es Dr. O nicht zumutbar, gegen den erklärten Willen des Patienten zu handeln. Somit handelte er also in Unkenntnis der die Zumutbarkeit begründenden tatsächlichen Umstände und somit im Tatbestandsirrtum. Damit entfällt sein Vorsatz gemäß § 16 I.

2. Ergebnis

Dr. O hat sich nicht gemäß § 323 c strafbar gemacht.

---

[13] Vgl. *Schönke/Schröder/Cramer/Sternberg-Lieben*, § 323 c Rn. 20.
[14] Vgl. auch BVerfGE 32, 106 ff.

VI. Aussetzung, § 221 I Nr. 2

Indem Dr. O veranlasste, dass M keine Fremdbluttransfusion verabreicht wird, könnte er sich wegen einer Aussetzung gemäß § 221 I Nr. 2 strafbar gemacht haben.

1. Tatbestandsmäßigkeit

Dr. O müsste die M in einer hilflosen Lage im Stich gelassen haben. Unter einer hilflosen Lage ist jeder Zustand zu verstehen, in dem man sich selbst nicht mehr gegen eine Lebens- oder qualifizierte Leibesgefahr schützen kann. M befand sich in einer lebensbedrohlichen Situation und konnte ihren Willen, eine Fremdbluttransfusion zu erhalten, nicht mehr artikulieren. Sie befand sich also in einer hilflosen Lage.

In dieser Lage müsste Dr. O die M im Stich gelassen haben. Dies ist dann der Fall, wenn der Täter die notwendige Beistandshandlung unterlässt, wobei es auf eine räumliche Trennung von Täter und Opfer nicht ankommt. Somit ist auch das sogenannte „geistige" Imstichlassen erfasst. Indem Dr. O die Transfusion nicht vornahm, hat er sie im Stich gelassen.

Dr. O müsste weiterhin Garant dafür sein, dass M nicht in die tatbestandstypische Gefahr des § 221 I Nr. 2 gerät. Dr. O ist jedoch durch M's Weigerung, eine Fremdbluttransfusion zu erhalten, aus seiner Garantenstellung entlassen worden (vgl. A.III.1. = S. 29 f.).

2. Ergebnis

Dr. O hat sich nicht gemäß § 221 I Nr. 2 strafbar gemacht.

VII. Versuchter Totschlag durch Unterlassen, §§ 212 I, 13 I, 22, 23 I

Indem Dr. O durch die Anweisung des Klinikpersonals die Geburt der T nicht weiter unterstützte, könnte er sich wegen eines versuchten Totschlags durch Unterlassen gemäß §§ 212 I, 13 I, 22, 23 I strafbar gemacht haben.[15]

1. Vorprüfung

Der Tod der T ist nicht eingetreten. Der Versuch des Totschlags ist als Verbrechen strafbar, §§ 23 I, 12 I.

---

[15] Der Anwendungsbereich des § 212 ist eröffnet, da laut Sachverhalt von der Lebensfähigkeit des Kindes auszugehen ist. Vgl. zur Abgrenzung insb. *Gropp*, GA 2000, 1 ff.

2. Tatentschluss

Dr. O müsste den Tatentschluss gefasst haben, den Tod der T durch das Unterlassen einer ihm möglichen Handlung herbeizuführen. Bei dem Verhalten des Dr. O handelt es sich um ein Unterlassen (vgl. A.I.1. = S. 26 f.).

Zur Rettung der T hat Dr. O nichts unternommen. Die Geburt der T abzuschließen, war Dr. O möglich. Bezüglich T ist Dr. O Beschützergarant. Als geburtshelfendem Arzt war er der T gegenüber zur Lebensrettung verpflichtet. Zwar ging Dr. O davon aus, dass er auch nicht mehr zur Lebensrettung der T verpflichtet sei, allerdings ist dies kein Irrtum über die Garantenstellung, sondern allenfalls einer über die Garantenpflicht, der im Rahmen der Schuldhaftigkeit von Bedeutung sein könnte.

Damit handelte er in Kenntnis all dieser Umstände und demnach mit Tatentschluss.

3. Unmittelbares Ansetzen

Dr. O müsste weiter unmittelbar zur Tat angesetzt haben. Beim Unterlassungsdelikt ist fraglich, ob es auf die erste[16] oder die letzte[17] versäumte Rettungsmöglichkeit ankommt bzw. ob das Rechtsgut nach der Vorstellung des Täters konkret gefährdet[18] wird. Gegen den ersten Lösungsansatz spricht, dass er die Strafbarkeit zu weit ausdehnt, während es beim Verstreichenlassen der letzten Rettungsmöglichkeit versuchte Unterlassungsfälle nur dann geben könnte, wenn ein untauglicher Versuch vorliegen würde. Dagegen korrespondiert der Gefährdungslösungsansatz mit den Kriterien des unmittelbaren Ansetzens beim Tun und ist deshalb vorzugswürdig.[19] Da Dr. O ohne Blut keine Möglichkeit sah, die M zu retten, und die Geburt der T im Gange war, kannte er die Gefahr, und mit dem Abbruch weiterer Behandlung setzte er unmittelbar zur Tötung der T an.

4. Rechtswidrigkeit

Dr. O hat sich rechtswidrig verhalten.

5. Schuldhaftigkeit

Da Dr. O davon ausging, er sei durch die Entpflichtung der M auch nicht mehr zur Rettung der T verpflichtet, könnte er in einem Verbotsirrtum gehandelt haben. Dr. O glaubte, dass eine Entpflichtung durch M auch seine Lebensrettungspflicht be-

---

[16] So *Herzberg*, MDR 1973, 91 ff.
[17] So *Armin Kaufmann*, Die Dogmatik der Unterlassungsdelikte, 1959, S. 215 ff.; *Welzel*, Strafrecht, S. 206, 221.
[18] So *Schönke/Schröder/Eser*, § 22 Rn. 50 mwN.
[19] Vgl. zur Abgrenzung *Gropp*, AT, § 9 Rn. 38 f.

züglich der T betrifft. Da die Garantenpflicht das „Gebotensein" der Tat betrifft, ist der Irrtum über die Handlungspflicht ein Gebotsirrtum, also ein Irrtum iSv. § 17.[20] Da dieser Irrtum vermeidbar gewesen ist, handelte Dr. O schuldhaft. Seine Strafe kann jedoch gemildert werden, § 17 S. 2.

6. Ergebnis

Dr. O hat sich gemäß §§ 212 I, 13 I, 22, 23 I strafbar gemacht.

VIII. Unterlassene Hilfeleistung, § 323 c

Indem Dr. O durch die Anweisung des Klinikpersonals die Geburt der T nicht weiter unterstützte, könnte er sich wegen einer unterlassenen Hilfeleistung gemäß § 323 c strafbar gemacht haben.

1.Tatbestandsmäßigkeit

a) Objektiv

Zunächst müsste ein Unglücksfall vorliegen. Dies ist bei einem Unfall zu bejahen.

Dr. O müsste weiterhin eine erforderliche Hilfeleistung unterlassen haben. Erforderlich zur Rettung der T war, die Geburt fortzusetzen. Dies hat er unterlassen. Da die Hilfeleistung auch objektiv zumutbar war, hat er den objektiven Tatbestand des § 323 c erfüllt.

b) Subjektiv

Dr. O handelte vorsätzlich.

2. Rechtswidrigkeit/Schuldhaftigkeit

Dr. O handelte rechtswidrig und schuldhaft. Allerdings ist auch hier zugunsten des Dr. O § 17 S. 2 anzuwenden.

3. Ergebnis

Dr. O hat sich gemäß § 323 c strafbar gemacht.

§ 323 c tritt hinter das unechte Unterlassungsdelikt zurück.

---

[20] Näher dazu *Gropp*, AT, § 11 Rn. 9 ff.

IX. Aussetzung, § 221 I Nr. 2

Indem Dr. O durch die Anweisung des Klinikpersonals die Geburt der T nicht weiter unterstützte, könnte er sich wegen einer Aussetzung gemäß § 221 I Nr. 2 strafbar gemacht haben.

1. Tatbestandsmäßigkeit

Dr. O hat T durch seine Anweisung während der Geburt im Stich gelassen. Als Folge des Imstichlassens muss weiterhin die konkrete Gefahr des Todes oder einer schweren Gesundheitsschädigung für das Opfer eingetreten sein. T befand sich in einer lebensbedrohlichen Situation. Fraglich ist jedoch, ob diese Situation die Folge von Dr. O´s Imstichlassen gewesen ist. Dies muss verneint werden. Die Lebensgefahr trat aufgrund des Unfalls ein. Mit der vermeintlichen Bestätigung der Verweigerung der Fremdbluttransfusion hat Dr. O den lebensbedrohlichen Zustand lediglich aufrechterhalten. „Dadurch" hat O die M also nicht in die lebensbedrohliche Situation gebracht.

Nach anderer Ansicht soll es genügen, wenn eine bereits bestehende Gefahr aufrechterhalten wird.[21] Dagegen spricht jedoch der Wortlaut des § 221 I Nr. 2. Hinzu kommt, dass die Aufrechterhaltung der Gefahr ein typischer Fall des Unterlassens ist und nicht auf die Äußerung des Dr. O bezogen werden kann. Das Unterlassungsunrecht ist aber bereits mit §§ 212 I, 13 I ausreichend erfasst.

2. Ergebnis

Dr. O hat sich nicht gemäß § 221 I Nr. 2 strafbar gemacht.

Strafbarkeit des V

I. Totschlag, § 212 I

Indem V bei der Geburt erklärte, dass er aus seiner Sicht und mit Wirkung für seine Frau die Transfusion fremden Blutes ablehne, könnte er sich wegen Totschlags gemäß § 212 I strafbar gemacht haben.

1. Tatbestandsmäßigkeit

Der Tod der M ist eingetreten. Fraglich ist weiter, ob der Tod der M durch ein Tun oder ein Unterlassen verursacht worden ist. Folgt man dem unter A.I.1. favorisierten Lösungsansatz zur Abgrenzung von Tun und Unterlassen, so ist das Verhalten

---

[21] OLG Zweibrücken NJW 1998, 841.

des V als ein Unterlassen zu bewerten. Denn Dr. O und das Klinikpersonal hatten noch nicht alles zur Rettung der M unternommen, weshalb es sich um einen unbeendeten Rettungsversuch handelt.

2. Ergebnis

V hat sich demnach nicht einer Tötung durch Tun strafbar gemacht.

II. Totschlag durch Unterlassen, §§ 212 I, 13 I

Indem V bei der Geburt erklärte, dass er aus seiner Sicht und mit Wirkung für seine Frau die Transfusion fremden Blutes ablehne, könnte er sich wegen eines Totschlags durch Unterlassen gemäß §§ 212 I, 13 I strafbar gemacht haben.

1. Tatbestandsmäßigkeit

a) Objektiv

V hat durch seine verweigerte Einwilligung eine ihm mögliche und geeignete Rettungshandlung unterlassen. V ist als Ehemann (§ 1353 BGB) auch Garant für das Leben der M, § 13 I. Durch die Verweigerung müsste der Tod der M eingetreten sein. Dies ist nach der modifizierten condicio-sine-qua-non-Formel dann der Fall, wenn das Verhalten des V nicht hinzugedacht werden kann, ohne dass der Erfolg in seiner konkreten Gestalt entfiele. Aufgrund der Verweigerung der Zustimmung zur Bluttransfusion hat Dr. O die lebensrettende Bluttransfusion unterlassen. Die Weigerung des V ist also (quasi-) kausal für den Tod der M. Weiterhin müsste das Verhalten des V zu einer täterschaftlichen Beteiligung geführt haben. Daran würden dann Zweifel bestehen, wenn M aus freiverantwortlich gefasstem Entschluss die lebensrettende Einwilligung in die Bluttransfusion verweigert hätte. Nach dem Gespräch mit Dr. O hat sie jedoch ihre Ansicht hinsichtlich der Fremdbluttransfusion geändert, so dass von einer freiverantwortlichen Selbstgefährdung oder Selbsttötung im Zeitpunkt der notwendig werdenden Transfusion nicht ausgegangen werden kann.

b) Subjektiv

Weiterhin müsste M vorsätzlich gehandelt haben. Der Vorsatz muss sich dabei auf den Eintritt des Todeserfolges sowie auf seine tatbeherrschende Stellung beziehen. Vorsätzlich handelt, wer mit Wissen und Wollen den gesetzlichen Tatbestand erfüllt. V war sich bewusst, dass M ohne die Fremdbluttransfusion sicher sterben wird. Er handelte also in Kenntnis der Lebensgefahr und des möglichen Todeseintritts. Fraglich ist hingegen, ob er den Todeseintritt auch wollte. Dies ist deshalb problematisch, weil M durch seinen Glauben motiviert auch davon ausgehen konnte, dass mit der Hilfe Gottes alles noch gutgehen werde. Somit hätte V nur bewusst fahrlässig gehandelt. Zur Abgrenzung von bewusster Fahrlässigkeit und dolus eventualis werden verschiedene Ansichten vertreten.

Kennzeichnend für den dolus eventualis ist nach der h.L. und der Rspr. jedenfalls, dass der Täter wissentlich und willentlich handeln muss. Letzteres Merkmal ist jedoch eingeschränkt. Man spricht insoweit von einem bedingten Erfolgswillen. Bezüglich des Wissenselements soll genügen, dass der Täter den Eintritt des tatbestandlichen Erfolges für möglich halten muss. Dies kann man hier bejahen, da der A die lebensgefährliche Situation erkannt hat. Da es nach dieser Ansicht auch auf die Willenskomponente ankommen soll, ist umstritten, wie stark diese ausgeprägt sein muss. Die Gleichgültigkeitstheorie stellt geringe Anforderungen, da es nach ihr genügt, wenn der Täter keinerlei Stellungnahme zu dem Erfolg bezieht.[22] Die Gefährdungstheorie stellt auf die willentliche Vornahme einer gefährlichen Handlung ab.[23] Als herrschend kann wohl die Einwilligungs- oder Billigungstheorie bezeichnet werden.[24] Kennzeichnend ist demnach, dass der Täter den Erfolgseintritt als möglich und nicht ganz fernliegend erkannt und ihn gebilligt bzw. billigend in Kauf genommen hat. Billigen bedeutet dabei billigen im Rechtssinne, d. h., dass der Täter keine positive emotionale Stellungnahme i. S. eines Gutheißens abgibt. Bewusste Fahrlässigkeit soll demnach nur dann vorliegen, wenn der Täter mit der als möglich erkannten Tatbestandsverwirklichung nicht einverstanden ist und ernsthaft darauf vertraut, der tatbestandliche Erfolg werde nicht eintreten.[25] Dem V war bewusst, dass M sterben würde. Es liegt nahe, dass er den Erfolg gleichgültig hinnahm, als gefährlich und möglich erkannte bzw. den Erfolg billigend in Kauf nahm. Im vorliegenden Fall wird man im Sinne all dieser Theorien ein Wollen der Tatbestandsverwirklichung annehmen können.

Im Schrifttum wird teilweise die Ansicht vertreten, dass das Willenselement kein notwendiges Merkmal des Eventualvorsatzes sei.[26] Begründet wird dies damit, dass die an den Täter gerichtete Bestimmungsnorm nur die Kenntnis des zu vermeidenden Sachverhalts fordere. Nach einer Ansicht soll es deshalb darauf ankommen, dass der Täter eine unabgeschirmte Gefahr geschaffen habe. Für den Vorsatz soll dann nur noch das Bewusstsein, das Opfer dieser Gefahr auszusetzen, genügen.[27]

Armin Kaufmann stellt auf die Manifestation des Vermeidewillens ab und bejaht dort dolus eventualis, wo ernsthaftes Vermeidebemühen fehlt.[28] Nach der Möglichkeitstheorie handelt der vorsätzlich, der die konkrete Möglichkeit der Rechtsgutsverletzung erkennt und dennoch handelt.[29] Die Wahrscheinlichkeits-

---

[22] *Schönke/Schröder/Cramer/Sternberg-Lieben*, § 15 Rn. 84.
[23] *Vgl. Brammsen*, JZ 1989, 71.
[24] Vgl. *Schönke/Schröder/Cramer/Sternberg-Lieben*, § 15 Rn. 81 ff.
[25] *Roxin*, AT 1, § 12 Rn. 27; BGHSt 7, 370; 36, 1, 9 f.
[26] Vgl. dazu die Übersicht bei *Schönke/Schröder/Cramer/Sternberg-Lieben*, § 15 Rn. 74; *Hillenkamp*, 32 Probleme AT, 1 ff.
[27] *Herzberg* JuS 1986, 261; *ders.*, JZ 1988, 575.
[28] *Armin Kaufmann*, ZStW 70 (1978), 73 f.
[29] *Schmidhäuser*, Strafrecht AT, 7/101.

theorie ist dagegen enger, da nach ihr der Täter die Rechtsgutsverletzung nicht nur für möglich, sondern für wahrscheinlich halten muss.[30] Auch nach diesen Ansichten kann man die vorsätzliche Verwirklichung des tatbestandsmäßigen Erfolges bejahen.

Gegen die Verneinung eines voluntativen Elements spricht jedoch im Übrigen, dass vorsätzlich begangenes Unrecht nur unter der Voraussetzung bejaht werden kann, dass der Täter sich gegen das Recht entscheidet, dass also die Rechtsgutsverletzung Ausdruck seines Wollens ist.[31]

Weiterhin müsste V hinsichtlich seiner eigenen tatbeherrschenden Stellung vorsätzlich gehandelt haben. Dies wäre dann der Fall, wenn er gewusst hätte, dass M im Zeitpunkt des notwendig werdenden lebensrettenden Eingriffs ihre Zustimmung nicht verweigert hätte. V ging jedoch davon aus, dass M auch nach dem Gespräch mit Dr. O an ihrem Entschluss, jedwede Fremdblutspende zu verweigern, festgehalten hat.

V handelte ohne Vorsatz bezüglich einer täterschaftlichen Tötungshandlung.

Demnach handelte V ohne Tötungsvorsatz.

2. Ergebnis:

V hat sich nicht gemäß §§ 212 I, 13 I strafbar gemacht.

III. Fahrlässige Tötung durch Unterlassen, §§ 222, 13 I

Indem V bei der Geburt erklärte, dass er aus seiner Sicht und mit Wirkung für seine Frau die Transfusion fremden Blutes ablehne, könnte er sich wegen einer fahrlässigen Tötung gemäß §§ 222, 13 I strafbar gemacht haben.

1. Tatbestandsmäßigkeit

V hat durch die Verweigerung der Blutspende den Tod der M kausal und unvorsätzlich verursacht. V ist Garant der M.

Weiterhin müsste er durch sein Verhalten eine erhöhte Gefahr für die M geschaffen haben.[32] Davon ist dann auszugehen, wenn die Gefährdung objektiv über die im gesellschaftlichen Interesse hingenommene Gefahr hinausgeht.[33] Zu berücksichtigen ist allerdings, dass M bereits in akuter Lebensgefahr schwebte und nur dann gerettet werden konnte, wenn sie sofort eine Fremdbluttransfusion erhalten hätte. Mit der Erklärung des V, er lehne mit Wirkung für seine Frau die Trans-

---

[30] *H. Mayer*, Strafrecht AT, 121.
[31] Vgl. *Schönke/Schröder/Cramer-Sternberg-Lieben*, § 15 Rn. 80.
[32] Vgl. *Gropp*, AT, § 12 Rn. 65 ff.
[33] *Gropp*, AT, § 12 Rn. 71.

fusion fremden Blutes ab, bekräftigte er nur die von M selbst geschaffene erhöhte Gefahr, die sie dadurch zum Ausdruck brachte, dass sie im Gespräch mit Dr. O ausdrücklich und freiverantwortlich die Fremdbluttransfusion ablehnte. Die Gefahr, bei einem Unfall die Fähigkeit sich zu artikulieren zu verlieren, hat V nicht geschaffen. Auch hat er nicht die Gefahr geschaffen, dass in einem solchen Zustand ihr geäußerter Wille Berücksichtigung finden soll. V hat demnach keine erhöhte Gefahr für M geschaffen.[34]

2. Ergebnis

V hat sich nicht wegen fahrlässiger Tötung strafbar gemacht.

IV. Totschlag durch Unterlassen, §§ 212 I, 13 I

Indem der V nach dem Gespräch mit Dr. O nicht auf M einredete, um sie zur Einwilligung in die Fremdbluttransfusion zu bewegen, könnte er sich wegen eines Totschlags durch Unterlassen gemäß §§ 212 I, 13 I strafbar gemacht haben.

1. Tatbestandsmäßigkeit

V ist trotz seiner individuellen Möglichkeit auf M einzureden untätig geblieben. Des Weiteren müsste er Garant für die Erfolgsabwendung gewesen sein. Seine Garantenstellung ergibt sich aus dem familienrechtlichen Institut der Ehe (§ 1353 BGB). V ist demnach Beschützergarant. Der Erfolg, der Tod der M, ist eingetreten. Für diesen Erfolgseintritt müsste das unterlassene Einreden auf M kausal gewesen sein. Beim Unterlassungsdelikt ist die unterlassene Handlung dann kausal, wenn bei Hinzudenken der unterlassenen Handlung der Erfolg mit an Sicherheit grenzender Wahrscheinlichkeit entfiele. Angesichts der Überzeugung der M und des Vorgespräches mit Dr. O kann nicht davon ausgegangen werden, dass bei einem Zureden des V auf M sie sich mit an Sicherheit grenzender Wahrscheinlichkeit hätte umstimmen lassen.

2. Ergebnis

Eine Strafbarkeit gemäß §§ 212 I, 13 I scheidet aus.

V. Totschlag durch Unterlassen, §§ 212 I, 13 I

Indem V es unterlassen hat, nach Eintritt der lebensgefährlichen Situation für M und angesichts der durch Dr. O verfügten Nichtbehandlung der M, eigene Ret-

---

[34] Wenn man der h.M. beim Fahrlässigkeitsdelikt folgt, so hat V auch nicht objektiv sorgfaltswidrig gehandelt, da niemand einen Anlass zu sehen brauchte und keine Möglichkeit hatte, den Willen der M erneut zu hinterfragen.

tungsmaßnahmen zu ergreifen, könnte er sich wegen eines Totschlags durch Unterlassen gemäß §§ 212 I, 13 I strafbar gemacht haben.

1. Tatbestandsmäßigkeit

V müsste eine ihm mögliche und geeignete Rettungsmaßnahme unterlassen haben. Einziges Mittel, die Lebensgefahr der M abzuwenden, war es, eine Fremdbluttransfusion vorzunehmen. Eine solche Transfusion ist ein ärztlicher Eingriff, der besonderes Sachwissen erfordert. V war diese Rettungsmaßnahme nicht möglich.

2. Ergebnis

V hat sich nicht gemäß §§ 212 I, 13 I strafbar gemacht.

VI. Aussetzung, § 221 I Nr. 2

Indem V bei der Geburt erklärte, dass er aus seiner Sicht und mit Wirkung für seine Frau die Transfusion fremden Blutes ablehne, könnte er sich wegen einer Aussetzung gemäß § 221 I Nr. 2 strafbar gemacht haben.

1. Tatbestandsmäßigkeit

V müsste die M dann in einer hilflosen Lage im Stich gelassen haben. Durch den Unfall bedingt, befand sich M in einer hilflosen Lage (vgl. A.VI.1. = S. 32). In dieser Lage müsste V die M im Stich gelassen haben. Dies ist dadurch geschehen, dass er im Namen seiner Frau die Transfusion untersagte und M dadurch keine Hilfe geleistet wurde.

V müsste weiterhin Garant dafür sein, dass M nicht in die tatbestandstypische Gefahr des § 221 I Nr. 2 gerät. V's Garantenstellung ergibt sich hier aus seiner familienrechtlichen Bindung (Ehe) zu M.

Als Folge des Imstichlassens muss weiterhin die konkrete Gefahr des Todes oder einer schweren Gesundheitsschädigung für das Opfer eingetreten sein. Wie bereits ausgeführt, trat die lebensgefährdende Situation jedoch durch den Unfall ein (vgl. A.IX. = S. 35).

2. Ergebnis

V hat sich nicht gemäß § 221 I Nr. 2 strafbar gemacht.

VII. Unterlassene Hilfeleistung, § 323 c

Indem V, nachdem Dr. O den Abbruch der Behandlung verfügte, nichts zur Rettung der M unternommen hat, könnte er sich wegen einer unterlassenen Hilfeleistung gemäß § 323 c strafbar gemacht haben.

1. Tatbestandsmäßigkeit

Dann müsste ein Unglücksfall eingetreten sein. Nach den Ausführungen zu A.V.1.a, kann ein Unglücksfall bejaht werden. Weiterhin müsste V eine ihm mögliche Hilfeleistung unterlassen haben. Eine mögliche Art der Hilfeleistung war hier die Bluttransfusion. Dazu war V mangels eigener Sachkenntnis nicht in der Lage.

Allerdings war es dem V möglich, Dr. O die Anweisung zu geben, der M doch die Bluttransfusion zu geben. Diese Erklärung zugunsten seiner Frau ist ihm auch objektiv zumutbar, da eine Verweigerung der Bluttransfusion durch M aktuell nicht mehr bestanden hat.

Zu berücksichtigen ist jedoch, dass auch V sich in dem Konflikt befand, die selbstbestimmte Entscheidung der M und ihre religiöse Überzeugung zu respektieren oder ihr Leben zu retten. Wäre der Wille der M tatsächlich noch darauf gerichtet, kein Blut zu erhalten, so wäre eine vom Ehepartner zu erwartende gegenteilige Entscheidung unzumutbar. V handelte demnach in Unkenntnis der die Zumutbarkeit begründenden tatsächlichen Umstände und somit in einem Tatbestandsirrtum. Damit entfällt sein Vorsatz gemäß § 16 I.

2. Ergebnis

V hat sich nicht gem. § 323 c strafbar gemacht.

VIII. Versuchter Totschlag durch Unterlassen, §§ 212 I, 13 I, 22, 23 I

Indem V nach dem verfügten Behandlungsabbruch des Dr. O nichts zur Rettung der T unternahm, könnte er sich eines versuchten Totschlags durch Unterlassen gemäß §§ 212 I, 13 I, 22, 23 I strafbar gemacht haben.

1. Vorprüfung

Der Tod der T ist ausgeblieben. Der Versuch des Totschlags ist als Verbrechen strafbar, §§ 23 I, 12 I.

2. Tatentschluss

V müsste mit dem Tatentschluss gehandelt haben, den Tod der T durch das Unterlassen einer ihm möglichen Handlung herbeizuführen. V stellte sich jedoch gar nicht vor, dass er zur Rettung, also zur Geburt der T, etwas beitragen könnte. Damit handelte er nicht mit dem Vorsatz, eine ihm mögliche Handlung zu unterlassen.

3. Ergebnis

V hat sich nicht gemäß §§ 212 I, 13 I, 22, 23 I strafbar gemacht.

IX. Unterlassene Hilfeleistung, § 323 c

Indem V, nachdem Dr. O den Abbruch der Behandlung verfügte, nichts zur Rettung der T unternommen hat, könnte er sich wegen einer unterlassenen Hilfeleistung gemäß § 323 c strafbar gemacht haben.

Mangels Sachkenntnis, eine Entbindung selbst vorzunehmen, scheidet § 323 c aus. Als andere Hilfsmöglichkeit kommt die Veranlassung von Dr. O oder des Klinikpersonals zur Fortsetzung der Geburt der T in Betracht. Dies war ihm auch möglich und zumutbar. Jedoch handelte V diesbezüglich ohne Vorsatz, da er davon ausging, das T nicht mehr zu retten sei.

X. Aussetzung, § 221 I Nr. 2

Indem V, nachdem Dr. O den Abbruch der Behandlung verfügte, nichts zur Rettung der T unternommen hat, könnte er sich einer Aussetzung gemäß § 221 I Nr. 2 strafbar gemacht haben.

V hat T durch sein Untätigsein während der Geburt im Stich gelassen. Aber auch hier bestand die Lebensgefahr für T schon. Demnach hat V die T nicht dadurch in die Gefahr des Todes gebracht und sich somit nicht gemäß § 221 I Nr. 2 strafbar gemacht.

Strafbarkeit des Dr. A

I. Gefährliche Körperverletzung, §§ 223 I, 224 I Nr. 1, 5

Indem Dr. A an M einen operativen Eingriff vornahm, könnte er sich wegen einer gefährlichen Körperverletzung gemäß §§ 223 I, 224 I Nr. 1, 5 strafbar gemacht haben.

1. Tatbestandsmäßigkeit

a) Objektiv

aa) Der operative Eingriff müsste eine körperliche Misshandlung oder Gesundheitsschädigung darstellen. Nach h. L. scheidet jedoch die Verwirklichung des § 223 schon dann aus, wenn ein ärztlicher Heileingriff vorliegen würde.[35] Dem Sachverhalt nach hat die Operation jedoch das Ziel, die T zu retten, was unweigerlich mit dem Tod der M einhergehen muss. Demnach ist kein ärztlicher Heileingriff gegeben. Die operative Maßnahme müsste das körperliche Wohlbefinden von M nicht unerheblich beeinträchtigt haben. Ein operativer Eingriff auf einen anderen Menschen beeinträchtigt das körperliche Wohlempfinden in der Regel nicht unerheblich. Eine Gesundheitsschädigung ist jeder pathologische Zustand. Auch davon kann bei einem operativen Eingriff ausgegangen werden.

bb) Weiterhin könnten die qualifizierenden Merkmale des § 224 I Nr. 2, 2. Alt., Nr. 5 vorliegen. Dann müsste die Körperverletzung mittels eines gefährlichen Werkzeugs vorgenommen worden sein. Es ist davon auszugehen, dass operative Eingriffe mit Operationsbestecken durchgeführt werden. Diese stellen in der Hand eines Arztes jedoch keine gefährlichen Werkzeuge dar.[36] Weiterhin könnte der operative Eingriff eine lebensgefährdende Behandlung nach § 224 I Nr. 5 darstellen. Dazu genügt es, dass die Behandlung abstrakt lebensgefährdend ist.[37] Dem Sachverhalt lässt sich nicht entnehmen, welche Art von Eingriff vorgenommen wurde. Von einer lebensgefährdenden Behandlung kann somit nicht ausgegangen werden. Der Tod der M ist vielmehr auf die fehlende Bluttransfusion zurückzuführen.

Dr. A hat nur den Tatbestand des § 223 I erfüllt.

b) Subjektiv

Dr. A müsste vorsätzlich gehandelt haben. Dr. A handelte in Kenntnis der körperverletzenden Umstände für die M und war sich auch bewusst, dass der operative Eingriff keinen Heileingriff für die M darstellt.

2. Rechtswidrigkeit

Das Verhalten des Dr. A könnte gerechtfertigt sein. Eine Rechtfertigung durch erklärte Einwilligung der M scheidet von vornherein aus, da M im Zeitpunkt des operativen Eingriffs sich nicht mehr äußern konnte.

Fraglich ist aber, ob eine mutmaßliche Einwilligung anzunehmen ist. Eine ausdrückliche Einwilligung konnte aufgrund des Zustandes der M nicht eingeholt

---

[35] Vgl. *Schönke/Schröder/Eser*, § 223 Rn. 30.
[36] *Schönke/Schröder/Stree*, § 224 Rn. 9 b mwN.
[37] Vgl. BGHSt 2, 163; *Tröndle/Fischer*, § 224 Rn. 12; a. A. *Schönke/Schröder/Stree*, § 224 Rn. 12.

werden. Weiterhin müsste es sich bei der mutmaßlichen Interessenpreisgabe um ein disponibles Rechtsgut handeln. Der operative Eingriff stellt die Beeinträchtigung der körperlichen Unversehrtheit der M dar. Dies ist ein verfügbares Rechtsgut. Die Inanspruchnahme des Eingriffsgutes (körperliche Unversehrtheit) müsste dem mutmaßlichen Willen des Berechtigten entsprechen. Dabei kommt es auf den Kenntnisstand des Eingreifenden an. Dr. A glaubte, die M wolle kein fremdes Blut zur Rettung ihres Lebens. Er konnte jedoch davon ausgehen, dass M zur Rettung ihres Babys diesem Eingriff zugestimmt hätte, da der Eingriff selbst ohne Bluttransfusion stattfinden konnte.

Dr. A hat auch in Kenntnis der rechtfertigenden Lage gehandelt.

Weiterhin dürfte die Tat nicht gegen die guten Sitten, § 228, verstoßen. Dafür sind keine Anhaltspunkte vorhanden. Insbesondere kann für die Sittenwidrigkeit nicht angeführt werden, dass M gestorben ist, da der Tod nicht durch die Operation verursacht wurde.

Dr. A ist aufgrund mutmaßlicher Einwilligung der M gerechtfertigt.

3. Ergebnis

Dr. A hat sich nicht gemäß § 223 I strafbar gemacht.

II. Totschlag durch Unterlassen, §§ 212 I, 13 I

Indem Dr. A keine lebenserhaltenden Maßnahmen zugunsten der M einleitete, sondern die T rettete, könnte er sich wegen Totschlags durch Unterlassen gemäß §§ 212 I, 13 I strafbar gemacht haben.

1. Tatbestandsmäßigkeit

a) Objektiv

Der tatbestandsmäßige Erfolg, der Tod der M, ist eingetreten. Fraglich ist jedoch, ob dieser Erfolg auf einem Tun des Dr. A oder einem Unterlassen beruht. Von einem Tun wäre dann auszugehen, wenn die Operation selbst zum Tod der M geführt hätte. Dies wäre dann der Fall, wenn die Operation nicht hinweggedacht werden könnte, ohne dass der Erfolg entfiele. Davon kann laut Sachverhalt nicht ausgegangen werden. Vielmehr ist es die Bluttransfusion, die notwendig gewesen wäre, um die M am Leben zu erhalten. Auch davon, dass der operative Eingriff den Tod der M beschleunigt hat, kann nicht ausgegangen werden.

Dr. A müsste des Weiteren eine ihm mögliche und geeignete Rettungsmaßnahme unterlassen haben. Die Transfusion war ihm zur Rettung möglich und auch geeignet. Die erforderliche Bluttransfusion müsste weiterhin kausal für den Tod der M gewesen sein. Denkt man diese hinzu, so wäre der Erfolg mit an Sicherheit grenzender Wahrscheinlichkeit ausgeblieben. Das Verhalten des Dr. A ist damit kausal für den Tod der M. Dr. A müsste auch Garant gewesen sein. Dr. A's Garantenstellung ergibt sich aus dem Arzt-/Patientenverhältnis. Dr. A ist demnach Beschützergarant für das Leben der M.

b) Subjektiv

Dr. A handelte vorsätzlich.

2. Rechtswidrigkeit

a) Zunächst könnte eine Rechtfertigung aus dem Prinzip des mangelnden Interesses gegeben sein. Eine tatsächlich erklärte Einwilligung der M liegt nicht vor. Fraglich ist, ob das Verhalten des Dr. A wegen mutmaßlicher Einwilligung gerechtfertigt ist. Dies könnte deshalb der Fall sein, weil M in Kenntnis der Sachlage einer Rettung der T unter Inkaufnahme des eigenen Todes zugestimmt hätte. Allerdings müsste es sich dann bei der Inkaufnahme des eigenen Todes um ein disponibles Rechtsgut handeln. Wie sich aus § 216 ergibt, ist das Leben des Einzelnen grundsätzlich unverfügbar und unterliegt nicht der Disposition des Einzelnen. Eine Rechtfertigung aus dem Prinzip des mangelnden Interesses scheidet also aus.

b) Des Weiteren könnte eine Rechtfertigung wegen Notwehr, § 32, gegeben sein. Dann müsste ein gegenwärtiger, rechtswidriger Angriff vorliegen. Ein Angriff ist jedes menschliche Verhalten, das rechtliche Güter oder Interessen zu beeinträchtigen droht. Von M geht kein Angriff auf die Rechtsgüter der T aus. Vielmehr handelt es sich um einen Unfall, den M erlitten hat und nicht um ein finalverletzendes Verhalten der M. Eine Rechtfertigung gem. § 32 scheidet also aus.

c) Eine Rechtfertigung könnte sich jedoch aus Notstandshilfe zugunsten der T ergeben (§ 34). Dann müsste eine Notstandslage vorliegen. Eine Notstandslage iSv. § 34 ist eine gegenwärtige Gefahr für ein Rechtsgut. Unter Gefahr versteht man die auf festgestellte, tatsächliche Umstände gegründete, über die allgemeinen Lebensrisiken hinausgehende Wahrscheinlichkeit eines schädigenden Ereignisses. Gegenwärtig ist die Gefahr, wenn der Schaden unmittelbar bevorsteht.[38] Für das Leben der T besteht angesichts des lebensbedrohlichen Zustandes der M die Gefahr des Todes. Weiterhin müsste die Gefahr für das Leben der T nicht anders als durch die unvermeidliche Tötung der M abwendbar gewesen sein. Aufgrund der personellen und technischen Ausstattung war es Dr. A nur möglich die T zu retten, wenn er bei M den operativen Eingriff vornimmt. § 34 verlangt weiter, dass bei Abwägung der widerstreitenden Interessen das geschützte Interesse (Erhaltungsinteresse) das beeinträchtigte (Eingriffsinteresse) wesentlich überwiegt. Zunächst kommt es bei der Abwägung auf das allgemeine Rangverhältnis der betroffenen Rechtsgüter an. Dies sind im konkreten Fall das Leben der M und das Leben der T. Von einem qualitativen Überwiegen des Lebensinteresses der T kann also nicht ausgegangen werden. Zu berücksichtigen ist jedoch weiter, ob die Gefahr gerade vom Eingriffsgut ausgeht (defensiver Notstand) und vom Rechtsgutsträger deshalb

---

[38] Vgl. *Gropp*, AT, § 6 Rn. 118.

erhöhte Gefahrtragungspflichten verlangt werden können. Denn zieht man den Rechtsgedanken des § 228 BGB heran, dessen Anwendungsbereich bei einer Gefährdung durch Sachen erst dort endet, wo der drohende Schaden im Vergleich zum Erhaltungsgut unverhältnismäßig hoch wäre, so muss dies auch bei § 34 eine Rolle spielen.[39] Niemand ist ohne spezielle Gefahrtragungspflicht verpflichtet, die Bedrohung seines eigenen Lebens hinzunehmen, mag der Gefahrverursacher auch für die von ihm ausgehende Gefahr nicht verantwortlich sein. Dies führt nach einer Ansicht[40] dazu, dass auch Eingriffe in das Leben des gefahrverursachenden Opfers nach § 34 gerechtfertigt sein können. Eines analog zu § 228 BGB entwickelten übergesetzlichen Rechtfertigungsgrundes bedarf es danach nicht.[41] Im Fall ist M die gefahrverursachende Person. Ohne die zunächst erklärte Verweigerung der Einwilligung in die Fremdbluttransfusion wäre die Notstandslage ohne den Tod von M oder T zu bereinigen gewesen. Zwar will M im Zeitpunkt der Vornahme des Eingriffs die Transfusion, was aber nichts daran ändert, dass durch ihr Verhalten die zunächst kritische zu einer für beide lebensbedrohlichen Situation geworden ist. T war zur erhöhten Gefahrtragungspflicht und zur Inkaufnahme des eigenen Todes also nicht verpflichtet. Eine (defensive) Notstandslage ist also gegeben.

Für die Notstandshandlung ist erforderlich, dass zur Abwendung der dem Erhaltungsgut drohenden Gefahr gehandelt wurde. Dr. A handelte zur Rettung der T. Weiterhin müsste er ein angemessenes Mittel zur Rettung der T benutzt haben. Dies ist deshalb fraglich, weil die Rettung der T unweigerlich zum Tod der M geführt hat. Als milderes Mittel käme die Gabe der Fremdbluttransfusion in Betracht. Milderes Mittel wäre dies aber nur dann gewesen, wenn damit die Gefahr für T abgewendet worden wäre. Dies ist zu verneinen, da Dr. A entweder die M versorgen, oder die T zur Welt bringen konnte. Beides war ihm aufgrund der personellen und technischen Voraussetzungen unmöglich. Die Voraussetzungen der Notstandshandlung sind somit gegeben. Dr. A handelte auch in Kenntnis der rechtfertigenden Situation und mit Gefahrabwendungswillen.

Damit ist Dr. A nach § 34 gerechtfertigt.

3. Ergebnis

Dr. A hat sich nicht gemäß §§ 212 I, 13 I strafbar gemacht.

Gesamtergebnis

Dr. O macht sich gemäß §§ 212 I, 13 I, 22, 23 I strafbar.

V und Dr. A bleiben straflos.

---

[39] Vgl. LK-*Hirsch*, § 34 Rn. 74 mwN.; *Schönke/Schröder/Lenckner/Perron*, § 34 Rn. 30 mwN.
[40] Vgl. *Gropp*, AT, § 6 Rn. 137; *Roxin*, AT 1, § 16 Rn. 69; a. A. *Bockelmann/Volk*, AT, § 15 II 7 f.; *Wessels/Beulke*, AT, Rn. 316.
[41] So aber O. *Lampe*, NJW 1968, 88; *Hruschka*, Dreher FS, 1977, 203 ff.

Fall 3

Fehlende Hilfsbereitschaft mit Folgen

Unterlassungsdelikt - Notwehr - Rechtfertigender Notstand - zivilrechtliche Rechtfertigungsgründe - Abgrenzung zwischen Tun und Unterlassen bei Rettungshandlungen - vorsätzliche actio libera in causa - Fehlen des subjektiven Rechtfertigungselements - Notwehrexzess

S und seine Freundin F verbringen einige Urlaubstage in einem entlegenen Haus auf dem Land. Als S und F abends das Essen zubereiten, hantiert F so ungeschickt mit der Brotschneidemaschine, dass sie sich die Pulsader an ihrem Handgelenk aufschneidet. S und F, die beide Medizin studieren, erkennen sofort die lebensbedrohende Lage für F. Leider ist die Unterkunft ohne Telefonanschluss versehen und die Gegend zu dieser Zeit menschenleer. S und F begeben sich daher an die nahegelegene Landstraße und halten den zufällig vorbeikommenden P an. S erklärt ihm die Situation und fordert P auf, ihn mit F zum nächsten Krankenhaus zu fahren bzw. ihm zumindest seinen Pkw für die Fahrt zum Krankenhaus zur Verfügung zu stellen. Obwohl P davon ausgeht, er sei als Kraftfahrer gegenüber S und F in einer solchen Situation zur Hilfeleistung verpflichtet, verweigert er jede Mithilfe. Mit den Worten "Da seid ihr selber schuld!" will er davon fahren. Daraufhin zerrt S den P kurzerhand aus dem Wagen. S setzt sich hinter das Steuer und will gerade losfahren, als ihm P mit der Faust ins Gesicht schlägt, um die Rettungsfahrt doch noch zu verhindern. S wehrt sich jedoch erfolgreich, indem er seinerseits den P "k.o." schlägt. Es gelingt ihm noch rechtzeitig, F ins Krankenhaus zu bringen. Dort wird sie durch eine sofort eingeleitete Notoperation gerettet.

Am nächsten Tag trifft der Autofahrer P, in der einzigen Gaststätte der Gegend, erneut auf S. Obwohl S den Wagen noch am vergangenen Abend vor dem Haus des P abgestellt hatte, beschließt P, sich für die gewaltsame Entwendung des Pkw zu rächen. Da P sich im nüchternen Zustand jedoch nicht traut, dem S eine Tracht Prügel zu verabreichen, an die sich dieser noch lange erinnern wird, trinkt er sich zunächst einmal Mut an (3,0 ‰). Auch S sieht den P und erkennt die Gelegenheit, mit diesem wegen der Vorkommnisse am vergangenen Abend abzurechnen. Mit ausgebreiteten Armen stürzt S auf den P zu, um diesem einen Kinnhaken zu verpassen. Als P den S mit dieser Geste auf sich zukommen sieht, denkt er spontan, S wolle sich mit ihm in überschwenglicher Stimmung versöhnen und ihn zum Bier einladen. Kurz bevor S auf P einprügeln kann, schlägt P dem – von ihm nicht als solchen erkannten - Angreifer S mehrmals heftig mit dem Bierkrug ins Gesicht.

Als S kampfunfähig zu Boden geht, schlägt P, von Rachegefühlen getrieben, noch einige Male mit den Fäusten auf ihn ein.

Dem vom Gericht eingeholten Sachverständigengutachten ist zu entnehmen, dass eine Schuldunfähigkeit des P zum Zeitpunkt der körperlichen Auseinandersetzung mit S nicht ausgeschlossen werden kann.

Wie ist das Verhalten von S und P strafrechtlich zu bewerten? Eigentums- und Vermögensdelikte sind nicht zu berücksichtigen.

Soweit erforderlich, sind entsprechende Strafanträge gestellt.

Lösung

1. Tatkomplex: Die beinahe verhinderte Rettungsfahrt

A. Strafbarkeit des P durch die Weigerung seinen Pkw zur Verfügung zu stellen

I. Versuchter Totschlag durch Unterlassen, §§ 212 I, 13 I, 22[1]

P könnte sich wegen versuchten Totschlags durch Unterlassen nach §§ 212 I, 13 I, 22 strafbar gemacht haben, indem er die Überlassung seines Pkw verweigerte.

1. Vorprüfung

F wird durch die sofort im Krankenhaus eingeleitete Operation gerettet. Eine vollendete Tötung liegt somit nicht vor. Die Versuchsstrafbarkeit resultiert aus §§ 212 I, 13 I, 22, 23 I, 12 I.

---

[1] Hinsichtlich der Strafbarkeit des P im 1. Tatkomplex ist denkbar, bezüglich der Verweigerung seines Pkw, zunächst einen versuchten Totschlag durch aktives Tun zu erörtern und erst nach dessen Verneinung zur Prüfung des Unterlassungsdelikts überzugehen. Eine Erörterung des Begehungsdelikts ist jedoch nicht zwingend, da nach einhelliger Ansicht, die bloße Verweigerung von Hilfeleistungen, immer als ein Unterlassen einzuordnen ist (vgl. *Jescheck/Weigend*, AT, § 58 II 2; vertiefend zur Frage der Abgrenzung zwischen Tun und Unterlassen: *Brammsen*, GA 2002, 1 ff.; *Gropp*, GS Schlüchter, 2002 S. 173 ff.; *Kargl*, GA 1999, 459 ff.).

2. Tatbestandsmäßigkeit

Der Tatentschluss des P müsste sich sowohl auf den Erfolgseintritt als auch auf die Nichtvornahme einer objektiv zur Erfolgsabwendung gebotenen Handlung trotz vorgestellter Garantenstellung beziehen.[2]

a) Fraglich ist, ob hier ausreichende Feststellungen getroffen werden können, die den sicheren Rückschluss darauf zulassen, dass P sich der Möglichkeit des Todes der F bewusst war und gleichwohl den tödlichen Ausgang billigend in Kauf nahm. Hierbei ist zu beachten, dass im Falle der Tötung mit dolus eventualis der Vorsatz nicht vorschnell mit einem Lebensgefährdungsvorsatz begründet werden darf, da beim Tötungsvorsatz eine wesentlich höhere Hemmschwelle als beim Gefährdungs- oder Körperverletzungsvorsatz überwunden werden muss und deshalb immer auch die Möglichkeit in Betracht zu ziehen ist, dass der Täter die Gefahr des Todes nicht erkannt hat bzw. darauf vertraute, ein Tötungserfolg werde nicht eintreten.[3]

Im vorliegenden Fall hat der S den P über die für F lebensbedrohende Situation informiert. Dem P war also bewusst, dass jede Zeitverzögerung die Rettungschancen verringern würde und nur durch die Zurverfügungstellung seines Fahrzeugs Abhilfe möglich war. P konnte aufgrund dieser Umstände nicht darauf vertrauen, dass sich der lebensbedrohende Zustand der F ohne die Ergreifung von Rettungsmaßnahmen stabilisieren würde bzw. in dieser einsamen Gegend ein anderer Autofahrer die F noch rechtzeitig zum Krankenhaus bringen würde. Obwohl dem P diese äußeren Umstände bekannt waren, verweigerte er die Zurverfügungstellung seines Pkw. Aufgrund dessen ist davon auszugehen, dass er sich mit dem Risiko des Todes der F abgefunden hatte und diesen billigend in Kauf nahm.

P handelte dementsprechend hinsichtlich des Todeserfolges mit dolus eventualis.

b) P wusste, dass der Eintritt des Erfolges durch die Bereitstellung seines Pkw hätte abgewendet werden können. Die Überlassung des Pkw wäre ihm ohne weiteres möglich gewesen. Sein Tatentschluss bezog sich somit auch auf die Nichtvornahme der zur Erfolgsabwendung objektiv gebotenen Handlung trotz physisch-realer Möglichkeit.

c) Ferner müsste sich der Tatentschluss des P auch auf seine Garantenstellung beziehen.

P nahm irrigerweise an, er sei als Autofahrer in dieser Situation zu besonderer Hilfeleistung gegenüber S und F verpflichtet.

Vorsatzrelevant ist allerdings nicht die Garantenstellung als solche, sondern die Umstände, die diese begründen.[4] Infolgedessen kann nur die irrige Annahme von tatsächlichen Umständen, welche bei ihrem Vorliegen eine Garantenstellung be-

---

[2] Vgl. BGH, MDR 1984, 795 bei *Holtz*.
[3] Vgl. beispielsweise *BGH*, NStZ 1994, 585.
[4] *Kühl*, AT, § 18 Rn. 128; *Wessels/Beulke*, AT, Rn. 732.

gründen würden, zu einem Vorsatz begründenden sogenannten umgekehrten Tatumstandsirrtum führen.[5] Stellt sich P hingegen lediglich irrig vor, für ein korrekt erfasstes Geschehen verantwortlich zu sein, handelt er nicht vorsätzlich. Das Täterbewusstsein erreicht in einem solchen Fall gerade nicht die Qualität, welches dem sozialen Bedeutungsgehalt einer vom Strafgesetzgeber inkriminierten Handlungssituation entspricht.[6]

P stellte sich fälschlicherweise vor, allein der Umstand, dass er Autofahrer ist, lege ihm eine besondere Hilfspflicht auf. D.h. er nahm gerade nicht Umstände an, die zu einer Garantenstellung führen würden, sondern verkannte die Reichweite des § 13. Somit subsumierte er die von ihm richtig erkannten tatsächlichen Umstände lediglich falsch unter den Tatbestand des §§ 212 I, 13 I, 22. P befand sich dementsprechend in einem sogenannten umgekehrten Subsumtionsirrtum, der nicht vorsatzbegründend wirkt, sondern lediglich zu einem straflosen Wahndelikt führt.

3. Ergebnis

P hat sich nicht gemäß §§ 212 I, 13 I, 22 wegen versuchten Totschlags durch Unterlassen strafbar gemacht.

II. Versuchte Aussetzung, §§ 221 I Nr. 1, III, 22

Indem P sich weigerte seinen Pkw dem F und der schwerverletzten S zu überlassen, könnte dieser sich einer versuchten Aussetzung gemäß §§ 221 I Nr. 1, III, 22 schuldig gemacht haben.

1. Vorprüfung/Tatbestandsmäßigkeit

Unabhängig von der Frage nach der Strafbarkeit des versuchten erfolgsqualifizierten Delikts, müsste sich der Tatentschluss des P darauf beziehen, die F in eine hilflose Lage zu versetzen. Versetzen i.S.d. § 221 I Nr. 1 erfordert, dass der Täter eine für das Opfer bisher relativ sichere Lage dahingehend verändert, dass er nunmehr eine für das Opfer neue hilflose Lage herbeiführt. D.h. die hilflose Lage muss auf ein Verhalten des Täters zurückzuführen sein.[7] Vorliegend wollte P durch die Verweigerung seines Wagens jedoch keine neue hilflose Lage für F herbeiführen, sondern lediglich der Situation, in der sich die F bereits befand, nicht abhelfen. Dementsprechend fehlt ein entsprechender Tatentschluss des P. Eine Strafbarkeit nach § 221 I Nr. 1, III, 22 scheidet mithin aus.

---

[5] Vgl. *Heidingsfelder*, Der umgekehrte Subsumtionsirrtum, 1991, S. 21; *Nierwetberg*, Jura 1985, 238 (241); *Schlüchter*, JuS 1985, 527 (529).
[6] *Endrulat*, Der "Umgekehrte Rechtsirrtum": Untauglicher Versuch oder Wahndelikt, 1994, S. 75; *Nierwetberg*, Jura 1985, 238 (242).
[7] *Schönke/Schröder/Eser*, § 221 Rn. 4.

2. Ergebnis

P hat sich nicht gemäß §§ 221 I Nr. 1, III , 22 strafbar gemacht.

III. Versuchte Aussetzung, §§ 221 I Nr. 2, III, 22

P könnte sich aufgrund des vorbezeichneten Verhaltens jedoch wegen versuchter Aussetzung nach §§ 221 I Nr. 2, III, 22 strafbar gemacht haben.

1. Tatbestandsmäßigkeit

Voraussetzung für die Verwirklichung des § 221 I Nr. 2 ist jedoch eine Garantenstellung des Täters.[8] Wie bereits festgestellt, ist es unschädlich, dass P sich als Autofahrer zur besonderen Hilfeleistung gegenüber S und F verpflichtet fühlte, entscheidend ist allein, dass er sich keine Umstände vorgestellt hat, die zu einer Garantenstellung seiner Person führen würden. Infolgedessen hat P auch keinen hinreichenden Tatentschluss i.S.d. § 221 Nr. 2, III, 22 gefasst, so dass auch eine diesbezügliche Strafbarkeit ausscheidet.

2. Ergebnis

P hat sich auch nicht wegen versuchter Aussetzung nach §§ 221 I Nr. 2, III, 22 strafbar gemacht.

IV. Unterlassene Hilfeleistung, § 323 c

P könnte sich allerdings durch sein Verhalten gemäß § 323 c wegen unterlassener Hilfeleistung strafbar gemacht haben.

1. Tatbestandsmäßigkeit

a) Voraussetzung für den objektiven Tatbestand ist das Vorliegen eines Unglücksfalls. Unter einem Unglücksfall versteht man ein plötzlich eintretendes Ereignis, welches erhebliche Gefahren für Menschen oder Sachen hervorruft oder hervorzurufen droht.[9] Das Aufschneiden der Pulsadern aufgrund der ungeschickten Handhabe der Brotschneidemaschine, in dessen Folge die F zu verbluten droht, stellt einen solchen Unglücksfall i.S.d. § 323 c dar.

Es wäre P möglich gewesen, seinen Pkw für die Fahrt zum Krankenhaus zur Verfügung zu stellen; dementsprechend hat er eine mögliche Hilfeleistung unterlassen. Die Hilfeleistung ist auch erforderlich, da keine anderweitige Hilfe vorhan-

---

[8] Vgl. *Küpper,* BT 1, § 1 Rn. 88.
[9] Vgl. *Schönke/Schröder/Cramer/Sternberg-Lieben,* § 323 c Rn. 5 m.w.N.

den ist. Hinsichtlich der Zumutbarkeit der Handlung ist auf das allgemeine Sittlichkeitsempfinden abzustellen bzw. eine Wertentscheidung bezüglich der widerstreitenden Interessen zu treffen.[10] Dabei sind insbesondere Art und Ausmaß des drohenden Übels, die konkreten Rettungschancen einerseits, sowie Art und Umfang der aufzuopfernden Interessen andererseits, zu berücksichtigen. Angesichts der Todesgefahr der F war es dem P zumutbar, sein Fahrzeug für eine Fahrt zum Krankenhaus zur Verfügung zu stellen.

b) P erkannte die Gefahr für das Leben der F sowie die Umstände, die seine Hilfeleistungspflicht begründeten. Folglich hat P den objektiven Tatbestand vorsätzlich verwirklicht.

2. Rechtswidrigkeit und Schuldhaftigkeit

P hat den Tatbestand rechtswidrig und schuldhaft verwirklicht.

3. Ergebnis

P hat sich gemäß § 323 c wegen unterlassener Hilfeleistung strafbar gemacht.

B. Strafbarkeit des S durch das Herauszerren des P aus dessen Wagen

Nötigung, § 240 I 1.Alt.

S könnte sich wegen Nötigung gemäß § 240 I 1. Alt. strafbar gemacht haben, indem er den P aus dessen Wagen zerrte.

1. Tatbestandsmäßigkeit

Das Herauszerren aus dem Pkw ist Gewalt in Form der vis absoluta, die nach herrschender Ansicht ein geeignetes Nötigungsmittel darstellt.[11] Durch diese Gewaltanwendung des S ist P gezwungen, das Herauszerren aus dem Pkw zu dulden. Der objektive Tatbestand des § 240 I 1. Alt. ist infolgedessen durch S verwirklicht worden. S handelte diesbezüglich vorsätzlich. Der Tatbestand der Nötigung liegt somit vor.

---

[10] BGHSt 11, 136 (354).
[11] *Lackner/Kühl*, § 240 Rn. 5 m.w.N.; vis absoluta als Nötigungsmittel ablehnend: *Sinn*, Die Nötigung im System des heutigen Strafrechts, 2000, S. 195 ff.; vgl. auch Fall 6 = S. 115.

2. Rechtswidrigkeit

a) S könnte jedoch durch Nothilfe gemäß § 32 gerechtfertigt sein.[12]

Voraussetzung hierfür ist das Vorliegen eines gegenwärtigen, rechtswidrigen Angriffs. Unter Angriff versteht man jede Bedrohung rechtlich geschützter Interessen durch menschliches Verhalten.[13] Im vorliegenden Fall hat P durch die unterlassene Hilfeleistung das Leben der F bedroht.

Fraglich ist jedoch, ob diese Verletzung der allgemeinen Hilfeleistungspflicht das Notwehrrecht auslösen kann.

aa) Teilweise[14] wird bereits begrifflich ein Angriff durch Unterlassen für nicht möglich gehalten, da das Wort "Angriff" ein aktives Tun beinhalte. Lediglich für Fälle, in denen der Unterlassende zuvor rechtswidrig eine (Dauer-)Gefahr geschaffen hat, ist nach dieser Ansicht allenfalls eine analoge Anwendung des § 32 denkbar. Vorliegend ist jedoch die Gefahr des Todes der F nicht durch P verursacht worden, so dass nach dieser Meinung die Anwendung des § 32 grundsätzlich ausscheidet.

bb) Ein anderer Teil des Schrifttums beschränkt einen Angriff durch Unterlassen i.S.d. § 32 nur auf die Fälle, in denen der Täter eine echte Garantenpflicht gemäß § 13 inne hat.[15]

Da P gegenüber F keine Garantenstellung zukommt,[16] ist auch nach dieser Ansicht ein Angriff des P zu verneinen.

cc) Eine weitergehende Ansicht bejaht hingegen einen Angriff durch menschliches Verhalten immer dann, wenn den Unterlassenden irgendeine straf- oder ordnungsrechtlich sanktionierte Pflicht zum Tätigwerden trifft.[17]

Nach dieser Ansicht kann auch das Unterlassen der Hilfeleistung i.S.d. § 323 c einen Angriff begründen.

dd) Da die letztgenannte Ansicht, anders als die übrigen, enger gefassten Ansätze, als einzige einen Angriff i.S.d. § 32 bejaht, ist zu entscheiden, ob ihr zu folgen ist. Gegen sie spricht zunächst die nicht hinreichende Würdigung des Umstands, dass nur derjenige, der nach den Regeln des unechten Unterlassungsdelikts garantenpflichtig ist, für die drohende Rechtsgutverletzung haftet. Demgegenüber liegt die Strafwürdigkeit des allgemein Hilfspflichtigen allein in seiner Untätigkeit. Für den eingetretenen Erfolg wird dieser gerade nicht verantwortlich gemacht. Für den

---

[12] Aufbauhinweis: Im Rahmen der Prüfung des § 240 sind die allgemeinen Rechtfertigungsgründe immer vor der Verwerflichkeitsklausel des § 240 II zu erörtern.
[13] Vgl. *Lackner/Kühl*, § 32 Rn. 2
[14] *Schönke/Schröder/Lenckner/Perron*, § 32 Rn. 11 f.
[15] *Maurach-Zipf* AT 1, § 26 Rn. 9; *Hruschka*, Dreher FS, 1977, 189 (201).
[16] Vgl. die Ausführungen unter A. I. 2. c = S. 49.
[17] *Lagodny*, GA 1991, 300 ff., *Jescheck/Weigend*, AT, § 32 II 1 a; *Geilen*, Jura 1981, 200 (203 f.); *BayObLG*, NJW 1963, 824 f.

Personenkreis, der seiner Hilfspflicht gemäß § 323 c nicht nachkommt, führen deshalb die allgemeinen Notstandsregeln aufgrund des Erfordernisses der Interessenabwägung zu wesentlich sachgerechteren Ergebnissen.[18] Die Auffassung, nach der jeder Rettungsunwillige mit einem aktiv Eingreifenden gleichgesetzt wird und damit unterschiedlos das sehr weitreichende Notwehrrecht gegen sich gelten lassen muss, ist, nicht zuletzt wegen der unbilligen Ergebnisse, zu der sie im Einzelfall führt, abzulehnen.

Dementsprechend kann gerade nicht davon ausgegangen werden, dass das Unterlassen der Hilfeleistung gemäß § 323 c einen Angriff i.S.d. § 32 begründet.

Aufgrund der fehlenden Notwehrlage scheidet somit eine Rechtfertigung über § 32 aus.

b) Möglicherweise kann sich S auf den Rechtfertigungsgrund des § 904 BGB stützen. § 904 BGB rechtfertigt jedoch lediglich Einwirkungen auf die Sache selbst, Eingriffe in höchstpersönliche Rechtsgüter des Eigentümers, wie etwa dessen Willensbetätigungs- bzw. Willensausübungsfreiheit, sind nicht von § 904 BGB gedeckt.[19]

c) S könnte sich jedoch in einem rechtfertigenden Notstand nach § 34 befunden haben.

Es besteht eine gegenwärtige Lebensgefahr für F, eine Notstandslage i.S.d. § 34 liegt demnach vor.

Fraglich ist, ob die Gefahr anders abwendbar war. Der Transport der schwerverletzten F mit dem Wagen des P war die einzige Möglichkeit, die F zu retten. P war nicht zu einer freiwilligen Fahrt ins Krankenhaus zu bewegen. Eine erzwungene Fahrt mit P als Fahrer schied als Handlungsalternative ebenfalls aus, da unsicher war, ob P sich tatsächlich dazu bringen lassen würde, die notwendige Rettungsfahrt durchzuführen, oder ob er eine solche Gelegenheit nicht vielmehr dazu benutzt hätte, die F irgendwo abzusetzen und davon zu fahren. Dementsprechend war die Gefahrenlage nicht anders, als durch die zwangsweise Entziehung des Fahrzeuges, abwendbar.

---

[18] Vertreter der unter cc) genannten Meinung (vgl. insbesondere *Lagodny*, GA 1991, 300 ff.), halten der hier angeführten Argumentation jedoch (ebenfalls sehr gut vertretbar) entgegen, dass es bei einem Angriff i.S.d. § 32 nicht um eine drohende Herbeiführung eines Erfolges i.S. eines Erfolgsdeliktes gehe. Der Angriff beziehe sich vielmehr auf drohende Verletzungen von Rechtsgütern bzw. rechtlich geschützten Interessen. Der tatbestandsmäßige Erfolg und die Beeinträchtigung geschützter Rechtsgüter seien jedoch voneinander zu trennen. Dementsprechend könne die Verwirklichung eines echten Unterlassungsdeliktes (welches nicht nur dem Schutz der Allgemeinheit dient, sondern (auch) dem Schutz konkreter Individualrechtsgüter) durchaus einen Angriff i.S.d. § 32 darstellen. Dementsprechend ist es genauso gut möglich, einen Angriff i.S.d. § 32 zu bejahen.

[19] Vgl. *Geilen*, Jura 1981, 200 (204); *Palandt/Bassenge*, § 904 Rn. 1, 3.

Vorliegend überwiegt das Erhaltungsinteresse (das Leben der F) das Eingriffsinteresse (vorübergehende Beeinträchtigung der Willensbetätigungs- bzw. Willensausübungsfreiheit des P) wesentlich.

Problematisch könnte sein, ob die Notstandshandlung des S auch angemessen i.S.d. § 34 S. 2 war, da in das höchstpersönliche Rechtsgut der Willensfreiheit eingegriffen wird. Dem könnten insbesondere sozialethische Gesichtspunkte entgegenstehen. Das Selbstbestimmungsrecht und die Menschenwürde dürfen auch dann nicht beeinträchtigt werden, wenn die gegen den Willen des Betroffenen vorgenommene Handlung dem Schutz höherwertiger Rechtsgüter dient.[20] Allerdings gilt das Recht des Menschen auf freie Selbstbestimmung und Respektierung der Person (Autonomieprinzip) nicht uneingeschränkt. Vielmehr sind auch hier die sich gegenüberstehenden Rechtsgüter gegeneinander abzuwägen. Grundsätzlich gilt: Je niedriger der Rang des persönlichen Rechtsgutes ist, desto mehr tritt das beachtliche Persönlichkeitsinteresse am Unterbleiben der Notstandseinwirkung zurück.[21] Als im Rahmen der sozialethischen Angemessenheit grundsätzlich unzulässig wird eine Körperverletzung[22] zur Lebensrettung erachtet. Jedoch liegt hier keine mit dieser Situation vergleichbare Konstellation vor. Vorliegend handelt es sich "nur" um eine kurzzeitige Nötigung zur Beseitigung einer akuten Lebensgefahr. Infolgedessen ist vorliegend die Angemessenheit i.S.d. § 34 S. 2 zu bejahen.

S handelte schließlich auch mit Rettungswillen.

Dementsprechend ist das Handeln des S durch § 34 gerechtfertigt.

3. Ergebnis

S hat sich nicht wegen Nötigung gemäß § 240 I 1. Alt. strafbar gemacht.

C. Strafbarkeit des P durch den Versuch, sein Fahrzeug zurück zu erlangen

I. Versuchter Totschlag, §§ 212 I, 22, 23 I, 12 I

P könnte sich durch den Versuch, sein Fahrzeug durch einen Schlag in das Gesicht des S zurück zu erlangen, nach §§ 212 I, 22, 23 I, 12 I wegen versuchten Totschlags strafbar gemacht haben.

---

[20] *Schönke/Schröder/Lenckner/Perron*, § 34 Rn. 41 e.
[21] LK-*Hirsch*, § 34 Rn. 68.
[22] Z.B. zwangsweise entnommene Blutspende, vgl. *Schönke/Schröder/Lenckner/Perron*, aaO.; LK-*Hirsch* aaO.

1. Vorprüfung

F ist durch eine Notoperation gerettet worden, der tatbestandliche Erfolg ist somit nicht eingetreten.

Der versuchte Totschlag ist gemäß §§ 212 I, 22, 23 I, 12 I strafbar.

2. Tatbestandsmäßigkeit

Subjektiv: Tatentschluss

Voraussetzung ist, dass P Tatentschluss hinsichtlich der Tötung der F besaß.

Wie bereits festgestellt[23], ist von einem Eventualvorsatz des P auszugehen.

Fraglich ist allerdings, ob das Verhalten des P als aktives Tun oder als Unterlassen zu bewerten ist. Dies hängt davon ab, ob man die weitere Verweigerung der Überlassung des Pkw zur Rettungsfahrt in den Vordergrund stellt, oder ob man an den Faustschlag des P als relevante Handlung anknüpft. Würde man zu dem Ergebnis eines Unterlassens gelangen, schiede eine Strafbarkeit des P mangels Garantenstellung aus.

Hinsichtlich der Abgrenzung zwischen Tun und Unterlassen lassen sich im wesentlichen zwei Begründungsansätze unterscheiden. Der eine zieht naturalistisch-ontologische Kriterien, wie "Energieeinsatz" und "Kausalität" heran, der andere stellt auf eine normative Betrachtung ab.

a) Nach dem Kausalitätskriterium handelt derjenige durch aktives Tun, der die Außenwelt durch kausale Einwirkung verändert. Derjenige der den Dingen ihren "Lauf lässt" unterlässt etwas.[24] Nach dem Energiekriterium, welches auch kumulativ zum Kausalitätskriterium herangezogen werden kann, stellt sich das positive Tun als "Aufwendung von Energie in eine bestimmte Richtung" dar, während das Unterlassen als Nichteinsatz von Energie in eine bestimmte Richtung zu kennzeichen ist.[25] Indem der P den bereits am Steuer sitzenden S mittels des Faustschlages daran hindern wollte, seinen Wagen für die Rettungsfahrt zu nutzen, wollte er aktiv in die Außenwelt eingreifen, da S bei ungestörtem Fortgang des Geschehens mit dem Pkw davon gefahren wäre. Für die Verabreichung eines Faustschlages ist zudem der Aufwand von Energie unerlässlich. D.h., nach dem naturalistisch-ontologischen Begründungsansatz war der Tatentschluss des P auf ein aktives Tun gerichtet.

b) Sofern man eher auf eine normative Betrachtung abstellt und unter Berücksichtigung des sozialen Handlungssinns nach dem Schwerpunkt des strafrechtlich rele-

---

[23] Vgl. die Ausführungen unter A.II.1 = S. 50.
[24] Vgl. Darstellung bei *Kühl,* AT, § 18 Rn. 15.
[25] *Otto/Brammsen,* Jura 1985, 530 (531 mwN).

vanten Verhaltens fragt[26], kommt man ebenfalls zu dem Ergebnis, dass P Tatentschluss hinsichtlich einer aktiven Begehungsweise gefasst hat. Da S bereits am Steuer des Pkw saß und im Begriff war loszufahren, als P versuchte, ihn durch den Schlag ins Gesicht von der Rettungsfahrt abzuhalten, versuchte P, eine durch einen Dritten herbeigeführte effektive Rettungschance der F zu vereiteln. Besteht jedoch bereits eine effektive Rettungschance, die einen positiven Verlauf erwarten lässt und wird diese durch das Eingreifen des Täters vereitelt, ist nach ganz herrschender Ansicht die Wertungsstufe des Unterlassungsdeliktes überschritten und ein aktives Tun zu bejahen.[27]

c) Ein neuer, ebenfalls normativer Ansatz, bemüht sich im Bereich des Abbruchs von Rettungsbemühungen um eine stärkere Trennschärfe zwischen aktiven Tun und Unterlassen, als dies mit der bisherigen Formel vom Schwerpunkt der Vorwerfbarkeit möglich war. In Anlehnung an die allgemeinen Rücktrittsregeln wird zwischen beendeten und unbeendeten Erfolgsverhinderungsversuchen unterschieden.[28] Ein beendeter Erfolgsverhinderungsversuch, und damit ein aktives Tun des Eingreifenden in den Rettungsversuch, soll nur dann vorliegen, sofern nach allgemeiner Lebenserfahrung keine Mitwirkung des Täters oder Dritter (mehr) erforderlich ist, um den Erfolg zu verhindern, demgegenüber soll ein unbeendeter Erfolgsverhinderungsversuch, d.h. lediglich Unterlassen, gegeben sein, wenn erst noch Aktivitäten aufgebracht werden müssen, um die Verhinderung der Tatbestandsverwirklichung zu erreichen.[29] Auf die Vereitelung der Rettungshandlungen Dritter übertragen bedeutet dies, dass nur dann von einem aktiven Tun ausgegangen werden kann, wenn die bisherigen Rettungsbemühungen bereits erfolgreich sind, d.h. nach allgemeiner Lebenserfahrung auch ohne weitere Aktivitäten des Retters der tatbestandliche Erfolg ausbleiben wird. Im vorliegenden Fall hat F noch keine Position erreicht in der sie sich aus eigenen Kräften retten kann. Sie ist immer noch darauf angewiesen, dass sie in ein Krankenhaus verbracht wird und dort notärztlich behandelt wird. Infolgedessen gelangt man bei Zugrundelegung dieses Ansatzes zum Ergebnis, dass das Verhalten des P lediglich als Unterlassen einzuordnen ist.

d) Der Vorteil dieser letztgenannten Ansicht liegt darin, dass im Gegensatz zu der wohl herrschenden Ansicht vom Schwerpunkt der Vorwerfbarkeit eindeutige und nachprüfbare Abgrenzungskriterien an die Hand gegeben werden und dadurch tatsächlich eine genauere Trennschärfe zwischen Tun und Unterlassen erzielt werden kann. Darüber hinaus werden, anders als bei einer Abgrenzung nach dem Schwerpunkt der Vorwerfbarkeit, die angewendeten Kriterien offengelegt und vermieden, dass unter Zuhilfenahme eines vermeintlich objektiven Maßstabes letztlich nur je-

---

[26] Vgl. z.B. BGHSt 6, 59; BGH, NStZ 1999, 607; *Haft*, AT, S. 175; *Schönke/Schröder/Stree*, Vorbem §§ 13 ff Rn. 158 mwN; *Wessels/Beulke*, AT, Rn. 700; vgl. zu weiteren Nachweisen auch *Sieber*, JZ 1983, 431, 433 f., *Stoffers*, JuS 1993, 24.
[27] *Gropp*, AT, § 11/66 ff.; *Schönke/Schröder/Stree*, Vorbem. §§ 13 ff Rn. 159; *Jescheck/Weigend*, AT, § 58 II 2; *Otto* Grundkurs, AT, § 9 Rn. 8.
[28] *Gropp*, GS Schlüchter, 2002, 173 (178 ff.).
[29] *Gropp*, GS Schlüchter, 2002, 173 (178 ff.).

nes Ergebnis erzielt wird, zu welchem man bereits zu Beginn der Prüfung tendierte.

Dementsprechend ist das Verhalten des P lediglich als Unterlassen zu werten. Eine Strafbarkeit aus dem aktiven Begehungsdelikt kommt somit nicht in Betracht.

3. Ergebnis

P hat sich nicht wegen versuchten Totschlags gemäß §§ 212 I, 22, 23 I, 12 I strafbar gemacht.

II. Versuchter Totschlag durch Unterlassen, §§ 212 I, 13 I, 22, 23 I, 12 I

Mangels Garantenstellung des P gegenüber F hat P sich auch nicht wegen versuchten Totschlag durch Unterlassen gemäß §§ 212 I, 13 I, 22, 23 I, 12 I strafbar gemacht, als er S aus dem PKW zerrte, um die Rettungsfahrt zu verhindern.

III. Körperverletzung, § 223 I

P könnte sich einer Körperverletzung nach § 223 I schuldig gemacht haben, indem er dem S mit der Faust ins Gesicht schlug.

1. Tatbestandsmäßigkeit

Der Schlag mit der Faust ins Gesicht stellt eine üble, unangemessene Behandlung dar, die das körperliche Wohlbefinden des S nicht nur unerheblich beeinträchtigt hat. Diese körperliche Misshandlung hat P vorsätzlich verübt. Die Tatbestandsvoraussetzungen des § 223 I liegen demnach vor.

2. Rechtswidrigkeit

a) Da S hinsichtlich des Herauszerrens des P aus dessen Wagen nach § 34 gerechtfertigt war, hat S keinen rechtswidrigen Angriff i.S.d. § 32 auf P verübt. Daraus folgt, dass P sich seinerseits nicht auf Notwehr berufen kann.

b) Möglicherweise greift zugunsten des P jedoch der Rechtfertigungsgrund der Besitzkehr nach § 859 II BGB ein.

Voraussetzung hierfür ist, dass S bei der Inbesitznahme des Pkw verbotene Eigenmacht ausgeübt hat. Nach § 858 I BGB ist dies jedoch nur dann der Fall, wenn dem Besitzer ohne gesetzliche Gestattung der Besitz entzogen worden war. Daran fehlt es, wenn, wie hier, die Einwirkung auf die Sache nach § 904 BGB erlaubt ist.[30]

Die Ingebrauchnahme des Fahrzeugs durch S diente der Abwendung der gegenwärtigen Gefahr für das Leben der F. Der drohende Tod stellt gegenüber der vorübergehenden Ingebrauchnahme des Pkw einen wesentlich höheren Schaden dar, so dass die Voraussetzungen des § 904 BGB erfüllt sind.

Somit ist P der Pkw nicht durch verbotene Eigenmacht i.S.d. § 858 I BGB entzogen worden. Infolgedessen ist P nicht durch § 859 II gerechtfertigt.

c) Aus dem Umstand, dass die Nötigung des S gerechtfertigt ist, ergibt sich eine Duldungspflicht des P, die seine Reaktion unabhängig von einer Güterabwägung unangemessen macht, so dass auch der rechtfertigende Notstand nach § 34 hinsichtlich des Verhaltens des P nicht eingreift.[31]

3. Schuldhaftigkeit

P hat den Tatbestand auch schuldhaft verwirklicht.

4. Ergebnis

P hat sich wegen Körperverletzung nach § 223 I strafbar gemacht.

IV. Versuchte Nötigung, § 240 I 1. Alt., III, 22

P könnte sich durch den Schlag ins Gesicht des S, mit dem er die Rettungsfahrt doch noch zu verhindern versuchte, wegen versuchter Nötigung gemäß §§ 240 I 1. Alt., III, 22 strafbar gemacht haben.

P wollte den S mit Gewalt zur Duldung der Wegnahme des Pkw zwingen und hat hierzu mit dem Schlag in das Gesicht des S unmittelbar zur Tat angesetzt. Rechtfertigungsgründe sind nicht ersichtlich. Die Verwerflichkeit der Zweck-Mittel-Relation i.S.d. § 240 II ist zu bejahen. P hat demnach rechtswidrig und schließlich auch schuldhaft gehandelt.

Ergebnis

P hat sich wegen versuchter Nötigung gemäß §§ 240 I 1. Alt., III, 22 strafbar gemacht.

---

[30] *Palandt/Bassenge*, § 859 Rn. 6.
[31] LK-*Hirsch*, Vor § 32 Rn. 65, § 34 Rn. 39.

D. Strafbarkeit des S durch den "K.o."-Schlag

I. Körperverletzung, § 223 I

S könnte sich durch seinen gegen P gerichteten "K.o."-Schlag ebenfalls gemäß § 223 I wegen Körperverletzung strafbar gemacht haben.

Durch den vorsätzlichen "K.o"-Schlag hat S den Tatbestand des § 223 I verwirklicht.

Fraglich ist jedoch, ob dieser Schlag gemäß § 32 gerechtfertigt ist, da P dem S zuvor einen Schlag versetzt hat. Der Schlag des P stellt einen Angriff auf die körperliche Unversehrtheit des S dar. Dieser Angriff ist zum Zeitpunkt des "K.o."-Schlags durch S gegenwärtig und rechtswidrig, da P keine Rechtfertigungsgründe zur Seite stehen. In dieser bestehenden Notwehrlage kann der "K.o."-Schlag als erforderliches Verteidigungsmittel angesehen werden, welches S mit Verteidigungswillen eingesetzt hat.

Der Schlag des S ist folglich nach § 32 gerechtfertigt.

Ergebnis

S hat sich nicht wegen Körperverletzung gemäß § 223 I strafbar gemacht.

II. Nötigung, § 240 I 1. Alt.

Schließlich könnte sich S wegen Nötigung gemäß § 240 I 1. Alt. strafbar gemacht haben, indem er den P gewaltsam zwang, die Wiederinbesitznahme des Pkw zu dulden.

Zwar hat S den Nötigungstatbestand vorsätzlich verwirklicht. Allerdings greift aus den vorgenannten Gründen auch hier Notwehr bzw. Nothilfe als Rechtfertigungsgrund ein, so dass S sich auch nicht wegen Nötigung strafbar gemacht hat.

E. Konkurrenzen für den 1. Tatkomplex

S bleibt straflos.

Strafbarkeit des P:

§ 323 c, § 223 I und §§ 240 III, 22 stehen in Idealkonkurrenz zueinander. P hat sich dementsprechend nach § 323 c, § 223, §§ 240 III, 22, § 52 strafbar gemacht.

2. Tatkomplex: Das Geschehen in der Gaststätte

A. Strafbarkeit des P

I. Gefährliche Körperverletzung, §§ 223 I, 224 I Nr. 2, Nr. 5

P könnte sich gemäß §§ 223 I, 224 I Nr. 2, Nr. 5 durch die heftigen Schläge mit dem Bierkrug in das Gesicht des S wegen gefährlicher Körperverletzung strafbar gemacht haben.

1. Tatbestandsmäßigkeit

a) Objektiv

aa) Indem P dem S mehrmals heftig mit dem Bierkrug in das Gesicht schlug und S aufgrund dieser Schläge zu Boden ging, hat P das Tatbestandsmerkmal der körperlichen Misshandlung verwirklicht. Für die Annahme einer Gesundheitsschädigung i.S.d. § 223 I 2. Alt. liegen hingegen keine Anhaltspunkte vor.

bb) Da P mit einem Bierkrug auf S eingeschlagen hat, könnte er sich zudem eines gefährlichen Werkzeuges bedient haben, bzw. könnten die Schläge eine lebensgefährdende Behandlung darstellen, so dass eine Qualifikation der Körperverletzung nach § 224 I Nr. 2, Nr. 5 in Betracht kommt.

Gefährlich ist ein Werkzeug nach herrschender Ansicht, sofern dieses nach seiner objektiven Beschaffenheit und nach Art der konkreten Benutzung und des Körperteils, auf das es angewendet wird, geeignet ist, erhebliche Verletzungen herbeizuführen.[32] Aufgrund der Schwere eines Bierkruges und der Heftigkeit, mit der P diesen ins Gesicht des S schlug, war der Schlag mit dem Krug durchaus geeignet, beispielsweise einen Nasenbeinbruch oder eine schwere Gehirnerschütterung herbeizuführen. Infolgedessen ist der Bierkrug als gefährliches Werkzeug einzuordnen.

cc) Fraglich ist, ob darüber hinaus die Schläge mit dem Bierkrug eine lebensgefährdende Behandlung i.S.d. § 224 I Nr. 5 darstellen. Die Körperverletzung ist nach herrschender Ansicht mittels einer lebensgefährdenden Behandlung begangen, wenn die Verletzung den konkreten Umständen nach objektiv geeignet war, das Leben des Opfers in Gefahr zu bringen. Nicht ausschlaggebend ist die Gefährlichkeit der tatsächlich erlittenen Verletzung.[33] Demgegenüber wird von Teilen der

---

[32] Vgl. z.B. *Lackner/Kühl*, § 224 Rn. 5; *Schönke/Schröder/Stree*, § 224 Rn. 4.
[33] BGHSt 2, 160, (163); 36, 1; SK-*Horn*, § 224 Rn. 3; *Lackner/Kühl*, § 224 Rn. 8; LK-*Lilie*, § 224 Rn. 3, 36; *Tröndle/Fischer*, § 224 Rn. 12 f.; *Wessels/Hettinger*, BT 1, Rn. 282, jeweils mwN.

Literatur[34] diese Tatbestandsvariante wesentlich enger gefasst, indem sie fordert, dass von der Behandlung gerade nicht nur eine abstrakte, sondern auch eine konkrete Lebensgefährdung für das Opfer ausgehen muss. Heftige Schläge mit einem Bierkrug auf den Kopf eines Menschen sind objektiv geeignet eine Lebensgefahr für das Opfer herbeizuführen. Aufgrund fehlender Angaben kann jedoch nicht davon ausgegangen werden, dass für S darüber hinaus auch eine konkrete Gefahr für sein Leben bestand. Folgt man der herrschenden Ansicht, läge dementsprechend eine lebensgefährdende Behandlung i.S.d. § 224 I Nr. 5 vor. Schließt man sich hingegen der Mindermeinung an, so wäre diese zu verneinen. Für die herrschende Meinung spricht, dass sich die Bundesregierung im Gesetzgebungsverfahren zum 6. StrRG ausdrücklich der ständigen Rechtsprechung des BGH angeschlossen hat. Zu beachten ist ferner, dass der Gesetzgeber im Laufe des Gesetzgebungsverfahrens von dem ursprünglichen Plan, bei allen Varianten der gefährlichen Körperverletzung die Gefahr der Herbeiführung einer schweren Gesundheitsbeschädigung zu normieren, mit der Begründung Abstand genommen hat, den Schutzbereich des § 224 nicht über Gebühr zu beschränken.[35] Das Erfordernis einer konkreten Lebensgefährdung, wie die Mindermeinung es vertritt, ist mit dem aktuellen gesetzgeberischen Willen dementsprechend kaum noch in Einklang zu bringen, so dass dem Abstellen auf eine abstrakte Eignung der Lebensgefährdung der Vorzug zu gewähren ist.

b) Subjektiv

P handelte hinsichtlich der körperlichen Misshandlung mit Vorsatz. Er wusste auch um die Gefährlichkeit der heftigen Schläge mit dem Krug in das Gesicht des S. Darüber hinaus kann davon ausgegangen werden, dass P ebenfalls wusste, dass heftige Schläge mit einem Krug auf den Kopf eines Menschen erhebliche Verletzungen herbeiführen können, die im Einzelfall auch zum Tod des Opfers führen. Dementsprechend hat P auch die Tatbestandsvarianten des § 224 I Nr. 2, 5 vorsätzlich verwirklicht.

2. Rechtswidrigkeit

Fraglich ist jedoch, ob P den Tatbestand rechtswidrig verwirklicht hat, da er durch Notwehr gemäß § 32 gerechtfertigt sein könnte.

a) Dies setzt eine Notwehrlage, d.h. einen gegenwärtigen, rechtswidrigen Angriff von Seiten des S voraus. S läuft mit ausgebreiteten Armen auf P zu, um diesen zu schlagen. Folglich setzt S unmittelbar zu einem Angriff auf die körperliche Integrität des P an. Da sich S seinerseits nicht auf Rechtfertigungsgründe berufen kann, ist dieser gegenwärtige Angriff auch rechtswidrig. Eine Notwehrlage liegt somit vor.

---

[34] *Schröder*, JZ 1967, 522; *Schönke/Schröder/Stree*, § 224 Rn. 12; *ders.*, Jura 1980, 291 f.
[35] Vgl. hierzu insbesondere LK-*Lilie*, § 224 Rn. 37.

b) Darüber hinaus müssten die Schläge mit dem Bierkrug eine erforderliche Verteidigungshandlung darstellen, d.h. sie müssten zur sofortigen Beendigung des Angriffs nicht nur geeignet sein, sondern, sofern mehrere Verteidigungsmittel zur Verfügung stehen, zugleich das mildeste wirksame Verteidigungsmittel darstellen. Die Schläge waren geeignet, den S kampfunfähig zu machen und dadurch den Angriff abzuwehren. Erwogen werden könnte, ob tatsächlich mehrere Schläge mit dem Bierkrug erforderlich waren, um den Angriff des S zu beenden. Hätte P jedoch statt des Bierkrugs lediglich seine Fäuste benutzt oder es bei einem Schlag mit dem Bierkrug belassen, hätte die Gefahr bestanden, dass S, durch diese Schläge zusätzlich provoziert, nicht von P abgelassen hätte. Der Angegriffene braucht sich aber nicht auf das Risiko einer ungenügenden Abwehrhandlung einzulassen.[36] Dementsprechend ist zugunsten des P davon auszugehen, dass das mehrmalige Schlagen mit dem Bierkrug zur Abwendung des Angriffs durch S erforderlich war.

Anhaltspunkte für eine Einschränkung des Notwehrrechts über das Merkmal der Gebotenheit bestehen nicht.

c) Fraglich ist, ob P zum Zeitpunkt der Verteidigungshandlung außerdem mit dem Willen zur Verteidigung handeln musste.

Als P den S mit ausgebreiteten Armen auf sich zukommen sieht, denkt er, S wolle sich mit ihm versöhnen. Mit einen Angriff von Seiten des S rechnete er hingegen nicht, als er diesen mit dem Bierkrug niederschlug. D.h. ein Verteidigungswille des P liegt gerade nicht vor.

Ob ein solches subjektives Rechtfertigungselement erforderlich ist, ist umstritten.[37]

aa) Ein Teil der Lehre verzichtet auch heute noch vollständig auf das Vorliegen eines subjektiven Rechtfertigungselementes. Auf dem Boden einer objektiven Unrechtslehre wird angenommen, dass schon bei Vorliegen der "gesetzlichen" (objektiven) Voraussetzungen eines Rechtfertigungsgrundes ein straftatbestandsmäßiges Abwehrverhalten gerechtfertigt und damit straflos sei.[38]

bb) Die herrschende Meinung hält hingegen ein subjektives Rechtfertigungselement für erforderlich. Begründet wird dies mit dem Aufbau des Unrechtsbegriffs aus Handlungs- und Erfolgsunrecht als gleichrangige Komponenten. Sofern man jedoch davon ausgeht, dass es keine rein objektive Unrechtsbegründung gibt, so

---

[36] *Lackner/Kühl*, § 32 Rn. 9 mit umfangreichen Nachweisen.
[37] Die Beantwortung der Frage, ob und in welcher Breite auf die Frage des grundsätzlichen Erfordernisses des subjektiven Rechtfertigungselementes einzugehen ist, kann nicht pauschal beantwortet werden, sondern hängt ganz wesentlich davon ab, ob die Klausur auf die Erörterung dieses Problems zugeschnitten ist bzw. wieviel Probleme der Fall außerdem aufweist. Zu dieser Frage vergleiche auch die klausurtaktischen Überlegungen sowie den Verweis auf die unterschiedliche Handhabung in der Falllösungsliteratur bei *Kühl*, AT, § 7 Rn. 126.
[38] *Spendel*, Bockelmann FS, 1979, 245; LK-*Spendel*, § 32 Rn. 138 ff.

kann es auch bei den Rechtfertigungsgründen keine rein objektiv begründbare Rechtfertigung geben. Welche Voraussetzungen an die subjektive Seite der Rechtfertigung im einzelnen zu stellen sind, ist indes umstritten. Als Minimalvoraussetzung ist jedoch anerkannt, dass der Täter zumindest Kenntnis von der objektiven Rechtfertigungslage haben muss. Für die hier in Betracht kommende Notwehr wird darüber hinaus überwiegend ein Verteidigungswille des Angegriffenen gefordert.

Vorliegend fehlt es jedoch bereits an der Kenntnis des P über die objektive Notwehrlage. Demzufolge scheidet eine Rechtfertigung des P gemäß § 32 nach herrschender Ansicht in jedem Falle aus.

cc) Gegen die herrschende Ansicht wird eingewandt, dass aus dem Gesetzeswortlaut keineswegs das Erfordernis eines subjektiven Rechtfertigungselementes zu entnehmen sei. Dass zum Begriff der Verteidigung notwendig ein Verteidigungswille gehöre, sei "ein eigenartiger Begriffsmystizismus", so werde beispielsweise auch das Merkmal "Angriff" nach einhelliger Ansicht ausschließlich objektiv bestimmt. Gegen ein derartiges "subjektives Rechtfertigungselement" sprächen, neben der Notwendigkeit und Richtigkeit der objektiven Unrechtslehre, vor allem unbefriedigende und ungereimte Ergebnisse, da weite Teile der herrschenden Ansicht auf der anderen Seite wiederum nicht so konsequent seien, aus dem vollendeten Delikt zu bestrafen, sondern eine Versuchslösung favorisierten, damit jedoch in die Nähe eines reinen Gesinnungsstrafrechts rückten.[39]

Dem wird von herrschender Ansicht entgegen gehalten, dass der Begriff "Verteidigung" anders als ein Angriff, notwendig auch ein subjektives Element enthalte. Gegen etwas verteidigen kann sich nur derjenige, der Kenntnis von dem Umstand des Angriffs hat.[40]

Eine solche Auslegung wird auch durch den Normtext des § 32 II gestützt, in dem es – ähnlich wie in § 34, der die Formulierung "um die Gefahr abzuwenden" verwendet - heißt "um einen Angriff abzuwehren". Schließlich spricht auch die ratio der Notwehr, das überindividuelle Rechtsbewährungsprinzip, für eine Bejahung eines subjektiven Rechtfertigungselementes. Zu einem Akt der Rechtswahrung wird die Verteidigungshandlung nicht schon durch das objektive Vorliegen einer Notwehrlage, sondern erst dadurch, dass der (auch das Recht wahrende) Verteidiger in Kenntnis der Rechtfertigungslage handelt, um das angreifende Unrecht abzuwehren und somit der positive Handlungswert den negativen Handlungsunwert kompensiert.[41]

Dementsprechend ist mit der herrschenden Ansicht von einer Anerkennung eines subjektiven Rechtfertigungselementes, hier dem Erfordernis des Verteidigungswillens, auszugehen.

---

[39] Vgl. LK-*Spendel*, § 32 Rn. 138 – 144.
[40] Vgl. *Gropp*, AT, § 6 Rn. 90.
[41] *Kühl*, AT, § 7 Rn. 125.

dd) Fraglich ist nun, welche Konsequenzen aus dem Umstand zu ziehen sind, dass P ohne Verteidigungswillen gehandelt hat. Hierüber herrscht ebenfalls Streit.

Teilweise wird angenommen, dass aus dem vollendeten Delikt zu bestrafen sei.[42] Abweichend davon will eine insbesondere im Schrifttum vorherrschende Ansicht nur wegen (untauglichen) Versuchs bestrafen, wobei die Versuchsregeln entweder direkt oder entsprechend angewendet werden sollen. Für die Vertreter der Lehre von den negativen Tatbestandsmerkmalen wirft diese Frage keine Probleme auf. Konsequenz dieser Lehre ist, auch sachlich vom Vorliegen eines (untauglichen) Versuches auszugehen.[43]

Die Anhänger der Vollendungslösung argumentieren, dass eine Rechtfertigung nur dann in Betracht kommen kann, wenn sämtliche Rechtfertigungsvoraussetzungen, d.h. auch das subjektive Rechtfertigungselement, vorliegen. Dementsprechend müsse der Täter, der einen tatbestandlichen Erfolg mit rechtswidrigem Verletzungsvorsatz verursacht habe, mit Vollendungsstrafe belegt werden. Dem ist insoweit zuzustimmen, als in Fällen, in denen lediglich die objektiven Voraussetzungen der Notwehr vorliegen, sich der Vorsatz des Angreifers nicht im Einklang mit der Rechtsordnung befindet. Da der Notwehrberechtigte keine Kenntnis von der Notwehrsituation hat, stellt er sich willentlich gegen das Recht.

Zu berücksichtigen ist jedoch, dass der von ihm verursachte Erfolg zumindest mit der objektiven Rechtslage in Einklang steht. Wie beim Versuch, ist in einer solchen Konstellation zwar der Handlungsunwert der Tat zu bejahen, wohingegen das Erfolgsunrecht gerade nicht vorliegt.[44] Ebenso wie beim untauglichen Versuch, ist es dem Notwehrberechtigten überhaupt nicht möglich, den von der Rechtsordnung missbilligten Erfolg herbeizuführen. Dem Umstand, dass die hier zu beurteilende Sachlage weitgehende Parallelen zum untauglichen Versuch aufweist, trägt die Vollendungslösung, die streng-formalistisch bei jedem Fehlen einer Notwehrvoraussetzung zur Rechtswidrigkeit des vollendeten Delikts gelangt, nicht hinreichend Rechnung.

Infolgedessen erscheint zu Gunsten des Täters eine direkte bzw. analoge Anwendung der Versuchsregel sachgerecht.

3. Ergebnis

Dementsprechend hat sich P nicht gemäß §§ 223 I, 224 I Nr. 2, Nr. 5 strafbar gemacht.

---

[42] Vgl. z.B. LK-*Hirsch*, Vor § 32 Rn. 54.
[43] So z.B. *Schünemann*, GA 1985, 341 (373); *Hruschka*, AT, S. 204 ff.
[44] Stellvertretend für viele: *Schönke/Schröder/Lenckner*, Vorbem §§ 32 ff. Rn. 15.

II. Versuchte gefährliche Körperverletzung, §§ 223 I, 224 I Nr. 2, Nr. 5, II, 22

P könnte sich aufgrund des oben bezeichneten Verhaltens jedoch wegen versuchter gefährlicher Körperverletzung analog §§ 223 I, 224 I Nr. 2, Nr. 5, II, 22[45] strafbar gemacht haben.

1. Vorprüfung

Aufgrund des fehlenden Erfolgsunrechts der Handlung des P ist diese nach der hier vertretenen Auffassung in Entsprechung zum Versuch wie ein nicht vollendetes Delikt zu behandeln.

Der Versuch der gefährlichen Körperverletzung ist nach § 224 II strafbar.

2. Tatbestandsmäßigkeit

P wollte den S mit dem Bierkrug körperlich misshandeln. Ferner ist davon auszugehen, dass ihm bewusst war, dass heftige Schläge mit einem Bierkrug in das Gesicht eines Menschen geeignet sind, erhebliche Verletzungen hervorzurufen. Ein entsprechender Tatentschluss des P liegt somit vor. Indem P bereits auf S eingeschlagen hat, hat er die Grenze des unmittelbaren Ansetzens i.S.d. § 22 überschritten.

3. Rechtswidrigkeit

In Entsprechung zu dem oben Ausgeführten hat P den Tatbestand rechtswidrig verwirklicht.

4. Schuldhaftigkeit

Möglicherweise handelte P jedoch ohne Schuld, da zu seinen Gunsten der Schuldausschließungsgrund des § 20 eingreifen könnte.

Zum Zeitpunkt der Tat lag bei P eine Blutalkoholkonzentration von 3, 0 ‰ vor. Das vom Gericht eingeholte Sachverständigengutachten konnte eine Schuldunfähigkeit des P i.S.d. § 20 nicht ausschließen, d.h. grundsätzlich müsste man in dubio pro reo die Schuldfähigkeit des P verneinen.

Allerdings könnte hier eine vorsätzliche actio libera in causa (a.l.i.c.) des P gegeben sein, bei deren Vorliegen ein Teil der Literatur eine Berufung auf § 20 versagt (sog. Ausnahmemodell).

---

[45] Da dem Gutachten nicht die Lehre von den negativen Tatbestandsmerkmalen zugrunde gelegt worden ist, sind hier die Versuchsregeln nicht direkt, sondern lediglich analog heranzuziehen.

Von einer a.l.i.c. spricht man, wenn der Täter im Zeitpunkt der Tat schuldunfähig ist, aber vorab, im schuldfähigen Zustand, eigenverantwortlich die Ursache für die spätere Straftat gelegt hat. D.h. der Schuldvorwurf wird nicht hinsichtlich der eigentlichen Tatbestandsverwirklichung, sondern hinsichtlich des Akts der Herbeiführung des Defektzustandes (actio praecedens) erhoben.

Aufgrund der rechtsmissbräuchlichen Taktik des Täters, unter dem Deckmantel der Schuldunfähigkeit eine zuvor geplante Straftat begehen zu können, sei es sachgerecht und überdies gewohnheitsrechtlich anerkannt, im Wege einer teleologischen Reduktion das grundsätzlich in § 20 verankerte Koinzidenzprinzip nicht zur Anwendung kommen zu lassen und dementsprechend Konstellationen der a.l.i.c. nicht unter den Schutz des § 20 zu stellen.

Gegen das Ausnahmemodell spricht letztlich jedoch der Wortlaut des § 20, der unmissverständlich und ohne Ausnahme die Schuldfähigkeit *bei* Begehung der Tat voraussetzt. Die Annahme einer gewohnheitsrechtlichen Ausnahme von § 20 verstößt gegen die verfassungsrechtliche Vorschrift des Art. 103 II, nach der für strafbegründendes Gewohnheitsrecht kein Raum bleibt,[46] so dass ein – wenn auch nur partielles - Abrücken vom Koinzidenzprinzip nicht vertretbar erscheint.

Neben einer weiteren Ansicht, die die Rechtsfigur der a.l.i.c. vor allem aufgrund verfassungsrechtlicher Bedenken grundsätzlich ablehnt,[47] wählt die sog. Tatbestandslösung[48] einen anderen Weg, die Strafbarkeit des an sich schuldunfähigen Täters zu begründen: Sie setzt nicht an der deliktsverwirklichenden Handlung, sondern bereits an jener Handlung an, die den Defektzustand herbeigeführt hat. Auf diese Weise kann ein Verstoß gegen das Koinzidenzprinzip vermieden werden. Die Begründung dieser sog. Tatbestandslösung variiert.

Die in dieser Gruppe vorherrschende Ansicht argumentiert, die strafrechtlich relevante Handlung sei gerade nicht die unmittelbare Tatausführung (actio subsequens), sondern jene Handlung, die den Defektzustand herbeigeführt habe (actio praecedens) (sog. Vorverlegungstheorie). Teilweise wird jedoch auch angenommen, die Defektherbeiführung sei zwar keine Tatbestandshandlung, allerdings solle der Begriff der "Tat" i.S. von § 20 im prozessualen Sinne, d.h. auf den gesamten Lebensvorgang ausgeweitet werden, der Gegenstand der Anklage ist. Damit sei auch das auf die Tatbestandsverwirklichung bezogene Vorverhalten, u.U. sogar das Vorbereitungsstadium der Tat, eingeschlossen.

Anders als dem Ausnahmemodell steht der Tatbestandslösung, ganz gleich in welcher Modifikation man ihr folgt, nicht der Wortlaut des § 20 entgegen, da dem Koinzidenzprinzip Rechnung getragen wird. Auf der anderen Seite erscheint es vertretbar, den strafrechtlichen Vorwurf an die Handlung zu knüpfen, die im schuldhaften Zustand die entscheidende Ursache für das spätere Tun gesetzt hat. Zur dogmatischen Herleitung der Tatbestandslösung können letztlich auch die

---

[46] *Gropp*, AT, § 7 Rn. 56 und § 2 Rn. 7 f.
[47] Vgl. z.B. *Hettinger*, GA 1989, 1 ff.
[48] Vgl. hierzu beispielsweise *Hirsch*, NStZ 1997, 230 (231).

Überlegungen zur mittelbaren Täterschaft herangezogen werden, die eine ganz ähnliche Haftungsstruktur aufweist. Bei der a.l.i.c. setzt der Täter sich selbst als schuldlos handelndes Werkzeug ein.

Demzufolge erscheint vorliegend die Tatbestandslösung vorzugswürdig. Konsequenz hieraus ist, dass eine schuldhafte Verwirklichung des §§ 223 I, 224 I Nr. 2, Nr. 5, II, 22 zu verneinen ist.

5. Ergebnis

P hat sich nicht wegen versuchter gefährlicher Körperverletzung nach §§ 223 I, 224 I Nr. 2, Nr. 5, II, 22 strafbar gemacht.

III. Versuchte gefährliche Körperverletzung, §§ 223 I, 224 I Nr. 2, Nr. 5, II, 22 i.V.m. a.l.i.c.

Allerdings könnte sich P wegen versuchter gefährlicher Körperverletzung gemäß §§ 223 I, 224 I Nr. 2, Nr. 5, II, 22 i.V.m. den Grundsätzen der actio libera in causa strafbar gemacht haben, indem P im nüchternen Zustand beschloss, sich an S zu rächen und sich zu diesem Zweck zuvor Mut anzutrinken.

1. Tatbestandsmäßigkeit

Dies setzt voraus, dass der Tatentschluss des P sowohl auf die Herbeiführung des Defektzustandes als auch auf die spätere Verwirklichung des Tatbestandes der gefährlichen Körperverletzung gerichtet war. P wollte sich an S wegen der gewaltsamen Entwendung seines Pkw am Vortag mit einer Tracht Prügel rächen. Da er sich jedoch im nüchternen Zustand nicht zutraut, den S anzugreifen, trinkt er sich Mut an, um im Zustand eines herabgesetzten Hemmungsvermögens an P Rache zu üben. Bedingter Vorsatz hinsichtlich der Herbeiführung des Defekts und der ins Auge gefassten Straftat genügt. Nicht notwendig ist bereits ein im Detail konkretisierter Tatentschluss.[49] P trank sich für eine spätere Rache an S Mut an, d.h. er hatte zumindest Eventualvorsatz hinsichtlich des Sichberauschens. Darüber hinaus hat P bereits im nüchternen Zustand den Entschluss gefasst, dem S im angetrunkenen Zustand Prügel zu verabreichen, d.h. sein Tatentschluss war auf die Verwirklichung einer Körperverletzung gerichtet.

Indem P dem S einen Schlag mit dem Bierkrug versetzte, hat er, unabhängig davon, ob man den maßgeblichen Versuchsbeginn bei der a.l.i.c. bereits in der Herbeiführung des Zustands der Schuldunfähigkeit oder erst in der Tatbestandsverwirklichung im engeren Sinne erblickt, unmittelbar zur Tat angesetzt. Die Tatbestandsvoraussetzungen sind somit erfüllt.

---

[49] *Lackner/Kühl,* § 20 Rn. 26.

2. Rechtswidrigkeit und Schuldhaftigkeit

Die Rechtswidrigkeit und Schuldhaftigkeit der Tatbestandsverwirklichung ist ebenfalls zu bejahen.

3. Ergebnis

P hat sich wegen der Schläge mit dem Bierkrug gemäß §§ 223 I, 224 I Nr. 2, Nr. 5, II, 22 i.V.m. a.l.i.c. strafbar gemacht.

IV. Körperverletzung, § 223 I i.V.m. a.l.i.c.

Darüber hinaus könnte sich P wegen der Faustschläge einer Körperverletzung i.S.d. § 223 I i.V.m. a.l.i.c. schuldig gemacht haben.

1. Tatbestandsmäßigkeit

Die Faustschläge stellen eine vorsätzliche körperliche Misshandlung des S dar.

Die Voraussetzungen des Tatbestandes des § 223 I verwirklichte P aufgrund seiner hochgradigen Alkoholisierung im Zustand der Schuldunfähigkeit. Wie bereits hinsichtlich der Schläge mit dem Bierkrug ausgeführt, hat P sich bewusst betrunken, um im Zustand der Trunkenheit an S Rache zu üben. Die Voraussetzungen der a.l.i.c. liegen dementsprechend auch hier vor.

2. Rechtswidrigkeit

In Betracht kommt auch hier eine Rechtfertigung aufgrund ausgeübter Notwehr. Wie oben festgestellt, lag zunächst ein gegenwärtiger, rechtswidriger Angriff durch S vor. Fraglich ist jedoch, ob dieser noch gegenwärtig war, als P auf den am Boden liegenden S einschlug. Die Schläge mit dem Bierkrug haben bewirkt, dass S kampfunfähig zu Boden ging. Dementsprechend ging von dem am Boden liegenden S keine unmittelbare Bedrohung für geschützte Rechtsgüter des P mehr aus. Der Angriff war abgeschlossen und somit nicht mehr gegenwärtig. Infolge der fehlenden Notwehrlage sind die Schläge des P nicht durch Notwehr gerechtfertigt. P handelte somit rechtswidrig.

3. Schuldhaftigkeit

Möglicherweise greift jedoch zugunsten des P der Entschuldigungsgrund des § 33 ein. Im Rahmen des § 33 ist zwischen intensiven und extensiven Notwehrexzess zu differenzieren. Der intensive Notwehrexzess zeichnet sich dadurch aus, dass ein gegenwärtiger, rechtswidriger Angriff vorliegt, der Täter sich jedoch intensiver als erforderlich verteidigt, d.h. die Grenze der Erforderlichkeit überschreitet.

Von einem extensiven Notwehrexzess spricht man in Konstellationen, in denen der Täter zwar einem rechtswidrigen Angriff ausgesetzt war, dieser jedoch zum Zeitpunkt der Verteidigungshandlung nicht (mehr) gegenwärtig ist. Im vorliegenden Fall war der Angriff des S nicht mehr gegenwärtig, als P auf den am Boden liegenden S einschlug.

Ob ein solcher extensiver Notwehrexzess überhaupt von § 33 erfasst werden soll, ist umstritten. Die herrschende Ansicht erkennt lediglich den intensiven Notwehrexzess als eine entschuldbare Überschreitung der Notwehr gemäß § 33 an. Demgegenüber will eine Mindermeinung die (analoge) Anwendbarkeit des § 33 auch auf Fälle des extensiven Notwehrexzesses erstrecken. Die herrschende Meinung argumentiert, § 33 sei als Entschuldigungsgrund gedacht, der eine Unrechtsminderung in Form der Abwehr des Angriffs voraussetze. Die Mindermeinung hält dem entgegen, dass es unter kriminalpolitischen Gesichtspunkten keinen Unterschied mache, ob der Täter während des Angriffs oder erst nach dessen Beendigung über die Grenzen der Notwehr hinausgehe.[50]

Ungeachtet dieses Streites muss der im Notwehrexzess Handelnde aus Verwirrung, Furcht oder Schrecken die Grenzen der Notwehr überschreiten (asthenische Affekte). Sthenische Affekte wie Wut oder Zorn werden nach einhelliger Ansicht nicht von § 33 erfasst.[51] Vorliegend kannte P nicht einmal den Umstand, dass S ihn angreifen wollte. P fühlte sich von S nicht bedroht. Er handelte nicht aus Schwäche-Affekten, sondern allein aus einer aggressiven Gemütsbewegung, nämlich aus dem Grund, sich an S zu rächen.[52]

Dementsprechend liegen die Voraussetzungen des Entschuldigungsgrundes des § 33 nicht vor. P hat somit schuldhaft gehandelt.

4. Ergebnis

P hat sich deshalb wegen vollendeter Körperverletzung nach § 223 I i.V.m. a.l.i.c. strafbar gemacht.

---

[50] Vgl. zum Streitstand: *Gropp*, AT, § 7 Rn. 84 ff.
[51] *Gropp*, AT, § 7 Rn. 91.
[52] Selbst wenn man mit *Spendel* (vgl. z.B. LK § 33 Rn. 68 ff.) asthenische Affekte nicht grundsätzlich aus dem Anwendungsbereich des § 33 ausschließt, sondern § 33 auch dann anwendet, wenn jemand "aus gerechtem Zorn rot sieht" und "außer Fassung" gerät, muss man im vorliegenden Fall zu einer Verneinung des § 33 gelangen, da P sich gerade nicht von einer nicht mehr zu kontrollierenden Gemütsbewegung, die durch einen rechtswidrigen Angriff des S hervorgerufen wurde, zu seinem Verhalten hinreißen lässt, sondern er sich ("kalt") berechnend zunächst Mut angetrunken hat, um sich später an S zu rächen.

Fall 3: Fehlende Hilfsbereitschaft mit Folgen

B. Strafbarkeit des S

Versuchte Körperverletzung, §§ 223 I, II, 22

Indem S auf den P zuläuft, um diesen zu schlagen, könnte S sich einer versuchten Körperverletzung gemäß §§ 223 I, II, 22 schuldig gemacht haben.

1. Vorprüfung

S ist es letztlich nicht gelungen, den P zu schlagen, da er von diesem zuvor niedergeschlagen wurde. Dementsprechend liegt keine vollendete Körperverletzung vor. Die versuchte Körperverletzung ist in § 223 II unter Strafe gestellt.

2. Tatbestandsmäßigkeit

Indem sich S entschloss, P zu schlagen, hat er den Tatentschluss hinsichtlich einer körperlichen Misshandlung gefasst. Zum Zwecke dieser Misshandlung ist er bereits mit ausgebreiteten Armen auf P zugelaufen und hat somit bereits unmittelbar zur Tatbestandsverwirklichung angesetzt.

3. Rechtswidrigkeit und Schuldhaftigkeit

S hat den Tatbestand der versuchten Körperverletzung rechtswidrig und schuldhaft verwirklicht.

4. Strafaufhebungsgrund: Rücktritt des S

S könnte vom Versuch der Körperverletzung gemäß § 24 I S. 1 1. Alt. strafbefreiend zurückgetreten sein. Dafür müsste S die weitere Tatausführung aufgegeben haben. Dies ist zu bejahen, wenn der Täter aufgrund eines (Gegen-)Entschlusses von der Tat Abstand nimmt.[53] Vorliegend hat sich S jedoch nicht willentlich für eine Aufgabe entschieden. Vielmehr ist er entgegen seinem Willens von P am Weiterhandeln gehindert worden. Dementsprechend ist ein strafbefreiender Rücktritt des S zu verneinen.[54]

---

[53] *Kühl*, AT, § 16 Rn. 42.
[54] Die Verneinung des Rücktritts kann auch auf die weitgehend anerkannte Rechtsfigur des fehlgeschlagenen Versuchs gestützt werden. Allerdings erscheint es vorzugswürdiger mit den gesetzlichen Merkmalen des Rücktritts zu arbeiten. Zu den Gründen hinsichtlich der Ablehnung des fehlgeschlagenen Versuchs als eigenständige Rechtsfigur vgl. z.B. *v. Heintschel-Heinegg*, ZStW 109 (1997), 36; *Stratenwerth*, AT, 11/76; *Scheinfeld*, JuS 2002, 250 ff.

5. Ergebnis

S hat sich wegen versuchter Körperverletzung nach §§ 223 I, II, 22 strafbar gemacht.

C. Konkurrenzen für den 2. Tatkomplex

P hat sich wegen versuchter und vollendeter gefährlicher Körperverletzung nach den Grundsätzen der actio libera in causa gemäß §§ 223 I, 224 I Nr. 2, Nr. 5, 22 i.V.m. a.l.i.c. und § 223 I i.V.m. a.l.i.c. strafbar gemacht. Der Versuch tritt hinter das Vollendungsdelikt zurück. Das Grunddelikt des § 223 wird von der Qualifikation des § 224 verdrängt, so dass sich P im zweiten Tatkomplex gemäß § 224 i.V.m. a.l.i.c. strafbar gemacht hat.

S hat sich wegen versuchter Körperverletzung nach §§ 223 I, II, 22 strafbar gemacht.

Gesamtergebnis

Die Handlungen des P im ersten und zweiten Tatkomplex stehen in Realkonkurrenz zueinander. Dementsprechend hat sich P gemäß § 323 c, § 223, §§ 240, 22, 52, § 224 i.V.m. a.l.i.c., 53 strafbar gemacht.

Hinsichtlich S verbleibt es bei einer Strafbarkeit wegen §§ 223 I, II, 22.

Fall 4

Die unglückliche Jagdgesellschaft

Handlungsbegriff - Rechtfertigender Notstand - Entschuldigender Notstand - Übergesetzlicher entschuldigender Notstand - Irrtümer des Tatvorderen (error in persona vel in obiecto und aberratio ictus) - Mittelbare Täterschaft - Internationales Strafrecht

A, B und C sind passionierte Jäger. Ihren Urlaub verbringen sie deshalb in dem Jagdgebiet des Freundes F in den Alpen.

Um zu einem etwas tiefer gelegenen, geeigneten Jagdplatz zu gelangen, müssen die drei einen steilen Gebirgshang passieren. Während A und B versierte Bergsteiger sind, verfügt C über keine Bergsteigererfahrung. Deshalb beschließen sie, dass A den C durch gegenseitiges Anseilen sichert. So vorbereitet, klettern sie den Gebirgshang hinab, wobei B voransteigt und A und C folgen. Als C unvorsichtigerweise auf einen lockeren Stein tritt, löst sich dieser und C rutscht den Hang hinab. Glücklicherweise kann er durch das Seil von A noch abgefangen werden. Durch dieses Malheur wird jedoch ein Steinschlag ausgelöst, der dazu führt, dass auch B tödlich abzustürzen droht. A, der sich durch das Einschlagen mehrerer Haken optimal abgesichert hat, ist es möglich, den B am Arm zu packen. Als A merkt, dass er es nicht schafft, zusätzlich den hilflos am Seil hängenden C hochzuziehen, sieht er sich angesichts seiner schwindenden Kräfte vor die Wahl gestellt: Entweder er kappt das Seil zwischen sich und C, so dass letzterer, nunmehr ohne jede Sicherung, abstürzen und zu Tode kommen wird, oder er lässt den B los, so dass dieser in die Tiefe stürzt und die Rettung des C gelingen würde. A entscheidet sich für die Rettung des B. Deshalb zerschneidet er das ihn mit C verbindende Seil. C stürzt in die Tiefe und zieht sich tödliche Verletzungen zu. Nach dem Durchtrennen des Seils gelingt es A, den B hochzuziehen.

Nach einigen Tagen der Erholung von dem schockierenden Ereignis widmen sich A, B und F erneut ihrem Hobby des Jagens. Auf der Pirsch gehen A und B mit entsicherten Doppelbockflinten nebeneinander her. F ist beiden schon vorausgegangen. Als es im Gebüsch raschelt, erkennt A sofort die Gestalt des F. Mit diesem hat er seit langem wegen einer "Frauengeschichte" eine Rechnung offen. Er hält die Gelegenheit für günstig, F elegant beseitigen zu lassen. In der Annahme, B würde F im Gebüsch nicht erkennen und diesen für jagdbares Wild halten, fordert er den B mit den Worten: "Los! Schieß auf das Reh im Gebüsch!" zur Schussabgabe auf. A weiß in diesem Moment jedoch nicht, dass auch B in der Gestalt im Unterholz einen Menschen erkannt hat. In der Annahme, es handele sich um den weiteren Jagdgast D, den B wegen dessen Prahlereien nicht leiden kann, feuert B in das Gebüsch und nimmt den Tod des D billigend in Kauf. Weil B ein schlechter Schütze ist, trifft das Projektil nicht den anvisierten, im Gebüsch stehenden F, sondern den in der Nähe weilenden, nach Beeren suchenden Landwirt L tödlich.

Frage 1: Wie haben sich A und B nach dem StGB schuldig gemacht?

Frage 2: Nehmen Sie an, A, B und F sind deutsche Staatsangehörige, der L ist Österreicher und das gesamte Geschehen spielt in den österreichischen Alpen. Würden A und B von einem deutschen Strafgericht schuldig gesprochen werden können?

Auszug aus dem ÖStGB:

Behandlung aller Beteiligten als Täter

§ 12. Nicht nur der unmittelbare Täter begeht die strafbare Handlung, sondern auch jeder, der einen anderen dazu bestimmt, sie auszuführen, oder der sonst zu ihrer Ausführung beiträgt.

Strafbarkeit des Versuchs

§ 15. (1) Die Strafdrohungen gegen vorsätzliches Handeln gelten nicht nur für die vollendete Tat, sondern auch für den Versuch und für jede Beteiligung an einem Versuch.

(2) Die Tat ist versucht, sobald der Täter seinen Entschluss, sie auszuführen oder einen anderen dazu zu bestimmen (§ 12), durch eine der Ausführung unmittelbar vorangehende Handlung bestätigt.

(3) ...

Mord

§ 75. Wer einen anderen tötet, ist mit Freiheitsstrafe von zehn bis zwanzig Jahren oder mit lebenslanger Freiheitsstrafe zu bestrafen.

Totschlag

§ 76. Wer sich in einer allgemein begreiflichen heftigen Gemütsbewegung dazu hinreißen lässt, einen anderen zu töten, ist mit Freiheitsstrafe von fünf bis zehn Jahren zu bestrafen.

Fahrlässige Tötung

§ 80. Wer fahrlässig den Tod eines anderen herbeiführt, ist mit Freiheitsstrafe bis zu einem Jahr zu bestrafen.

Fall 4: Die unglückliche Jagdgesellschaft   75

Lösung

Frage 1:

1. Tatkomplex: Der Gebirgsabstieg

Strafbarkeit des A

I. Totschlag, § 212 I

A könnte sich gemäß § 212 I wegen Totschlags strafbar gemacht haben, indem er das Seil zwischen sich und C kappte.

1. Tatbestandsmäßigkeit

a) Objektiv

C ist durch den Sturz in die Tiefe getötet worden. Fraglich ist, ob der Tod des C auf ein aktives Tun oder ein Unterlassen des A zurückzuführen ist. Grundsätzlich gilt, dass derjenige, der aufgrund eines Willensentschlusses in die Außenwelt eingreift, sich aktiv verhält und derjenige, der in einen Kausalverlauf nicht eingreift, obwohl er es könnte, passiv bleibt, d.h. eine ihm mögliche Erfolgsabwendung unterlässt. Vorliegend hat A das Seil zerschnitten, durch das der Sturz des C vorläufig abgefangen worden ist. Dieses Verhalten stellt sich auf den ersten Blick als ein aktives Tun dar. Zu einem anderen Ergebnis, einem Unterlassen des A, könnte man jedoch gelangen, sofern man darauf abstellt, dass A den Versuch, C weiterhin mit dem sie verbindenden Seil vor dem endgültigen Absturz zu bewahren, aufgibt.

Zur Abgrenzung zwischen aktiven Tun und Unterlassen lassen sich die vertretenen Ansichten im wesentlichen in zwei Hauptgruppen unterscheiden. Die eine geht von einem vorwiegend naturalistisch-ontologischen Begründungsansatz aus, die andere nimmt eine normative Bewertung des Geschehens vor.

aa) Als naturalistisch-ontologische Kriterien finden sich insbesondere die "Kausalität" und der "Einsatz von Energie", die auch kumulativ herangezogen werden können. Nach dem Kausalitätskriterium handelt derjenige durch aktives Tun, der die Außenwelt durch kausale Einwirkung verändert. Derjenige, der den Dingen ihren Lauf lässt, unterlässt etwas. Nach dem Energiekriterium stellt sich das positive Tun als "das Aufwenden von Energie in eine bestimmte Richtung" dar, während das Unterlassen als "Nichteinsatz von Energie in eine bestimmte Richtung" gekennzeichnet ist.[1] Für das Zerschneiden des Seils musste A Energie einsetzen und verursachte hierdurch, dass C in die Tiefe stürzte und dabei zu Tode kam. Bei Zugrundelegung dieser naturalistisch-ontologischen Kriterien hat A aktiv in die Außenwelt eingegriffen, mithin aktiv gehandelt.

bb) Demgegenüber nehmen die Rechtsprechung und der wohl überwiegende Teil der Literatur eine wertende Betrachtung vor und fragen unter Berücksichtigung des sozialen Handlungssinns nach dem Schwerpunkt der strafrechtlichen Vorwerfbarkeit.[2] Nach dieser Ansicht kann ein Verhalten, welches sich phänotypisch als Tun darstellt, bei wertender Betrachtung als Unterlassen eingeordnet werden. Man spricht in diesen Fällen von "Unterlassen durch Tun".

Hierunter sind insgesamt drei Fallgruppen einzuordnen: Konstellationen der "omissio libera in causa", in denen sich der zur Vornahme einer Handlung Verpflichtete selbst schuldhaft durch positives Tun handlungsunfähig macht, Konstellationen der aktiven Teilnahme an einem Unterlassungsdelikt und schließlich Fälle des "Rücktritts vom Erfolgsverhinderungsversuch", in denen der Täter durch positives Tun einen von ihm selbst in Gang gesetzten rettenden Kausalverlauf später wieder abbricht.[3] In Betracht kommt vorliegend die letztgenannte Fallgruppe. Voraussetzung hierfür ist, dass das Verhalten des A vor der Durchtrennung des Seils, d.h. das Halten des C mit Hilfe des Rettungsseils, als eine aktive Handlung eingeordnet werden kann. Eine Handlung im rechtlichen Sinne setzt jedoch Willentlichkeit voraus. Dem gegenüber spricht man von einer Nicht-Handlung, wenn die menschliche Aktivität, wie z.B. bei der Reflexhandlung, nicht vom Willen beherrscht wird bzw. beherrscht werden kann.[4] Als C stürzte, wurde er aufgrund des verbindenden Seils mit A automatisch vom Körper des A abgefangen, d.h. A hatte zum Zeitpunkt des Sturzes nicht die Wahl, den Entschluss zu fassen, einen Kausalverlauf zur Rettung des Lebens des C in Gang zu setzen. Da bereits die Verhinderung des Absturzes des C aufgrund des verbindenden Seils keine aktive Rettungs*handlung* darstellt, ist auch bei normativer Betrachtung das phänomenologische aktive Tun, des Durchschneiden des Seils, nicht in ein Unterlassen umzudeuten.

Der Tod des C ist somit durch eine aktive Handlung des A eingetreten.

b) Subjektiv

Hinsichtlich des Todes des C handelte A zumindest mit dolus eventualis.

Dementsprechend hat A durch das Zerschneiden des Seils den Tatbestand des § 212 I verwirklicht.

---

[1] Darstellend: *Kühl*, AT, § 18 Rn. 15; *Otto/Brammsen*, Jura 1985, 530 (531).
[2] Vgl. z.B. BGHSt 6, 59; *Otto/Brammsen*, Jura 1985, 530, (531); *Sieber*, JZ 1983, 431 ff.
[3] *Vgl. Stoffers*, JA 1992, 138 (140 f.).
[4] *Gropp*, AT, § 4 Rn. 10 ff., 27 ff.

2. Rechtswidrigkeit

Fraglich ist jedoch, ob A den Tatbestand auch rechtswidrig verwirklicht hat oder ob zu seinen Gunsten ein Rechtfertigungsgrund eingreift.

a) Da C aufgrund seiner Achtlosigkeit als erster abstürzte und hierdurch auch B mit sich gerissen hat, der nun seinerseits in Lebensgefahr schwebte, könnte A durch Nothilfe gemäß § 32 gerechtfertigt sein. Dies setzt jedoch eine Nothilfelage, d.h. einen gegenwärtigen, rechtswidrigen Angriff durch C voraus. Unter einem Angriff versteht man die Handlung eines Menschen, welche ein rechtlich geschütztes Interesse verletzt oder zu verletzen droht.[5] Der Absturz des C bzw. das Mitsichreißen des B muss dementsprechend als Handlung des C eingeordnet werden können. Unabhängig von der Begründung im einzelnen besteht jedoch dahingehend Einigkeit, dass Fälle, in denen von einem Menschen kein Angriff als *handelndes Subjekt* ausgeht, wohl aber als *leidendes Objekt* eine Gefahr ausgeht, nicht unter § 32 zu fassen sind.[6] Begründet wird dies zum Teil damit, dass der betreffende Mensch in einer solchen Konstellation überhaupt nichts "tue", d.h. nicht einmal eine Reflexbewegung vorliege.[7] Andere stellen darauf ab, dass es sich zumindest nicht um ein *willensgetragenes* Verhalten[8] handele bzw. dieses zumindest nicht rechtswidrig sei.[9]

A ist dementsprechend nicht durch Notwehr gemäß § 32 gerechtfertigt.

b) Möglicherweise liegt jedoch ein rechtfertigender Notstand nach § 34 vor.

Voraussetzung ist auch hier eine entsprechende Notstandslage. Eine solche ist gegeben, wenn eine gegenwärtige, nicht anders abwendbare Gefahr für ein Rechtsgut besteht. Die Wucht des Sturzes des C hat B mit in die Tiefe gerissen, so dass nunmehr auch für diesen eine akute Lebensgefahr bestand. Das Leben des B ist ein taugliches Rechtsgut i.S.d. § 34. Da die Kräfte des A nicht zur Rettung beider Freunde, sondern lediglich zur Rettung einer Person ausreichen, war die Gefahr für das Leben des B nicht anders als durch die Kappung des Rettungsseils des C abzuwenden.

Voraussetzung für eine Rechtfertigung nach § 34 ist jedoch zusätzlich, dass im Rahmen einer Abwägung der sich widerstreitenden Interessen das Erhaltungsgut gegenüber dem Eingriffsgut wesentlich überwiegt. D.h., das Leben des B müsste das des C wesentlich überwiegen.

Allgemein anerkannt ist allerdings, dass hinsichtlich des Rechtsguts des menschlichen Lebens weder eine Quantifizierung noch eine Qualifizierung möglich ist. Dem menschlichen Leben kann kein unterschiedlicher Wert zukommen,

---

[5] *Gropp*, AT, § 6 Rn. 68.
[6] LK-*Spendel*, § 32 Rn. 28.
[7] LK-*Spendel*, § 32 Rn. 28.
[8] Speziell zu einer vergleichbaren Bergsteigerkonstellation: SK-*Günther*, § 32 Rn. 25; vgl. aber auch *Jescheck/Weigend*, AT, § 32 II 1a; *Wessels/Beulke*, AT, Rn. 325.
[9] NK-*Herzog*, § 32 Rn. 6.

selbst dann nicht, wenn für das eine Leben eine wesentlich höhere Überlebenschance besteht als für das andere oder durch die Tötung eines Menschen eine Vielzahl anderer Menschenleben gerettet werden können. Höchst umstritten ist jedoch, ob dieser Grundsatz der Nichtabwägbarkeit menschlichen Lebens auch in den Fällen der sog. Gefahrengemeinschaft, wie Bergsteigergruppen sie darstellen, uneingeschränkte Anwendung finden soll.[10]

aa) Teilweise wird vertreten, dass die Grundsätze zum Defensivnotstand gemäß § 228 BGB innerhalb des § 34 analog anzuwenden seien. Dies hätte zur Folge, dass der Gefährdete nach § 34 gerechtfertigt sein kann, selbst wenn er den Gefahrenverursacher schwer verletzt bzw. im Extremfall tötet.[11]

Die Vertreter dieser Ansicht gehen davon aus, dass die Frage nach dem überwiegenden Interesse i.S.d. § 34 u.a. aufgrund der Maßstäbe des Aggressiv- und Defensivnotstands gemäß §§ 228, 904 BGB zu bestimmen seien. Der Aggressivnotstand basiere auf dem Gedanken der Solidarität mit dem in Not Geratenen. Diese Solidaritätspflicht finde ihre Grenze jedoch in der Reichweite des Defensivnotstandes i.S.d. § 228 BGB. D.h. die Grenze sei überschritten, wenn der durch die Notstandshandlung beim Gefahrverursacher angerichtete Schaden unverhältnismäßig schwerer wiegt, als der dem Täter bzw. einem Dritten drohende Schaden. Dementsprechend ist der Defensivnotstandstäter nicht verpflichtet, Solidarität mit dem Aggressor zu üben, sofern diese Solidaritätsleistung den eigenen Tod bzw. den Tod eines Dritten zur Folge hätte. Dies bedeutet wiederum, dass im Extremfall auch die Tötung des Gefahrverursachers gerechtfertigt sein kann, ohne dass hierdurch der Grundsatz der Gleichwertigkeit menschlichen Lebens in Frage gestellt würde.

Vorliegend hat C die Lebensgefahr für B geschaffen. Sofern man anerkennt, dass im Rahmen des § 34 die Maßstäbe der §§ 228, 904 BGB heranzuziehen sind, ist die Handlung des A, die die Rettung des B bezweckt, gerechtfertigt.

bb) Nach dem von *Otto* entwickelten Prinzip der "Chancenanmaßung" scheidet eine Rechtfertigung über § 34 aus, sofern sich jemand Lebenschancen eines anderen anmaßt, d.h. fremde Rettungschancen vernichtet, um seine eigenen Rettungschancen zu verbessern bzw. in die Lebenschance eines Dritten zugunsten einer anderen Person eingreift. Eine rechtlich andere Wertung soll erfolgen, sofern jemand aus einer Schar Todgeweihter einige rettet, durch diese Handlung jedoch gleichzeitig den Tod der übrigen beschleunigt. In diesen Fällen eigne sich der Notstandstäter nämlich keine fremde Rettungschance an, da für die letztlich getöteten Personen ohnehin keine Überlebenschance bestanden hätte.[12]

---

[10] Vgl. z.B. *Küper*, JuS 1981, 785 ff.; *Roxin*, AT 1, § 16 Rn. 31. Vgl. ebenda die ebenso diskutierten Fälle: "Ballonfall", "Fährmannfall" und "Mignonettenfall".

[11] Vgl. z.B. LK-*Hirsch*, § 34 Rn. 74; NK-*Neumann*, § 34 Rn. 86 ff.; SK-*Günther*, § 34 Rn. 43 mwN.

[12] *Otto*, Pflichtenkollision und Rechtswidrigkeitsurteil, 1978, S. 77 ff, 106 ff.; krit. hierzu *Küper*, Grund- und Grenzfragen der rechtfertigenden Pflichtenkollision im Strafrecht, 1979, S. 45 ff.

In eine ähnliche Richtung geht auch die Konzeption von *Eberhard Schmidt*. Anders als *Otto* stellt er allerdings darauf ab, ob das Opfer bereits vom Schicksal als "todgeweiht gezeichnet" ist, oder ob der Täter das Opfer erst noch, wie in den Euthanasiefällen, aus einem größeren Kreis von Gefährdeten auswählen muss. Während er eine Rechtfertigung in der ersten Fallgruppe gewährt, versagt er sie in der zweitgenannten Konstellation.[13]

Sofern A in das Geschehen nicht eingegriffen hätte, hätte A für die verbleibende Zeit, in der er noch über ausreichende Kraft verfügte, B und C festhalten können. Sobald jedoch die körperliche Kraft des A aufgebraucht gewesen wäre, hätte er den Arm des B nicht mehr festhalten können, so dass dieser in die Tiefe gestürzt wäre. Demgegenüber befand sich C in einer relativ abgesicherten Position. Da dieser aufgrund des Seils mit dem optimal gesicherten A verbunden war, bestand auch für C keine akute Absturzgefahr. Damit handelte es sich bei C gerade nicht um eine todgeweihte Person, deren Tod lediglich durch die Handlung eines Dritten beschleunigt wurde. C besaß vielmehr eine realistische Rettungschance, die A zugunsten der Rettung des B vernichtete.

Sofern man der Ansicht von *Otto* bzw. *Eb. Schmidt* folgt, scheidet eine Rechtfertigung des A über § 34 aus.

cc) Die wohl herrschende Lehre hält auch in Fällen der sog. Gefahrengemeinschaft an dem Verbot, menschliches Leben gegeneinander abzuwägen, fest.[14] Hinzu kommt, dass nach ihr allenfalls eine mit einer Handlungspflicht kollidierende Unterlassungspflicht überwiegen kann, keinesfalls jedoch umgekehrt.[15] Deshalb kann die Handlungspflicht, B weiterhin festzuhalten, niemals die Unterlassungspflicht, nämlich das Unterlassen der Durchtrennung des für C rettenden Seils, überwiegen. Nach herrschender Meinung wäre das Verhalten des A somit ebenfalls nicht gemäß § 34 gerechtfertigt.

dd) Der Ansicht, die eine Rechtfertigung über den Gedanken des § 228 BGB annimmt, ist insofern zuzustimmen, dass sie sich in Übereinstimmung mit der in § 218 a II gewählten Lösung befindet. Auch hier wird dem Leben der Schwangeren der Vorrang gegenüber dem Leben des ungeborenen Kindes einräumt, sofern mit der Schwangerschaft die Gefahr für das Leben oder des Gesundheitszustandes der Schwangeren verbunden ist und diese Gefahr nur durch einen Abbruch der Schwangerschaft abgewendet werden kann.

Gegen diese Meinung und letztlich für die herrschende Ansicht spricht jedoch, dass es dem allgemeinen Sittlichkeitsgefühl widerspricht, wenn man den für die Erhaltung von Sachwerten angemessenen Grundsatz des kleineren Übels auf Konstellationen überträgt, in denen gerade nicht Sachwerte, sondern Menschenleben auf dem Spiel stehen.[16] Schließlich ist zu berücksichtigen, dass auch die Tötung

---

[13] *Eb. Schmidt*, SJZ 1949, 565.
[14] Vgl. *Roxin*, AT 1, § 16 Rn. 33; *Maurach-Zipf* AT 1, § 27 Rn. 25 f. mwN.
[15] Vgl. *Gropp*, AT, § 6 Rn. 160 f.; *Jescheck/Weigend*, AT, § 33 V 1b.
[16] Vgl. BGH, NJW 1953, 514.

eines ohnehin verlorenen Lebens eine eigenmächtige Verkürzung dieses Lebens darstellt. Dies ist jedoch nicht mit dem Grundsatz, dass auch das Leben Todgeweihter unter dem Schutz der Rechtsordnung steht, in Einklang zu bringen. Darüber hinaus ist nicht ersichtlich, warum in Fällen der sogenannten Gefahrengemeinschaft von dem Grundsatz des absoluten Lebensschutzes partiell abgerückt werden darf, nicht aber in Fällen, in denen ein Sterbender getötet wird, um durch eine entsprechende Organtransplantation ein anderes Menschenleben zu retten. Rückt man in Fällen der Gefahrengemeinschaft vom Grundsatz der Nichtabwägbarkeit von Menschenleben ab, so öffnet man damit letztlich die Tür, dieses Prinzip auch in anderen Lebenszusammenhängen aufzuweichen. Hinzu kommt, dass die Annahme des alsbaldigen Todeseintritts eine Fiktion bleibt. Tatsächlich kann jedoch nie mit Sicherheit von einem bestimmten Geschehensverlauf ausgegangen werden. So verweist z.B. *Roxin* darauf, dass sich täglich der sprichwörtliche Fall ereignet, in dem ein scheinbar Verlorener "wie durch ein Wunder" gerettet wird.[17]

Demzufolge ist mit der herrschenden Ansicht die Annahme eines rechtfertigenden Notstandes gemäß § 34 ausgeschlossen.

c) A könnte jedoch im Rahmen der rechtfertigenden Pflichtenkollision gerechtfertigt sein.

Von einer Pflichtenkollision spricht man beim Bestehen zweier Handlungspflichten, von denen nur eine erfüllbar ist.[18] D.h. es handelt sich hierbei um einen speziellen Rechtfertigungsgrund des Unterlassungsdelikts. Wie bereits festgestellt, ist das Zerschneiden des Seils jedoch als ein aktives Tun zu qualifizieren. A verstößt damit nicht gegen eine Handlungs-, sondern gegen eine Unterlassungspflicht, so dass die Grundsätze der rechtfertigenden Pflichtenkollision hier nicht zur Anwendung gelangen können.

Da keine weiteren Rechtfertigungsgründe ersichtlich sind, hat A den Tatbestand des § 212 I rechtswidrig verwirklicht.

3. Schuld

a) Das Verhalten des A könnte jedoch über § 35 entschuldigt sein.

Da auch B durch den Sturz des C mit in die Tiefe gerissen wurde, bestand für ihn eine gegenwärtige Lebensgefahr. A konnte aufgrund seiner schwindenden Kräfte nur eine Person retten, deshalb war diese Gefahr für A nicht anders, als durch das Zerschneiden des Seils zwischen ihm und C, abwendbar.

Allerdings greift der Entschuldigungsgrund des § 35 nur bei einer Gefahr für den Täter selbst, einen Angehörigen oder eine dem Täter nahestehende Person. Fraglich ist, ob B für A eine nahestehende Person i.S.d. § 35 ist. Nach der ratio des § 35 kommen diesbezüglich nur solche Personen in Betracht, deren Gefährdung für den Täter eine ebenso starke seelische Zwangslage bewirkt, wie dies in

---

[17] *Roxin*, AT, § 16 Rn. 35.
[18] *Gropp*, AT, § 6 Rn. 171; *Roxin*, AT 1, § 16 Rn. 102.

der Regel bei der Gefährdung eines Angehörigen i.S.d. § 11 I Nr. 1 der Fall ist. Hiervon wird nur dann ausgegangen, wenn zwischen dem Täter und der in Gefahr schwebenden Person tatsächlich eine enge persönliche Beziehung von längerer Dauer besteht.[19] Als Beispiele werden in diesem Zusammenhang Hausgemeinschaften, eheähnliche Lebensgemeinschaften, enge Liebesbeziehungen bzw. langjährige Freundschaften genannt. Im vorliegenden Fall besteht die Verbindung zwischen A und B hauptsächlich in der Ausübung eines gemeinsamen Hobbys. Zu diesem Zweck treffen sie sich mehrmals im Jahr. Daraus ist im Umkehrschluss jedoch zu folgern, dass zwischen ihnen keine darüber hinausgehende enge persönliche Beziehung besteht, die man mit einer Beziehung zwischen Geschwistern oder Ehegatten gleichsetzen könnte.

Infolgedessen ist B für A keine nahestehende Person i.S.d. § 35, so dass der Entschuldigungsgrund des § 35 ausscheidet.

b) Möglicherweise kann A sich aufgrund der Situation, dass er sich in dem unentrinnbaren Entscheidungskonflikt befand, entweder B oder C loszulassen bzw. beide nicht länger halten zu können, jedoch auf den übergesetzlichen entschuldigenden Notstand berufen.

In der Literatur und Rechtsprechung ist dieser, über den Anwendungsbereich des § 35 hinausgehende Entschuldigungsgrund allgemein anerkannt. Er ist typischerweise für solche Fälle des "quantitativen Lebensnotstands"[20] konzipiert, in denen der Täter die Möglichkeit wahrgenommen hat, aus einer Gesamtzahl todgeweihter Personen eine Anzahl auszuwählen, um diese vor dem Tod zu bewahren, gleichzeitig durch diese Rettungsaktion jedoch dazu beiträgt, dass die übrigen getötet werden.[21]

aa) Voraussetzung ist auch hier eine gegenwärtige Gefahr für ein existentielles Rechtsgut. Ob als gefährdetes Rechtsgut ausschließlich, wie von der herrschenden Ansicht angenommen, das menschliche Leben in Betracht kommt oder, wie teilweise vertreten, darüber hinaus auch die leibliche Unversehrtheit und Freiheit, ist vorliegend nicht zu entscheiden, da B sich in Lebensgefahr befindet.

bb) Da man den übergesetzlichen entschuldigenden Notstand an § 35 anlehnt, ist ferner erforderlich, dass sich der Täter gerade nicht auf den gesetzlich normierten rechtfertigenden oder entschuldigenden Notstand berufen kann, weil es am wesentlichen Überwiegen des bedrohten Interesses i.S.d. § 34 fehlt bzw. die gefährdete Person nicht von dem in § 35 vorgesehen Personenkreis erfaßt ist. Wie oben festgestellt, ist dies vorliegend der Fall.

cc) Teilweise wird darüber hinausgehend gefordert, dass im Rahmen einer ethischen Gesamtbewertung das durch die Nutzung dieses letzten Rettungsmittels ver-

---

[19] SK-*Rudolphi*, § 35 Rn. 10 b.
[20] *Kühl*, AT, § 12 Rn. 94.
[21] *Gropp*, AT, § 7 Rn. 100, mit Hinweis auf den vom OGH (NJW 1953, 513) zu entscheidenden Fall der Anstaltstötungen während des NS-Regimes.

hinderte Unheil, das angerichtete wesentlich übersteigen muss.[22] Fälle, in denen der Täter durch sein aktives Eingreifen die Gefahr lediglich von einer Person auf eine andere ablenkt, seien deshalb nicht von diesem Entschuldigungsgrund erfasst. Vorliegend führt das Verhalten des A dazu, dass unter Aufopferung des Lebens des C lediglich ein anders Leben, nämlich das des B, gerettet wird, dementsprechend käme man bei Zugrundelegung dieser Ansicht nicht zu einer Verneinung der Schuldhaftigkeit der Tatbestandsverwirklichung.

Eine andere Meinung erachtet es demgegenüber für ausreichend, dass eine Gleichwertigkeit der geschützten Interessen vorliegt. Dementsprechend wird bei der Kollision "Leben gegen Leben" nicht vorausgesetzt, dass eine vergleichsweise größere Gruppe von Menschen gerettet wird, so dass der Umstand, dass A auf Kosten des Leben des C lediglich ein anders Leben gerettet hat, der Annahme eines übergesetzlichen entschuldigenden Notstands nicht entgegen steht.

Letztgenannte Ansicht wird damit begründet, dass ein tragender Grund für eine Entschuldigung im Wege des übergesetzlichen Notstandes der seelische Druck sei, den die schier ausweglose Lage auf den Täter ausübt. Dieser seelische Druck zur Rettung liege jedoch auch dann vor, wenn nicht das objektiv kleinere Übel gewählt werde.[23] Dem ist jedoch entgegenzuhalten, dass ein Vorgehen, bei dem ein Leben auf Kosten eines anderen gerettet wird, gerade keine ethisch vertretbare Konfliktlösung darstellt, sondern sich der Täter anmaßt, Schicksal zu spielen. Zu beachten ist ferner, dass der Verzicht auf das Erfordernis des wesentlichen Überwiegens des abgewendeten Unheils dazu führt, dass man den Gesamtbereich des in § 35 normierten entschuldigenden Notstands nicht mehr – wie vom Gesetzgeber beabsichtigt – auf den in der Vorschrift genannten Personenkreis beschränkt, sondern nun auf jeden beliebigen Dritten ausgedehnt. Damit wird jedoch nicht mehr dem Umstand Rechnung getragen, dass der übergesetzliche entschuldigende Notstand nur in ganz außergewöhnlichen, vom Gesetzgeber nicht berücksichtigten, Ausnahmesituationen zum Tragen kommen soll.[24] Eine Ausweitung des Gedankens des § 35 gebietet sich dementsprechend nur in den Fällen, in denen ein erheblich überwiegendes Unheil abgewendet wird, d.h. mehr Menschenleben gerettet als getötet werden.

Die Voraussetzungen des übergesetzlichen entschuldigenden Notstands liegen somit nicht vor.[25] Andere Entschuldigungsgründe sind nicht ersichtlich. Infolgedessen hat A den Tatbestand des § 212 I schuldhaft verwirklicht.

---

[22] *Geilen*, AT, S. 144; LK-*Hirsch*, Rn. 217 Vor § 32.
[23] *Kühl*, AT, § 12 Rn. 100 mwN.; noch weitergehend SK-*Rudolphi*, Rn. 8 Vor 19, der eine Entschuldigung selbst dann annimmt, wenn der Täter mehr Menschen getötet hat, als er retten konnte.
[24] Vgl. auch LK-*Hirsch*, Rn. 217 Vor § 32.
[25] Die Verneinung des Eingreifens des übergesetzlichen entschuldigenden Notstands kann auch darauf gestützt werden, dass es sich bei C um keine "todgeweihte" Person handelte, da dieser aufgrund des ihn mit A verbindenden Rettungsseils eine relativ sichere Po-

4. Ergebnis

A hat sich gemäß § 212 I wegen Totschlags strafbar gemacht.

2. Tatkomplex: Die Jagd

A. Strafbarkeit des B

I. Totschlag, § 212 I[26]

B könnte sich wegen Totschlags gemäß § 212 I strafbar gemacht haben, indem der von ihm abgefeuerte Schuss den nach Beeren suchenden L tödlich traf.

1. Tatbestandsmäßigkeit

Der Tod des L ist durch den abgegebenen Schuss des B in zurechenbarer Weise verursacht worden. Der objektive Tatbestand ist mithin erfüllt.

Fraglich ist jedoch, ob B hinsichtlich der Tötung des L mit dem erforderlichen Vorsatz handelte, da er nicht den L, sondern den anvisierten F treffen wollte. Zu beachten ist nämlich, dass der Schuss, der letztlich den L traf, ein fehlgegangener Schuss auf F darstellte, d.h. der Erfolg der Tat bei einem anderen, als dem von B anvisierten Tatobjekt, dem F, eintrat. Die Behandlung einer solchen aberratio ictus, bei der das anvisierte und das tatsächlich verletzte Objekt der gleichen Gattung angehören, ist umstritten:

a) In der Literatur wird teilweise vertreten, das Fehlgehen der Tat sei als ein unbeachtlicher Motivirrtum zu behandeln, sofern die Objektsgattung eingehalten werde[27] bzw. die Möglichkeit des abweichenden Geschehensablaufs im Rahmen der adäquaten Kausalität bleibe[28].

---

sition innehatte und deshalb wohl bereits keine für diesen Rechtsgedanken typische Konstellation vorliegt.

[26] Hinsichtlich der Prüfung einer "aberratio ictus"-Konstellation bieten sich zwei Vorgehensweisen an. Entweder beginnt man mit der Prüfung des versuchten Delikts hinsichtlich des anvisierten Opfers oder man fängt mit der Prüfung des vollendeten vorsätzlichen Begehungsdeliktes bezüglich des tatsächlich getroffenen Objektes an. In der ersten Variante wäre die aberratio ictus im Rahmen der "Nichtvollendung der Tat" zu behandeln, in der zweiten Variante im Rahmen des subjektiven Tatbestandes, indem man fragt, ob der Täter das tatsächlich getroffene Objekt überhaupt treffen wollte.

[27] So die Vertreter der sog. formellen Gleichwertigkeitstheorie, vgl. *Noll*, ZStW 77 (1965), 5; *Welzel*, Lb. § 13 I 3 d.

[28] So die sog. Adäquanztheorie, *Puppe*, JZ 1989, 730 ff.; *dies.*, GA 1981, 1, 2 f.

Nach diesen Ansichten ist der subjektive Tatbestand des § 212 I erfüllt, da es sich sowohl bei F, als auch bei L um einen Menschen handelt.

b) Die Rechtsprechung und die überwiegende Ansicht in der Literatur[29] nehmen dagegen einen beachtlichen Irrtum über den Geschehensablauf gemäß § 16 I 1 an. Der subjektive Tatbestand wäre nach dieser Ansicht zu verneinen, weil eine Tötung des L nicht vom Vorsatz des B umfasst war.

c) Eine vermittelnde Ansicht[30] differenziert zwischen der Qualität des Rechtsguts. Während bei höchstpersönlichen Rechtsgütern die aberratio ictus als beachtlich angesehen wird, soll bei allen anderen Rechtsgütern die aberratio ictus unbeachtlich sein. Dies hat zur Folge, dass hinsichtlich des anvisierten, aber nicht getroffenen höchstpersönlichen Objekts eine Versuchsstrafbarkeit in Betracht kommt und hinsichtlich des tatsächlich getroffenen Objektes der Fahrlässigkeitsvorwurf erhoben werden kann. Bei Rechtsgütern ohne höchstpersönlichen Charakter ist entsprechend der unter a) dargestellten Meinungen lediglich aus dem Vollendungsdelikt bezüglich des tatsächlich verletzten Objekts zu bestrafen. Da dem Rechtsgut Leben unstreitig ein höchstpersönlicher Charakter zukommt, gelangt diese Ansicht im konkreten Fall zum gleichen Ergebnis wie die unter b) dargestellte herrschende Meinung.

d) Die Vertreter der unter a) genannten Theorien argumentieren u.a. aus den Vorschriften des Besonderen Teils. So ergebe sich beispielsweise aus § 212 I nicht, dass eine Konkretisierung auf ein bestimmtes Tatobjekt erforderlich sei, es reiche die Tötung irgendeines Menschen aus.

Für die herrschende Ansicht spricht jedoch, dass der Vorsatz des Täters in der Regel nicht nur auf eine Objektart, sondern auf ein bestimmtes Angriffsobjekt bezogen ist. Es ist davon auszugehen, dass der Täter nicht irgendeinen ("den nächstbesten") Menschen verletzen will, sondern der Erfolg bei einem bestimmten Menschen oder zumindest irgendeinem Mitglied einer bestimmten Gruppe eintreten soll. Würde der Täter anstatt des anvisierten, ein einem anderen Tatbestand unterfallendes Tatobjekt treffen, beispielsweise eine lediglich von § 303 I erfasste Vogelscheuche statt des L, wäre unumstritten, dass der Irrtum in Form der Unkenntnis des getroffenen Tatobjekts "Sache" beachtlich ist. Denn dieser Irrtum über die Tatumstände schlägt unmittelbar auf das Tatbestandsmerkmal als Gattungsbegriff durch. Weil es aber im Wesentlichen vom Zufall abhängt, ob der Täter, der auf einen Menschen zielt, einen daneben stehenden Menschen, eine Vogelscheuche oder gar nichts trifft, würde die Unbeachtlichkeit des Irrtums letztlich auf einem Zufall beruhen. Mit Zufall lässt sich Strafbarkeit aber nicht begründen, weil für Zufälle niemand verantwortlich gemacht werden kann.[31]

---

[29] Vgl. z.B. *Gropp*, AT, § 13 Rn. 72 ff.; *Kühl*, AT, § 13 Rn. 32 f.; *Mitsch*, Jura 1991, 373 ff.; *Tröndle/Fischer*, § 16 Rn. 6 mwN.; RGSt 3, 384; 58, 28; BGHSt 34, 55.
[30] Sog. materielle Gleichwertigkeitstheorie, *Maurach-Zipf*, AT 1, § 23 Rn. 32.
[31] *Gropp*, AT, § 13 Rn. 78.

Somit sprechen letztlich die überzeugenderen Argumente für die herrschende Ansicht. Der Vorsatz des B hinsichtlich der Tötung des L ist somit zu verneinen.

2. Ergebnis

B hat sich nicht wegen Totschlags nach § 212 I strafbar gemacht.

II. Fahrlässige Tötung, § 222

B könnte sich jedoch wegen fahrlässiger Tötung gemäß § 222 strafbar gemacht haben, indem er einen Schuss abgab, der L tödlich getroffen hat.

1. Tatbestandsmäßigkeit[32]

Wie bereits festgestellt, ist der Erfolg des § 222, der Tod eines Menschen, durch die unvorsätzliche Handlung des B verursacht worden. Durch die Handlung muss eine, für B individuell vorhersehbare, erhöhte Gefahr für das Rechtsgut geschaffen worden sein. Die Abgabe eines Schusses in ein unübersichtliches Gebüsch erhöht die Gefahr, eine zufällig in der Nähe befindliche Person tödlich zu verletzen. Für B war es individuell vorhersehbar, dass sich möglicherweise nicht nur die von ihm vermeintlich erkannte Person in dem Gebüsch aufhält, sondern diese durch andere Menschen begleitet wird bzw. sich, von der anvisierten Person unabhängig, weitere Menschen in dem Gebüsch aufhalten, ohne dass B diese wahrnehmen kann. Aufgrund der Dichte eines Gebüschs konnte auch B nicht ausschließen, dass sein Schuss durch Äste etc. abgelenkt werden kann und dadurch auch eine andere als die anvisierte Person trifft. Die von B geschaffene Gefahr hat sich letztlich im Tod des L realisiert. Die Schaffung einer erhöhten Gefahr für das Leben des L war für B individuell vorhersehbar.[33]

2. Rechtswidrigkeit

B hat den Tatbestand des § 222 rechtswidrig verwirklicht.

3. Schuldhaftigkeit

B hat den Schuss abgegeben, obwohl für ihn individuell vorhersehbar war, dadurch eine Gefahr für das Leben sich zufällig ebenfalls im Gebüsch aufhaltender Personen zu schaffen. Die Abgabe des Schusses wäre für ihn darüber hinaus vermeidbar gewesen. Dementsprechend hat er den Tatbestand des § 222 in vorwerfbarer Weise verwirklicht.

---

[32] Zum Aufbau des Fahrlässigkeitsdelikts bei Zugrundelegung eines individuellen Fahrlässigkeitsbegriffs, vgl. *Gropp*, AT, § 12 Rn. 114 sowie *Fall 5* = S. 93 ff.
[33] Sofern man mit der herrschenden Ansicht auf eine *objektive* Sorgfaltspflichtverletzung abstellt, ist auch diese zu bejahen.

4. Ergebnis

B hat sich gemäß § 222 strafbar gemacht.

III. Versuchter Mord, §§ 212 I, 211 II 2. Gr. 1. Var., 22, 23 I, 12 I

B könnte sich wegen versuchten Mordes gemäß §§ 212 I, 211 II 2. Gr. 1. Var., 22, 23 I, 12 I strafbar gemacht haben, indem er den F mit seinem Gewehr anvisierte und auf diesen einen Schuss abgab.

1. Vorprüfung

Die Kugel des B hat den F nicht getroffen, die Tat ist dementsprechend nicht vollendet. Die Versuchsstrafbarkeit des Mordes ergibt sich aus §§ 212 I, 211 I, 22, 23 I, 12 I.

2. Tatbestandsmäßigkeit

a) Voraussetzung für die Tatbestandsverwirklichung ist, dass B den Entschluss gefasst hat, den F zu töten. Problematisch ist allerdings, dass B davon ausging, bei der von ihm im Gebüsch wahrgenommenen Person handele es sich um den weiteren Jagdgast D. Er irrte damit über die Identität seines Zielobjekts, unterliegt also einem sogenannten *error in persona*. Die Personenverwechslung ist jedoch nach einhelliger Ansicht[34] für die Vorsatzfrage irrelevant, da die Vorstellung, jemand sei ein bestimmter Mensch, nicht zum Tötungsvorsatz gehört. Entscheidend ist allein, dass der Täter die Menschqualität seines anvisierten Opfers erfasst. Diesem Erfordernis ist hier Genüge getan.

Ferner kann davon ausgegangen werden, dass B die Arg- und Wehrlosigkeit des F in feindlicher Willensrichtung ausnutzen wollte. Da A, B und F Jagdfreunde sind, wird auch aus Sicht des B in einem solchen Angriff ein besonders verwerflicher Vertrauensbruch zu erblicken sein. Der Streit um die maßgeblichen Einschränkungskriterien des Mordmerkmals "Heimtücke" kann deshalb dahin stehen. Der Tatentschluss des B war auf eine Tötung des F in heimtückischer Begehungsweise gerichtet.

b) Durch die Abgabe des Schusses hat B die Schwelle zum unmittelbaren Ansetzen zur Tatbestandsverwirklichung überschritten.

3. Rechtswidrigkeit und Schuldhaftigkeit

B hat den Tatbestand rechtswidrig und schuldhaft verwirklicht.

---

[34] Vgl. *Gropp*, AT, § 13 Rn. 82.

4. Ergebnis

B hat sich nach §§ 212 I, 211 II 2. Gr 1. Var., 22, 23 I, 12 I wegen versuchten Mordes strafbar gemacht.

IV. Konkurrenzen hinsichtlich der Strafbarkeit des B

Die Verwirklichung der § 222 und §§ 212 I, 211 II 2. Gr 1. Var., 22, 23 I, 12 I beruhen auf einer Handlung des B und stehen deshalb in Idealkonkurrenz gemäß § 52 zueinander.

B. Strafbarkeit des A[35]

I. Versuchter Mord, §§ 212 I, 211 II 2. Gr 1. Var., 22, 23 I, 12 I, 25 I 2. Alt.

A könnte sich wegen versuchten Mordes in mittelbarer Täterschaft gemäß §§ 212 I, 211 II 2. Gr 1. Var., 22, 23 I, 12 I, 25 I 2. Alt. strafbar gemacht haben, indem er den B mit den Worten "Los! Schieß auf das Reh im Gebüsch!" zur Schussabgabe aufforderte, obwohl er wusste, dass das Rascheln des Gebüschs nicht von einem Tier, sondern von F herrührte.

---

[35] Im Rahmen der Strafbarkeitsprüfung des A im 2. Tatkomplex sollten sich die Bearbeiter gedanklich mit der Frage auseinandersetzen, ob neben der Strafbarkeit des A wegen versuchten Mordes in mittelbarer Täterschaft auch eine Anstiftung zum versuchten Mord zu erörtern ist. Auf den ersten Blick könnte man annehmen, hier handele es sich lediglich um eine zu vernachlässigende Abweichung vom alten "Standardproblem" der "irrigen Annahme einer Tatherrschaft als mittelbarer Täter durch den Hintermann" (vgl. hierzu *Gropp*, AT, § 10 Rn. 77). Anders als in der Grundkonstellation, kann in der vorliegenden Variante der bösgläubige Vordermann die Tat nicht vollenden. D.h., es liegt nicht nur ein Defekt (irrige Annahme der Tatherrschaft), sondern zwei Defekte (irrige Annahme der Tatherrschaft/ Nichtvollendung der Tat durch den Vordermann) vor. Dementsprechend stellt sich in der hier zugrundeliegenden Variante die Frage, ob sich das Unrecht der Tat in der Annahme eines versuchten Mordes in mittelbarer Täterschaft gemäß §§ 212 I, 211, 22, 25 I 2. Alt. erschöpft, oder ob darüber hinaus auch eine Anstiftung zum versuchten Mord gemäß §§ 212 I, 211, 22, 26 in Betracht zu ziehen ist.
Sofern man auch in der Grundkonstellation davon ausgeht, dass die irrtümliche Annahme der eigenen Tatherrschaft im Rahmen der mittelbaren Täterschaft immer nur zu einer Strafbarkeit wegen versuchter mittelbarer Täterschaft führen kann (vgl. *Gropp*, AT, § 10 Rn. 77), stellt auch diese Variante keine besonderen Probleme dar: Es bleibt bei einer Strafbarkeit wegen versuchten Mordes in mittelbarer Täterschaft. Hält man hingegen in der Grundkonstellation die wohl herrschende Meinung für vorzugswürdig, die davon ausgeht, dass hinsichtlich desjenigen, der irrtümlich von der eigenen Tatherrschaft ausgeht, eine Strafbarkeit wegen Anstiftung in Betracht kommt, weil im Tätervorsatz der Anstiftervorsatz als wesensgleiches Minus mit enthalten sei, stellt sich die Frage, ob in der vorliegenden Fallgestaltung neben der Bejahung einer Strafbarkeit wegen versuchten Mordes in mittelbarer Täterschaft auch eine Anstiftung zum versuchten Mord zu erörtern ist. Gegen die zusätzliche Annahme einer Anstiftung zum versuchten Mord spricht aber schon der Grundsatz der Exklusivität zwischen Täterschaft und Teilnahme. Für eine Erörterung der Anstiftung zum versuchten Mord könnte allenfalls sprechen, dass A den B i.S.d. des § 26 "zur Tat bestimmt hat", d.h. insoweit erfolgreich war. Auf der anderen Seite ist nicht ersichtlich, warum der Handlungsunwert des Verhaltens des A nicht von §§ 212 I, 211, 22, 25 I 2. Alt. voll erfasst sein sollte, so dass letztlich kein Raum für eine zusätzliche Strafbarkeit aus §§ 212 I, 211, 22, 26 verbleibt.

Fall 4: Die unglückliche Jagdgesellschaft

1. Vorprüfung

Der Schuss des B hat F nicht getroffen. F überlebte die Tat, so dass diese nicht vollendet ist. Die Versuchsstrafbarkeit resultiert aus §§ 212 I, 211 I, 22, 23 I, 12 I.

2. Tatbestandsmäßigkeit

a) B müsste mit dem Tatentschluss, F in mittelbarer Täterschaft zu töten, gehandelt haben.

Voraussetzung für die mittelbare Täterschaft ist die "Werkzeug"-Eigenschaft des Handelnden, die sich regelmäßig aus einem die strafrechtliche Verantwortung ausschließenden Deliktsminus des Vordermanns ergibt. A stellte sich vor, dass B im Vertrauen darauf, dass das raschelnde Geräusch im Gebüsch tatsächlich von einem, durch A erspähten Reh herrührt, den Schuss auf F abgeben würde. Dementsprechend geht er von einer Situation aus, in welcher der B einem Tatbestandsirrtum gemäß § 16 I 1 unterliegt. D.h., A strebte eine Konstellation an, in der ihm die Tatherrschaft kraft überlegenen Wissens oblag. Der Wille des A war folglich da-rauf gerichtet, die Tat (Tötung des F) "durch einen anderen" zu begehen, indem B von ihm als unvorsätzlich Handelnder eingesetzt werden sollte. Dementsprechend lag ein entsprechender Tatentschluss hinsichtlich einer Tötung in mittelbarer Täterschaft vor.

Darüber hinaus war, wie bei B, der Wille des A darauf gerichtet, die Arg- und Wehrlosigkeit des vorausgegangenen Freundes F in feindlicher Willensrichtung auszunutzen. Der Tatentschluss des A bezog sich dementsprechend auch auf eine Tötung in heimtückischer Weise.

b) Indem A den B zur Schussabgabe aufforderte und B den Schuss bereits auf F abgegeben hat, liegt auch nach der Gesamtlösung, die das Ansetzen des Werkzeugs als maßgeblichen Zeitpunkt annimmt und damit die strengsten Anforderungen an den Versuchsbeginn stellt, ein unmittelbares Ansetzen i.S.d. § 22 vor.

Der Tatbestand des versuchten Mordes in mittelbarer Täterschaft liegt somit vor.

3. Rechtswidrigkeit und Schuldhaftigkeit

A hat rechtswidrig und schuldhaft gehandelt.

4. Ergebnis

A hat sich gemäß §§ 212, 211 II 2. Gr. 1. Var., 22, 23 I, 12 I, 25 I 2. Alt. strafbar gemacht.

II. Fahrlässige Tötung, § 222 hinsichtlich des Tötung der L

Darüber hinaus könnte sich A wegen fahrlässiger Tötung gemäß § 222 schuldig gemacht haben, indem er den B aufforderte, ins Gebüsch zu schießen, und L durch den von B abgegebenen Schuss getroffen wurde.

1. Tatbestandsmäßigkeit

A forderte den B auf, ins Gebüsch zu schießen. B ist dieser Aufforderung nachgekommen. Durch den abgegebenen Schuss wurde L getötet. Dementsprechend ist der tatbestandliche Erfolg letztlich auf eine Handlung des A zurückzuführen, die condicio sine qua non für den Erfolg war. Die Aufforderung, in das Gebüsch zu schießen, ohne sich zuvor vergewissert zu haben, dass keine in der Nähe befindlichen unbeteiligten Personen durch den abgegebenen Schuss verletzt werden können, stellt die Schaffung einer erhöhten Gefahr für das Rechtsgut Leben des L dar, die sich im Tod des L realisierte.

Die Realisierung dieser Gefahr war für A individuell vorhersehbar.

2. Rechtswidrigkeit

A hat den Tatbestand rechtswidrig verwirklicht.

3. Schuldhaftigkeit

A forderte den B zur Schussabgabe auf, obwohl für ihn die Gefahr für unbeteiligte Rechtsgüter individuell vorhersehbar war und er diese Aufforderung hätte vermeiden können. Somit verwirklichte A den Tatbestand des § 222 auch schuldhaft.

4. Ergebnis

A hat sich gemäß § 222 strafbar gemacht.

III. Konkurrenzen und Zwischenergebnis hinsichtlich der Strafbarkeit des A

Da auch die von A verwirklichten Delikte auf eine einzige Handlung zurückzuführen sind, hat sich A nach §§ 212 I, 211 II 2. Gr. 1. Var., 22, 23 I, 12 I, 25 I 2. Alt., 222, 52 I strafbar gemacht, wobei der versuchte Totschlag in mittelbarer Täterschaft hinter den entsprechenden Mordversuch zurücktritt.

Gesamtergebnis

Die von A im ersten und zweiten Tatkomplex begangenen Taten stehen in Tatmehrheit zueinander, so dass er sich gemäß §§ 212 I, 211 II 2. Gr. 1. Var., 22, 23 I, 12 I, 25 I 2. Alt., 222, 52 I, 53 I strafbar gemacht hat.

B hat sich aufgrund des Geschehens im zweiten Tatkomplex wegen §§ 222, 211 II 2. Gr 1. Var., 22, 23 I, 12 I, 52 strafbar gemacht. Die verwirklichten Delikte beruhen auf einer Handlung des B und stehen deshalb in Idealkonkurrenz gemäß § 52 zueinander.

Frage 2:

I. Verfolgung der Taten zum Nachteil des F

Fraglich ist, ob A und B wegen der oben festgestellten Taten zum Nachteil des F durch ein deutsches Strafgericht verurteilt werden können, sofern diese nicht in den deutschen, sondern den österreichischen Alpen begangen worden wären.

Grundsätzlich gilt der in § 3 niedergelegte Territorialgrundsatz, nach dem das deutsche Strafrecht grundsätzlich nur für Straftaten, die im Inland, d.h. auf dem Staatsgebiet der Bundesrepublik Deutschland begangen worden sind, gilt. A und B haben die Handlungen, die zum Tod des F geführt haben, auf österreichischem Staatsgebiet i.S.d. § 9 I begangen, so dass das Territorialprinzip des § 3 hier nicht zur Anwendung gelangen kann.

Eine Verfolgung von im Ausland begangenen Taten durch deutsche Strafverfolgungsbehörden ist über § 3 hinaus möglich, sofern die Voraussetzungen der §§ 4 - 7 vorliegen.

Die §§ 4 - 6 greifen vorliegend nicht ein. Möglicherweise kann eine Verfolgung der Taten durch deutsche Strafverfolgungsbehörden jedoch auf § 7 I 1. Alt. gestützt werden. Nach § 7 I 1. Alt. gilt das deutsche Strafrecht auch für Taten, die im Ausland gegen einen Deutschen begangen werden, sofern die Tat am Tatort mit Strafe bedroht ist. F ist deutscher Staatsangehöriger. Ein versuchter Mord bzw. ein versuchter Mord in mittelbarer Täterschaft ist nach §§ 75, 15 bzw. §§ 75, 15, 12 2. Fall ÖStGB strafbar.

Dementsprechend steht einer Verurteilung von A und B wegen der gegen F verübten Taten, der Umstand, dass diese in Österreich begangen worden sind, nicht entgegen.

II. Verfolgung der Taten zum Nachteil des L

Eine Verurteilung von A und B durch ein deutsches Strafgericht wegen der zum Nachteil des L begangenen Taten aufgrund § 7 I 1. Alt. ist nicht möglich, da L österreichischer Staatsangehöriger ist.

Die Befugnis der Strafverfolgung durch deutsche Behörden wegen der Taten gegen L könnte sich jedoch aus § 7 II Nr. 1 1. Alt. ergeben. Nach § 7 II Nr. 1 1. Alt. kommt auch bei im Ausland begangenen Taten die Anwendung deutschen Strafrechts in Betracht, wenn die Tat im Ausland ebenfalls mit Strafe bedroht ist und der Täter zum Zeitpunkt der Tat Deutscher war bzw. nach der Tat Deutscher geworden ist. A und B sind deutsche Staatsangehörige. Die fahrlässige Tötung ist auch im österreichischen Strafrecht in § 80 ÖStGB unter Strafe gestellt. Die Voraussetzungen des § 7 II Nr. 1 1. Alt. sind demnach erfüllt.

Gesamtergebnis

B kann von einem deutschen Strafgericht wegen §§ 212, 211 II 2. Gr. 1. Var., 22, 23 I, 12 I; 222; 52; 7 I 1. i.V.m. §§ 75, 15; 80 ÖStGB schuldig gesprochen werden.

A kann von einem deutschen Strafgericht wegen §§ 212 I, 211 II 2. Gr. 1. Var., 22, 23 I, 12 I, 25 I 2. Alt.; 222; 52; § 7 i.V.m. §§ 75, 15, 12 2. Fall ÖStGB schuldig gesprochen werden.

Fall 5

Ein unachtsamer Bauarbeiter und ein gewissenloser Chef

Fahrlässigkeitsdelikt: objektiver und individueller Sorgfaltsmaßstab - Sorgfaltsmaßstab bei Sonderwissen, Pflichtwidrigkeitszusammenhang, Risikoerhöhung, Vertrauensgrundsatz, Schutzzweck der Norm, Zurechnungsverlagerung auf Dritte - Abgrenzung: eigenverantwortliche Selbstgefährdung und einverständliche Fremdgefährdung - übergesetzliche Entschuldigung wegen Unzumutbarkeit sorgfaltsgemäßen Handelns - Grundsatz „in dubio pro reo"

B ist im Baubetrieb des A beschäftigt. Bei der Einrichtung einer Baustelle wurde B von A beauftragt, das Gerüst an einem Rohbau zu errichten. B sollte ausdrücklich dafür sorgen, dass Absperrgitter an der Rückseite des Gerüstes zum Schutz der Bauarbeiter beim Arbeiten in großer Höhe angebracht werden.

Als B bei der Baustelle ankommt, erkennt er, dass das Gerüst in der erforderlichen Größe nur dann errichtet werden kann, wenn die Montageteile, die ursprünglich zum Bau der Absperrgitter vorgesehen waren, zweckwidrig als tragende Gerüststreben eingesetzt werden. Mit dieser Sachlage hatte zwar A, nicht hingegen B gerechnet. Als B mit Hilfe seiner Kollegen den Gerüstbau beginnt, entdeckt er zudem, dass das Gerüst, welches fertiggestellt eine Höhe von 5, 5 m aufweisen soll, wegen der örtlichen Gegebenheiten auf unbefestigtem Boden aufgestellt werden muss. Für B ist daher klar, dass das Gerüst seine Standsicherheit erst durch das zusätzliche Anbringen von Befestigungshaken erhält. Diese müssten das Gerüst mit der Hauswand verbinden.

Trotz dieser Kenntnis wird das Gerüst unter Leitung des B nicht mit Sicherungshaken am Haus befestigt. Die Absperrgitter werden entgegen ihrem ursprünglichen Zweck als tragende Streben eingesetzt. Zwar ist sich B bewusst, dass die so durchgeführte Installation ohne Absperrgitter die Gefahr in sich birgt, dass seine Kollegen bei der Arbeit abstürzen und dabei gar zu Tode kommen könnten. Jedoch hat ihm sein Chef A in der Vergangenheit mehrfach angedroht, dass er ihn entlassen werde, sollte B sich den Anweisungen des A noch einmal widersetzen. Als das Baugerüst errichtet ist, nehmen die Dinge ihren Lauf:

B selbst erklimmt das Gerüst, um einige Bauutensilien an seinen Arbeitsplatz zu bringen. Er stellt dabei wie von ihm erwartet die Standunsicherheit des Gerüstes fest und bringt an dem einzigen Aufgang zum Gerüst einen handgeschriebenen Zettel mit dem Wortlaut „Vorsicht! Gerüst leicht instabil." an. Doch kann die

Warnung des B nicht mehr gelesen werden, weil der Zettel von einer Windböe wenig später weggeweht wird.

Der Spenglergeselle S gerät bei der Arbeit wegen einer Windböe ins Wanken, verliert das Gleichgewicht und kommt an der Stelle, an der eigentlich ein Absperrgitter seinem Schutz dienen sollte, zum Absturz. Er wird mit einem offenen Schienbeinbruch in das Krankenhaus eingeliefert und zunächst fachgerecht ärztlich versorgt. Die mit dem jetzt notwendigen langen Liegen typischerweise verbundene Gefahr einer Embolie verwirklicht sich jedoch später aufgrund leicht fahrlässiger ärztlicher Nachsorge und S verstirbt.

Die Malerlehrlinge M und N treiben in der Mittagspause auf dem Baugerüst Schabernack. Als M dem N aus Spaß nachstellt, um diesen zu schlagen, gerät das ganze Gerüst wegen der schlechten Bodenverhältnisse ins Wanken und bricht zusammen. M kann sich noch durch einen Sprung in ein offenes Fenster retten und erleidet einige Schürfwunden. N stürzt ab und kommt zu Tode.

Der technische Sachverständige legt dar, dass der Absturz des S mit an Sicherheit grenzender Wahrscheinlichkeit verhindert worden wäre, wenn die Absperrgitter wie üblich in 1 Meter Höhe eingebaut worden wären.

Weiter führt er aus, dass bereits das Errichten des Gerüsts auf lockerem Boden eine grobe Regelwidrigkeit darstelle. Die Unfälle von M und N könnten nur mit einer gewissen Wahrscheinlichkeit beim Aufbau des Gerüsts auf sicherem Boden ausgeschlossen werden; letzte Zweifel seien hier aber nicht zu beseitigen. Dass die Unfälle mit an Sicherheit grenzender Wahrscheinlichkeit ausgeblieben wären, vermag der Sachverständige in Anbetracht der Gerüsthöhe von 5,50 m nur für den Fall des zusätzlichen Befestigens des Gerüsts mit den Haken an der Hauswand zu bejahen.

Wie haben sich A und B nach dem StGB strafbar gemacht?

Lösungshinweis:

Die DIN zur Sicherheit und zum Schutz des Baugewerbes lauten:[1]

„[...]

Teil 15: Baustellensicherheit

[...]

---

[1] Gehen Sie bei der Fallbearbeitung davon aus, dass eine DIN mit diesem Wortlaut tatsächlich existiert.

Art. V (Baugerüste; Bauzäune)

Abs. 1

Baugerüste dürfen erst dann zu Bauarbeiten genutzt werden, wenn sie standsicher aufgebaut sind und alle weiteren Schutzvorrichtungen, die zum sicheren Arbeiten mit Baugerüsten erforderlich sind, installiert wurden."

Abs. 2

Zum Schutz der am Bau Beschäftigten sind Baugerüste mit Absperrgittern nach allen Seiten zu versehen; die Arbeitsfläche am Bauobjekt bleibt hiervon ausgenommen.

[...]

Abs. 6

Baugerüste dürfen nicht auf lockerem, unbefestigtem Boden errichtet werden.

Baugerüste, die eine lichte Höhe von 6 Metern überschreiten, müssen mit Haken an der Hauswand zusätzlich verankert werden."

Es ist bei der Lösung des Falles davon auszugehen, dass sowohl A als auch B der Wortlaut dieser Bestimmung bekannt war.

Lösung

A. Strafbarkeit des B durch das Errichten des Gerüsts und die eingetretenen Folgen

I. Fahrlässige Tötung, § 222 (Opfer S)

B hat sich möglicherweise einer fahrlässigen Tötung gemäß § 222 schuldig gemacht, als er das Baugerüst ohne Absperrgitter errichtete, wodurch S abstürzte und später zu Tode kam.

1. Tatbestandsmäßigkeit

a) Handlung, Erfolg, Kausalität

Zur Tatbestandsverwirklichung müsste B zunächst durch eine Handlung den Todeserfolg bei S nach der Äquivalenztheorie verursacht haben. Das Errichten des

Gerüstes ohne Absperrgitter ist eine Handlung, die nach der condicio-sine-quanon-Formel nicht hinweggedacht werden kann, ohne dass der tatbestandliche Todeserfolg bei S entfiele. Fraglich ist indes, ob das Verhalten des B als aktives Tun (Errichten des Gerüsts) oder Unterlassen (Verzicht auf das Anbringen des Absperrgitters) zu qualifizieren ist. Nach einer naturalistischen Ansicht[2] liegt aktives Tun dann vor, wenn durch menschliches Verhalten innerhalb eines Kausalverlaufs Energie mit Richtung auf das Tatobjekt aufgebracht wurde. Nur bei einem Geschehen ohne jegliche Energieerbringung könne ein Unterlassen bejaht werden. Danach liegt hier aktives Tun vor, denn B bringt durch das Errichten des Gerüstes Energie auf. Eine normative Sichtweise[3] fordert ein Abstellen auf den Schwerpunkt der Vorwerfbarkeit. Liege dieser auf aktivem Tun, so sei auch insgesamt der Vorwurf bezogen auf die Vornahme einer aktiven Handlung. Einer pragmatischen Sichtweise[4] folgend, ist es zulässig, beide Ansätze zu kombinieren und zunächst zu untersuchen, ob der Betroffene in irgendeiner Weise aktiv gehandelt hat. Bei positivem Ergebnis spricht das indiziell für ein aktives Tun. Dann wird weiter gefragt, ob trotz dieses Indizes der Tatvorwurf wegen ermittelter Unterlassungselemente doch auf einem Unterlassen liegt. Vorliegend können in dem Gesamtverhalten des B zwar einzelne Unterlassungsmomente gesehen werden, wenn dieser die Installation eines rückwärtigen Absperrgitters unterlässt. Doch bedeutender erscheint es, dass B überhaupt ein gefahrbringendes Gerüst errichtet hat, ohne sicherzustellen, dass Sicherungsmaßnahmen mit installiert werden. Bei der Würdigung der gefundenen Unterlassungselemente in B´s Gesamtverhalten ist ferner zu berücksichtigen, dass in jedem möglichen Fahrlässigkeitsvorwurf das außer Acht Lassen (Unterlassung!) einer Sorgfaltspflicht denknotwendig enthalten ist; auch dieser Umstand ist beim Fahrlässigkeitsdelikt bei der Frage nach aktivem Tun oder Unterlassen zu bedenken. Folglich liegt für den Tatvorwurf der Schwerpunkt des Verhaltens des B auf einem aktiven Tun und nicht auf einem Unterlassen.[5]

b) Schaffung einer erhöhten Gefahr[6]

B müsste durch das Anbringen des Gerüstes ohne Absperrgitter eine erhöhte Gefahr geschaffen haben, die sich im Tod des S realisiert hat. Ob eine Gefahrschaffung überhaupt vorliegt, bestimmt sich nach Verhaltensregeln, die überwiegend durch Rechts- oder Verkehrsnormen konkretisiert sind.[7] Vorliegend hat B ein Bau-

---

[2] SK-*Rudolphi*, Vor § 13 Rn. 1, 6; zum Ganzen auch *Gropp*, AT, § 11 Rn. 59 ff. mwN.
[3] Vertreten namentlich von der Rspr.: BGHSt 6, 46 (59); BGHSt 40, 257 (265 f.); BGH, NStZ 1999, 607 f.
[4] *Jescheck/Weigend*, AT, § 58 II 2.
[5] Diese Abgrenzungsfrage wird von Teilen der Lehre auf Tatbestandsebene offen gelassen und erst auf Konkurrenzebene zugunsten der schwereren (§ 13 II !) Begehungstat entschieden, vgl. *Baumann/Weber/Mitsch*, AT, § 15 Rn. 26 f.
[6] Nach dem abweichenden Aufbau der hM heißt der Prüfungspunkt „objektive Sorgfaltspflichtverletzung bei objektiver Vorhersehbarkeit und Vermeidbarkeit", vgl. näher *Gropp*, AT, § 12 Rn. 16 ff. und die Übersicht § 12 Rn. 114.
[7] *Gropp*, AT, § 12 Rn. 24; *Roxin*, AT 1, § 24 Rn. 18.

gerüst ohne das erforderliche Absperrgitter errichtet. Die Notwendigkeit einer solchen Sicherung ergibt sich aus der DIN betreffend das Baugewerbe. Der Wortlaut der DIN beschreibt eine Vorsorgepflicht zur Unfallverhütung bei Arbeiten auf einem Baugerüst. Es handelt sich folglich um eine Norm des Verkehrskreises aller Gerüstbauer (Verkehrsnorm). Als B das Gerüst entgegen dem Gebot dieser Verkehrsnorm aufstellte, hat er somit eine unerlaubte, rechtlich missbilligte Gefahr geschaffen. Er durfte ferner nicht darauf vertrauen, S werde das Gerüst nicht zur Arbeit nutzen (sog. Vertrauensgrundsatz).

aa) Möglicherweise muss eine Gefahrzurechnung zu B nach objektiven Kriterien wegen fehlender Gefahrrealisierung dennoch ausscheiden.

(1) Zunächst erfasst der Schutzbereich der Verkehrsnorm (DIN s.o.) die aufgezeigte Gefahrschaffung für das Leben des S in sachlicher und personaler Hinsicht.

(2) Sodann ist zu klären, inwiefern dem B als Erstverursacher einer Gefahrenlage, die einen vorläufigen Niederschlag in dem Beinbruch des S fand, die Realisierung einer Zweitgefahr weiter zugerechnet werden kann. Dabei sind zwei Fragenkreise getrennt zu untersuchen:

(a) Einmal erscheint es bereits ohne Blick auf das Dazutreten des Arztes problematisch, B den Todeserfolg zum Nachteil des S zuzurechnen, da sich die für das Rechtsgut der körperlichen Unversehrtheit des S geschaffene Gefahr in der Körperverletzung des Schienbeinbruchs realisiert hat. Man könnte darin den „Verbrauch" eines von B durch den ordnungswidrigen Gerüstbau initialisierten, weitergehenden Gefährdungspotenzials erblicken, der eine weitere Auswirkung einer von B ausgegangenen Gefährdung des Lebens des S verbietet. Die Lehre vom Schutzbereich der Norm löst solche Konstellationen aus der Perspektive der Verhaltensvorschrift, welche die Erschaffung einer Rechtsgutsgefahr durch den Täter verbietet.[8] Danach soll die o. g. DIN zum Gerüstbau auch vor Todesgefahren schützen und B hat diese Gebotsnorm missachtet. Damit ist unter dem Aspekt des Schutzbereichs der Verhaltensnorm die Zurechnung des Todeserfolgs zu B möglich. Außer Acht lässt dieses Vorgehen jedoch die hier gegebene Komplikation, dass zwischen der (Leibes- und/oder Lebens-)Gefahrschaffung und dem Todeserfolg der Zwischenerfolg einer Körperverletzung liegt. Neuere Ansätze nehmen diesen Missstand auf und betrachten als Grundlage einer solchen, weitergehenden Zurechnung allein die Tathandlung.[9] Nur dann soll es zu einer Zurechnung auch des Zweiterfolges kommen, wenn die Tathandlung spezifische Risiken in sich birgt, die über die Realisierung des Ersterfolges hinausgehen und so eine Zweitzurechnung rechtfertigen können. Der Gefahr, die durch das Errichten eines Baugerüstes ohne Absperrgitter entsteht, wohnt das Risiko eines Beinbruches inne. Bei Beinbrüchen wird jedoch ein längeres Liegen im Krankenhaus erforderlich, welches das spezifische Risiko von Embolien mit sich bringt. Folglich ist bereits die Tathandlung des B dazu geeignet, einen Körperverletzungserfolg mit dem späteren Folgeschaden des Todeserfolges herbeizuführen. Weil damit der zunächst nur

---

[8] Vgl. *Gropp*, AT, § 12 Rn. 58 ff. mwN.
[9] Siehe die Nachweise bei *Lackner/Kühl*, § 15 Rn. 45.

leibesgefährlichen Tathandlung des B das Risiko eines tödlichen Folgeschadens anhaftet, ist B der Tod des S hiernach auch zurechenbar.

(b) Eine Zurechnungsdurchbrechung kommt jedoch wegen der fahrlässigen Falschbehandlung durch den Arzt im Krankenhaus in Betracht. Der Arzt hat durch seine leicht fahrlässige Versorgung des operierten S seinerseits eine unerlaubte und rechtlich missbilligte Gefahr geschaffen. Fraglich ist nur, ob und nach welchen Kriterien diese Risikosetzung dazu in der Lage ist, die Gefahrschaffung durch B abzuschirmen und so die Zurechnung der Gefahrrealisierung zu B zu durchbrechen.

Eine Ansicht[10] rechnet kategorisch alle leichten und mittleren Behandlungsfehler dem Erstverursacher zu. Nur schwerwiegendes Fehlverhalten des Arztes soll einen Zurechungsausschluss bewirken. Hiernach ist dem B die leicht fahrlässige Medikation des Arztes zuzurechnen.

Andere[11] stellen darauf ab, ob das Verhalten des Zweitverursachers als Tun oder Unterlassen zu werten ist. Nur das aktive Tun schließe nach den Regeln des Vertrauensgrundsatzes eine Zurechnung der Gefahrrealisierung zum Erstverursacher aus.

Danach ist eine Gefahrzurechnung zu B wegen der Falschmedikation des Arztes durch aktives Tun ausgeschlossen.

Eine dritte Meinung[12] löst das Problem nach normativen Gesichtspunkten. Eine Gefahrzurechnung soll zum Erstverursacher trotz des Dazwischentretens eines Dritten dann erfolgen, wenn sich gleichwohl im tatbestandlichen Erfolg die vom Erstverursacher gesetzte typische Modellgefahr realisiert hat, bzw. wenn die von diesem gesetzte Gefahr durch das Drittverhalten nicht abgedrängt wurde.[13]

Vorliegend bringt der Beinbruch des S die Notwendigkeit einer ärztlichen Behandlung mit sich. Dieser Mechanismus eröffnet den neuen Verkehrskreis der ärztlichen Heilbehandlung. Jede Eröffnung neuer Verkehrskreise birgt jedoch auch die diesen anhaftenden spezifschen Gefahren. Soweit solche riskanten Behandlungsmaßnahmen typischerweise mit der durch den Erstverursacher gesetzten Gefahr verbunden sind, sind sie nicht in der Lage, die Erstgefahr erfolgreich im Sinne eines Zurechnungsausschlusses abzuschirmen. Nur untypisch fehlerhaftes Vorgehen durch Angehörige der Heilberufe (Vorsatz, grobe Fahrlässigkeit) oder

---

[10] BGHSt 31, 96 (100); OLG Celle, NJW 1958, 271 f.; *Wolter*, Objektive und personale Zurechnung von Verhalten, Gefahr und Verletzung in einem funktionalen Straftatsystem, 1981, S. 347 ff.; *Rengier*, Erfolgsqualifizierte Delikte und verwandte Erscheinungsformen, 1986, S. 163 ff.; *Burgstaller*, Das Fahrlässigkeitsdelikt im Strafrecht, 1974, S. 116 ff. (119); *ders.*, Jescheck-FS I, 1985, 357 (364 f.); *Otto*, JuS 1974, 702 (709); *ders.*, NJW 1980, 417 (422).

[11] SK-*Rudolphi*, Vor § 1 Rn. 73 f.

[12] *Jakobs*, Studien zum fahrlässigen Erfolgsdelikt, 1972, S. 92 ff.; *Schünemann*, JA 1975, 715 (719); *Roxin*, AT 1, § 11 Rn. 115.

[13] *Roxin*, AT 1, § 11 Rn. 116 f.

die Vornahme untypischer Behandlungsmaßnahmen kann eine Gefahrzurechnung ausschließen.[14] Folglich durchbricht die leicht fahrlässige Versorgung durch den Arzt nicht den von B eröffneten Gefahrenverlauf. Sie ist nach der hier favorisierten normativen Betrachtung vielmehr ein Teil dessen. Damit ist dem B die Gefahrrealisierung des Todes des S durch die Falschbehandlung zuzurechnen.

bb) Sodann könnte dem B die Gefahr nach subjektiven Kriterien nicht zurechenbar sein.

(1) Für B müsste der Erfolgseintritt bei Gefahrrealisierung vorhersehbar und vermeidbar gewesen sein.

Eine Ansicht[15] stellt bei der Frage der Vorhersehbarkeit ganz auf individuelle Kriterien ab. Spiegelbildlich zu den Elementen des Vorsatzes ist für den konkreten Täter die Erfolgsrealisierung vorhersehbar, wenn ihm in seiner Situation bekannt (Wissen) war, dass es zu einem solchen Kausalverlauf kommt. Vermeidbarkeit liegt vor, wenn es ihm bei bestehender Vorhersehbarkeit möglich war, den Erfolgseintritt abzuwenden (Wollen).[16] Hiernach kannte B aufgrund seiner konkretindividuellen Kenntnis des Wortlauts der DIN die Gefahr einer Erfolgsherbeiführung und er hatte die Möglichkeit, etwa durch eine Mitteilung an seinen Chef oder das anderweitige Besorgen weiterer Gerüstteile, den Erfolgseintritt abzuwenden. Folglich ist dem B der Erfolgseintritt vorhersehbar und vermeidbar gewesen.[17]

(2) Zur weiteren Einschränkung einer Erfolgszurechnung beim Fahrlässigkeitsdelikt geht die hM[18] davon aus, dass eine Erfolgszurechnung nicht erfolgen kann, wenn der Erfolg mit hoher, an Sicherheit grenzender Wahrscheinlichkeit auch bei pflichtgemäßem Verhalten eingetreten wäre. Hinwegzudenken und durch das mit der Pflichtwidrigkeit korrespondierende verkehrsgerechte Verhalten zu ersetzen

---

[14] Vgl. die ähnliche Argumentation des OLG Stuttgart, JZ 1980, 618 ff. im „Hirnödem-Fall".
[15] *Gropp*, AT, § 12 Rn. 82 mit Verweis auf *Jakobs*, AT, 9 Rn. 8 ff.; *Stratenwerth*, AT, § 15 Rn. 12 f.; *ders.*, Jescheck-FS I, 1985, 285 ff.
[16] *Gropp*, AT, § 12 Rn. 82.
[17] Freilich ist es streitig, ob für die Frage der Vorhersehbarkeit und Vermeidbarkeit der Erfolgsrealisierung objektive oder subjektive Maßstäbe gelten. Namentlich die hM (zum Ganzen *Gropp*, AT, § 12 Rn. 81) stellt auf objektive Kriterien iSd § 276 II BGB ab, wenn sie fordert, dass der eingetretene Kausalverlauf in seinen wesentlichen Zügen und der eingetretene Erfolg nicht so sehr außerhalb aller Lebenserfahrung liegen, dass man nicht damit zu rechnen brauchte. Dabei sollen Sonderwissen und Sonderkönnen des Täters eingesetzt werden. Normen des Verkehrskreises finden nachdrücklich Berücksichtigung. Vorliegend statuiert die DIN in Teil 15 Art. V Abs. 2 das Gebot, an Baugerüsten Absperrgitter nach allen Seiten mit Ausnahme der Arbeitsfläche zu errichten. Jedem durchschnittlichen Angehörigen des Verkehrskreises der Bauhelfer beim Gerüstbau ist damit vorhersehbar, dass es bei einem ohne Absperrgitter errichteten Gerüst zum Absturz bis hin zum Tod eines Kollegen kommen kann. Folglich war dem B die Erfolgsrealisierung auch nach hM vorhersehbar, ohne dass man auf ein Sonderwissen des B abstellen müsste.
[18] Dazu *Gropp*, AT, § 12 Rn. 48 ff.

ist nur der dem Täter vorgeworfene Tatumstand.[19] Der Sachverständige hat hier dargelegt, dass S mit an Sicherheit grenzender Wahrscheinlichkeit nicht abgestürzt wäre, hätte man das Absperrgitter wie üblich in 1 m Höhe eingebaut. Man kann nach dieser Ansicht dem sorgfaltswidrig handelnden Täter sagen: „Hättest Du sorgfaltsgemäß gehandelt, dann wäre dies nicht geschehen." (sog. individuelle Unvermeidbarkeit auch ohne Gefahrerhöhung[20]).[21] Somit ist nach dieser Meinung dem B die Erfolgsrealisierung zurechenbar.

Eine andere Ansicht stellt dagegen darauf ab, ob der Täter durch sein Verhalten (nachweislich)[22] ein erhöhtes Risiko für das Angriffsobjekt geschaffen habe (sog. Risikoerhöhungslehre).[23] Vorliegend handelte B nachweislich gefahrbegründend, als er das Baugerüst ohne Absperrgitter errichtete. Für die Rechtsgüter Leib und Leben der auf dem Gerüst Arbeitenden als Angriffsobjekte hat B demnach ein erhöhtes Risiko gesetzt; der Erfolgseintritt ist ihm zurechenbar. Nach allen Ansichten handelt B daher gemäß § 222 tatbestandlich.

2. Rechtswidrigkeit

B müsste rechtswidrig gehandelt haben. Vorliegend hat A dem B damit gedroht, ihn zu entlassen, wenn er sich seinen Anweisungen noch einmal widersetzt. Durch dieses Verhalten wird aber weder ein gegenwärtiger Angriff gemäß § 32, noch eine Gefahrenlage gemäß § 34 begründet. Folglich scheidet eine Rechtfertigung aus. B handelte rechtswidrig.

3. Schuldhaftigkeit

Ferner müsste B schuldhaft handeln.

a) Fahrlässigkeit als Schuldform

Die Spezifika des Fahrlässigkeitsdelikts erfordern zunächst das Vorliegen der Fahrlässigkeit als Schuldform.[24] Wie gezeigt, ist für B der Erfolgseintritt individuell vorhersehbar und vermeidbar gewesen. B handelt in der Schuldform der Fahrlässigkeit.[25]

---

[19] *Kühl*, AT, § 17 Rn. 49.
[20] *Gropp*, AT, § 12 Rn. 114.
[21] *Kühl*, AT, § 17 Rn. 50.
[22] Dieses Begrenzungsmerkmal fordert *Stratenwerth*, Gallas-FS, 1973, 227 (235 f.).
[23] *Roxin*, AT I, § 11 Rn. 76 ff.
[24] *Gropp*, AT, § 12 Rn. 110 ff.
[25] Nach hM (vgl. *Gropp*, AT, § 12 Rn. 45 ff.), die im Tatbestand keine individuelle Vorhersehbarkeit und Vermeidbarkeit des Erfolgseintritts fordert, ist danach zu fragen, ob diese objektiven Gegebenheiten dem Täter persönlich zum Vorwurf gemacht werden können. Aber auch die Sichtweise (*Gropp*, AT, § 12 Rn. 82 ff.), die diese Frage bereits auf Tatbestandsebene aufwirft, überprüft ihr tatbestandlich gefundenes Ergebnis wegen

b) Entschuldigungsgründe

Möglicherweise ist B wegen seiner Konfliktlage zu seinem Arbeitgeber A jedoch entschuldigt. Dabei kommt entschuldigender Notstand, § 35, offensichtlich nicht in Betracht, da dem B keine Gefahr für eines der in § 35 abschließend aufgeführten Rechtsgüter droht. Denkbar ist jedoch eine Entschuldigung aus übergesetzlichen Gründen, der Unzumutbarkeit pflichtgemäßen Verhaltens.

Das Reichsgericht[26] hat in einer Entscheidung bei der Frage der Vorhersehbarkeit des Erfolgseintritts die Prüfungspflicht des Täters reduziert, wenn dieser aufgrund einer Anordnung seines Dienstherrn in der konkreten Situation in einer Konfliktlage stand. Erreiche dieser Konflikt eine so hohe Intensität, dass dem Täter die Erfüllung desjenigen Maßes an Aufmerksamkeit und Rücksicht auf das Allgemeinwohl unmöglich sei, so handele er nicht mit Fahrlässigkeitsschuld.[27] Das Spannungsverhältnis zwischen B und A hat sich hier zwar so sehr verdichtet, dass B unmittelbar mit dem Verlust seines Arbeitsplatzes rechnen muss, wenn er das Gerüst wegen des nicht einbaubaren Absperrgitters nicht errichtet. Nach den Vorgaben des Reichsgerichts handelt B aber dennoch fahrlässig schuldhaft, denn das bei S verletzte Rechtsgut Leben hat innerhalb der vorzunehmenden Abwägung eine derart signifikante Wirkung, dass dem Täter auch bei einer starken Konfliktlage die völlige Zurückdrängung dieses Rechtsgutes nicht gestattet ist.

Andere[28] stellen in diesen Fällen eine Analogie zu § 35 her, indem sie eine Unrechtsminderung in Form des Erhaltungsinteresses (z.B. Arbeitsplatz) und einen dem § 35 als Voraussetzung innewohnenden Motivationsdruck untersuchen. Gelegentlich werden auch die Aspekte des Handelns in erlaubtem Risiko[29] bzw. die generelle Relevanz des Fahrlässigkeitsgrades[30] innerhalb der Tatbestandsmäßigkeit überprüft. All diese Ansichten kommen vorliegend jedoch übereinstimmend zu dem Ergebnis, dass das zum Tod des S führende, bewusst fahrlässige Verhalten des B trotz des durch die Konfliktlage entstandenen Motivationsdrucks zu keiner Entschuldigung führen kann. B handelt damit insgesamt schuldhaft.

4. Ergebnis

B hat sich gemäß § 222 der fahrlässigen Tötung schuldig gemacht, als er das Gerüst ohne Absperrgitter errichtete, wodurch S abstürzte, sich ein Bein brach und später verstarb.

---

der Doppelnatur (*Schönke/Schröder/Cramer/Sternberg-Lieben*, § 15 Rn. 113/118) des Deliktsmerkmals nochmals innerhalb der Schuldhaftigkeit.

[26] RGSt 30, 25 ff. = sog. „Leinenfänger-Fall".
[27] RGSt 30, 25 (27 f.).
[28] Vgl. die zusammenfassende Darstellung bei *Gropp*, AT, § 12 Rn. 113 f.
[29] *Maiwald*, Schüler-Springorum-FS, 1993, 475 (487 ff.).
[30] *Gropp*, AT, § 12 Rn. 114 mwN.

II. Fahrlässige Körperverletzung, § 229 (Opfer M - Boden)

B hat sich möglicherweise einer fahrlässigen Körperverletzung gemäß § 229 dadurch schuldig gemacht, dass er das Baugerüst auf lockerem Boden errichtete, woraufhin dieses umkippte und M sich bei seinem Rettungssprung in ein Fenster Schürfwunden zuzog.

1. Tatbestandsmäßigkeit

B müsste den Tatbestand gemäß § 229 verwirklicht haben.

a) Handlung, Erfolg, Kausalität

Das Errichten des Gerüstes durch B, ein aktives Tun, kann vorliegend nicht hinweggedacht werden, ohne dass der tatbestandliche Erfolg, das Entstehen von Schürfwunden bei M, entfiele. Die Handlung des B ist damit condicio-sine-quanon für den Erfolgseintritt.

b) Gefahrschaffung

Dann müsste B eine erhöhte, rechtlich unerlaubte Gefahr geschaffen haben. Die in der DIN für das Baugewerbe ausgedrückte Verkehrsnorm bestimmt in Teil 15, Art. V, Abs. 1 das generalklauselartige Gebot, jedes Baugerüst vor Inbetriebnahme auf seine Standsicherheit hin zu überprüfen. Dieses Gebot lässt B außer Acht, als er das Gerüst erstellt, obwohl er die Standunsicherheit wegen der schlechten Bodenverhältnisse festgestellt hat. Folglich hat B eine erhöhte Gefahr geschaffen.

Der Gedanke, B könne sich nach dem Vertrauensgrundsatz darauf verlassen, dass M sich seinerseits keiner Gefährdung durch Herumtoben aussetzt, verbietet sich. Der Vertrauensgrundsatz findet nämlich dort seine Grenze, wo das Verhalten des Täters sich auf den Dritten auszuwirken beginnt.[31] Hier ist diese Auswirkung darin zu sehen, dass M die eigene gefährliche Verhaltensweise im wahren Wortsinn erst auf dem Boden des Werkes des B vornimmt.

aa) Die Zurechnung der Gefahrrealisierung könnte jedoch aus objektiven Gründen ausgeschlossen sein.

(1) Zunächst umfasst der Schutzzweck der Gebotsnorm, standsichere Gerüste zu bauen, die Verletzung der körperlichen Unversehrtheit des M in sachlicher und personaler Hinsicht.

(2) Möglicherweise ist dem B jedoch eine Risikoverringerung zu Gute zu halten, als dieser einen auf die Standsicherheit des Gerüstes hinweisenden handgeschriebenen Zettel am einzigen Aufgang zum Gerüst anbringt, wenngleich dieser weggeweht wurde. Voraussetzung einer relevanten Risikoabschwächung durch den Täter ist jedoch stets, dass dieser einen Kausalverlauf in der Weise modifi-

---

[31] *Gropp*, AT, § 12 Rn. 38; *Roxin*, AT I, § 24 Rn. 24.

ziert, dass er die für das Opfer bereits bestehende Gefahr abschwächt.[32] Wenn man auf das Gesamtverhalten des B abstellt, so ist er es, der eine Gefahr für M überhaupt erst geschaffen hat, als er das Gerüst ohne die nötige Standsicherheit aufstellte. Der Versuch, dieses gesetzte Risiko für andere mit dem Anbringen eines Zettels kalkulierbar zu machen, ist ein Umstand, der das Gesamtverhalten des B vorbehaltlich seiner Geeignetheit vielleicht abschwächt; er ist jedoch nicht in der Lage, die einmal verwirklichte Gefahrschaffung im Sinne einer Risikoverringerung gänzlich abzuschirmen. Das Anbringen des Zettels bewirkt also keine Risikoverringerung.

(3) Eine objektive Erfolgszurechnung scheitert womöglich daran, dass sich M bei dem Herumtoben auf dem Gerüst selbst gefährdet hat. Die eigenverantwortliche Selbstgefährdung schließt dabei die Erfolgszurechnung aus.[33] Fraglich ist aber, ob wegen des Verhaltens des B nicht dennoch eine Fremdgefährdung vorliegt. Die Abgrenzungskriterien sind streitig.

Teilweise[34] soll es für die Abgrenzung von Selbst- und Fremdgefährdung darauf ankommen, wann Täter und Opfer jeweils gehandelt haben. Folge das Opferverhalten dem Täterverhalten zeitlich nach, so liege stets eine Selbstgefährdung vor. Danach müsste man hier von einer Selbstgefährdung des M ausgehen.

Andere[35] argumentieren, dass eine Selbstgefährdung immer dann gegeben sei, wenn sich das Opfer frei verantwortlich und in voller Kenntnis des Risikos und der Tragweite seiner Entscheidung in eine Gefahrensituation begebe.

Vorliegend wurde der Warnhinweis des B weggeweht und M konnte aufgrund des fehlenden exakten Sachwissens über die Bodenverhältnisse und der daraus resultierenden Standunsicherheit des Gerüstes das Risiko seines Verhaltens nicht optimal einschätzen. Im Gegenteil durfte M davon ausgehen, dass das Gerüst auch einem Herumtoben Stand halten werde. Folglich liegt nach dieser Ansicht eine Fremdgefährdung vor.

Die wohl überwiegende Ansicht[36] stellt bei der Entscheidung der vorliegenden Frage auf das Kriterium der Tatherrschaft ab. Nur wenn das Opfer den objektiv-lebenssachverhaltlichen Geschehensablauf von seinem Vorsatz umfasst in den Händen halte, gefährde es sich selbst. Voraussetzung tatherrschaftlichen Handelns ist jedoch zumindest die Kenntnis der Tragweite des eigenen Verhaltens. Dies fehlt dem M aufgrund seiner fehlenden genauen Kenntnis der Sachlage. Folglich liegt auch hiernach eine Fremdgefährdung vor.

---

[32] *Roxin*, AT I, § 11 Rn. 47.
[33] *Kühl*, AT, § 17 Rn. 82.
[34] *Frisch*, JuS 1990, 362 (369 f.); *ders.*, NStZ 1992, 62 (66 f.); vgl. auch *Otto*, Tröndle-FS, 1989, 157 (170).
[35] *Otto*, Tröndle-FS, 1989, 157 (174 f.); BayObLG, JZ 1997, 521 f. mit Anm. *Otto* S. 522 f.
[36] *Dölling*, GA 1984, S. 71 (76 f.); *Roxin*, NStZ 1984, 411 f.; OLG Zweibrücken, JR 1994, 518 ff. mit Anm. *Dölling* S. 520.

Mit den beiden letztgenannten Ansichten, die im Gegensatz zur ersten Meinung eine wertende und dem Rechtsproblem überhaupt erst angemessene Betrachtung zulassen, besteht vorliegend kein Zurechnungsausschluss aufgrund einer Selbstgefährdung durch M.

bb) Weiterhin könnte die Erfolgszurechnung zu B aus subjektiven Gründen auszuschließen sein.

(1) B müsste die Erfolgsherbeiführung vorhersehbar gewesen sein. Nach der bereits oben dargelegten objektiven Sichtweise kommt hierfür die Bestimmung der DIN zum Tragen, die in Abs. 1 das generelle Gebot der Standsicherheit eines Gerüstes festschreibt. Danach muss ein durchschnittlicher Bauhelfer wissen, dass es zu auch schwersten Rechtsgutsverletzungen kommen kann, wenn er standunsichere Gerüste für den Verkehr freigibt. B war der Erfolgseintritt damit vorhersehbar.

(2) Ferner müsste auch der Gefahr- bzw. Pflichtwidrigkeitszusammenhang zwischen der gefahrschaffenden Handlung des B und dem Erfolgseintritt bei M bestehen.

Mit der Risikoerhöhungslehre hat B eine rechtlich missbilligte Gefahr im Hinblick auf das Angriffsobjekt der körperlichen Unversehrtheit des M geschaffen, die sich auch realisiert hat. Danach ist B die Körperverletzung bei M also zuzurechnen.

Problematisch ist die endgültige Beurteilung der Zurechnungsfrage mit der hM. Der Erfolgseintritt wäre bei sorgfaltsgemäßem Verhalten, also dem Aufbau des Gerüstes auf standfestem Boden, nach den Ausführungen des Sachverständigen nicht mit hoher, sondern nur mit einer gewissen, also unbestimmten, Wahrscheinlichkeit ausgeblieben. Letzte Zweifel sind nach Angaben des Sachverständigen hier aber nicht zu beseitigen. In dem Fall, in dem die tatrichterliche Aufklärung eines Lebenssachverhalts für die rechtliche Würdigung abschließend Zweifel lässt, findet der Grundsatz „In dubio pro reo" Anwendung. Er besagt, dass im Zweifelsfall die für den Täter günstigere Variante des Lebenssachverhalts zu wählen ist. Grund hierfür ist die verfassungs- und einfachrechtlich statuierte Pflicht des Staates, die lebenssachverhaltliche Ausgangsposition für das staatliche Bestrafungsmonopol eindeutig festzulegen. Ist das nicht möglich, so tritt das Bestrafungsmonopol des Staates hinter dem Freiheitsrecht des Einzelnen zurück. Vorliegend muss mit der hM also von einer so hohen Wahrscheinlichkeit des Ausbleibens des Erfolges bei pflichtgemäßem Verhalten des M ausgegangen werden, so dass eine Erfolgszurechnung ausscheidet.

Dass die Risikoerhöhungslehre trotz der aufgezeigten uneindeutigen Tatsachengrundlage zu einer Erfolgszurechnung gelangt, legt ihre gravierendste Schwäche offen. Allein aus diesem Grund ist mit der hM ein Zurechnungsausschluss zu verneinen.

2. Ergebnis

B hat sich nicht der fahrlässigen Körperverletzung gemäß § 229 schuldig gemacht, als er das Gerüst ohne Befestigungshaken errichtete und M sich daraufhin bei dem Sprung in das Fenster Schürfwunden zuzog.

III. Fahrlässige Körperverletzung, § 229 (Opfer M - Boden und Haken)

Möglicherweise hat sich B aber dadurch einer fahrlässigen Körperverletzung gemäß § 229 schuldig gemacht, dass er das Baugerüst auf lockerem Boden und ohne Befestigungshaken an der Hauswand errichtete, wodurch M abstürzte und sich Schürfwunden zuzog.

1. Tatbestandsmäßigkeit

a) Handlung, Erfolg, Kausalität

B hat durch den mangelhaften Gerüstbau den Körperverletzungserfolg bei M verursacht.

b) Gefahrschaffung

Auch hat B eine rechtlich missbilligte, unerlaubte Gefahr dadurch geschaffen, dass er das Gerüst zum einen auf unfestem Boden und zum anderen ohne Befestigungshaken an der Hauswand errichtete, obwohl das Gerüst erst durch diese seine Standsicherheit erreicht. Das ergibt sich aus dem Wissen des B und den Bestimmungen der DIN.

Fraglich ist aber, ob diesem Ergebnis die Bestimmung des Teil 15, Art. V, Abs. 6 DIN entgegensteht, wonach Befestigungshaken erst dann bei einem Baugerüst zwingend einzubauen sind, wenn dieses eine lichte Höhe von 6 m überschreitet, das Baugerüst des B aber nur 5,50 m hoch ist. So ließe sich argumentieren, dass von einer Gefahrschaffung dann nicht mehr die Rede sein kann, wenn selbst festgeschriebene Verkehrsnormen ein an sich gefährliches Verhalten erlauben, indem sie weitergehende Handlungspflichten nur für einen anderen Fall ausdrücklich vorschreiben. Damit entfiele überhaupt eine folgenreiche unerlaubte Gefahrschaffung durch B.[37] Dem lässt sich indes zweierlei entgegen halten. Zum einen sieht die DIN in Abs. 1 selbst vor, dass bei einem Baugerüst unter allen Umständen die Standsicherheit zu gewährleisten ist. Insoweit trifft den Gerüstbauer eine erhöhte Überprüfungspflicht z.B. bezogen auf die örtlichen Verhältnisse. Zum Zweiten ist zu bedenken, dass die zur Beurteilung des Vorliegens einer Gefahrschaffung he-

---

[37] Denn das Aufstellen des Gerüstes auf lockerem Boden führt mit der hM wie gezeigt nicht zu einer Erfolgszurechnung.

rangezogenen Verkehrsnormen nicht abschließender Natur sind.[38] Das schlichte Abstellen auf geschriebene Verkehrsnormen birgt die Gefahr einer unvollständigen Betrachtung und wird der Komplexität des modernen Lebens nicht gerecht.[39] Folglich hat B eine erhöhte, rechtlich nicht erlaubte Gefahr geschaffen.

aa) Gründe für einen objektiven Ausschluss der Erfolgszurechnung sind nicht ersichtlich.

bb) Weiter müsste B der Erfolgseintritt vorhersehbar gewesen sein.

Die Bestimmung des Abs. 6 der DIN sieht für das Gerüst mit einer Höhe von 5,50 m zwar keinen zwingenden Einbau der Befestigungshaken vor, woraus man folgern könnte, dass auch B nicht bekannt sein konnte, dass ein Gerüst dieser niederen Höhe solche Gefahren mit sich bringen kann. Die auf objektive Maßstäbe abstellende Meinung sieht als Korrektiv dieses Ergebnisses aber die Einbeziehung von subjektivem Sonderwissen und -können vor. B war allerdings sofort klar, dass der Einbau der Haken für die Standsicherheit des Gerüstes auch bei nur 5,50 m Höhe wegen der örtlichen Verhältnisse notwendig war.

Dieser wenig überzeugenden Rückausnahme vom Prinzip objektiver Betrachtung lässt sich mit der Ansicht entgehen, die einen individuellen Fahrlässigkeitsbegriff verfolgt. Damit ist es von vornherein gestattet und geboten, das vorliegende Sonderwissen des B über die Standunsicherheit zu berücksichtigen. Für B war der Erfolgseintritt damit insgesamt (objektiv und subjektiv) vorhersehbar.

(1) Nunmehr müsste ein Gefahr- und Pflichtwidrigkeitszusammenhang zwischen der Tathandlung des B und dem Erfolgseintritt zum Nachteil des M bestehen. Mit der hM gilt hierzu folgendes: Die Gefahrschaffung durch das Erstellen des Gerüstes auf lockerem Boden stellt für sich alleine keinen Fahrlässigkeitsunwert dar, der eine Erfolgszurechnung erlauben würde. Das ergibt sich wie gezeigt aus der zwingenden Anwendung des „in dubio"-Grundsatzes. Jedoch ist die Sorgfaltswidrigkeit des B hierin nicht erschöpft. Der technische Sachverständige hat ausgeführt, dass er den Verletzungserfolgseintritt bei M mit an Sicherheit grenzender Wahrscheinlichkeit ausgeschlossen sieht, hätte B das Gerüst auf lockerem Boden mit Befestigungshaken zusätzlich an der Hauswand befestigt. Damit besteht aber ein Gefahrzusammenhang zwischen der Tathandlung des B und dem Körperverletzungserfolgseintritt bei M.

(2) Folglich ist B mit der hM die Körperverletzung zurechenbar. Die Tatbestandsmäßigkeit ist damit gemäß § 229 gegeben.[40]

---

[38] *Roxin*, AT I, § 24 Rn. 87 ff.; ähnlich *Lackner/Kühl*, § 15 Rn. 39.
[39] *Gropp*, AT, § 12 Rn. 23.
[40] Wer mit der Risikoerhöhungslehre allein das Aufstellen des Gerüsts bei schlechten Bodenverhältnissen für eine Erfolgszurechnung ausreichen lässt, darf das Zusammenspiel der beiden Gefahrschaffungen „Errichten des Gerüsts auf lockerem Boden" und „Fehlendes zusätzliches Befestigen mit Hauswandhaken" nicht mehr prüfen. Insofern erübrigt sich eine zweite Deliktsprüfung gemäß § 229 bzgl. M. Der hier gewählte Lösungsweg nach hM ist jedoch „klausurtaktisch" die bessere Alternative.

2. Rechtswidrigkeit und Schuldhaftigkeit

B handelte rechtswidrig und schuldhaft.

3. Ergebnis

B hat sich gemäß § 229 der fahrlässigen Körperverletzung schuldig gemacht.

IV. Fahrlässige Tötung, § 222 (Opfer N)

B hat sich möglicherweise wegen fahrlässiger Tötung gemäß § 222 strafbar gemacht, als er das Baugerüst auf lockerem Boden und ohne Hakenbefestigung an der Hauswand errichtete, dieses umkippte und N dabei zu Tode stürzte.

1. Tatbestandsmäßigkeit

B hat den Tod des N durch sein gefahrschaffendes Verhalten verursacht und auch der objektive Zurechnungszusammenhang zwischen der Tathandlung und dem Todeserfolg besteht. Analog zur Strafbarkeit des B gemäß § 229 zu Lasten des M ist mit der hM auch der Gefahr- bzw. Pflichtwidrigkeitszusammenhang gegeben. B hat den Tatbestand der fahrlässigen Tötung gemäß § 222 verwirklicht.

2. Ergebnis

B hat sich daher gemäß § 222 einer fahrlässigen Tötung schuldig gemacht, als er das Baugerüst auf lockerem Boden und ohne Befestigungshaken errichtete, dieses umkippte und N dabei zu Tode kam.

V. Baugefährdung, § 319 I

B hat sich möglicherweise einer Baugefährdung gemäß § 319 I schuldig gemacht, als er das Gerüst nicht ordnungsgemäß errichtete, wodurch S, M und N zu Schaden kamen.

1. Tatbestandsmäßigkeit

a) Objektiv

B müsste den objektiven Tatbestand des § 319 I verwirklicht haben. Voraussetzung ist die Ausführung eines Baues. Hierunter ist jede in den Bereich des Baugewerbes fallende Tätigkeit zu verstehen, ausgenommen solche Arbeiten, für die ihrer Einfachheit wegen besondere Regeln der Technik nicht bestehen.[41] Hilfsarbei-

---

[41] *Schönke/Schröder/Cramer/Sternberg-Lieben*, § 319 Rn. 2.

ten, wie der Bau eines Gerüsts, sind ebenso umfasst.[42] Mit dem Gerüstbau hat B damit gemäß § 319 I einen Bau ausgeführt. B müsste dabei gegen die allgemein anerkannten Regeln der Technik verstoßen haben. Insbesondere sind damit Regeln für die Bauausführung gemeint, die sich nach der maßgeblichen Durchschnittsmeinung im Baugewerbe häufig in Normen (wie z.B. DIN, VDE, VOB) niederschlagen, die von den einzelnen Zweigen des Bauhandwerks festgelegt sind.[43] Wie oben gezeigt[44], hat B gegen die DIN für den Gerüstbau verstoßen. Täter des § 319 I kann ferner nur sein, wer unmittelbar den Bau oder den Abbruch eines Bauwerks plant, ausführt oder leitet.[45] Bauausführender ist dabei jeder, der irgendwie bei der Herstellung des Baues mitwirkt; auch, wer nur Hilfstätigkeiten zur Herstellung des Baues ausübt, z.B. das Baugerüst erstellt.[46] Damit ist B auch Bauausführender iSd § 319 I. Der Täter muss zur Verwirklichung des objektiven Tatbestandes durch die Tathandlung weiterhin eine konkrete Gefahr für Leib oder Leben anderer Menschen verursachen. Wie gezeigt[47], wurden S, M und N als an der Tat nicht beteiligte Bauarbeiter durch das mangelhafte Errichten des Gerüstes an Leib (M) bzw. Leben (S und N) verletzt. Damit liegt eine konkrete Leibes- und Lebensgefahr vor. B hat folglich den objektiven Tatbestand des § 319 I verwirklicht.

b) Subjektiver Tatbestand

B müsste hinsichtlich seiner Tathandlung und der konkreten Gefährdungen bei S, M und N vorsätzlich handeln. Die Tathandlung nahm B wissentlich und willentlich vor. Auch wusste B, dass andere Bauarbeiter durch das mangelhaft errichtete Gerüst verletzt werden und zu Tode kommen könnten. Indem B diesen Umstand zumindest billigend in Kauf nahm, handelte er auch bzgl. der konkreten Gefährdungen mit Vorsatz.

2. Rechtswidrigkeit und Schuldhaftigkeit

B handelte rechtswidrig und schuldhaft.

3. Ergebnis

B hat sich der Baugefährdung gemäß § 319 I schuldig gemacht, als er das Gerüst mangelhaft errichtete und S sich darauf ein Bein brach.[48]

---

[42] RG R Bd. 10, 242 (Mitte).
[43] *Schönke/Schröder/Cramer/Sternberg-Lieben*, § 319 Rn. 4.
[44] Siehe Gutachten oben unter A. I. 1. b); A. II. 1. b); A. III. 1. b); A. IV. 1. = S. 96 ff./ 102 ff./105 ff./107.
[45] *Schönke/Schröder/ Cramer/Sternberg-Lieben*, § 319 Rn. 7.
[46] *Schönke/Schröder/ Cramer/Sternberg-Lieben*, § 319 Rn. 9; RG R Bd. 10, 242 (Mitte).
[47] Siehe Gutachten oben unter A. I. 1. a); A. II. 1. a); A. III. 1. a); A. IV. 1. = S. 95 f./102/ 105/107.
[48] Eine abweichende Argumentation bzgl. des Vorsatzes ist vertretbar. Verf. muss dann jedoch die Vorsatz-Fahrlässigkeits-Kombination gemäß § 319 I, III prüfen.

B. Strafbarkeit des A durch die Beauftragung des B

I. Fahrlässige Tötung, § 222 (Opfer S)

A hat sich möglicherweise einer fahrlässigen Tötung gemäß § 222 zu Lasten des S schuldig gemacht, als er den B unter Drohungen und trotz Kenntnis der Unmöglichkeit dieses Unterfangens anwies, das Gerüst mit Absperrgitter zu errichten, worauf sich S bei dem Absturz ein Bein brach und später zu Tode kam.

1. Tatbestandsmäßigkeit

a) Handlung, Erfolg, Kausalität

Durch die von einer Entlassungsdrohung begleitete Anweisung des A, B solle das Gerüst um jeden Preis errichten, wurde B dazu veranlasst, das Gerüst ohne das Absperrgitter fertigzustellen. Dies führte zum Absturz und letztlich zum Tode des S. Folglich ist die Anweisung des A eine Handlung, die nicht hinweggedacht werden kann, ohne dass der tatbestandliche Todeserfolg bei S entfiele.

b) Gefahrschaffung

Durch diese Handlung müsste A eine erhöhte, rechtlich unerlaubte Gefahr geschaffen haben. Im Arbeitsverhältnis der Über- und Unterordnung gelten für die Ermittlung der Gefahrschaffung besondere Maßstäbe.[49] So handelt der hierarchisch übergeordnete Arbeitgeber gefahrschaffend, wenn er bei der Auswahl, Anleitung und Überwachung der übertragenen Arbeit die Erfordernisse des Verkehrskreises nicht erfüllt.[50] Hier hätte A dem B bei der Anleitung zur Errichtung des Gerüstes den Umstand nicht verschleiern dürfen, dass B zum ordnungsgemäßen Gerüstbau gar nicht in der Lage war. Damit handelt A entgegen der geltenden Verkehrsnorm und damit gefahrschaffend. Schon aufgrund seiner ausgesprochenen Drohung mit der Entlassung durfte A auch nicht darauf vertrauen, B werde das Gerüst unter allen Umständen ordnungsgemäß errichten. A musste davon ausgehen, dass B das Absperrgitter nicht installiert.

aa) Gründe für einen objektiven Ausschluss der Erfolgszurechnung bestehen ebenfalls nicht.

bb) Für A müsste der Erfolgseintritt sodann vorhersehbar und vermeidbar gewesen sein. Sowohl nach objektivem als auch nach subjektivem Maßstab wusste A, dass durch sein Verhalten ein derartiger Geschehensablauf in Gang gesetzt werden konnte. Für ihn war dies vermeidbar, wenn er bei der Anleitung des B wegen der Unmöglichkeit des Einbaus des Gitters entweder Ersatzmaterial besorgt oder den Gerüstbau gänzlich abgesagt hätte.

---

[49] *Gropp*, AT, § 12 Rn. 40 f.
[50] *Gropp*, AT, § 12 Rn. 41.

Legt man dieses rechtmäßige Alternativverhalten zugrunde, so wäre der tatbestandliche Erfolgseintritt nach hM mit an Sicherheit grenzender Wahrscheinlichkeit vermieden worden, hätte A danach gehandelt. A ist der Erfolgseintritt daher insgesamt zurechenbar.

2. Rechtswidrigkeit und Schuldhaftigkeit

A handelt rechtswidrig und schuldhaft.

3. Ergebnis

A hat sich der fahrlässigen Tötung gemäß § 222 zum Nachteil des S dadurch schuldig gemacht, dass er B trotz Kenntnis der Unmöglichkeit dieses Unterfangens anwies, das Gerüst mit Absperrgitter zu errichten, wodurch S abstürzte und später zu Tode kam.

II. Fahrlässige Tötung, § 222 (Opfer N)

A könnte sich durch dieselbe Handlung gemäß § 222 der fahrlässigen Tötung des N schuldig gemacht haben.

1. Tatbestandsmäßigkeit

Durch seine gefahrschaffende Handlung, der Anweisung an B, hat A den Todeserfolg bei N verursacht. Womöglich kann A sich aber hier auf den Vertrauensgrundsatz berufen. Zwar konnte A wie gezeigt[51] nicht davon ausgehen, dass B das Gerüst mit Absperrgitter errichtet. Insoweit schließt die Böswilligkeit des A eine Berufung auf den Vertrauensgrundsatz aus. Von den mit dem Einbau des Absperrgitters nicht in Zusammenhang stehenden schlechten Bodenverhältnisses und der daraus resultierenden Standunsicherheit des Gerüstes hatte A indes keinerlei Kenntnis. Auch beim arbeitsteiligen Zusammenwirken ist jedoch anerkannt, dass der Arbeitgeber den Vertrauensgrundsatz für sich beanspruchen kann, wenn sein Arbeitnehmer eine Sachlage aufgrund besseren Wissens besser überblickt und so Gefahren in eigener Verantwortung einzuschätzen hat.[52] Folglich durfte A darauf vertrauen, dass B die notwendigen Befestigungshaken wegen der schlechten Bodenverhältnisse verwenden würde.

A handelt folglich nicht tatbestandlich gemäß § 222.

2. Ergebnis

A hat sich keiner fahrlässigen Tötung gemäß § 222 an N schuldig gemacht, als er den B zum Gerüstbau anwies.

---

[51] Siehe Gutachten oben unter B. I. 1. b) = S. 109 f.
[52] *Schönke/Schröder/Cramer/Sternberg-Lieben*, § 15 Rn. 151.

III. Fahrlässige Körperverletzung, § 229 (Opfer M)

Aus dem soeben unter B. dargelegten Gesichtspunkt scheidet auch eine Strafbarkeit des A gemäß § 229 wegen fahrlässiger Körperverletzung des M aus.

IV. Baugefährdung, § 319 I

A hat sich möglicherweise einer Baugefährdung gemäß § 319 I zu Lasten des S schuldig gemacht, indem er den B anwies, das Baugerüst mit Absperrgitter zu errichten, wenngleich er um die Unmöglichkeit der Installation wusste, wodurch S[53] sich ein Bein brach und verstarb.

1. Tatbestandsmäßigkeit

a) Objektiv

Dafür müsste A den objektiven Tatbestand gemäß § 319 I verwirklicht haben.

A könnte als Bauleiter dem B die Anweisung zum Gerüstbau gegeben haben. Dabei ist das Merkmal der Bauleitung weit zu verstehen.[54] Als Bauleiter wird derjenige erfasst, der technisch die Errichtung eines Baues als eines Ganzen nach seinen Weisungen und Anordnungen bestimmt.[55] Entscheidend ist die tatsächliche Leitung, nicht jedoch die rechtliche Grundlage. Vorliegend erteilt A dem B die Anleitung zum Gerüstbau in seiner Eigenschaft als Bauunternehmer und Arbeitgeber des B. Somit steht B gegenüber A in einem Weisungsverhältnis. Auch hat A als Bauunternehmer die Verantwortung für den Gerüstbau als Ganzes inne.[56] Folglich handelt A durch seine Anweisung gemäß § 319 I in bauleitender Weise. A müsste dabei gegen die allgemein anerkannten Regeln der Technik verstoßen haben. Darunter werden nicht nur Regeln der Bauausführung verstanden, sondern auch Regeln, die die Bauplanung und -organisation betreffen. Es gehört zu unabdingbaren Voraussetzungen der ordnungsgemäßen Führung eines Baubetriebes, dass der Bauunternehmer seine Arbeitgeber nach bestem Wissen anleitet und so die Arbeit auf der Baustelle organisiert. Hiergegen verstößt A durch seine Anweisung. Damit handelt er gegen die allgemein anerkannten Regeln der Technik. Durch diese Tathandlung wurde das Leben des S, mithin das Leben eines anderen, konkret gefährdet, ja sogar verletzt. Der objektive Tatbestand ist daher gegeben.

---

[53] An dieser Stelle kann es nur auf eine konkrete Gefährdungssituation für N ankommen, da A von dem Gerüstbau auf lockerem Boden und damit von der ersten Voraussetzung für den Absturz von M und N nichts wusste.
[54] *Schönke/Schröder/Cramer/Sternberg-Lieben*, § 319 Rn. 2.
[55] *Schönke/Schröder/Cramer/Sternberg-Lieben*, § 319 Rn. 8.
[56] Vgl. § 10 Nr. 1 VOB Teil B.

b) Subjektiv

A handelte vorsätzlich in Bezug auf seine Tathandlung und hinsichtlich der konkreten Leibesgefährdung des S mit dolus eventualis.

2. Rechtswidrigkeit und Schuldhaftigkeit

A handelte rechtswidrig und schuldhaft.

3. Ergebnis

Damit hat sich A gemäß § 319 I der vorsätzlichen Baugefährdung schuldig gemacht, als er trotz Kenntnis der Unmöglichkeit des Unterfangens den B anwies, das Gerüst mit Absperrgitter zu errichten, S abstürzte und sich ein Bein brach.

V. Nötigung, § 240 I 2. Alt.

A hat sich möglicherweise einer Nötigung gemäß § 240 I 2. Alt. schuldig gemacht, als er dem B mit Entlassung drohte, sollte er das Gerüst nicht errichten.

1. Tatbestandsmäßigkeit

a) Objektiv

Dazu müsste A den objektiven Tatbestand gemäß § 240 I 2. Alt. verwirklicht haben. Unter einer Drohung versteht man das ausdrückliche oder schlüssige In-Aussicht-Stellen eines Übels, auf dessen Verwirklichung der Täter Einfluss zu haben vorgibt und dessen Eintritt davon abhängen soll, dass der Bedrohte sich nicht dem Willen des Drohenden beugt.[57] Vorliegend hat A dem B ausdrücklich verdeutlicht, dass er ihn entlassen werde, sollte sich B noch einmal den Anordnungen des A widersetzen. Als Arbeitgeber steht A in der Macht, den B zu entlassen und es hängt auch allein von dem Verhalten des B ab, ob A die Entlassung in die Tat umsetzt. Damit droht der A dem B mit einem Übel. Dieses Übel müsste, um die tatbestandliche Relevanz des Nötigungsunwerts zu erreichen[58], auch empfindlich sein. Überwiegend[59] wird bei der Bestimmung des empfindlichen Übels eine subjektive Betrachtung vorgenommen und ein Nachteil von solcher Erheblichkeit gefordert, dass seine Ankündigung geeignet erscheint, den Bedrohten im Sinne des Täterverlangens zu motivieren. Diese normative Voraussetzung soll dann entfallen, wenn von diesem Bedrohten in seiner Lage erwartet werden kann, dass er der Drohung

---

[57] *Lackner/Kühl*, § 240 Rn. 12 mwN.
[58] Diesen Aspekt vertiefend *Sinn*, Die Nötigung im System des heutigen Strafrechts, 2000, S. 261 f.
[59] Vertreten namentlich von der neueren Rspr., BGHSt 31, 195 (201) im sog. „Kaufhausdetektiv-Fall" sowie bei BGH, NStZ 1992, 278; OLG Karlsruhe, NStZ-RR 1996, 296.

in besonnener Selbstbehauptung standhält (sog. Selbstverantwortungsprinzip). Der Verlust des Arbeitsplatzes stellt für B einen derart großen Nachteil dar, so dass von ihm in seiner Lage auch bei Abwägung der mit seinem Verhalten verbundenen Gefahren nicht erwartet werden kann, sich der Anweisung des A zu widersetzen. Folglich droht A dem B mit einem empfindlichen Übel.[60] Diese Drohung hat zur Folge, dass B sich dem Willen des A gebeugt hat, als er das Gerüst um jeden Preis errichtete. Mit dem darin zu sehenden Nötigungserfolg hat A den objektiven Tatbestand gemäß § 240 I 2. Alt. insgesamt verwirklicht.

b) Subjektiv

A handelte vorsätzlich hinsichtlich des objektiven Tatbestandes.

2. Rechtswidrigkeit

Rechtfertigungsgründe für das Handeln des A sind nicht ersichtlich, so dass es für das Rechtswidrigkeitsurteil allein auf die Frage ankommt, ob A gemäß § 240 II in verwerflicher Weise genötigt hat. Das Ergebnis ist aus der Verknüpfung von Nötigungsmittel und -zweck herzuleiten.[61] Vorliegend ist das Innaussichtstellen der Entlassung des B ein Nötigungsmittel, das zu dem mit ihm verfolgten Nötigungszweck, der Errichtung des Baugerüstes, in keinem anerkennenswerten Verhältnis steht. Das Verhalten des A erfüllt damit die Voraussetzungen einer verwerflichen und damit rechtswidrigen Nötigung.[62]

3. Schuldhaftigkeit

A handelt auch schuldhaft.

---

[60] Zu demselben Ergebnis gelangt die Ansicht, die die Empfindlichkeit des Übels mittels objektiver Kriterien bestimmt (vgl. die Nachweise bei *Lackner/Kühl*, § 240 Rn. 13). Das Übel muss dazu geeignet sein, einen besonnenen Menschen in der konkreten Situation zu dem damit erstrebten Verhalten zu veranlassen. Ein durchschnittlicher Arbeitnehmer, d.h. ein solcher, der es versteht, ein betrieblich annehmliches Arbeitsverhältnis einerseits mit genereller Rechtstreue andererseits sorgsam miteinander abzuwägen, hätte in der konkreten Konfliktsituation die Befürchtung um den Erhalt seines Arbeitsplatzes den Bedenken hinsichtlich eines nicht ordnungsgemäß aufgestellten Baugerüstes vorangestellt. Auch nach objektiver Sicht stellt A dem B damit ein empfindliches Übel in Aussicht.
[61] *Lackner/Kühl*, § 240 Rn. 18.
[62] Die systematische Stellung des § 240 II innerhalb der Rechtswidrigkeit wird allerdings bestritten, teilweise wird seine Daseinsberechtigung in Frage gestellt. Vgl. eingehend *Sinn*, aaO, S. 353/366.

4. Ergebnis

A hat sich gemäß § 240 I 2. Alt. einer Nötigung strafbar gemacht, als er dem B die Entlassung androhte, wenn dieser das Baugerüst nicht um jeden Preis errichtete.

C. Gesamtergebnis und Konkurrenzen

Strafbarkeit des B:

B macht sich wegen fahrlässiger Tötung gemäß § 222 an S, wegen fahrlässiger Körperverletzung gemäß § 229 zu Lasten M und wegen fahrlässiger Tötung gemäß § 222 zu Lasten N strafbar. Die Taten stehen gemäß § 52 I sämtlich in Idealkonkurrenz. Die gemäß § 319 I durch dieselbe Handlung verwirklichte Baugefährdung steht gemäß § 52 I zu den Taten gemäß §§ 222 und 229 in Tateinheit.[63]

Strafbarkeit des A:

A macht sich wegen fahrlässiger Tötung des S gemäß § 222 und tateinheitlich dazu wegen Baugefährdung gemäß § 319 I strafbar, § 52 I. In Tateinheit steht hierzu die Nötigung gemäß §§ 240 I 2. Alt., 52 I.

---

[63] *Schönke/Schröder/Cramer/Sternberg-Lieben,* § 319 Rn. 16.

Fall 6

Der "grundlose" Hilferuf[*]

Notwehr gegen Handlungen im unvermeidbaren Erlaubnistatbestandsirrtum – Notstand – Verbotsirrtum – Körperverletzung – Totschlag - Beteiligung an einer Schlägerei

R befand sich in seiner Gießener Stammkneipe „Berserkerkeller". Dort erregte die hübsche F seine Aufmerksamkeit. Er sprach sie an und erfuhr, dass F in Gießen Biologie studiert. Nach einem längeren Umtrunk - es war schon nach Mitternacht - lud die F den R zu sich nach Hause in eine Wohngemeinschaft ein. Dort wohnte auch der Freund der F, der X, der durch den Lärm, den R und F beim Betreten des Flurs verursachten, aufwachte. X trat auf den Flur und forderte R energisch zum Verlassen der WG auf. Dem nachkommend, verließ R die Wohnung. Daraufhin kam es zwischen F und X zu einer lautstarken Auseinandersetzung, in deren Verlauf X die F am Arm packte, um sie in ihr gemeinsames Zimmer zu ziehen. F wehrte sich, ließ sich im Flur auf den Boden fallen und rief grundlos um Hilfe. X ging sodann in die Küche der WG, um sich eine Pizza zuzubereiten. Zum Vorschneiden der Pizza nahm X ein 20 cm langes und vier cm breites Messer. In diesem Augenblick entschloss sich R, der die Hilferufe der F gehört hatte, in die Wohnung zurückzukehren. Er klopfte nachdrücklich an die Eingangstür. X nahm an, einer seiner Mitbewohner habe den Schlüssel verloren, und öffnete die Tür mit dem Messer in der Hand. R sah, dass F auf dem Boden lag. Er musste angesichts aller Umstände davon ausgehen, der mit dem Messer bewaffnete X habe F misshandelt und wolle damit fortfahren. In Verkennung der Sachlage ging der gewaltbereite und durch langjähriges Krafttraining körperlich gestählte R auf den schwachbrüstigen, schmalschultrigen X los und traktierte ihn mit Fausthieben.

X nahm an, dass R der F zu Hilfe kommen wollte, wich zurück und hielt die linke Hand schützend vor seinen Kopf. Durch das Getöse auf dem Flur wurde auch der Z, ein weiterer Bewohner der WG, wach. Z lief auf den Flur und versuchte, dem X zu helfen, indem er ebenso engagiert wie chancenlos auf R einschlug. Mit der linken Hand machte X zunächst ungezielte Abwehrbewegungen. Als R davon unbeeindruckt weiterhin versuchte, den X mit Faustschlägen zu treffen, stieß X mit der rechten Hand zweimal das Messer gezielt in R´s linken Brustbereich, um den lästigen Konkurrenten loszuwerden. Jetzt blieb auch F nicht tatenlos: Sie entriss dem X das Messer und stieß es diesem in die Brust, um weitere Tätlichkeiten des eifersüchtigen und unberechenbaren X gegen R zu verhindern,

---

[*] Vgl. auch BSG, NJW 1999, 2301 (2302) = JZ 2000, 96 (97) links mit Anm. *Roxin,* JZ 2000, 99.

selbst auf die Gefahr hin, dass X sterben könnte. X überlebte. R sank zusammen und verstarb kurze Zeit später. Zwar wussten X und F, dass R irrtümlich annahm, X mißhandele seine Freundin, jedoch glaubte X - anders als F - auch dann mit dem Messer gegen R vorgehen zu dürfen. Z ging aufgrund seiner Wahrnehmung davon aus, dass X die F tatsächlich mißhandelt hatte. Er wollte aber eine Eskalation des Streits unter den ungleichen Kampfbeteiligten um jeden Preis verhindern.

Ob es für ein wirksames Vorgehen seitens der F gegen X genügt hätte, dem X das Messer zu entreißen, konnte nicht geklärt werden.

Wie haben sich die Beteiligten nach dem StGB strafbar gemacht?

Lösung

1. Tatkomplex: Die Auseinandersetzung zwischen F und X im Flur

A. Strafbarkeit des X

I.   Versuchte Nötigung, §§ 240 III i.V.m. I, 22, 23 I

Indem X die F im Flur am Arm packte, um sie gegen ihren Willen in ihr gemeinsames Zimmer zu ziehen, könnte er sich wegen einer versuchten Nötigung gemäß §§ 240 I, III, 22, 23 I strafbar gemacht haben.

1. Vorprüfung

Der von X beabsichtigte Erfolg ist nicht eingetreten, der Versuch der Nötigung ist gem. § 240 III, 23 I, 12 II strafbar.

2. Tatbestandsmäßigkeit

X müsste sich entschlossen haben, die F zu nötigen, d.h. sie zu einem bestimmten Verhalten zu zwingen. X wollte die F veranlassen, gegen ihren Willen ihm in das gemeinsame Zimmer zu folgen. Er wollte sie somit zu einem Handeln zwingen. Als Nötigungsmittel kommt Gewalt in Form von vis absoluta Betracht, da X der F durch unwiderstehliche Gewalt seinen Willen aufzwingen wollte. Nach h.M. ist Nötigung durch Einsatz von vis absoluta begehbar. Denn es sei nicht einsichtig, dass zwar die Herbeiführung einer Handlung durch Androhung eines Übels, nicht aber die Erzwingung dieser Handlung durch die Zufügung dieses Übels Nötigung sein soll.[1] Auf der anderen Seite ist jedoch zu bedenken, dass es sich bei der Nöti-

---

[1] *Schönke/Schröder/Eser*, § 240 Rn 1a; vgl. auch *Küper*, BT Definitionen, Stichwort "Nötigen" (S. 228 f.); *Küpper*, BT 1, § 3 Rn. 45.

gung um ein Delikt gegen die Willensentschließungsfreiheit handelt. Diese ist jedoch gar nicht tangiert, wenn der Täter mit vis absoluta handelt.[2] Es liegt somit kein Entschluss des X zur Nötigung der F vor.[3]

3. Ergebnis

D hat sich nicht wegen einer versuchten Nötigung gemäß §§ 240 I, III, 22, 23 I strafbar gemacht.

II. Versuchte Freiheitsberaubung, §§ 239 I, II, 22 , 23 I

Indem X die F im Flur am Arm packte, könnte er jedoch eine versuchte Freiheitsberaubung gem. §§ 239 II, 23 I, 22 begangen haben.

1. Vorprüfung

Eine vollendete Freiheitsberaubung würde voraussetzen, dass X die F nicht nur für eine unerhebliche Zeitspanne in ihrer Bewegungsfreiheit eingeschränkt hat. Erheblichkeit wird insoweit angenommen, wenn die Beeinträchtigung zumindest ein "Vaterunser" lang angedauert hat (sog. Pater-noster-Regel).[4] Dem Sachverhalt ist nicht eindeutig zu entnehmen, wie lange X die F "gepackt" hat. Jedoch wird man nach allgemeiner Lebenserfahrung nicht davon ausgehen können, dass die Zeitdauer eines "Vaterunsers" überschritten worden ist, bis es zur erfolgreichen Gegenwehr der F kam. X ist es somit nicht gelungen, die F in erheblicher Weise in ihrer Bewegungsfreiheit einzuschränken. Der Versuch der Freiheitsberaubung ist nach § 239 II i.V.m. §§ 23 I, 12 II strafbar.

2. Tatbestandsmäßigkeit

Der subjektive Tatbestand der versuchten Freiheitsberaubung setzt einen entsprechenden Entschluss des Täters voraus. X müsste somit den Vorsatz gehabt haben, die F zumindest für eine nicht unerhebliche Zeit ihrer Fortbewegungsfreiheit zu berauben oder sie sogar in das gemeinsame Zimmer einzusperren.

---

[2] Vgl. *Köhler*, Leferenz-FS, 1983, S. 512 ff., *ders.*, NJW 1983, 10 ff.; *Hruschka*, NJW 1996, 162 f.; *ders.*, JZ 1995, 738 ff.; *Sinn*, Die Nötigung im System des heutigen Strafrechts, 2000, S. 89, 102 ff.

[3] Falls mit der h.M. vis absoluta als Nötigungsmittel anerkannt wird, wäre das unmittelbare Ansetzen des X zur Nötigung zu bejahen. Im Bereich der Rechtswidrigkeit könnte man eine Notwehr/-hilfe zum Zwecke der Lärmbeseitigung kurz ansprechen, müsste jedoch die Erforderlichkeit verneinen, weil es X durchaus auch auf anderem Wege in der Hand gehabt hätte, das Lärmen zu beenden. Die Verwerflichkeit der Mittel-Zweck-Relation wäre zu bejahen, weil die Beendigung eines Streits durch vis absoluta sozial unerträglich ist. Schließlich wäre auch die Schuldhaftigkeit zu bejahen.

[4] RGSt 7, 259 (260); *Küpper*, BT 1, § 3 Rn. 7.

Ein Vorsatz des X, die F für längere Zeit festzuhalten, lässt sich dem vorliegenden Sachverhalt jedoch nicht entnehmen. Erst recht kann nicht davon ausgegangen werden, dass X beabsichtigt hätte, die F gegen ihren Willen in dem gemeinsamen Zimmer notfalls sogar einzuschließen. Ein Entschluss des X zur Freiheitsberaubung bezüglich der F ist somit zu verneinen.

3. Ergebnis

X hat sich nicht nach §§ 239 I, II, 23 I, 22 strafbar gemacht.

B. Strafbarkeit der F

I. Mißbrauch von Notrufen und Beeinträchtigung von Unfallverhütungs- und Nothilfemitteln, § 145 I Nr. 1, 2

Indem F grundlos um Hilfe rief, könnte sie sich nach § 145 I Nr. 1, 2 strafbar gemacht haben.

1. Tatbestandsmäßigkeit

Dies würde voraussetzen, dass sie einen Notruf missbraucht (Nr. 1) oder die Erforderlichkeit fremder Hilfe vorgetäuscht (Nr. 2) hat.

Fraglich ist zunächst, ob der Hilferuf der F ein Notruf nach § 145 I ist. Zwar kann der Ausruf „Hilfe" als solch ein Notruf verstanden werden.[5] Allerdings hängt die Einordnung von der Erheblichkeit der geltend gemachten Gefahr ab. Bei geringfügigen häuslichen Streitigkeiten wird diese Erheblichkeit verneint.[6] Da zum Zeitpunkt der Hilferufe der F das Pizzamesser noch keine Rolle spielte, bezog sich der Ruf der F auf einen nicht einmal straftatbestandsmäßigen Angriff des X. Ein Notruf i.S. von § 145 I Nr. 1 ist somit abzulehnen.

Aber selbst wenn man davon ausgehen wollte, F habe auch noch nach dem Öffnen der Tür durch X um Hilfe gerufen, lässt sich dem Sachverhalt nicht entnehmen, dass F ihren Ruf bewusst auf das Messer bezogen hätte. Somit wäre zumindest ein Vorsatz der F bezüglich eines Notrufes zu verneinen.

§ 145 I Nr. 2 setzt ein Täuschen der F darüber voraus, dass wegen eines Unglücksfalles die Hilfe anderer erforderlich sei. Zwar würde das äußere Erscheinungsbild ein Vortäuschen der Erforderlichkeit von Hilfe wegen eines bevorstehenden tätlichen Angriffs mit dem Messer stützen, da ein Unglücksfall auch eine

---

[5] Vgl. *Lackner/Kühl*, § 145 Rn. 3.
[6] Vgl. *Schönke/Schröder/Stree/Sternberg-Lieben*, § 145 Rn. 4 unter Hinweis auf E 1962 Begr. S. 471.

unmittelbar drohende Gewalttat sein kann.[7] Jedoch kann man auch hier nicht davon ausgehen, dass die F von dem Hantieren des X mit dem Messer überhaupt Kenntnis besaß. Ein wissentliches oder gar absichtliches Vortäuschen der Erforderlichkeit von Hilfe durch Dritte wird man bei F folglich nicht annehmen können.

2. Ergebnis

F ist nicht nach 145 I Nr. 1, 2 strafbar.

II. Vortäuschen einer Straftat, § 145 d

Eine Strafbarkeit der F nach § 145 d würde voraussetzen, dass das Vortäuschen gegenüber einer Behörde oder einer zur Entgegennahme von Anzeigen zuständigen Stelle geschieht. Dies ist hier aber nicht der Fall. Deshalb scheidet eine Strafbarkeit nach § 145 d von vornherein aus.

2. Tatkomplex: Das Vorgehen von Z und X gegen R

A. Strafbarkeit des Z

I. Körperverletzung, § 223 I

Z könnte sich wegen einer Körperverletzung gemäß § 223 I zum Nachteil des R strafbar gemacht haben, indem er auf R einschlug.

1. Tatbestandsmäßigkeit

Da der Sachverhalt keine Anhaltspunkte enthält, dass das Zuschlagen des Z bei R zu einer Gesundheitsschädigung geführt hat, kommt lediglich eine körperliche Misshandlung i.S. von § 223 I 1. Alt. in Betracht. Dann müsste Z das körperliche Wohlbefinden von R nicht unerheblich beeinträchtigt haben.[8] Ein Einschlagen auf einen anderen Menschen beeinträchtigt das körperliche Wohlempfinden in der Regel nicht unerheblich. Damit ist der objektive Tatbestand der Körperverletzung erfüllt. Z müsste auch vorsätzlich, d.h. wissentlich und willentlich, gehandelt haben. Z wollte R körperlich beeinträchtigen, um R von seinem Vorgehen gegen X abzuhalten. Damit handelte Z vorsätzlich.

---

[7] Vgl. BGHSt 3, 65; BGH/Holtz, MDR 1993, 721.
[8] Vgl. *Schönke/Schröder/Eser,* § 223 Rn. 3; *Küpper,* BT 1, § 2 Rn. 4.

2. Rechtswidrigkeit

Z könnte gerechtfertigt sein, wenn Rechtfertigungsgründe eingreifen.

a) Nothilfe, § 32

Z könnte Nothilfe zugunsten des X geleistet haben.

Im Rahmen der Nothilfelage wäre hier zunächst ein rechtswidriger Angriff des R gegen den X Voraussetzung. Fraglich ist, ob das Vorgehen des R gegen den X rechtswidrig ist. Indem R den X mit Fausthieben traktierte, erfüllte er den Tatbestand der Körperverletzung nach § 223 I 1. Alt. zumindest in Form der körperlichen Misshandlung. Rechtfertigungsgründe, die zugunsten des R eingreifen könnten, sind nicht ersichtlich. Insbesondere scheidet § 32 als Rechtfertigungsgrund aus, weil ein Angriff des X gegen die F nicht vorliegt. Damit ist die Rechtswidrigkeit des Verhaltens des R bezüglich des X im Verhältnis zur Gesamtrechtsordnung zu bejahen.

Jedoch könnte man an der Rechtswidrigkeit eines Angriffs i.S.v. § 32 dann zweifeln, wenn R Opfer eines Erlaubnistatbestandsirrtums geworden ist. Dies wäre der Fall, wenn R irrtümlich die tatsächlichen Voraussetzungen eines Rechtfertigungsgrundes angenommen hätte. R ging davon aus, dass der mit dem Messer bewaffnete X die F misshandelt habe und damit fortfahren wolle. Damit nahm R das Vorliegen eines gegenwärtigen rechtswidrigen Angriffs des X gegen die F an, der ihn zur Leistung von Nothilfe berechtigt hätte. Das Traktieren des X mit Fausthieben wäre auch ein taugliches Mittel gewesen, den vorgestellten Angriff des X gegen die F abzuwehren. Schließlich überschreitet der Einsatz der Fäuste auch nicht die Schwelle des Notwendigen. Damit hat sich R einen Sachverhalt vorgestellt, der ihn rechtfertigen würde.

Ob der Angriff eines im Erlaubnistatbestandsirrtum Befindlichen i.S. von § 32 rechtswidrig ist, ist jedoch umstritten.

Die überwiegende Meinung geht hier von einem rechtswidrigen Angriff des Irrenden aus, weil der von dem Irrenden herbeigeführte Erfolg trotz des Irrtums rechtswidrig bleibt.[9]

Hingegen ist nach einer vorzugswürdigen Mindermeinung die Rechtswidrigkeit des Angriffs i.S.v. § 32 in Fällen des Erlaubnistatbestandsirrtums jedenfalls dann zu verneinen, wenn der Erlaubnistatbestandsirrtum unvermeidbar war, d.h. nicht einmal auf Fahrlässigkeit beruht.[10] Davon kann laut Sachverhalt ausgegangen werden, da R angesichts aller Umstände annehmen musste, dass eine Nothilfelage ge-

---

[9] BSG, NJW 1999, 2301 (2302) = JZ 2000, 96 (97) links mit Anm. *Roxin,* JZ 2000, 99; *Jescheck/Weigend,* AT, § 32 II 1 c mwN.; vgl. auch *Wessels/Beulke,* AT, Rn. 331.
[10] Vgl. *Gropp,* AT, § 6 Rn. 73 f.; *Hirsch,* Dreher-FS, 1977, 211 ff.; *Baumann/Weber/Mitsch,* AT § 17/17; *Roxin,* AT 1, § 15 Rn. 14 f.; *ders.* Anm. zu BSG, JZ 2000, 96; JZ 2000, 99.

geben ist. Folgt man jener Mindermeinung im Hinblick darauf, dass so eine Inpflichtnahme des Irrenden, der die Rechtsordnung in keiner Weise in Frage stellt, vermieden wird, ohne den irrtümlich Angegriffenen schutzlos zu stellen,[11] dann entfällt eine auf Nothilfe zugunsten des X gestützte Rechtfertigung des Z.

Eine Entscheidung des Meinungsstreits kann jedoch unterbleiben, wenn eine Notwehr des X gegen R auch bei Annahme eines rechtswidrigen Angriffs letztendlich ausscheidet. Dies ist auf zwei Wegen denkbar: Zunächst wird vertreten, dass Notwehr in Form von Trutzwehr gegen Angriffe erkennbar Irrender nicht die erforderliche Verteidigung i.S. von § 32 darstellt.[12] Andere sind der Auffassung, dass gegen Irrende Notwehr nicht i.S. von § 32 "geboten" sei, weil der Irrende nicht die Geltung der Rechtsordnung in Frage stellt.[13] Auch insoweit kommt es letztlich nicht darauf an, ob man der einen oder anderen Meinung folgt. Jedenfalls fehlt es bereits objektiv an Voraussetzungen, welche das Handeln des Z rechtfertigen könnten.

Nach allen Ansichten, die zur Notwehr gegen im Erlaubnistatbestandsirrtum befindliche Personen vertreten werden, scheidet eine Rechtfertigung des Z nach § 32 somit aus.

b) Rechtfertigender defensiver Notstand, § 34 i.V.m. § 228 BGB analog

Fraglich ist zunächst, ob § 34 trotz der Tatsache, dass ein Angriff des R vorliegt, direkt anwendbar ist,[14] oder ob - bei Annahme eines Exklusivitätsverhältnisses von Angriff und Gefahr[15] - nur ein analoger Rückgriff auf Notstandsgesichtspunkte möglich ist.[16] Die Streitfrage braucht jedoch nicht entschieden zu werden, wenn vorliegend die Voraussetzungen für eine Analogie - Regelungslücke, Vergleichbarkeit der Situation - gegeben sind: Der Angriff eines schuldlos einen Erlaubnistatbestand irrig Annehmenden ist in § 32 nicht geregelt. Der Wegfall des Handlungsunrechts lässt den Angriff vielmehr nur als Gefahr erscheinen, die die Geltung der Rechtsordnung nicht in Frage stellt. Auch bei Annahme eines Exklusivitätsverhältnisses von Angriff und Gefahr ist § 34 somit - zumindest analog – anwendbar.

---

[11] Vgl. *Gropp*, AT, § 6 Rn. 73.
[12] Vgl. dazu umfassend und mit zahlreichen Nachweisen *Lilie*, Hirsch-FS, 1999, S. 277 ff.; *Lenckner*, GA 1968, 1 ff.
[13] Vgl. BSG, JZ 2000, 96 (97); *Wessels/Beulke*, AT, Rn. 344; offengelassen von *Schönke/Schröder/Lenckner/Perron*, § 32 Rn. 44, 52.
[14] Vgl. *Kühl*, AT, § 8 Rn. 57 mwN: § 32 als vorgehende Spezialregelung im Falle eines gegenwärtigen rechtswidrigen Angriffs; *Baumann/Weber/Mitsch*, § 17/17; *Roxin*, AT 1, § 16 Rn. 16; vgl. auch *Gropengießer*, Jura 2000, 262 ff.
[15] Vgl. *Jescheck/Weigend*, AT, § 33 II 3; *Schönke/Schröder/Lenckner/Perron*, § 34 Rn. 16.
[16] Vgl. *Jescheck/Weigend*, AT, § 33 IV 5; *Schönke/Schröder/Lenckner/Perron*, § 32 Rn. 52.

Für eine Rechtfertigung des Z nach § 34 (analog) müsste das Verhalten des R eine Gefahr für ein rechtlich geschütztes Interesse, hier die körperliche Unversehrtheit des X, dargestellt haben, die - nach den Fähigkeiten des Z - nicht anders abgewendet werden konnte als durch das Vorgehen gegen R. Außerdem hätte das Interesse des X das Interesse des R wesentlich überwiegen müssen. Ein wesentliches Überwiegen der Gesundheitsinteressen des X gegenüber denen des R könnte darin zu sehen sein, dass von dem irrenden R eine Gefahr für den X ausging. Nach den Regeln des defensiven Notstandes könnte somit in der Tat von einem wesentlichen Überwiegen der Interessen des X ausgegangen werden.

Um sich auf defensive rechtfertigende Notstandshilfe berufen zu können, müsste jedoch bei Z auch das entsprechende subjektive Rechtfertigungselement gegeben sein. Z müsste somit angenommen haben, dass von R eine Gefahr ausgeht, die von X abgewendet werden darf. Dies ist aber nicht der Fall; vielmehr ging Z gerade umgekehrt irrtümlich davon aus, dass ein Angriff des X gegen die F vorliegt, der den R wiederum zur Nothilfe zugunsten der F berechtigen würde. Damit korrespondiert das subjektive Rechtfertigungselement gerade nicht mit den objektiven Rechtfertigungsvoraussetzungen des defensiven Notstandes seitens des X. Mithin befindet sich Z in Unkenntnis hinsichtlich der objektiv gegebenen Rechtfertigungslage des defensiven Notstandes.

Die Behandlung dieser Situation ist umstritten. Die noch überwiegende Meinung geht davon aus, dass das Fehlen des subjektiven Rechtfertigungselements die Berufung auf einen Rechtfertigungsgrund in vollem Umfang ausschließt.[17] Eine Mindermeinung lehnt hingegen nur eine Strafbarkeit wegen einer vollendeten Deliktsbegehung ab.[18] Dieser Meinung ist zuzustimmen, denn die objektiv gegebene Rechtfertigungslage lässt zumindest das Erfolgsunrecht entfallen. Es bleibt somit nur noch das Handlungsunrecht bestehen. Diese Sachlage entspricht der Struktur des Versuchs. Es kommt somit folglich eine Strafbarkeit des Z wegen einer versuchten Körperverletzung in Betracht.

3. Ergebnis

Z ist nicht wegen einer vollendeten Körperverletzung zu Lasten des R gemäß § 223 I strafbar.

II. Versuchte Körperverletzung, §§ 223 I, II, 22, 23 I

Indem Z auf R einschlug, könnte er sich wegen einer versuchten Körperverletzung nach §§ 223 I, II, 22, 23 I strafbar gemacht haben.

---

[17] Vgl. RGSt 62, 138; BGHSt 2, 111 (115); *Tröndle/Fischer*, § 32 Rn. 14; *Gössel*, Triffterer-FS, 1996, 93 ff. (99, 102); vgl. auch LK-*Hirsch*, Rn. 59 vor § 32 mwN.

[18] Vgl. *Gropp*, AT, § 13 Rn. 95; *Kühl*, AT, § 6 Rn. 15 jeweils mwN; vgl. zu dem Problem des fehlenden subjektiven Rechtfertigungselements auch Fall 3 = S. 48 ff.

1. Vorprüfung

Der Erfolg des Körperverletzungstatbestandes, dessen Versuch seit dem 6. Strafrechtsreformgesetz nach § 223 II strafbar ist, müsste Z nicht zurechenbar sein. Der Erfolg ist zwar bei R eingetreten. Da Z jedoch auf Grund einer defensiven rechtfertigenden Notstandshilfe objektiv kein Erfolgsunrecht verwirklichen konnte, ist die Klassifizierung des Verhaltens des Z als Versuch sachgerecht.

2. Tatbestandsmäßigkeit

Z müsste den Entschluss gefasst haben, R körperlich zu misshandeln. Dies wurde oben (A I 1) geprüft und bejaht. Ein unmittelbares Ansetzen ist darin zu sehen, dass Z die Tathandlung bereits begangen hat. Es liegt ein untauglicher Versuch in der Form vor, dass der Täter ein Verhalten verwirklicht, dessen Ergebnis nicht rechtswidrig ist.

3. Rechtswidrigkeit

Das von Z intendierte Verhalten müsste rechtswidrig sein. Z stellte sich vor, dass X die F misshandele und R im Begriff sei, Nothilfe zugunsten der F zu leisten. In dieser Situation wäre das Verhalten des R nach § 32 als Nothilfe rechtmäßig und das Verhalten des Z rechtswidrig. Die Vorstellung des Z bezieht sich somit auf ein rechtswidriges Verhalten. Die Umsetzung dieses Entschlusses in die Wirklichkeit durch unmittelbares Ansetzen bildet damit auch ein Handlungsunrecht.

4. Schuldhaftigkeit

An der Schuldhaftigkeit der Handlung des Z könnte deshalb zu zweifeln sein, weil Z davon ausging, dass er eine Eskalation des Streits unter den ungleichen Kampfbeteiligten um jeden Preis verhindern dürfe. Damit fehlt Z das Bewusstsein, Unrecht zu tun. Das Fehlen des Unrechtsbewusstseins wäre beachtlich, wenn es auf einem Erlaubnistatbestandsirrtum des Z beruhen würde. Dann müsste sich Z jedoch eine Sachlage vorstellen, die ihn rechtfertigen würde. Z ging davon aus, dass ein Angriff des X gegen die F vorliegt, den R abwehren wollte. Ein Vorgehen gegen den R wäre auch nach dieser Vorstellung nicht rechtmäßig, weil die körperliche Überlegenheit des Nothelfers ein Vorgehen gegen ihn nicht rechtfertigen kann. Denn der Nothelfer ist gerade Repräsentant des Rechts. Der Sachverhalt lässt auch nicht die Erwartung zu, dass R mittels der Fausthiebe über das erforderliche Maß im Rahmen von § 32 hinausgehen würde, zumal X ein Messer bei sich hatte. Ein Erlaubnistatbestandsirrtum scheidet somit aus.

Das mangelnde Unrechtsbewusstsein des Z stellt damit lediglich einen Verbotsirrtum nach § 17 dar, der nur bei Unvermeidbarkeit zu einem Schuldausschluss führt. Die Vorstellung, dass man einem Nothelfer wegen dessen körperlicher Überlegenheit entgegenarbeiten dürfe, ist jedoch eine Fehlvorstellung, die sich durch ein kurzes Überdenken korrigieren lässt. Dies hätte es auch Z ermöglicht, seinen Irrtum zu korrigieren. Es ist daher von der Vermeidbarkeit des Irrtums des Z auszugehen.

5. Ergebnis

Z hat sich wegen einer versuchten Körperverletzung, §§ 223 I, II, 22, 23 I, zu Lasten des R strafbar gemacht. Die Strafe ist gemäß § 17 S. 2 zu mildern.

B. Strafbarkeit des X

I. Totschlag, § 212 I

Indem X dem R zwei gezielte Messerstiche zufügte, könnte er sich nach § 212 I wegen eines Totschlags strafbar gemacht haben.

1. Tatbestandsmäßigkeit

Die beiden Messerstiche hatten den Tod des R zur Folge. Fraglich ist, ob X auch vorsätzlich gehandelt hat. Daran könnte man zunächst zweifeln, wenn man davon ausgeht, dass jeder Mensch eine Hemmschwelle besitzt, die ihn davor bewahrt, einen Dritten vorsätzlich zu töten. Nach der Rspr. des BGH ist daher die Annahme eines Tötungsvorsatzes nur dann möglich, wenn auf Anhaltspunkte, die am Tötungsvorsatz zweifeln lassen, eingegangen worden ist.[19] Hier liegt jedoch der Sachverhalt umgekehrt so, dass X „gezielt" in R´s linken Brustbereich sticht. Gezielte Stiche in die Herzgegend mit einem 20 Zentimeter langen und vier Zentimeter breiten Messer sind jedoch lebensgefährlich, weil mit großer Wahrscheinlichkeit tödlich. Dies wußte auch X. Dass er dennoch zugestochen hat, macht deutlich, dass er sich - im Sinne der Formel für dolus eventualis[20] - mit einer eventuell eintretenden tödlichen Folge abgefunden, dass er diese billigend in Kauf genommen hat. Auch ist kein Sachverhalt erkennbar, in dem sich - als Indiz für eine bewusste Fahrlässigkeit[21] - ein Vermeidewillen des X bezüglich der tödlichen Folge manifestieren würde. X hat somit zumindest mit dolus eventualis hinsichtlich des tödlichen Erfolges gehandelt.

2. Rechtswidrigkeit

Die Tötungshandlung des X könnte jedoch gerechtfertigt sein.

---

[19] Näher *Wessels/Hettinger*, BT 1, Rn. 80 f. mwN.
[20] Vgl. *Gropp*, AT, § 5 Rn. 109; *Lackner/Kühl*, § 15 Rn. 24 mwN.
[21] Zur Manifestation des Vermeidewillens vgl. *Gropp*, AT, § 5 Rn. 107 f.; *Jescheck/Wiegend*, AT, § 29 III 3 d dd.

a) Notwehr, § 32

Als Rechtfertigungsgrund kommt zunächst § 32, Notwehr, in Frage. Ein gegenwärtiger Angriff des R gegen X ist gegeben. Wie jedoch bereits oben (A I 2 a) festgestellt wurde, liegt seitens des R ein unvermeidbarer Erlaubnistatbestandsirrtum vor. Folgt man jener Mindermeinung, welche in Fällen dieser Art mangels der Verwirklichung von Handlungsunrecht eine Rechtswidrigkeit des Angriffs i.S. von § 32 verneint, wäre eine Notwehrlage bereits an dieser Stelle zu verneinen.

Die noch überwiegende Meinung würde hingegen unter Abstellen auf das Erfolgsunrecht einen rechtswidrigen Angriff des R gegen den X i.S. von § 32 annehmen. Wenn man dieser Ansicht folgt, würde die Berücksichtigung der Unvermeidbarkeit des Erlaubnistatbestandsirrtums des R im Rahmen der Erforderlichkeit bzw. der Gebotenheit der Notwehr erfolgen. Dies wurde bereits oben (A I 2 a) dargelegt. Hier wäre die Erforderlichkeit bzw. Gebotenheit der Handlung des X im Vergleich mit Z erst recht abzulehnen, weil X sogar zu einem tödlichen Abwehrmittel gegen den irrenden R greift. X ist sich dieser Sachlage auch bewusst, weil er den Irrtum des R kennt. Damit scheidet eine Rechtfertigung des X nach § 32 auch mit der überwiegenden Meinung aus.

b) Rechtfertigender Notstand, § 34 (analog)

Unabhängig davon, ob man eine Rechtfertigung des X mangels Rechtswidrigkeit des Angriffs, Erforderlichkeit der Verteidigung oder Gebotenheit der Notwehr ablehnt, könnte eine Rechtfertigung nach § 34 (analog) in Frage kommen (s.o. A I 2 b).

Fraglich ist jedoch, ob die direkte (oder analoge) Anwendung von Notstandsmaßstäben das Verhalten des X rechtfertigen kann. Voraussetzung nach § 34 wäre neben dem Vorliegen einer gegenwärtigen Gefahr, dass diese nicht anders abgewendet werden kann (ultima ratio). Hier hätte X zumindest versuchen müssen, den R über die wahre Sachlage aufzuklären, was auch während seiner Schutzwehr möglich gewesen wäre. Weiterhin müsste die Erhaltung der körperlichen Unversehrtheit des X das Leben des R wesentlich überwiegen. Selbst wenn man berücksichtigt, dass die Gefahr von R ausgeht und die Maßstäbe des § 228 BGB (defensiver Notstand) anlegt, stünde die Tötung des R unter Berücksichtigung aller Umstände außer Verhältnis zur Verletzung des X.

Damit scheidet sowohl nach der Mindermeinung als auch nach der noch überwiegenden Meinung eine Rechtfertigung des X gemäß § 34 aus.

3. Schuldhaftigkeit

X glaubte trotz des Irrtums des R gegen diesen mit dem Messer vorgehen zu dürfen. Es könnte somit ein Erlaubnistatbestandsirrtum des X vorliegen. Dann müsste jedoch X eine Situation angenommen haben, bei deren Vorliegen er rechtmäßig gehandelt hätte. Jedoch wusste X, dass R irrtümlich davon ausging, er, X, misshandele die F. Damit kannte X die Umstände, welche eine Notwehrlage ausschlossen. Ein Erlaubnistatbestandsirrtum des X liegt daher nicht vor. Jedoch könnte ein Verbotsirrtum nach § 17 S. 1 gegeben sein. Wenn X glaubte, gegen R trotz dessen Irrtums in der gewählten Weise vorgehen zu dürfen, ging er von einer rechtfertigenden Wirkung im Zusammenhang mit § 32 aus, die in Wirklichkeit nicht gegeben war. Er zog somit die Grenze des Bereichs der Rechtfertigung weiter als dies bei § 32 der Fall ist. Damit liegt ein sog. Erlaubnisgrenzirrtum, d.h. ein Verbotsirrtum vor. Fraglich ist, ob der Verbotsirrtum, vermeidbar war, § 17 S. 2. Hier hätte X bei Einsatz seiner Erkenntniskräfte durchaus einsehen können, dass man einen unvermeidbar irrenden Angreifer, der zudem nur die Fäuste einsetzt, nicht in Trutzwehr töten darf.

Eine Entschuldigung wegen eines Notwehrexzesses nach § 33 kommt dann in Frage, wenn man eine Notwehr des X nicht bereits mangels Rechtswidrigkeit des Angriffs ablehnt (s.o. 2 a). Dies würde jedoch voraussetzen, dass die Überschreitung der erforderlichen Abwehr aus Verwirrung, Furcht oder Schrecken geschah. Indessen enthält der Sachverhalt keine Anhaltspunkte, dass bei X ein solcher asthenischer Affekt gegeben war. § 33 scheidet somit aus.

Eine Entschuldigung nach § 35 würde - wie bereits die Rechtfertigung nach § 34 - voraussetzen, dass der Angriff des R nicht anders als durch den Stich mit dem Messer abwendbar war. Dies ist jedoch sehr fraglich, denn hier hätte bereits eine Aufklärung des R über die wahre Sachlage genügt, um den Angriff zu beenden. Zumindest aber scheitert § 35 daran, dass auch hier ein Mindestmaß an Proportionalität der kollidierenden Güter gefordert wird, was bei der Tötung als Antwort auf Fausthiebe eines irrenden Angreifers nicht gegeben sein dürfte.

4. Ergebnis

X hat sich wegen eines Totschlags nach § 212 I strafbar gemacht.

II.　Mord, § 211

Indem X dem R zwei gezielte Messerstiche zufügte, um ihn als „lästigen Konkurrenten" loszuwerden, könnte er sich nach § 211 II 1. Fallgruppe 4. Var. wegen eines Mordes aus niedrigen Beweggründen strafbar gemacht haben.

1. Tötung aus niedrigen Beweggründen, § 211 II 1. Fallgruppe 4. Var.

Eine Strafbarkeit des X wegen Mordes setzt voraus, dass er bei der Tötung des R Mordmerkmale verwirklicht hat. Da X den R als „lästigen Konkurrenten" loswerden wollte und somit aus Eifersucht handelte, kommt das Merkmal der Tötung „sonst aus niedrigen Beweggründen" in Frage. Dann müsste das Verhalten des X nach allgemeiner sittlicher Wertung auf tiefster Stufe stehen und deshalb besonders verwerflich, ja verachtenswert sein. Dabei ist insbesondere ein Missverhältnis zwischen Tatanlass und Zweck zu berücksichtigen[22]. Hier tötet X den irrenden R auf den Verdacht hin, dass er ihm die F streitig machen könnte. Dieses Verhalten steht in keinem Verhältnis mehr zum Anlass der Tat. Niedrige Beweggründe sind damit gegeben.

2. Ergebnis

X ist wegen eines Mordes aus niedrigen Beweggründen an R gem. § 211 II 1. Fallgruppe 4. Var. strafbar.

C. Strafbarkeit der F

I. Versuchter Totschlag, §§ 212 I, 22, 23 I

Indem F dem X das Messer mit Tötungsabsicht in die Brust stieß, könnte sie sich wegen eines versuchten Totschlags nach §§ 212 I, 22, 23 I strafbar gemacht haben.

1. Vorprüfung

X hat den Angriff der F überlebt, der Versuch eines Totschlags (Verbrechen) ist gemäß §§ 23 I, 12 I strafbar.

2. Tatbestandsmäßigkeit

F müsste sich entschlossen haben, X zu töten. F hat das Messer dem X "in Tötungsabsicht" in die Brust gestochen. Damit liegt bei ihr ein Tötungsvorsatz i.S. von dolus directus I vor. Da F die Tathandlung bereits ausgeführt hat, liegt auch ein unmittelbares Ansetzen vor.

3. Rechtswidrigkeit

Fraglich ist jedoch, ob die Rechtswidrigkeit der Handlung der F infolge von Nothilfe (§ 32) ausgeschlossen ist. Dies würde einen gegenwärtigen rechtswidrigen Angriff des X gegen R voraussetzen. Wie bereits oben (B 2) geprüft, stellt der Angriff des X gegen den R eine tatbestandsmäßige und rechtswidrige Tötungshandlung dar. Dieser Angriff müsste desweiteren gegenwärtig sein. Dies ist der Fall, wenn der Angriff noch fortdauert. F handelt, nachdem X das Messer zweimal gezielt in R´s linken Brustbereich gestoßen hat. Da aus dem Sachverhalt nicht hervorgeht, dass damit der Angriff des X gegen den R beendet war, ist nach allgemei-

---

[22] Vgl. *Schönke/Schröder/Eser*, § 211 Rn. 18 mwN.

ner Lebenserfahrung davon auszugehen, dass mit weiteren Stichen zu rechnen war. Somit liegt ein gegenwärtiger Angriff des X gegen den R vor.

Die Rechtfertigung nach § 32 setzt weiterhin voraus, dass eine erforderliche Nothilfehandlung seitens der F gegeben ist. Dann müsste der Stich der F tauglich und notwendig gewesen sein, um den Angriff des X gegen den R abzuwehren. Zunächst war es zur Beendigung des Angriffs des X notwendig, dem X das Messer zu entreißen. Ob es auch notwendig war, dem X mit dem Messer u.U. tödliche Verletzungen zuzufügen, oder ob es einfach genügt hätte, dem X das Messer zu entwenden, ist fraglich. Da der Sachverhalt insoweit nicht aufgeklärt werden konnte, ist in dubio pro reo davon auszugehen, dass das bloße Entreißen des Messers die Gefahr nicht endgültig beseitigt hätte. Das Vorgehen der F war somit erforderlich.

Gesichtspunkte, welche an der Gebotenheit der Nothilfe zugunsten des R zweifeln lassen könnten, sind nicht ersichtlich. F handelte somit rechtmäßig.

4. Ergebnis

F ist nicht strafbar wegen eines versuchten Totschlags nach §§ 212 I, 22, 23 I

II. Gefährliche Körperverletzung, §§ 223 I, 224 I Nr. 2, 5

Durch den Messerstich könnte sich F wegen einer gefährlichen Körperverletzung nach §§ 223 I, 224 I Nr. 2, 5 strafbar gemacht haben.

1. Tatbestandsmäßigkeit, Rechtswidrigkeit

F hat den X durch den Stich körperlich misshandelt und an der Gesundheit geschädigt. Das eingesetzte Messer müsste nach seiner Beschaffenheit und der Art seines konkreten Einsatzes auch geeignet gewesen sein, erhebliche Verletzungen zuzufügen, um ein gefährliches Werkzeug zu sein.[23] Dies ist der Fall. Hinsichtlich der lebensgefährdenden Behandlung in § 224 I Nr. 5 ist umstritten, ob eine abstrakt lebensgefährliche Behandlung genügt, oder ob eine konkrete Lebensgefahr als Folge der Behandlung eingetreten sein muss.[24] Der Sachverhalt gibt hierzu keinen Hinweis. Aber selbst wenn man davon ausgeht, dass eine generell lebensgefährliche Behandlung genügt, ist ebenso wie zu §§ 212 I, 22, 23 I auch hinsichtlich der gefährlichen Körperverletzung eine Rechtfertigung der F wegen Nothilfe zugunsten des R anzunehmen.

2. Ergebnis

F ist nicht wegen einer gefährlichen Körperverletzung strafbar.

---

[23] Vgl. *Küpper*, BT 1, § 2 Rn. 8 ff.
[24] Vgl. *Küpper*, BT 1, § 2 Rn. 14.

3. Tatkomplex: Strafbarkeit von Z, X und F wegen Beteiligung an einer Schlägerei

Z, X und F könnten sich durch ihre Handlungen wegen Beteiligung an einer Schlägerei, § 231 I, strafbar gemacht haben.

A. Strafbarkeit des Z

Voraussetzung wäre zunächst eine Schlägerei nach § 231 I 1. Alt. Unter einer Schlägerei versteht man eine mit gegenseitigen Körperverletzungen verbundene Auseinandersetzung, bei der mehr als zwei Personen aktiv mitwirken.[25] Personen, die wegen Notwehr straflos bleiben, werden mitgezählt,[26] es sei denn, dass sie sich auf bloße Schutzwehr beschränken.[27]

Im vorliegenden Fall fand eine Auseinandersetzung statt, an der sich Z, X und F mit gegenseitigen Körperverletzungen beteiligt haben. Da sich F nicht nur auf Schutzwehr beschränkt, sondern aktiv zugunsten des R Nothilfe geleistet hat, ist vom Vorliegen einer Schlägerei i.S. von § 231 I 1. Alt. auszugehen.

Betrachtet man das Zusammenwirken von Z und X, könnte auch ein von mehreren verübter Angriff nach § 231 I 2. Alt. vorliegen. Voraussetzung wäre dann, dass eine im Angriffswillen einheitliche, nicht notwendig mittäterschaftliche, unmittelbar auf den Körper eines anderen abzielende Einwirkung mehrerer vorliegt.[28] Zweifeln könnte man hier freilich daran, ob eine im Angriffswillen einheitliche Einwirkung gegeben ist. Denn zunächst liegt ein Angriff in Form einer Körperverletzung des X gegen R noch gar nicht vor, während eine Körperverletzung des Z gegen R gegeben ist. Zum Zeitpunkt der beiden tödlichen Stiche des X gegen R war ein Angriff des Z indessen nicht mehr gegeben. Man wird daher eine einheitliche Einwirkung nicht annehmen können. Ein von mehreren verübter Angriff scheidet somit aus.

Durch die Schlägerei müsste der Tod eines Menschen verursacht worden sein. Im vorliegenden Fall ist R infolge der Auseinandersetzung mit X getötet worden. Damit liegt auch die objektive Strafbarkeitsbedingung des § 231 vor.

Um nach § 231 I strafbar zu sein, müsste sich Z außerdem an der Schlägerei beteiligt haben. Hierzu genügt nach h.M. die Anwesenheit am Tatort und irgendeine physische Mitwirkung in feindseliger Willensrichtung.[29] Z war nicht nur am Tatort

---

[25] Vgl. BGHSt 31, 124; *Lackner/Kühl*, § 231 Rn. 2.
[26] Vgl. BGHSt 15, 369; *Henke*, Jura 1985, 586; *Lackner/Kühl*, § 231 Rn. 2; *Tröndle/Fischer*, § 231 Rn. 3.
[27] Vgl. BGHSt 15, 371.
[28] Vgl. BGHSt 31, 124; *Küper*, BT Definitionen, Stichwort "Angriff mehrerer" (S. 16); *Lackner/Kühl*, § 231 Rn. 2.
[29] Vgl. LK-*Hirsch*, § 227 a.F. Rn. 7; *Lackner/Kühl*, § 231 Rn. 3 mwN.

anwesend, sondern er hat auch in feindseliger Willensrichtung auf X eingewirkt. Bezüglich Z wäre der Tatbestand allerdings dann nicht verwirklicht, wenn er an der Schlägerei beteiligt war, ohne dass ihm dies vorzuwerfen ist (§ 231 II). § 231 II verweist auf Rechtfertigungs- oder Entschuldigungsgründe, welche im Rahmen von § 231 I tatbestandseinschränkend wirken. Jedoch sind bei Z keine Rechtfertigungs- oder Entschuldigungsgründe ersichtlich. Insbesondere wirkt der bei ihm vorliegende vermeidbare Verbotsirrtum nicht entschuldigend, sondern nur schuldmindernd.

Anhaltspunkte, welche an der Rechtswidrigkeit bzw. Schuldhaftigkeit der Beteiligung des Z an der Schlägerei Zweifel aufkommen lassen könnten, sind nicht ersichtlich.

Somit hat sich Z wegen einer Beteiligung an einer Schlägerei nach § 231 I strafbar gemacht.

B. Strafbarkeit des X

Um strafbar zu sein, müsste auch X sich an der Schlägerei i.S. von § 231 I 1. Alt. beteiligt haben. X hat an der Schlägerei physisch mitgewirkt, indem er gegen R tätlich vorgegangen ist. Auch bei X sind Rechtfertigungs- oder Entschuldigungsgründe nicht ersichtlich. X müsste den Tatbestand des § 231 I schließlich wissentlich und willentlich verwirklicht haben. X wusste, dass eine tätliche Auseinandersetzung zwischen ihm und R stattfand, und er hat seine Mitwirkung hieran auch nicht beendet, als Z eingriff. Er hat somit wissentlich und willentlich an der Schlägerei mitgewirkt.

Auch bei X sind keine Anhaltspunkte erkennbar, welche die Beteiligung an der Schlägerei rechtfertigen oder entschuldigen könnten.

Damit ist auch X nach § 231 I strafbar.

C. Strafbarkeit der F

An der Strafbarkeit der F nach § 231 I könnte man zunächst deshalb zweifeln, weil F bezüglich der Nothilfe zugunsten des R gerechtfertigt ist. Insoweit könnte bei ihr die Tatbestandseinschränkung nach § 231 II eingreifen. Jedoch könnte F sich bereits durch ihren grundlosen Hilferuf an der Schlägerei beteiligt haben. Dann müsste der Hilferuf bereits die Voraussetzungen der Beteiligung nach § 231 I erfüllen. Eine Beteiligung an einer Schlägerei soll auch dann bereits vorliegen, wenn eine psychische (intellektuelle) Mitwirkung in feindseliger Willensrichtung gegeben ist.[30] Der grundlose Hilferuf der F ist so zu verstehen, dass die F dadurch den X gerade in Verlegenheit bringen wollte, indem sie Dritten gegenüber eine

---

[30] Vgl. *Lackner/Kühl*, § 231 Rn. 3.

Nothilfesituation vortäuschen wollte, was ihr bezüglich des Z und des R auch gelungen ist. Damit liegt eine Beteiligung der F an der Schlägerei in Form einer psychischen Mitwirkung vor. Insoweit ist F nicht gerechtfertigt. Damit entfällt die Tatbestandsbeschränkung nach § 231 II.

Auch bei F sind Anhaltspunkte, welche an der Rechtswidrigkeit und Schuldhaftigkeit der Tatbestandsverwirklichung des § 231 I zweifeln lassen könnten, nicht ersichtlich. F ist somit ebenfalls nach § 231 I strafbar.

Zur Strafbarkeit nach § 231 I steht die Strafbarkeit der Beteiligten wegen sonstiger Delikte jeweils in Tateinheit.

Gesamtergebnis

X ist strafbar wegen der Tötung des R und der Beteiligung an einer Schlägerei nach §§ 212, 211; 231; 52.

Z ist strafbar wegen des Einprügelns auf den R und der Beteiligung an einer Schlägerei nach §§ 223, 22, 23 I; 231; 52.

F ist strafbar wegen der Beteiligung an einer Schlägerei nach § 231.

Fall 7

Der lebensmüde Onkel

Mittelbare Täterschaft in Zwei-Personen-Verhältnissen – Auslegung des Merkmals der Heimtücke – Habgier bei der Ersparnis von Aufwendungen – Verhältnis § 216 StGB zu §§ 212, 211 StGB – Verhältnis § 216 StGB zu §§ 223, 224, 226 StGB – Strafbarkeit des Teilnehmers im Hinblick auf §§ 216 und 211 StGB

Theo (T) wohnt zusammen mit seinem Onkel (O) in einem Einfamilienhaus am Stadtrand. Da T beruflich nur wenig Erfolg beschieden ist, hatte er sich schon mehrmals erhebliche Summen bei seinem wohlhabenden Onkel geliehen, die O nunmehr zurückfordert. Aus diesem Grunde, dachte T schon des öfteren darüber nach, ob und gegebenenfalls wie er O's Ableben beschleunigen könnte. Bislang schreckte er jedoch davor zurück, O zu töten, da er diesem gegenüber, wegen der vielen finanziellen Nöte, aus denen er ihm geholfen hatte, Dankbarkeit empfand.

Eines Tages eröffnete O, der selbst Arzt ist, dem T, dass er sich bei einer seiner Operationen mit Aids infiziert habe. Zwar wisse er, dass zwischen dem Zeitpunkt der Infizierung und dem vollen Ausbruch der Aidserkrankung möglicherweise viele Jahre liegen können, aber dann gäbe es sicher eine lange Phase des Siechtums, ehe der Tod eintrete. Angesichts dieser Zukunft sei ihm jede Lebensfreude genommen. Er erklärt dem T, er wolle sich ein derartig leidvolles Schicksal ersparen, aber auch nicht von eigener Hand sterben. Das Liebste sei ihm, ohne Vorwarnung aus dem Leben gerissen zu werden. Deshalb bittet er den T inständig, ihm, wie auch immer, im Laufe der nächsten Wochen ohne jede Ankündigung das Leben zu nehmen. T geht aus Mitleid mit O auf dieses Ansinnen ein. Das ist allerdings nicht sein einziger Grund. Daneben tritt gleichrangig das Motiv, auf diesem Wege seine Schulden loszuwerden.

Da T nicht so recht weiß, wie er vorgehen soll, bittet er seinen Freund (F) nach Schilderung des Wunsches des O und unter Offenbarung seines zweiten Beweggrundes um Rat. Dieser ist Chemiker und empfiehlt T ein schwer nachweisbares Gift, das er ihm sodann auch besorgt. Dabei weiß T nicht, wie gelegen dem F der Tod des O wäre. O war nämlich erst vor kurzem dahinter gekommen, dass F ihm regelmäßig, wenn er T besuchte, Blankorechnungen stahl, die er nutzte, um seiner privaten Krankenkasse in Wahrheit niemals angefallene Arzthonorare in Rechnung zu stellen. O hatte gedroht, den F anzuzeigen, falls dieser die Sache nicht selbst bereinige. Nur aus diesem Grunde hat sich F entschlossen, T bei seinem Vorhaben behilflich zu sein, da ihm sein einziger Mitwisser dann nicht mehr schaden konnte.

Einige Wochen später mischte T dem O das Gift unter dessen Essen. Entgegen der Berechnung von T und F wirkte dieses aber nicht tödlich, da O's Leben aufgrund schneller ärztlicher Versorgung gerettet werden konnte, es führte jedoch dazu, dass O unheilbar erblindete.

Untersuchen Sie die Strafbarkeit von T und F nach dem StGB!

Nicht zu prüfen sind die Straftaten im Zusammenhang mit den gefälschten Arztrechnungen.

Lösung

A. Strafbarkeit des T

I. Versuchter Mord in mittelbarer Täterschaft, §§ 212, 211, 22, 23, 25 I, 2. Alt. StGB

Indem T das Gift unter das Essen des O mischte, könnte er sich wegen versuchten Mordes in mittelbarer Täterschaft gem. §§ 212, 211, 22, 23, 25 I, 2. Alt. StGB strafbar gemacht haben. Die Tat ist nicht vollendet. Die Strafbarkeit des versuchten Mordes ergibt sich aus dem Verbrechenscharakter.

1. Tatentschluss

T müsste zunächst Tatentschluss hinsichtlich aller objektiven Tatbestandsmerkmale gehabt haben. T wollte, dass sich O durch das vergiftete Essen selbst tötet. Folglich hatte er *Vorsatz auf die Tötung*.

Darüber hinaus muss er *Vorsatz auf die Begehung einer Tötung in mittelbarer Täterschaft* gehabt haben. Eine derartige Begehensweise scheidet nicht etwa deshalb aus, weil es sich nicht um ein Dreipersonenverhältnis handelt. § 25 I, 2. Alt. StGB gebietet weder sprachlich noch teleologisch eine Einschränkung auf Dreipersonenverhältnisse[1]. Vielmehr ist auch eine Anwendung auf Zweipersonenverhältnisse möglich[2]. In diesen Beziehungen liegt ein Vorsatz auf die mittelbare Täterschaft dann vor, wenn der Täter von Tatherrschaft ausging, das Opfer also als Werkzeug gegen sich selbst benutzen wollte. Vorliegend sollte O das vergiftete Essen selbst zu sich nehmen. Damit hatte T die Vorstellung, O begehe eine – nicht tatbestandsmäßige – Selbsttötung. Hinzu kommt das Bewusstsein, O wisse nicht um die schädigende Wirkung seines eigenen Tuns, da er die Mahlzeit in der Annahme, mit dem Essen sei alles in Ordnung, zu sich nimmt. Die fehlende Tatbe-

---

[1] *Wessels/Beulke*, AT, Rn. 539a.
[2] LK-*Roxin*, § 25 Rn. 106; SK-*Hoyer*, § 25 Rn. 80.

standsmäßigkeit und der Irrtum des O sollten diesen nach dem Plan des T zum Werkzeug machen, indem er O kraft seines eigenen überlegenen Wissens die schädigende Handlung an sich selbst vornehmen ließ. Folglich liegt der Wille zur Tatherrschaft und mithin der Vorsatz auf eine Tötung des O in mittelbarer Täterschaft vor.

Fraglich ist, ob T auch Tatentschluss bezüglich des Mordmerkmals der *Heimtücke* hatte. Dann müsste er den Vorsatz gehabt haben, die Arg- und Wehrlosigkeit des Opfers auszunutzen. Er muss sich also zunächst vorgestellt haben, O sei im Augenblick der Tat arglos, versehe sich also keines tätlichen Angriffs auf Leben oder körperliche Unversehrtheit. Dies erscheint fraglich, da O selbst den T gebeten hatte, ihn ohne Vorwarnung zu töten. O wusste also, dass ihm von T Gefahr drohte. Also rechnete er mit einem Angriff von dieser Seite. Insofern könnte eine Arglosigkeit des O ausgeschlossen sein. Auf der anderen Seite muss das Opfer gerade im Zeitpunkt des Angriffes mit einem solchen nicht rechnen. Aus der Sicht des T war dem O nicht bekannt, dass das Essen vergiftet war und er mit der Einnahme der Mahlzeit die schädigende Handlung vornimmt. Folglich ging der T davon aus, dass der O genau in diesem Augenblick nicht mit einem Angriff des T auf sein Leben rechnete.

Die Problematik kann offen bleiben, wenn der Vorsatz auf eine heimtückische Tötung aus anderen Gründen ausgeschlossen ist. Nach allgemeiner Auffassung ist das Mordmerkmal der Heimtücke restriktiv auszulegen[3]. Umstritten ist, wie diese Restriktion zu erreichen ist.

In der Literatur[4] wird ein besonders verwerflicher Vertrauensbruch gefordert. Dies wird mit dem sprachlichen Unterschied zwischen „heimtückisch" und „heimlich" begründet. Indes ist ein besonders verwerflicher Vertrauensbruch vorliegend nicht zu bejahen. T wollte O jedenfalls auch auf dessen Wunsch töten. Die Vornahme eines ausdrücklich gewünschten Verhaltens kann aber unabhängig von der rechtlichen oder ethischen Einordnung kein Handeln wider das Vertrauen sein. Die Rechtsprechung[5] verlangt dagegen, dass der Täter in feindlicher Willensrichtung handelt. Damit soll vor allem bei einer Tötung zum vermeintlich Besten des Opfers Heimtücke ausgeschlossen sein. Diese Voraussetzung ist im vorliegenden Sachverhalt ebenfalls zu verneinen. T versetzte das Essen zwar mit Gift, um seine Schulden loszuwerden. Das war jedoch nicht das alleinige Motiv. Daneben trat gleichrangig der Wille, dem O das Schicksal des Siechtums zu ersparen. Einem Handeln, welches – neben anderen Motiven – in bewusstseinsbestimmender Weise auch von Mitleid geprägt ist, kommt aber keine feindselige Willensrichtung zu. Mithin scheidet nach beiden Ansichten ein Tatentschluss hinsichtlich einer heimtückischen Tötung aus.

Zu prüfen ist hingegen, ob T nicht aus *Habgier* handelte. Habgierig handelt, wer aufgrund eines Gewinnstrebens um jeden Preis, sogar um den eines Men-

---

[3] BVerfGE 45, 187 (259 ff.); eingehend *Küper*, JuS 2000, 740 (745).
[4] *Krey*, BT 1, Rn. 58; *Otto*, BT, § 4 Rn. 25; SK-*Horn*, § 211 Rn. 32.
[5] BGHSt 9, 385 (390); 30, 105 (116).

schenlebens, tötet. Gefordert wird eine Steigerung des Erwerbssinnes auf ein ungewöhnliches, ungesundes, sittlich anstößiges Maß. T nimmt die letztlich zum Tode des O führende Handlung auch vor, um seine Schulden los zu werden, genauer, um die offenen finanziellen Forderungen seines Onkels nicht begleichen zu müssen. Fraglich ist somit, ob das Merkmal der Habgier in den Konstellationen zu bejahen ist, in denen der Täter lediglich eigene Aufwendungen ersparen will, ohne dass seinem Vermögen ein Mehr zufließt.

Die Rechtsprechung[6] und die h.M. im Schrifttum[7] bejaht bei einer Tötung zur Befreiung von Zahlungsverpflichtungen das Merkmal der Habgier. Auch in diesen Fällen sei der Täter in der gleichen rücksichts- und gewissenlosen Weise darauf aus, seine Vermögenslage zu bessern. In der Literatur[8] wird demgegenüber zum Teil vertreten, dass in den Fällen, in denen getötet wird, nicht um zu „haben", sondern um „behalten" zu können, die besondere Verwerflichkeit der Motivation nicht mit gleicher Zwangsläufigkeit indiziert ist wie bei einer Tötung, die auf eine Vermögensmehrung in Form eines Zugewinns abzielt. Deshalb sei es vorzugswürdig, diese Sachverhaltskonstellation bei dem Mordmerkmal der niedrigen Beweggründe zu behandeln. Damit wird allerdings das Problem nur verschoben. Hält man sich zudem vor Augen, dass es keinen Unterschied machen kann, ob der Täter sich Vermögenswerte zufließen lassen will oder ob er deren Abfluss zu vermeiden trachtet[9], ist die zuerst genannte Auffassung vorzugswürdig. Mithin handelte T aus Habgier.

Dass T bei seinem Vorgehen gleichermaßen dem Wunsch des Opfers folgte, schließt ein Handeln in Habgier nicht aus[10]. Entscheidend ist nur, dass dieser Beweggrund nicht aufgrund des anderen Motivs aus dem Bewusstsein des Täters verdrängt ist[11]. Laut Sachverhalt ging T auf das Ansinnen des O auch ein, um seine Schulden loszuwerden. Für ein gänzliches Zurücktreten dieses Grundes im Zeitpunkt der Tat bestehen keinerlei Anhaltspunkte. Folglich war es bei dem Versetzen des Essens mit Gift im Bewusstsein des Täters ebenso vorhanden wie der Todeswunsch des O. Sind beide Beweggründe gleichermaßen motivierend, ist das Mordmerkmal der Habgier zu bejahen. Die Rechtsprechung sieht keinen Anlass, aufgrund des Hinzutretens eines weiteren außergewöhnlichen Umstandes die sogenannte „Rechtsfolgenlösung" beim Merkmal der Habgier anzuwenden[12]. Mit dem Erfordernis, dass das Motiv der Habgier bewusstseinsleitend vorhanden sein muss, ist einer restriktiven Auslegung dieses Merkmals Genüge getan.

---

[6] BGHSt 10, 399.
[7] *Arzt/Weber*, BT, § 2 Rn. 60; *Lackner/Kühl*, § 211 Rn. 4; *Wessels/Hettinger*, BT 1, Rn. 94.
[8] SK-*Horn*, § 211 Rn. 14.
[9] So auch BGHSt 10, 399.
[10] BGHSt 2, 258 (259).
[11] LK-*Jähnke*, § 211 Rn. 25; SK-*Horn*, § 211 Rn. 18.
[12] BGHSt 42, 301 (304).

2. Unmittelbares Ansetzen

Gem. § 22 StGB müsste T *unmittelbar zur Tat angesetzt* haben. Bei einer Begehensweise in mittelbarer Täterschaft ist umstritten, zu welchem Zeitpunkt der Hintermann die Schwelle zum Versuch überschritten hat. Allerdings ist lediglich der frühst mögliche Zeitpunkt in der Diskussion. Einigkeit besteht dagegen insofern, dass für den mittelbaren Täter das Stadium des Versuches spätestens dann erreicht ist, wenn der Tatmittler unmittelbar zur Vornahme der Tathandlung ansetzt[13]. O hat hier die eigentlich zum Tode führende Handlung bereits vollzogen, er hat die vergiftete Mahlzeit zu sich genommen. Folglich hat er als Tatmittler unmittelbar zur Tat angesetzt, und dem gemäß ist für den T die Schwelle zum Versuch überschritten.

3. Rechtswidrigkeit

Rechtfertigungsgründe liegen nicht vor. Eine *Einwilligung* kommt als Rechtfertigungsgrund nicht in Betracht. Dies ergibt sich schon aus der Existenz des § 216 StGB, der eine qualifizierte Einwilligung gerade voraussetzt[14].

4. Schuld

Schuldausschließungsgründe greifen ebenfalls nicht ein. Folglich handelte T schuldhaft.

5. Ergebnis

Nach dem bisherigen Stand hat sich T wegen versuchten Mordes in mittelbarer Täterschaft gem. §§ 212, 211, 22, 23, 25 I, 2. Alt. StGB strafbar gemacht.

II. Versuchte Tötung auf Verlangen in mittelbarer Täterschaft, §§ 216, 22, 23, 25 I, 2. Alt. StGB

Indem T das Gift in das Essen des O mischte und dabei dessen Ansinnen, ihm das Leben zu nehmen, nachkam, könnte er sich wegen einer versuchten Tötung auf Verlangen in mittelbarer Täterschaft gem. §§ 216, 22, 23, 25 I, 2. Alt. StGB strafbar gemacht haben. Die Tat ist nicht vollendet. Die Versuchsstrafbarkeit ergibt sich aus § 216 II StGB.

---

[13] *Wessels/Beulke*, AT, Rn. 613.
[14] *Schönke/Schröder/Eser*, § 212 Rn. 6; SK-*Horn*, § 212 Rn. 25.

1. Tatentschluss

Dann müsste T Tatentschluss hinsichtlich einer Tötung auf Verlangen in mittelbarer Täterschaft gehabt haben. Der *Vorsatz* auf eine Tötung des O in mittelbarer Täterschaft wurde bereits oben geprüft und bejaht.

Darüber hinaus müsste sich T zu dem Tötungsversuch entschlossen haben, weil dies von ihm seitens des O *ausdrücklich und ernsthaft verlangt* worden ist. Ein Tötungsverlangen setzt mehr voraus als ein bloßes Einverständnis. Erforderlich ist die unmissverständliche Kundgabe des Tötungsbegehrens[15]. O hat T inständig gebeten, ihm im Laufe der nächsten Wochen ohne jede Vorwarnung das Leben zu nehmen. Das Ansinnen beinhaltete deutlich den Wunsch des O an T, ihn zu töten. In diesem Bewusstsein handelte T und ging demzufolge von einem Tötungsverlangen des O aus. Nach der Vorstellung des T müsste das Tötungsverlangen weiterhin ausdrücklich und ernsthaft gewesen sein. Ausdrücklich ist ein Verlangen, wenn das Opfer seinen Wunsch eindeutig vorbringt[16]. Das war objektiv der Fall und wurde so auch von dem T aufgefasst. Das Tötungsverlangen ist ernstlich, wenn es auf einem freiverantwortlichen Willensentschluss beruht[17]. Eine Einflussnahme dritter Personen auf den Willen des O ist nicht gegeben. Davon ging auch T aus und hatte demzufolge gleichfalls den Vorsatz auf ein ernstliches Tötungsverlangen durch den O. Schließlich ist zu fordern, dass T durch das Verlangen des O zur Tat bestimmt worden ist. Diese Voraussetzung ist zu bejahen, wenn der T erst durch das Ansinnen von O zur Tat veranlasst wurde. T dürfte also nicht bereits omnimodo facturus gewesen sein. Zwar hatte er schon vorher darüber nachgedacht, den O zu töten, doch war er zur Tat noch nicht fest entschlossen. Dieser Wille erwachte erst, nachdem O ihn bat, er möge ihn töten. Dass T auch handelte, um seine Schulden loszuwerden, schließt den nach § 216 StGB erforderlichen Tatantrieb nicht aus. Alleiniges Motiv braucht das Tötungsverlangen nicht zu sein[18]. Mithin hatte T Tatentschluss bezogen auf alle objektiven Tatbestandsmerkmale des § 216 StGB.

2. Unmittelbares Ansetzen

Durch die Verabreichung des Giftes hat T zur Tat *unmittelbar angesetzt*.

3. Rechtswidrigkeit und Schuld

Mangels Rechtfertigungsgründen und Schuldausschließungsgründen war die Tat rechtswidrig und schuldhaft.

---

[15] *Küpper*, BT 1, I § 1 Rn. 63.
[16] SK-*Horn*, § 216 Rn. 7.
[17] *Küpper*, BT 1, I § 1 Rn. 63.
[18] *Küpper*, BT 1, I § 1 Rn. 64; *Schönke/Schröder/Eser*, § 216 Rn. 9.

4. Ergebnis

T hat sich wegen versuchter Tötung auf Verlangen in mittelbarer Täterschaft gem. §§ 216, 22, 23, 25 I, 2. Alt. StGB strafbar gemacht.

III. Verhältnis zwischen versuchtem Mord und versuchter Tötung auf Verlangen

Fraglich ist nunmehr, in welchem Verhältnis der versuchte Mord in mittelbarer Täterschaft und die versuchte Tötung auf Verlangen in mittelbarer Täterschaft stehen. Maßgeblich dafür muss das Verhältnis zwischen Mord und Tötung auf Verlangen sein. Während der Wortlaut des § 216 StGB voraussetzt, dass der Täter § 212 StGB verwirklicht, lässt sich dies in Bezug auf § 211 StGB nicht behaupten. Insofern verdrängt § 216 StGB nach seinem Sinn und Zweck als sogenannte Privilegierung zunächst einmal nur den § 212 StGB. Ob der gleiche Effekt auch im Hinblick auf § 211 StGB eintritt, ist umstritten.

Nach einer Ansicht[19] ist mangels gesetzlicher Regelung zum Verhältnis der §§ 211 und 216 StGB auf die allgemeinen Konkurrenzregeln zurückzugreifen. Da vorliegend durch eine Handlung mehrere Strafgesetze verletzt seien, läge es nahe, § 52 I 1 StGB anzuwenden und Idealkonkurrenz zwischen beiden Tatbeständen anzunehmen. Die Folge wäre gem. § 52 II 1 StGB, dass sich der Mordtatbestand gegenüber § 216 StGB durchsetzt. Allerdings vermag diese Argumentation nicht zu überzeugen[20]. Voraussetzung des § 52 I 1 StGB ist, dass dieselbe Handlung mehrere Strafgesetze „verletzt". Die Tötung eines anderen Menschen ist aber nur eine Gesetzesverletzung, nämlich die Verletzung des gesetzlichen Tötungsverbotes, die durch die Erfüllung des § 216 StGB gemindert wird. Der Täter schafft neben dem Unrecht des § 211 StGB kein neues und anderes Unrecht durch die Verwirklichung des § 216 StGB. Demzufolge gehen die Rechtsprechung[21] und h.M. im Schrifttum[22] richtigerweise davon aus, dass durch den Tatbestand des § 216 StGB, unabhängig davon, ob man ihn als selbständige oder als unselbständige Privilegierung auffasst[23], § 211 StGB verdrängt wird. Nach einem Vorschlag aus jüngster Zeit soll diese Lösung bereits auf Tatbestandsebene durch eine teleologische Reduktion des § 211 StGB erreicht werden[24]. Das ausdrückliche und ernsthafte Tötungsverlangen des Opfers, welches den Täter zu seiner Tat bestimmt hat, ist ein solch außergewöhnlicher Umstand, der wie kein anderer der Tat gem. § 211 StGB die besondere Verwerflichkeit nimmt. Einem anderen Ansatz[25] zufolge ist

---

[19] *Bernsmann*, JZ 1983, 45 (48).
[20] *Herzberg*, JZ 2000, 1093 f.; *Schönke/Schröder/Eser*, Vorbem §§ 211 ff. Rn. 9a.
[21] BGHSt 2, 258.
[22] *Lackner/Kühl*, Vor § 211 Rn. 24; *Maurach/Schroeder/Maiwald*, BT 1, § 2 Rn. 61; SK-*Horn*, § 216 Rn. 2.
[23] *Schönke/Schröder/Eser*, Vorbem §§ 211 ff. Rn. 7.
[24] *Herzberg*, JZ 2000, 1093 (1098 f.).
[25] LK-*Jähnke*, Vor § 211 Rn. 45; § 216 Rn. 2.

§ 216 StGB wegen des beschränkten Täterkreises (nur der Adressat eines Tötungsverlangens kommt als Täter in Frage) gegenüber § 211 StGB die speziellere Norm, die sich deshalb durchsetzt. Im Ergebnis ist T somit nur wegen versuchter Tötung auf Verlangen in mittelbarer Täterschaft zu bestrafen.

Zwischenergebnis

T ist strafbar wegen versuchter Tötung auf Verlangen in mittelbarer Täterschaft, §§ 216, 22, 23, 25 I, 2. Alt. StGB.

IV. Gefährliche Körperverletzung in mittelbarer Täterschaft, §§ 223, 224, 25 I, 2. Alt. StGB

Indem T unter das Essen des O Gift mischte, könnte er sich wegen gefährlicher Körperverletzung in mittelbarer Täterschaft gem. §§ 223, 224, 25 I, 2. Alt. StGB strafbar gemacht haben.

1. Objektiver Tatbestand

T müsste den O *körperlich misshandelt*, ihn also einer üblen und unangemessenen Behandlung unterworfen haben, durch welche das körperliche Wohlbefinden nicht nur unerheblich beeinträchtigt wurde. T hat dafür gesorgt, dass der nichtsahnende O das von T vergiftete Essen zu sich nahm. Dadurch gelangte das Gift in den Körper des O und machte eine ärztliche Versorgung zur Rettung des Lebens erforderlich. Eine körperliche Misshandlung des O begangen durch den T in mittelbarer Täterschaft ist anzunehmen.

Daneben könnte der T den O auch an der *Gesundheit geschädigt* haben. Eine Gesundheitsschädigung ist jedes Hervorrufen eines krankhaften Zustandes. Indem T die Vorstellung des O, es handele sich wie immer um normale Lebensmittel, ausnutzte, und diesen so dazu brachte, das Gift seinem Körper zuzuführen, hat er in mittelbarer Täterschaft mit der Vergiftung einen pathologischen Zustand hervorgerufen.

Um wegen gefährlicher Körperverletzung in mittelbarer Täterschaft strafbar zu sein, müsste T eine der in § 224 StGB genannten Begehensweisen vorgenommen haben.

Durch seine Handlung hat der T dem O in mittelbarer Täterschaft *Gift beigebracht* und somit die Begehensweise des § 224 I Nr. 1 StGB erfüllt.

Des Weiteren kommt eine Körperverletzung mittels eines *hinterlistigen Überfalls* gem. § 224 I Nr. 3 StGB in Betracht. Um einen Überfall handelt es sich bei einem unvorhergesehenen Angriff, auf den sich das Opfer nicht rechtzeitig einstellen kann[26]. Unerheblich ist, ob das Opfer den Angriff als solchen wahrnimmt.

---

[26] *Schönke/Schröder/Stree*, § 224 Rn. 10.

Ein Überfall kann auch im heimlichen Beibringen einer schädigenden Substanz liegen[27]. Dieser müsste in hinterlistiger Weise erfolgt sein. Dies ist ein Überfall, wenn der Täter planmäßig in einer auf Verdeckung seiner wahren Absicht berechnenden Weise vorgeht[28]. Gerade im Untermischen des Giftes im Essen des O liegt die Verdeckung der wahren Absicht. O sollte nicht merken, dass er Gift zu sich nimmt. Somit ist die Variante des hinterlistigen Überfalls erfüllt.

Fraglich ist, ob auch die Variante der *gemeinschaftlichen Tatbegehung* gem. § 224 I Nr. 4 StGB verwirklicht wurde. Aus den Worten „mit einem anderen Beteiligten" wird deutlich, dass nicht nur die Begehung mit einem Mittäter unter den Anwendungsbereich des § 224 I Nr. 4 StGB fallen kann, sondern auch das gemeinschaftliche Vorgehen von Täter und Teilnehmer[29]. § 28 II StGB definiert den Beteiligten nämlich als Täter oder Teilnehmer. Eine Verwirklichung des § 224 I Nr. 4 StGB kommt demzufolge deshalb in Betracht, weil T das zur Tatausführung verwendete Gift von F erhielt. Allerdings ist zu beachten, dass Zweck der Regelung ist, der erhöhten Gefährlichkeit einer Tatbegehung Rechnung zu tragen, bei der sich das Opfer mehreren Feinden gegenübersieht und deshalb eingeschüchtert und in seiner Verteidigungsbereitschaft gehemmt sein kann[30]. Davon kann hingegen nicht die Rede sein, wenn es sich um ein heimliches Geschehen handelt, bei dem alle Täter unbemerkt im Hintergrund bleiben. Dann ist es für das Opfer unerheblich, wie vielen "Angreifern" es sich gegenübersieht. Mithin scheidet diese Begehensweise aus.

Schließlich könnte T die Körperverletzung in mittelbarer Täterschaft durch eine das Leben gefährdende Behandlung gem. § 224 I Nr. 5 StGB begangen haben. Hierbei kann der Streit[31] dahinstehen, ob der Handlung eine konkrete Lebensgefährlichkeit innewohnen muss oder ob eine abstrakte Gefahr genügt. Von einer konkreten Lebensgefährdung spricht man, wenn es nur noch vom Zufall abhängt, ob der Tod eintritt oder nicht. Laut Sachverhalt konnte das Leben des O nur aufgrund der schnellen ärztlichen Versorgung gerettet werden. Folglich lag eine konkrete Lebensgefährdung vor. Damit ist auch nach der engeren Ansicht § 224 I Nr. 5 StGB verwirklicht.

2. Subjektiver Tatbestand

T müsste *Vorsatz* hinsichtlich aller Merkmale des objektiven Tatbestandes gehabt haben. T wollte den Tod des O durch das Beibringen von Gift herbeiführen. Er hatte Tötungsvorsatz. Nach der inzwischen einhellig vertretenen Einheitstheorie ist die Körperverletzung – bereits objektiv – notwendiges Durchgangsstadium für

---

[27] Vgl.: BGH NStZ 1992, 490; BGH NStZ-RR 1996, 100 f. für Schlafmittel bzw. KO-Tropfen; zweifelnd *Maurach/Schroeder/Maiwald*, BT 1, § 9 Rn. 17.
[28] *Schönke/Schröder/Stree*, § 224 Rn. 10.
[29] *Küpper*, BT 1, I § 2 Rn. 13.
[30] *Schönke/Schröder/Stree*, § 224 Rn. 11.
[31] Vgl. dazu ausführlich *Küper*, BT, S. 57 ff.

die Tötung und deshalb vom Tötungswillen umfasst[32]. Im Tötungsvorsatz ist der Körperverletzungsvorsatz enthalten. Da T darüber hinaus die Art und Weise seines Vorgehens kannte und wollte, hatte er auch Vorsatz auf die objektiven Merkmale des § 224 StGB.

3. Rechtswidrigkeit

Die Tat könnte durch eine *Einwilligung* gem. § 228 StGB gerechtfertigt sein. O war mit seiner Tötung durch den T einverstanden. Möglicherweise könnte sein Todeswunsch als Einwilligung auch die in einer Tötung enthaltene Körperverletzung rechtfertigen. Allerdings gilt die Unbeachtlichkeit der Einwilligung des Opfers über § 216 StGB hinaus auch für die in der Tötung enthaltene Körperverletzung. Folglich vermag die im Tötungsverlangen zum Ausdruck kommende Einwilligung eine Körperverletzung nicht zu rechtfertigen[33].

4. Schuld

Mangels Schuldausschließungsgründen handelte T schuldhaft.

5. Ergebnis

T hat sich wegen gefährlicher Körperverletzung in mittelbarer Täterschaft gem. §§ 223, 224, 25 I, 2. Alt. StGB strafbar gemacht.

V. Schwere Körperverletzung in mittelbarer Täterschaft, §§ 226 I, 25 I, 2. Alt. StGB

Durch seine Handlung könnte sich T darüber hinaus wegen schwerer Körperverletzung in mittelbarer Täterschaft gem. §§ 226 I, 25 I, 2. Alt. StGB strafbar gemacht haben.

1. Tatbestandsmäßigkeit

Eine in mittelbarer Täterschaft begangene *vollendete vorsätzliche Körperverletzung* gem. § 223 StGB liegt vor.

Mit der Erblindung ist der *Verlust des Sehvermögens* als schwere Folge gem. § 226 I Nr. 1 StGB eingetreten. Dieser Erfolg ist durch die mittelbar begangene Körperverletzung des T kausal *verursacht* und jenem auch *objektiv zurechenbar*. Darüber hinaus müsste zwischen dem Grunddelikt und der erfolgsqualifizierenden Folge ein *spezifischer Gefahrenzusammenhang* bestehen. Das ist dann zu bejahen,

---

[32] *Küpper*, BT 1, I § 2 Rn. 59.
[33] LK-*Jähnke*, § 216 Rn. 20; NK-*Paeffgen*, § 228 Rn. 110; *Schmitt*, JZ 1962, 389 (394); SK-*Horn*, § 216 Rn. 18.

wenn sich in der schweren Folge gerade die Gefahr niederschlägt, die dem Grunddelikt anhaftet. Vorliegend ist zu beachten, dass die Körperverletzung mittels eines Giftes begangen wurde. Aufgrund dessen Wirkungen auf den gesamten Körper und vor allem auf das Nervensystem besteht das Risiko einer Beeinträchtigung der Sinne. Folglich hat sich mit dem Verlust des Sehvermögens die einer Körperverletzung mittels Gift einhergehende Gefahr realisiert. Der spezifische Gefahrenzusammenhang ist gegeben.

Gem. § 18 StGB muss die aus der Körperverletzung entstandene Gefahr wenigstens *fahrlässig* herbeigeführt worden sein. Die Sorgfaltspflichtverletzung folgt aus der Verabreichung vergifteter Lebensmittel. Der Eintritt der schweren Folge war voraussehbar.

2. Rechtswidrigkeit und Schuld

Mangels Rechtfertigungs- und Schuldausschließungsgründen handelte T rechtswidrig und schuldhaft.

3. Ergebnis

T hat sich wegen schwerer Körperverletzung in mittelbarer Täterschaft gem. §§ 223, 224, 25 I, 2. Alt. StGB strafbar gemacht.

VI. Verhältnis zwischen versuchter Tötung auf Verlangen und gefährlicher/schwerer Körperverletzung

Problematisch ist, in welchem Verhältnis die versuchte Tötung auf Verlangen zu den Körperverletzungsdelikten steht. Grundsätzlich schließen sich ein versuchtes Tötungsdelikt und eine vollendete Körperverletzung nicht aus, da im Schuldpruch zum Ausdruck kommen muss, dass das Opfer tatsächlich verletzt wurde. Um dies klarzustellen, ist von Tateinheit auszugehen[34].

Bei einer derartigen Lösung würde sich vorliegend jedoch das Problem ergeben, dass die Privilegierung des § 216 StGB leer liefe. § 216 StGB enthält im Vollendungsfalle eine Strafdrohung von sechs Monaten bis zu fünf Jahren. Die schwere Körperverletzung hingegen ist mit Freiheitsstrafe von einem bis zu zehn Jahren bedroht, die gefährliche Körperverletzung mit sechs Monaten bis zu zehn Jahren. Während bei einer vollendeten Tötung auf Verlangen die zugleich verwirklichten Körperverletzungsdelikte im Wege der Gesetzeskonkurrenz zurücktreten würden[35], so dass für die Bildung der Strafe allein der Strafrahmen des § 216 StGB maßgeblich wäre, liegen die Dinge bei versuchter Tötung auf Verlangen und der Annahme von Tateinheit zwischen dieser und den Körperverletzungsdelikten

---

[34] BGHSt 44, 196 (199); *Küpper*, BT 1, I § 2 Rn. 61; *Schönke/Schröder/Eser*, § 212 Rn. 23.
[35] SK-*Horn*, § 216 Rn. 16.

anders. Gem. § 52 II 1 StGB wäre für die Bildung der Strafe das Gesetz bestimmend, welches die schwerste Strafe androht. Das wäre vorliegend § 226 StGB.

Fraglich ist, wie dieses Problem zu lösen ist. Zunächst könnte man daran denken, gegenüber § 226 StGB eine rechtsfolgenbeschränkende Wirkung des § 216 StGB anzunehmen. Das hätte zur Folge, dass lediglich der Strafrahmen des § 226 I StGB über dessen Abs. 3, der den minder schweren Fall betrifft, an den des privilegierten Tötungsdelikts angeglichen wird. Gegen eine derartige Lösung ist jedoch einzuwenden, dass die Tat nach wie vor ein Verbrechen bliebe und damit schwerer eingestuft werden würde als im Vollendungsfall des § 216 StGB[36]. Folglich ist es angemessener im Falle einer Kollision von versuchter Tötung auf Verlangen und schwerer Körperverletzung von einer vollständigen Sperrwirkung des § 216 StGB gegenüber dem § 226 StGB auszugehen[37].

Eine derartige Sperrwirkung wird von einem Teil der Literatur auch gegenüber dem § 224 StGB angenommen[38]. Allerdings soll dann auf § 223 StGB zurückgegriffen werden. In diesem Rahmen besteht für eine derartig weitreichende Sperrwirkung jedoch kein Bedürfnis. Über die Annahme eines minder schweren Falles gem. § 224 I a.E. StGB gelingt hier zunächst eine Angleichung an den Strafrahmen des § 216 StGB, und anders als bei § 226 StGB handelt es sich bei § 224 StGB um ein Vergehen[39]. Eine Lösung, die dagegen ohne Annahme eines minder schweren Falles des § 224 StGB auskommen will[40], übersieht, dass der Strafrahmen des § 224 StGB immer noch weiter ist als der des § 216 StGB und insofern der Täter nach wie vor schlechter stünde als im Falle der vollendeten Tötung auf Verlangen.

T ist folglich aus der tateinheitlich begangenen versuchten Tötung auf Verlangen und der gefährlichen Körperverletzung in einem minder schweren Fall zu bestrafen.

Endergebnis für T

T hat sich strafbar gemacht wegen versuchter Tötung auf Verlangen in mittelbarer Täterschaft (§§ 216, 22, 23, 25 I, 2. Alt. StGB) und gefährlicher Körperverletzung in mittelbarer Täterschaft (§§ 223, 224, 25 I, 2. Alt. StGB). Beide Taten stehen in Tateinheit zueinander. Im Rahmen der Strafzumessung ist zu berücksichtigen, dass aufgrund von § 216 StGB im Hinblick auf §§ 223, 224 StGB lediglich der Strafrahmen des minder schweren Falles zur Anwendung kommt.

---

[36] *Schönke/Schröder/Eser*, § 212 Rn. 25.
[37] *Lackner/Kühl*, § 216 Rn. 7; *Küpper*, in: Meurer-GedS (2002), S. 126 f.
[38] *Krey*, BT 1, Rn. 244.
[39] *Jäger*, JuS 2000, 31 (37).
[40] *Lackner/Kühl*, § 216 Rn. 7; SK-*Horn*, § 216 Rn. 18.

Fall 7: Der lebensmüde Onkel

B. Strafbarkeit des F

I. Beihilfe zur versuchten Tötung auf Verlangen, §§ 216, 22, 23, 25 I, 2. Alt., 27 StGB

Indem F dem T für die Tötung des O ein schwer nachweisbares Gift empfahl und ihm dies auch besorgte, könnte er sich wegen Beihilfe zur versuchten Tötung auf Verlangen in mittelbarer Täterschaft gem. §§ 216, 22, 23, 25 I, 2. Alt., 27 StGB strafbar gemacht haben.

1. Objektiver Tatbestand

Mit der versuchten Tötung auf Verlangen in mittelbarer Täterschaft liegt eine vorsätzliche rechtswidrige Haupttat des T, die wenigstens das Versuchsstadium erreicht hat, vor.

Zu dieser müsste F Hilfe geleistet haben. F empfahl und beschaffte das Gift zur Tötung des O. Dieser Beitrag wurde für die konkrete Tat kausal. Folglich liegt eine Hilfeleistung vor.

2. Subjektiver Tatbestand

F war von T über den Wunsch des O zu sterben informiert. Da er selbst dessen Tod wünschte, hatte er *Vorsatz hinsichtlich der Tötung* auf Verlangen. Darüber hinaus wusste er um seinen Tatbeitrag und wollte diesen auch. Folglich hatte er auch *hinsichtlich seiner eigenen Hilfeleistung Vorsatz*.

Fraglich ist, ob der F, um sich lediglich wegen Beihilfe zur Privilegierung nach § 216 StGB strafbar zu machen, hinsichtlich seiner Handlung ebenfalls *durch den Todeswunsch des O bestimmt* worden sein muss. Dies wäre dann zu bejahen, wenn man die genannte Bestimmung durch das Opfer als besonderes persönliches Merkmal im Sinne des § 28 II StGB versteht, welches die Strafe mildert. Nach herrschender Meinung[41] ist die Bestimmung eines anderen zur Tötung durch das Opfer nach § 216 StGB ein besonderes persönliches Merkmal im Sinne des § 28 StGB. Zur Begründung lässt sich anführen, dass die besondere Mitleidsmotivation täter- und nicht tatbezogen ist. Ob es die Strafe gem. § 28 I StGB begründet oder gem. § 28 II StGB mildert, hängt von dem Verhältnis der Tötungsdelikte ab.

Nach einer Ansicht ist § 216 StGB im Verhältnis zu § 212 StGB eine Privilegierung, welche die Strafe mildert[42]. Demzufolge wäre § 28 II StGB anwendbar.

---

[41] LK-*Jähnke*, § 216 Rn. 10; *Schönke/Schröder/Eser*, § 216 Rn. 18; SK-*Horn*, § 216 Rn. 13.
[42] *Lackner/Kühl*, § 28 Rn. 10; § 216 Rn. 2.

Das heißt, in den Genuss der Privilegierung käme nur der Teilnehmer, der sich ebenfalls durch das Todesverlangen zu seiner Handlung bestimmen lassen hat. Vorliegend hat F allein deshalb gehandelt, um einer Strafanzeige des O vorzubeugen. Dem gemäß weißt er in seiner Person nicht das besondere persönliche Merkmal, welches die Strafe mildert, auf. Die Privilegierung käme ihm nicht zu gute. Bei Vorliegen der weiteren Voraussetzungen wäre er nach dieser Auffassung wegen Beihilfe zum versuchten Totschlag strafbar.

Nach der Rechtsprechung sind alle Tötungsdelikte selbständige Tatbestände[43]. Folglich wäre das Bestimmtsein nach ihr kein strafmilderndes, sondern ein strafbegründendes Merkmal. Konsequenterweise müsste sie auf § 28 I StGB zurückgreifen. Dies führte jedoch zu dem absurden Ergebnis, dass F milder bestraft würde, nur weil ihm das billigenswerte Mitleidsmotiv fehlt. Deshalb lässt auch die Rechtsprechung die Privilegierung demjenigen nicht zugute kommen, in dessen Person die Voraussetzungen der Privilegierung nicht vorliegen. Die Rechtsprechung geht dann von dem Delikt aus, das vorläge, wenn auch der Haupttäter nicht privilegiert wäre. Das ist zunächst einmal der Totschlag nach § 212 StGB. Wenn die weiteren Voraussetzungen vorliegen, hätte sich der F also auch nach der Rechtsprechung wegen Beihilfe zum versuchten Totschlag strafbar gemacht. Da beide Ansichten zum gleichen Ergebnis kommen, erübrigt sich eine Streitentscheidung.

3. Rechtswidrigkeit und Schuld

Mangels Rechtfertigungs- und Schuldausschließungsgründen handelte F rechtswidrig und schuldhaft.

4. Ergebnis

F hat sich wegen Beihilfe zum versuchten Totschlag in mittelbarer Täterschaft gem. §§ 212, 22, 23, 25 I, 2. Alt., 27 StGB strafbar gemacht.

II. Beihilfe zum versuchten Mord, §§ 212, 211, 22, 23, 25 I, 2. Alt., 27 StGB

Durch seine Unterstützung könnte sich F darüber hinaus wegen Beihilfe zum versuchten Mord in mittelbarer Täterschaft strafbar gemacht haben gem. §§ 212, 211, 22, 23, 25 I, 2. Alt., 27 StGB.

1. Objektiver Tatbestand

Um den F wegen Beihilfe zu einem versuchten Mord strafen zu können, müsste zunächst durch den T ein versuchter Mord als vorsätzlich rechtswidrige Haupttat

---

[43] BGHSt 1, 368 (371); 22, 375 (377).

begangen worden sein. Dies wurde bereits geprüft und bejaht. Allerdings griff zugunsten des T die Sperrwirkung des § 216 StGB ein, so dass T nicht nach §§ 212, 211, 22, 23 StGB zu bestrafen ist. Dies kommt dem F allerdings nicht zugute, da – wie soeben geprüft – in seiner Person die Voraussetzungen der Privilegierung nicht vorliegen. Deshalb ist bei der Prüfung seiner Strafbarkeit als vorsätzlich rechtswidrige Haupttat der versuchte Mord in mittelbarer Täterschaft durch den T zugrunde zulegen. Zu diesem hat F durch die Empfehlung und die Beschaffung des Giftes Hilfe geleistet.

2. Subjektiver Tatbestand

In subjektiver Hinsicht ist es erforderlich, dass F mit doppeltem Gehilfenvorsatz gehandelt hat. Sein Vorsatz muss sich zunächst auf die eigene Hilfeleistung beziehen. Das ist zu bejahen. Darüber hinaus muss sich sein Vorsatz aber auch auf die Vollendung der Haupttat richten. Fraglich ist, wie weit die Kenntnis des Gehilfen reichen muss. Hat der Haupttäter ein tatbezogenen Mordmerkmal verwirklicht, muss der Gehilfe dieses in seinen Vorsatz aufgenommen haben[44]. Das heißt, der Gehilfe muss die objektiven Tatumstände kennen, die aus dem Totschlag einen Mord machen. Vorliegend handelte T aus Habgier. Das ist als Mordmerkmal, welches den inneren Beweggrund des Täters kennzeichnet, kein tatbezogenes, sondern ein täterbezogenes Mordmerkmal. Bei diesen divergieren die Auffassungen von Rechtsprechung und Lehre.

Die Lehre, die davon ausgeht, dass § 211 StGB eine Qualifizierung zu § 212 StGB ist, sieht in den täterbezogenen Mordmerkmalen der 1. und 3. Gruppe des § 211 StGB besondere persönliche Merkmale, welche die Strafe schärfen. Nach ihr kann sich gem. § 28 II StGB jemand als Gehilfe zu einem Mord nur strafbar machen, wer selbst in seiner Person ein besonderes persönliches Mordmerkmal aufweist. Das gilt unabhängig davon, ob er das Mordmerkmal des Haupttäters kennt oder nicht. Das der Hilfeleistung des F zugrunde liegende Motiv könnte die Absicht gewesen sein, eine andere Straftat zu verdecken. Verdeckungsabsicht ist zu bejahen, wenn das Handeln das Bekanntwerden der Vortat oder des Vortäters verhindern oder die Aufklärung erschweren soll[45]. F war dem T allein deshalb behilflich, weil er verhindern wollte, dass der O ihn wegen der Wegnahme der Blankorechnungen und der Abrechnung in Wahrheit niemals angefallener Arzthonorare gegenüber der privaten Krankenkasse bei der Polizei anzeigt. Er wollte also die Aufdeckung seiner Diebstähle und Betrügereien verhindern. Damit handelte er in der Absicht, eine Straftat zu verdecken. F weist folglich in eigener Person ein besonderes persönliches Merkmal gem. § 28 II StGB auf.

Nach der Rechtsprechung entscheidet sich eine Strafbarkeit wegen Beihilfe zum Mord allein danach, ob beim Haupttäter ein Mordmerkmal verwirklicht wurde. Unerheblich für die Strafbegründung ist, aus welchen Gründen der Gehilfe handelte. Allerdings muss dieser das täterbezogene Mordmerkmal des Haupttäters

---

[44] *Küpper*, BT 1, I § 1 Rn. 72.
[45] LK-*Jähnke*, § 211 Rn. 15.

kennen und wollen. Sein Vorsatz muss sich also auf einen Mord beziehen. F wusste, dass der T den O auch deshalb töten wollte, weil er auf diese Art seine Schulden bei O loswerden konnte. Folglich kannte er den Umstand, welche die Tat des T zur Tötung aus Habgier machte. Damit hat er den erforderlichen Gehilfenvorsatz, der nach der Rechtsprechung zur Begründung einer Strafbarkeit wegen Beihilfe zum Mord ausreicht.

Nach beiden Ansichten wies F somit in subjektiver Hinsicht die für eine Strafbarkeit wegen Beihilfe zum Mord jeweils für erforderlich gehaltenen Voraussetzungen auf. Eine Streitentscheidung erübrigt sich.

3. Rechtswidrigkeit und Schuld

Mangels Rechtfertigungs- und Schuldausschließungsgründen handelte F rechtswidrig und schuldhaft.

4. Strafzumessung

Nach der Rechtsprechung wäre noch zu prüfen, ob die Strafe des F gemildert werden kann.

Die Rechtsprechung sieht § 211 StGB als selbständigen Tatbestand an. Folglich sind nach ihr die täterbezogenen Mordmerkmale strafbegründende besondere persönliche Merkmale im Sinne des § 28 I StGB. Nach dem Wortlaut des § 28 I StGB tritt eine obligatorische Strafmilderung beim Teilnehmer dann ein, wenn besondere persönliche Merkmale, welche die Strafbarkeit des Täters begründen, beim Teilnehmer fehlen. Sieht man von der Privilegierung ab, gründet sich eine Strafbarkeit des T wegen versuchten Mordes auf dem Beweggrund der Habgier. Dieses Mordmerkmal verwirklicht der F jedoch nicht. Folglich wäre seine Strafe an sich zu mildern. Allerdings versagt die Rechtsprechung diese Strafmilderung jedoch dann wieder, wenn der Teilnehmer zwar nicht dasselbe Mordmerkmal aufweist wie der Haupttäter, aber aus einem anderen persönlichen Mordmerkmal gleicher Art handelt wie dieser[46]. Da F aus Verdeckungsabsicht handelt, käme die Rechtsprechung also zu einer Versagung der Strafmilderung.

5. Ergebnis

F hat sich wegen Beihilfe zum versuchten Mord in mittelbarer Täterschaft strafbar gemacht gem. §§ 212, 211, 22, 23, 25 I, 2. Alt., 27 StGB.

---

[46] BGHSt 23, 39 f.

III. Beihilfe zur gefährlichen Körperverletzung, §§ 223, 224, 25 I, 2. Alt., 27 StGB

Durch seine Hilfeleistung hat sich F wegen Beihilfe zur gefährlichen Körperverletzung begangen durch T in mittelbarer Täterschaft strafbar gemacht gem. §§ 223, 224, 25 I, 2. Alt., 27 StGB.

IV. Beihilfe zur schweren Körperverletzung, §§ 226 I, 25 I, 2. Alt., 27 StGB

Ferner könnte sich F wegen Beihilfe zur schweren Körperverletzung in mittelbarer Täterschaft strafbar gemacht haben gem. §§ 226 I, 25 I, 2. Alt., 27 StGB.

1. Objektiver Tatbestand

Fraglich ist, ob eine schwere Körperverletzung als *vorsätzliche rechtswidrige Haupttat* vorliegt. § 226 StGB als erfolgsqualifiziertes Delikt gilt gem. § 11 II StGB als vorsätzliche Tat. T hat zwar § 226 I StGB vorsätzlich und rechtswidrig verwirklicht, allerdings blieb für ihn diese Straftat jedoch auf Konkurrenzebene wegen der Sperrwirkung der Privilegierung unberücksichtigt. Zu klären ist, ob dies auch F zugute kommen kann.

Ein Wertungswiderspruch ergäbe sich bei F nicht, wenn § 226 I StGB Berücksichtigung fände, da er nach allen Ansichten wegen Beihilfe zum Mord zu bestrafen ist. Auch erschiene es inkonsequent, F von einer Privilegierung profitieren zu lassen, die in seiner Person nicht eingreift. Da T die schwere Körperverletzung schließlich auch rechtswidrig begangen hatte und diese erst im Rahmen der Konkurrenzen aus Wertungsgründen ausschied, ergeben sich auch keine Wortlautprobleme mit § 27 StGB. Mithin liegt auch eine schwere Körperverletzung als vorsätzliche rechtswidrige Haupttat vor, zu der F *Hilfe geleistet* hat.

2. Subjektiver Tatbestand

F hatte zunächst einmal *Vorsatz hinsichtlich der vorsätzlich begangenen (gefährlichen) Körperverletzung*, da dieser Vorsatz im Vorsatz bezüglich der Tötung als Haupttat als notwendiges Durchgangsstadium enthalten ist. Darüber hinaus müsste er als Teilnehmer hinsichtlich der schweren Folge gem. § 18 StGB wenigstens *fahrlässig* gehandelt haben[47]. In der Übergabe des Giftes in die Hand des T liegt ein Sorgfaltspflichtverstoß. Als Chemiker wusste F um die Wirkungsweise des Giftes auf Nerven und Sinnesorgane. Demzufolge war der Verlust des Sehvermögens infolge der Ausbreitung des Giftes im Körper des O vorhersehbar.

In Bezug auf seine *eigene Hilfeleistung* handelte F ebenfalls *vorsätzlich*.

---

[47] LK-*Hirsch*, § 226 Rn. 34.

3. Rechtswidrigkeit und Schuld

Mangels Rechtfertigungs- und Schuldausschließungsgründen handelte F rechtswidrig und schuldhaft.

4. Ergebnis

F hat sich wegen Beihilfe zur schweren Körperverletzung in mittelbarer Täterschaft gem. §§ 226 I , 25 I, 2. Alt., 27 StGB strafbar gemacht.

Endergebnis für F

F hat sich strafbar gemacht wegen Beihilfe zum versuchten Totschlag, zum versuchten Mord, zur gefährlichen Körperverletzung und zur schweren Körperverletzung jeweils begangen durch den O in mittelbarer Täterschaft.

Die Beihilfe zum versuchten Totschlag tritt im Wege der Gesetzeskonkurrenz hinter die Beihilfe zum versuchten Mord zurück.

Problematisch ist das Verhältnis der Beihilfe zur gefährlichen Körperverletzung und der Beihilfe zur schweren Körperverletzung. Nach einer Ansicht treten die §§ 223, 224 StGB hinter § 226 I StGB zurück. Folglich würde auch die Beihilfe zur gefährlichen Körperverletzung hinter der Beihilfe zur schweren Körperverletzung zurücktreten. Allerdings übersieht diese Auffassung, dass nicht in jeder schweren Körperverletzung zugleich eine gefährliche Körperverletzung liegen muss. Deshalb ist es angebracht, aus Klarstellungsgründen Tateinheit zwischen §§ 223, 224 StGB und § 226 I StGB anzunehmen. Das gleiche gilt dann auch für den Teilnehmer. F wäre damit strafbar wegen tateinheitlich begangener Beihilfe zur gefährlichen und zur schweren Körperverletzung in mittelbarer Täterschaft. Dazu tritt nochmals im Wege der Tateinheit die Strafbarkeit wegen Beihilfe zum versuchten Mord in mittelbarer Täterschaft.

Fall 8

Neptun geht baden

Beleidigung eines Kollektivs – Beleidigung eines einzelnen unter einer Kollektivbezeichnung – Wasser als gefährliches Werkzeug – Versetzen in eine hilflose Lage bei bloßer Zustandsveränderung – ein von mehreren verübter Angriff – Dauer der Freiheitsberaubung

A ist ein bekannter Sportler des Schwimmvereines „Neptun". Durch seine selbstbewusste Art hat er sich jedoch nicht nur Freunde gemacht. Insbesondere B und C fühlen sich oftmals von ihm nicht ernst genommen und belächelt.

Eines Tages entschließt sich A, zum Training in das städtische Freibad zu gehen. Zufällig besuchen dieses auch B und C. Es dauert gar nicht lange, da haben die zwei den A im Wasser ausgemacht und beginnen zu lästern. B äußert: „A, diese arrogante Tropfnase, braucht sich gar nichts einzubilden. Es ist doch überall bekannt, dass im Verein nur Betrüger sitzen."

Nachdem das Gespräch eine Weile auf diesem Niveau andauert, beschließen sie, A ein wenig zu ärgern. Sie wollen ihn ein paar mal mit dem Kopf unter Wasser tauchen, um ihm eine Lektion zu erteilen. Wenn A so richtig Angst bekommen hat, soll die Aktion beendet werden.

In Ausführung ihres Planes begeben sich die beiden ins Wasser. Es gelingt ihnen tatsächlich, A so einzukreisen, dass diesem ein Entweichen unmöglich ist. Nachdem sie ihn zunächst ein paar mal kurzzeitig mit dem Kopf unter Wasser gedrückt haben, halten sie ihn dann aufgrund eines plötzlichen übereinstimmenden Entschlusses etwa zwei Minuten unter Wasser. Dass es dabei zu fatalen Folgen kommen kann, nehmen sie zwar in Kauf; die Möglichkeit eines tödlichen Verlaufes sehen sie aber nicht. Als A sich nicht mehr bewegt, lassen sie von ihm ab und begeben sich aus dem Schwimmbecken.

Der Bademeister wird erst zu diesem Zeitpunkt auf den bewusstlosen A aufmerksam. Die Rettung wird sofort eingeleitet. Tatsächlich gelingt es den Ärzten auch, dass Leben des A zu retten. Durch die langanhaltende Unterbrechung der Sauerstoffzufuhr hat A allerdings eine halbseitige Lähmung davongetragen.

Wie ist das Verhalten von B und C nach dem Strafgesetzbuch zu beurteilen? Strafanträge haben der A sowie der Vorsitzende des Schwimmvereins für den Verein gestellt.

Lösung

1. Tatkomplex: Äußerungen des B

Strafbarkeit des B

A. „arrogante Tropfnase"

Beleidigung, § 185 StGB

Indem B den A als „arrogante Tropfnase" bezeichnete, könnte er sich wegen Beleidigung gem. § 185 StGB strafbar gemacht haben.

1. Objektiver Tatbestand

Der objektive Tatbestand des § 185 StGB setzt einen *Angriff auf die Ehre* eines anderen durch die Kundgabe von Nichtachtung oder Missachtung voraus. Das Wort „Tropfnase" wird hier als Beschimpfung gebraucht. Durch das Adjektiv „arrogant" wird eine negative Charaktereigenschaft benannt und damit die Beschimpfung noch verstärkt. Damit bringt B seine Missachtung des A zum Ausdruck. Eine Beleidigung liegt vor.

2. Subjektiver Tatbestand

B handelte in *Kenntnis* des ehrverletzenden Charakters der Aussage. Er wollte seine Missachtung zum Ausdruck bringen. Folglich handelte er mit dem erforderlichen *Vorsatz*.

3. Rechtswidrigkeit und Schuld

Rechtfertigungsgründe greifen nicht ein. Die Tat ist rechtswidrig. Schuldausschließungsgründe liegen nicht vor. B handelte schuldhaft.

4. Ergebnis

B hat sich durch die Äußerung „arrogante Tropfnase" in bezug auf A wegen Beleidigung gem. § 185 StGB strafbar gemacht. Der gem. § 194 I 1 StGB erforderliche Strafantrag wurde von A gestellt.

B. „Betrüger im Verein"

I. Verleumdung, § 187, 1. Alt. StGB

Indem B äußerte, dass im Verein nur Betrüger sitzen, könnte er sich wegen Verleumdung gem. § 187, 1. Alt. StGB strafbar gemacht haben.

Objektiver Tatbestand

Dann müsste es sich bei der Äußerung um eine *Tatsache ehrenrührigen Inhalts* handeln.

Tatsachen sind konkrete Vorgänge, die sinnlich wahrnehmbar in die Wirklichkeit getreten und damit dem Beweise zugänglich sind[1]. Ein Werturteil ist hingegen anzunehmen, wenn die Äußerung durch Elemente der subjektiven Stellungnahme, des Dafürhaltens oder Meinens geprägt ist, wenn die Richtigkeit oder Unrichtigkeit der Behauptung eine Sache der persönlichen Überzeugung bleibt[2].

B behauptet hier, dass die Mitglieder des Vereines Betrüger seien. Grundsätzlich ist die Aussage, ob sich jemand wegen Betruges strafbar gemacht hat, dem Beweise zugänglich. Auf der anderen Seite wird die Bezeichnung „Betrüger" ähnlich wie die Benennung als „Dieb" oder „Verbrecher" oftmals als Schimpfwort genutzt, was für eine Einordnung als Werturteil spricht. Bei derartigen Äußerungen wird deshalb danach differenziert, ob die Aussage erkennbar in Beziehung gesetzt wird zu einer bisher nicht aufgeklärten Straftat oder ob sie lediglich als Pauschalurteil über einen anderen Menschen dient[3]. Im ersten Falle läge eine Tatsache vor, während im zweiten Falle von einem Werturteil auszugehen wäre. Hier hat B keinen Bezug zu konkreten Vorgängen oder Geschehnissen hergestellt. Die Aussage, im Verein säßen nur Betrüger, steht für sich allein. Auch der Umstand, dass zuvor mit der Äußerung „arrogante Tropfnase" lediglich ein Werturteil abgegeben wurde, spricht dafür, die zweite Kundgabe ebenfalls als Ausdruck des persönlichen Meinens des B anzusehen. Da die Äußerung als Werturteil aufzufassen ist, hat B den Tatbestand des § 187, 1. Alt. StGB nicht erfüllt.

II. Beleidigung, § 185 StGB

Durch die Äußerung könnte sich B aber wegen Beleidigung gem. § 185 StGB strafbar gemacht haben.

---

[1] *Küpper*, BT 1, I § 4 Rn. 12.
[2] *Küpper*, BT 1, I § 4 Rn. 12; *Rengier*, BT 2, § 29 Rn. 2.
[3] *Rengier*, BT 2, § 29 Rn. 3; *Schönke/Schröder/Lenckner*, § 186 Rn. 4; SK-*Rudolphi*, § 186 Rn. 5.

1. Objektiver Tatbestand

Dann müsste die Äußerung einen *Angriff auf die Ehre* eines anderen durch die Kundgabe eigener Missachtung, Geringschätzung oder Nichtachtung darstellen. Die strafrechtsrelevante Ehrbeeinträchtigung eines anderen hängt von der Person des jeweiligen Rechtsgutsträgers ab. Deshalb ist vorab zu klären, wer als Opfer der Beleidigung in Betracht kommt. Die Beleidigungsdelikte sind antragsgebunden gem. § 194 StGB. Folglich kann man sich bei der Prüfung auf die Opfer beschränken, die den erforderlichen Strafantrag gestellt haben oder für die dieser gestellt wurde. Laut Sachverhalt wurde ein Strafantrag gestellt durch den Vorsitzenden des Vereins für diesen sowie durch den A als Mitglied des Vereins.

Fraglich ist zunächst also, ob der *Verein als solcher beleidigt* werden kann.

Nach zunehmend vertretener Auffassung[4] in der Lehre sind Personengemeinschaften nicht passiv beleidigungsfähig. Ausgehend von einem personalen Ehrbegriff wird angeführt, dass die Ehre ein Subjekt voraussetze, das sich selbst erfahren und über die Anerkennung sich mit anderen Subjekten in ein Verhältnis setzen kann. Kollektive seien keine solchen personalen Einheiten. Zwar würden auch Verbände einen gewissen Geltungsanspruch aufweisen, es sei aber Sache des Gesetzgebers, ob und inwieweit dieser mit dem der Menschenwürde entfließenden Geltungs- und Achtungsanspruch des Individuums gleichgesetzt werden kann. Soweit dies über die in § 194 III und IV StGB bezeichneten Fälle hinaus nicht geschehen ist, kann eine „Kollektivehre" auch nicht als geschützt angesehen werden. Danach wäre der Sportverein nicht passiv beleidigungsfähig.

Nach traditioneller Ansicht dagegen können Personengesellschaften bei Vorlage mindestens zweier Voraussetzungen passiv beleidigungsfähig sein: Sie müssen zum einen eine soziale Funktion von gewisser Bedeutung erfüllen und zum anderen zu einer einheitlichen Willensbildung in der Lage sein[5]. Darüber hinausgehend wird zum Teil zusätzlich verlangt, dass die Personengesellschaft vom Wechsel ihrer Mitglieder unabhängig sein muss[6]. Ausgangspunkt der Begründung sind die Abs. 3 und 4 des § 194 StGB. Aus ihnen ergäbe sich, dass ein als „Ehre" im weiteren Sinne geschützter sozialer Geltungswert nicht nur natürlichen Personen zukommt, sondern unabhängig von ihrer Größe auch gewissen Institutionen als solchen. Die Notwendigkeit einer Erweiterung des Kreises der beleidigungsfähigen Personen über die in § 194 StGB genannten hinaus ergäbe sich aus dem heutigen Staats- und Gesellschaftsverständnis, sowie aus der Bedeutung, die außerhalb des öffentlichen Rechts stehende Organisationen inzwischen erlangt haben. Darüber hinaus seien die Kollektivgebilde in gleicher Weise schutzbedürftig wie Einzelpersonen.

---

[4] *Gössel*, BT 1, § 29 Rn. 12; LK-*Herdegen*, Vor § 185 Rn. 19; NK-*Zaczyk*, Vor § 185 Rn. 12; SK-*Rudolphi*, Vor § 185 Rn. 9.

[5] BGHSt 6, 186 (191); *Lackner/Kühl*, Vor § 185 Rn. 5; *Maurach/Schroeder/Maiwald*, BT 1, § 24 Rn. 17 f.; *Rengier*, BT 2, § 28 Rn. 10; *Schönke/Schröder/Lenckner*, Vorbem §§ 185 ff. Rn. 3.

[6] *Lackner/Kühl*, Vor § 185 Rn. 5; *Tenckhoff*, JuS 1988, 457 (458).

Im Ergebnis kann eine Prüfung der Voraussetzungen hier dahinstehen. Es wird nämlich von den Vertretern dieser Meinung eine Ausnahme für solche Gemeinschaften gemacht, die sich als rein gesellige oder private Vereinigungen darstellen[7]. Damit kann der Sportverein auch nach dieser Ansicht nicht taugliches Opfer einer Ehrverletzung sein. Eine Streitentscheidung erübrigt sich.

Als weiteres Opfer der Äußerung kommt A in Betracht. Problematisch ist, dass er nicht ausdrücklich beim Namen genannt, sondern in einem größeren Personenkreis quasi „versteckt" wurde und die Individualisierung des ungenannten einzelnen dem Kundgebungsadressaten überlassen blieb. Eine solche *Beleidigung des einzelnen unter einer Kollektivbezeichnung* ist auch in der Form möglich, dass der Täter mit seiner Äußerung jeden einzelnen einer Gruppe treffen will. Voraussetzung einer derartigen Beleidigung ist aber, dass der betroffene Personenkreis zahlenmäßig überschaubar und aufgrund bestimmter Merkmale so klar umgrenzt ist, dass er deutlich aus der Allgemeinheit hervortritt[8].

Hier bezieht sich die Äußerung des B auf den Verein. Aufgrund des hergestellten Zusammenhanges zu der Person des A ist klar, dass der Sportverein des A gemeint ist. Damit ist die Sammelbezeichnung „Verein" auf eine klar umgrenzte Personengemeinschaft beschränkt, die sich deutlich von der Allgemeinheit abhebt. Die Äußerung, im Verein säßen nur Betrüger, bringt gegenüber jeder einzelnen Person, also auch gegenüber A, Missachtung zum Ausdruck. Eine ehrenrührige Äußerung liegt damit vor.

Hier hat B die Äußerung gegenüber C getätigt und damit auch kundgetan.

Der objektive Tatbestand des § 185 StGB ist erfüllt.

2. Subjektiver Tatbestand

Erforderlich ist *Vorsatz*, d.h. der Täter muss mit dem Bewusstsein handeln, dass seine Äußerung ehrverletzenden Charakter besitzt und auf alle unter die Kollektivbezeichnung fallenden Personen bezogen werden kann. Davon ist hier auszugehen. B handelte vorsätzlich.

3. Rechtswidrigkeit und Schuld

Rechtfertigungsgründe greifen nicht ein. Die Tat ist rechtswidrig. Schuldausschließungsgründe liegen ebenfalls nicht vor. B handelte auch schuldhaft.

4. Ergebnis

B hat sich wegen Beleidigung gem. § 185 StGB strafbar gemacht. Der erforderliche Strafantrag ist gestellt.

---

[7] *Schönke/Schröder/Lenckner*, Vorbem §§ 185 ff. Rn. 3a; *Wessels/Hettinger*, BT 1, Rn. 469.
[8] SK-*Rudolphi*, Vor § 185 Rn. 13; *Wessels/Hettinger*, BT 1, Rn. 473.

III. Konkurrenzen

An sich hat B sich wegen seiner zwei Äußerungen zweimal wegen Beleidigung des A gem. § 185 StGB strafbar gemacht. Da diese Äußerungen in einer Rede gefallen sind, stehen sie in natürlicher Handlungseinheit. Damit ist B wegen einer Beleidigung gem. § 185 StGB zu bestrafen.

2. Tatkomplex: Geschehnisse im Wasser

Strafbarkeit von B und C

I. Gefährliche Körperverletzung in Mittäterschaft, §§ 223, 224, 25 II StGB

Durch das mehrmalige Untertauchen des A unter Wasser könnten sich B und C als Mittäter wegen gefährlicher Körperverletzung gem. §§ 223, 224, 25 II StGB strafbar gemacht haben.

1. Objektiver Tatbestand

B und C müssten den A *körperlich misshandelt*, also ihn einer üblen und unangemessenen Behandlung unterworfen haben, durch welche das körperliche Wohlbefinden nicht nur unerheblich beeinträchtigt wurde. Sie haben ihn mehrere Male mit dem Kopf unter das Wasser gedrückt, bei einer der Handlungen sogar für einen Zeitraum von zwei Minuten. Dadurch kam es zu Atemschwierigkeiten und letztlich zu einer Bewusstlosigkeit. Auf das Wohlbefinden des A ist intensiv eingewirkt worden. Eine körperliche Misshandlung liegt vor.

Daneben könnten die Täter A auch an der *Gesundheit geschädigt* haben. Eine Gesundheitsschädigung ist jedes Hervorrufen oder Steigern eines krankhaften Zustandes. Die Bewusstlosigkeit des A und die daraus resultierende Lähmung stellen einen krankhaften Zustand dar, so dass auch eine Gesundheitsschädigung zu bejahen ist.

Um als Mittäter belangt werden zu können, müssten beide die Tat *gemeinschaftlich ausgeführt* haben. Der Tatbeitrag des einen muss Teil der Tätigkeit des anderen und umgekehrt dessen Tun als Ergänzung des eigenen Tatanteils erscheinen. B und C nehmen identische Tathandlungen vor. Durch ihr Zusammenwirken wird der Erfolg herbeigeführt. Damit haben sie die Tat gemeinschaftlich begangen.

Um sich wegen gefährlicher Körperverletzung strafbar gemacht zu haben, müssten B und C eine der in § 224 StGB genannten Begehensweisen erfüllt haben.

In Betracht kommt zunächst eine Körperverletzung mittels eines *gefährlichen Werkzeuges* gem. § 224 I Nr. 2 StGB. Ein gefährliches Werkzeug ist jeder Gegenstand, der nach seiner objektiven Beschaffenheit und der Art seiner Benutzung geeignet ist, erhebliche Körperverletzungen zuzufügen. Problematisch ist hier zweierlei: Zunächst handelt es sich um die Materie Wasser, die zu der Körperverletzung genutzt wird. Fraglich ist, ob eine solche Materie dem Werkzeugbegriff unterfallen kann. Zum anderen wird nicht der Stoff zum Opfer, sondern dieses zum Stoff geführt.

Nach allgemeiner Ansicht fallen auch chemisch wirkende oder radioaktiv kontaminierte Substanzen, Gase, Bakterien oder heiße Flüssigkeiten unter den Werkzeugbegriff, so dass von der Unerheblichkeit des Aggregatzustandes des eingesetzten Mittels ausgegangen werden kann[9].

Allerdings sollen nach herkömmlicher Auffassung[10] nur bewegliche Stoffe als gefährliches Werkzeug aufgefasst werden, wobei beweglich in dem Sinne verstanden wird, dass es überhaupt möglich sein muss, den Gegenstand zum Opfer hin zu bewegen, um die Verletzung zufügen zu können. Wenn diese generelle Möglichkeit gegeben ist, soll es dann im konkreten Einzelfall keine Rolle spielen, ob der Gegenstand zum Opfer oder dieses zum Gegenstand hin bewegt wird. Für diese Meinung spricht zunächst die Entstehungsgeschichte des Gesetzes, die deutlich macht, dass der Gesetzgeber unter Werkzeugen nur solche Gegenstände verstanden hat, die durch menschliche Einwirkung irgendwie gegen einen menschlichen Körper in Bewegung gesetzt werden können[11]. Soweit angeführt wird, dass der natürliche Sprachgebrauch die Begrenzung auf bewegbare Gegenstände gebiete[12], lässt sich dem allerdings zutreffend die inzwischen sehr weite Ausdehnung des Werkzeugbegriffes entgegenhalten; das natürliche Sprachempfinden wird ja auch nicht dadurch gestört, dass Brennspiritus oder Äther als Werkzeuge angesehen werden[13]. Der Einwand, es bestehe für eine extensive Auffassung kein Bedürfnis, da in den meisten Fällen ohnehin eine das Leben gefährdende Behandlung vorliegt[14], wird den Fällen nicht gerecht, in denen das Leben ungefährdet bleibt, wohl aber die Gefahr erheblicher Verletzungen gegeben ist, etwa, wenn nur Knochenbrüche drohen[15].

Nach alledem sprechen die besseren Argumente für die Ansicht, die zu Recht betont, dass es keinen Unterschied machen könne, „ob jemand einen Stein auf den Kopf oder den Kopf auf einen Stein oder gegen eine Hauswand schlägt"[16] und deshalb auch bei unbewegbaren Gegenständen eine Subsumtion unter den Begriff des gefährlichen Werkzeuges zulässt. Das entscheidende Kriterium für die Einbe-

---

[9] *Heinrich*, Körperverletzung, S. 661.
[10] *Krey*, BT 1, Rn. 248, 250; *Wessels/Hettinger*, BT 1, Rn. 274.
[11] BGHSt 22, 235 (236).
[12] *Wessels/Hettinger*, BT 1, Rn. 274.
[13] *Schmitt*, JZ 1969, 304 (305); *Stree*, Jura 1980, 281 (285).
[14] *Krey*, BT 1, Rn. 250; *Wessels/Hettinger*, BT 1, Rn. 274.
[15] *Schönke/Schröder/Stree*, § 224 Rn. 8.
[16] *Schönke/Schröder/Stree*, § 224 Rn. 8.

ziehung unter den Begriff ist nämlich, dass sich der Täter eines außerhalb seiner Person liegenden Tatmittels bedient, um den gewollten Erfolg zu erreichen[17]. Da beide Täter hier das Wasser dazu nutzen, Körperverletzung und Gesundheitsschädigung zu bewirken, liegt eine Begehung mittels eines gefährlichen Werkzeuges vor.

Eine Körperverletzung mittels eines *hinterlistigen Überfalls* gem. § 224 I Nr. 3 StGB scheidet vorliegend aus, da B und C dem A offen feindselig gegenübertraten, ihre wahren Absichten also nicht planmäßig berechnend verdeckten.

In Betracht kommt aber eine Körperverletzung *mit einem anderen Beteiligten gemeinschaftlich* gem. § 224 I Nr. 4 StGB. Da hier mit B und C zwei Personen am Tatort gemeinsam – mittäterschaftlich – als Angreifer gegen ein Opfer zusammenwirken, ist die Begehungsvariante erfüllt.

Schließlich könnte die Körperverletzung auch *mittels einer das Leben gefährdenden Behandlung* gem. § 224 I Nr. 5 StGB begangen worden sein. Bezüglich dieses Tatbestandsmerkmales ist streitig, ob eine konkrete Lebensgefährdung des Opfers erforderlich ist oder ob eine generelle Eignung des Vorgehens, das Leben zu gefährden, ausreicht. Laut Sachverhalt haben die Täter den A mehrere Male mit dem Kopf unter Wasser getaucht, davon das letzte Mal für eine Dauer von zwei Minuten. Aufgrund dessen ist es zu Atemstillstand und nachfolgender Bewusstlosigkeit gekommen. Der Eintritt einer konkreten Lebensgefahr ist somit zu bejahen. Der Streit braucht folglich jedenfalls an dieser Stelle nicht entschieden zu werden.

2. Subjektiver Tatbestand

Grundlage für das Handeln von B und C war ihr *gemeinsam gefasster Tatentschluss*. Die subjektiven Voraussetzungen der Mittäterschaft liegen damit vor.

Des Weiteren müssten sie *Vorsatz* bezüglich der Körperverletzung und der qualifizierenden Tatumstände gehabt haben. B und C wussten, dass das Untertauchen unter Wasser eine üble und unangemessene Behandlung darstellt, die bei einer längeren Unterbrechung der Sauerstoffzufuhr zu einer Gesundheitsschädigung führen kann. Dies nahmen sie zumindest billigend in Kauf.

Da sie die Körperverletzung bewusst im Wasser durch ein gemeinschaftliches Handeln begehen wollten, hatten sie ebenso Vorsatz auf den Einsatz eines gefährlichen Werkzeuges und auf die gemeinschaftliche Begehensweise. Hinsichtlich einer das Leben gefährdenden Behandlung ist umstritten, ob der Täter das Bewusstsein einer Lebensgefährdung haben muss oder ob die Kenntnis derjenigen Umstände ausreicht, aus denen sich die Gefährlichkeit objektiv ergibt.

Nach einer Auffassung soll für den Vorsatz bezüglich des § 224 I Nr. 5 StGB die Kenntnis derjenigen Umstände genügen, aus denen sich die Lebensgefährdung ergibt[18]. Eine Bewertung der vom Täter erkannten Umstände als lebensgefährdend

---

[17] LK-*Lilie*, § 224 Rn. 27; *Küpper*, BT 1, I § 2 Rn. 11.
[18] BGHSt 36, 1 (15).

soll dagegen nicht notwenig sein. Hier gingen die Täter davon aus, A in eine brenzlige Situation mit möglicherweise fatalen Folgen zu bringen. Dass sie den Schluss auf eine Lebensgefährdung jedoch nicht gezogen, einen tödlichen Verlauf nicht in Rechnung gestellt haben, ist nach dieser Meinung unerheblich. Der abstrakte Lebensgefährdungsvorsatz liegt vor.

Die Gegenansicht fordert über die Kenntnis der gefahrtragenden Umstände hinaus noch ein Bewusstsein der Gefährlichkeit. Teilweise wird ein Bewusstsein des Täters im Sinne einer konkreten Gefährlichkeit seines Tuns für das Leben des Opfers verlangt[19]. Dies bedeutet, dass der Täter von einer Situation ausgegangen sein muss, in welcher es nur noch vom Zufall abhängt, ob der Erfolg eintritt oder nicht. Dazu muss er die Möglichkeit des Todes überhaupt gesehen haben. Vorliegend haben die Täter einen möglicherweise tödlichen Verlauf nicht vorhergesehen und handelten demzufolge ohne den erforderlichen Gefährdungsvorsatz.

Von anderen Autoren wird lediglich das Bewusstsein einer abstrakten Gefährlichkeit für das Leben verlangt[20]. Das heißt, der Täter muss sich konkrete Umstände vorgestellt haben, die generell geeignet sind, das Leben zu gefährden und muss sich dieser abstrakten Gefahr bewusst gewesen sein. Aber auch dieser Ansatz setzt voraus, dass der Täter die Gefahr des Todes zumindest reflektiert hat. Dies ist hier nicht geschehen, so dass auch nach dieser Ansicht Vorsatz auf eine lebensgefährdende Behandlung zu verneinen ist.

Die erstgenannte Auffassung übersieht, dass normative Tatbestandsmerkmale nicht allein in ihrem tatsächlich-deskriptiven, sondern auch in ihrem normativ-wertenden Gehalt von einem wenigstens laienhaften Wertungsbewusstsein des Täters erkannt und umfasst sein müssen[21]. Danach ist bei § 224 I Nr. 5 StGB in subjektiver Hinsicht zumindest zu verlangen, dass sich der Täter nach den Grundsätzen über die Parallelwertung in der Laiensphäre auch der Bedeutung seines Verhaltens für das Leben des Opfers bewusst ist[22]. Die erste Auffassung ist demzufolge abzulehnen. Vorsatz auf eine das Leben gefährdende Behandlung liegt nicht vor.

Im übrigen handelten B und C hinsichtlich der anderen objektiv vorliegenden qualifizierenden Tatumstände vorsätzlich.

3. Rechtswidrigkeit und Schuld

Rechtfertigungsgründe liegen nicht vor. Die Tat ist folglich rechtswidrig. Schuldausschließungsgründe sind ebenfalls nicht gegeben. Die Täter handelten schuldhaft.

---

[19] Schönke/Schröder/Stree, § 224 Rn. 13.
[20] Gössel, BT 1, § 14 Rn. 28; Otto, BT, § 16 Rn. 12.
[21] Küpper, JuS 2000, 225 (226).
[22] Küpper, BT 1, I § 2 Rn. 15; Wessels/Hettinger, BT 1, Rn. 284.

4. Ergebnis

B und C haben sich als Mittäter wegen einer gefährlichen Körperverletzung gem. §§ 223, 224, 25 II StGB strafbar gemacht.

II. Schwere Körperverletzung in Mittäterschaft, §§ 226 I Nr. 3, 25 I StGB

Indem B und C den A für die Dauer von etwa zwei Minuten unter Wasser hielten, könnten sie sich als Mittäter wegen einer schweren Körperverletzung gem. §§ 226 I Nr. 3, 25 II StGB strafbar gemacht haben.

1. Tatbestandsmäßigkeit

Eine mittäterschaftlich begangene *vollendete vorsätzliche Körperverletzung* gem. § 223 I StGB liegt vor.

Des Weiteren muss eine in § 226 I StGB benannte *erfolgsqualifizierende Folge eingetreten* sein. A ist infolge des Geschehens halbseitig gelähmt. Da diese Art der *Lähmung* den gesamten Körper in Mitleidenschaft zieht, liegt ein Fall des § 226 I Nr. 3 StGB vor. Diesen Erfolg führten B und C *kausal und objektiv zurechenbar* herbei. § 226 I StGB fordert darüber hinaus, dass zwischen Grunddelikt und erfolgsqualifizierender Folge ein *spezifischer Gefahrenzusammenhang* besteht; erfasst werden also nur solche Körperverletzungen, denen die spezifische Gefahr anhaftet, zu einer der in § 226 I Nr. 1 – 3 StGB aufgezählten schweren Folgen zu führen. Gerade diese eigentümliche Gefahr muss sich in der schweren Gesundheitsschädigung unmittelbar niedergeschlagen haben. B und C haben den A zwei Minuten unter Wasser gehalten. Diese Vorgehensweise birgt aufgrund der Unterbrechung der Sauerstoffzufuhr zunächst einmal die Gefahr einer länger andauernden Bewusstlosigkeit des Opfers. Mit diesem Zustand wiederum ist das Risiko eines vorübergehenden oder endgültigen Ausfalls wichtiger Gehirnfunktionen verbunden. Eine Lähmung des Körpers beruht auf einer derartigen Störung. Folglich hat sich die der Körperverletzung innewohnende spezifische Gefahr in der Folge wiedergespiegelt. Der spezifische Gefahrenzusammenhang ist gegeben.

Gem. § 18 StGB muss die aus der Körperverletzung entstandene schwere Folge wenigstens *fahrlässig* herbeigeführt worden sein. Erfasst ist danach auch der Fall einer vorsätzlichen Herbeiführung der schweren Folge. Hier haben die Täter die schwere Folge laut Sachverhalt billigend in Kauf genommen. Damit ist ihnen der qualifizierende Erfolg nach der inneren Tatseite zurechenbar.

2. Ergebnis

B und C haben sich als Mittäter wegen schwerer Körperverletzung gem. §§ 226 I Nr. 3, 25 II StGB strafbar gemacht.

III. Aussetzung in Mittäterschaft, §§ 221, 25 II StGB

Indem B und C den A für die Dauer von mindestens zwei Minuten unter Wasser hielten, könnten sie sich wegen mittäterschaftlich begangener Aussetzung gem. §§ 221, 25 II StGB strafbar gemacht haben.

1. Objektiver Tatbestand

Ein *gemeinschaftliches Handeln* liegt vor.

Durch dieses müssten sie den A in eine hilflose Lage *versetzt* haben. Bei dem Tatbestandsmerkmal des Versetzens ist umstritten, ob die Herbeiführung einer Leibes- oder Lebensgefahr unabhängig von einer Ortsveränderung genügt oder ob eine solche, wie sie nach der herrschenden Meinung für das Merkmal des „Aussetzens" in § 221 I a.F. StGB gefordert wurde, auch heute noch notwendige Voraussetzung des Tatbestandes ist.

Nach überwiegender Auffassung setzt der Begriff des „Versetzens" keine Veränderung des Aufenthaltsortes des Schutzobjektes voraus[23]. Die zur Begründung vorgebrachten Argumente überzeugen. Das weite Verständnis des § 221 I Nr. 1 StGB findet zunächst einmal eine Stütze in der allgemeinen Tendenz der Deliktserweiterung, welche die Aussetzung insgesamt erfahren hat. Mit der Einführung des Terminus „im Stich lassen" in § 221 I Nr. 2 StGB an Stelle des früheren „Verlassens" wollte der Gesetzgeber den bei diesem Tatbestandsmerkmal ebenfalls vormals geführten heftigen Streit um eine Lageveränderung dahingehend entscheiden, dass es auf eine solche nicht ankomme. Dann muss bei gleicher Strafandrohung auch die erste Handlungsalternative qualitativ gleichwertiges Unrecht beschreiben, so dass auch hier auf eine räumliche Distanzierung zu verzichten ist. Zudem ist nach dem allgemeinen Sprachgebrauch der Begriff des „Versetzens" weiter als der des „Aussetzens" und umfasst sowohl eine Ortsveränderung als auch eine bloße Zustandsveränderung.

Dem gelegentlich geäußerten Einwand, bei einer derartigen Weite werde die Aussetzung zu einem allgemeinen Leibes- bzw. Lebensgefährdungsdelikt[24], lässt sich zutreffend entgegenhalten, dass das Tatbestandsmerkmal „hilflose Lage" deutlich mache, dass eine Situation vorliegen muss, welche durch eine gewisse Dauer bzw. Stabilität gekennzeichnet ist. Die Herbeiführung von bloßen Augenblicksgefahren reicht also zur Erfüllung des Tatbestandes gerade nicht aus.

Versetzen ist somit jede Handlungsweise, welche bei dem Betroffenen zu einer hilflosen Lage, die durch eine gewisse Dauer gekennzeichnet sein muss, führt.

Mit einer *hilflosen Lage* ist ein Zustand der Hilfsbedürftigkeit gemeint, in dem sich das Opfer nicht mehr aus eigener Kraft gegen eine etwaige Lebens- oder Gesundheitsgefahr zu schützen vermag, hierfür vielmehr auf fremde Hilfe angewie-

---

[23] *Jäger*, JuS 2000, 31 (32); *Lackner/Kühl*, § 221 Rn. 3; LK-*Jähnke*, § 221 Rn. 12.
[24] *Struensee*, Einführung, S. 35 Rn. 27.

sen ist, die aber nicht geleistet wird. B und C packen den A und tauchen diesen für die Dauer von zwei Minuten unter das Wasser. Bei einem Untertauchen für einen derartigen Zeitraum ist eine Lebensgefahr gegeben. Aufgrund dieser Vorgehensweise ist es A unmöglich, sich dem Zugriff der beiden Täter zu entziehen. Dritte helfen ihm nicht. Folglich befindet er sich in einer hilflosen Lage.

Der objektive Tatbestand setzt weiter voraus, dass der Täter den hilflosen Menschen durch die Tathandlung einer *konkreten Gefahr des Todes oder einer schweren Gesundheitsschädigung* aussetzt. Eine solche liegt dann vor, wenn der Täter eine Verschlechterung der gegenwärtigen physischen Opfersituation in dem Sinne herbeiführt, dass es vom Zufall abhängt, ob das Opfer den Tod oder eine schwere Gesundheitsschädigung erleidet[25]. Vorliegend hat A eine schwere Gesundheitsschädigung i.S.d. § 226 I StGB davongetragen. Als notwendiges Durchgangsstadium einer Verletzung lag dann auch eine konkrete Gefährdung im oben genannten Sinne vor. Daneben ist eine konkrete Gefahr des Todes zu bejahen. Bei einer Unterbrechung der Sauerstoffzufuhr für die Dauer von zwei Minuten ist der Tod im hohen Maße wahrscheinlich. Ob das Opfer tatsächlich gerettet wird oder stirbt, ist lediglich vom Zufall abhängig.

Der objektive Tatbestand des § 221 I Nr. 1 StGB ist gegeben.

2. Subjektiver Tatbestand

B und C handelten entsprechend eines *gemeinsam gefassten Entschlusses*.

Des weiteren ist *Vorsatz* hinsichtlich der Tatbestandsmerkmale des § 221 I Nr. 1 StGB nötig. Die Täter müssten es also zumindest für möglich gehalten haben, dass sie mit ihrem Verhalten ursächlich werden für die hilflose Lage und dadurch auch für den Eintritt einer konkreten Gefahr des Todes oder einer schweren Gesundheitsschädigung. Die ursächliche Herbeiführung der hilflosen Lage ist ihnen bewusst und hinsichtlich der Gesundheitsschädigung (§ 226 I Nr. 3 StGB) handelten sie wissentlich und willentlich. Bezüglich dieses Merkmals ist der subjektive Tatbestand erfüllt. Vorsatz auf eine konkrete Lebensgefährdung (§ 224 I Nr. 5 StGB) hatten die Täter dagegen nicht.

3. Rechtswidrigkeit und Schuld

Rechtfertigungsgründe greifen nicht ein. Die Tat ist rechtswidrig. Schuldausschließungsgründe sind ebenfalls nicht ersichtlich. Die Täter handelten auch schuldhaft.

4. Erfolgsqualifikation (§ 221 II Nr. 2 StGB)

Der *Grundtatbestand der Aussetzung* ist erfüllt. Da eine schwere Körperverletzung im Sinne des § 226 I StGB gegeben ist, kann auch die *schwere Gesundheitsschä-*

---

[25] *Lackner/Kühl*, § 221 Rn. 5; *Rengier*, BT 2, § 10 Rn. 7.

digung als der weiter gefasste Begriff bejaht werden[26]. Diese wurde durch die Täter *kausal und objektiv zurechenbar* herbeigeführt. In der schweren Folge muss sich die dem Grunddelikt anhaftende *spezifische Gefahr* realisiert haben. Diese besteht darin, dass das Opfer in eine Situation gebracht wird, in der es unfähig ist, von sich aus drohende Gefahren für Leben und Gesundheit abzuwehren[27]. Da sich auf dieser Situation vorliegend die schwere Gesundheitsschädigung gründet, liegt der spezifische Gefahrenzusammenhang vor.

Gem. § 18 StGB müssen die Täter hinsichtlich der schweren Folge wenigstens *fahrlässig* gehandelt haben. Aus der Formulierung ergibt sich, dass die Anwendung erfolgsqualifizierter Delikte auch dann möglich ist, wenn die Folge vorsätzlich herbeigeführt wird. Hier hatten B und C hinsichtlich der schweren Folge gem. § 226 I StGB bedingten Vorsatz. Der Tatbestand des § 221 II Nr. 2 StGB ist somit ebenfalls erfüllt.

5. Ergebnis

B und C haben sich als Mittäter gem. §§ 221 II Nr. 2, 25 II StGB strafbar gemacht.

IV. Beteiligung an einer Schlägerei, § 231 I, 2. Alt. StGB

Indem B und C gemeinsam gegen den A vorgingen, könnten sie sich wegen Beteiligung an einer Schlägerei gem. § 231 I, 2. Alt. StGB strafbar gemacht haben.

1. Objektiver Tatbestand

Dann müsste entweder eine *Schlägerei* oder *ein von mehreren verübter Angriff* auf den A vorliegen. Während eine Schlägerei ein Streit mit gegenseitigen Körperverletzungen zwischen mindestens drei Personen ist, liegt ein von mehreren verübter Angriff dann vor, wenn mindestens zwei Personen eine auf eine Körperverletzung eines anderen gerichtete Handlung unternehmen[28]. Da hier B und C einseitig gegen den A vorgehen, der seinerseits keine Körperverletzung verübt, liegt ein von mehreren verübter Angriff auf den A vor.

B und C haben als Mittäter den Angriff aktiv und in feindseliger Weise vorgenommen, sie sind folglich *Beteiligte* im Sinne des § 231 StGB.

2. Subjektiver Tatbestand

B und C handelten vorsätzlich und entsprechend ihres gemeinsamen Tatplanes.

---

[26] *Wessels/Hettinger*, BT 1, Rn. 315.
[27] *Küpper*, Zusammenhang, S. 103.
[28] *Küpper*, BT 1, I § 2 Rn. 52 f.

3. Tatbestandsannex

Objektive Bedingung der Strafbarkeit ist die *Verursachung einer schweren Körperverletzung*. Hier ist das Vorgehen der Täter – nämlich das Untertauchen des A unter das Wasser – die Ursache der halbseitigen Lähmung des A, welche eine schwere Körperverletzung gem. § 226 I Nr. 3 StGB darstellt. Die objektive Bedingung der Strafbarkeit ist gegeben.

4. Rechtswidrigkeit

Die Strafbarkeit gem. § 231 II StGB ist ausgeschlossen, solange der Täter sich nicht in *vorwerfbarer Weise* an dem Angriff beteiligt. Das ist dann der Fall, wenn zu seinen Gunsten Rechtfertigungsgründe eingreifen[29]. Hier sind jedoch keine Rechtfertigungsgründe ersichtlich. Folglich ist das Vorgehen von B und C rechtswidrig.

5. Schuld

Schuldausschließungsgründe liegen ebenfalls nicht vor. Folglich handelten sie auch schuldhaft.

6. Ergebnis

B und C haben sich wegen Beteiligung an einer Schlägerei gem. § 231 I, 2. Alt. StGB strafbar gemacht.

V. Freiheitsberaubung in Mittäterschaft, §§ 239, 25 II StGB

Indem B und C den A einkreisen und mehrmals kurz und einmal für die Dauer von zwei Minuten unter Wasser festhielten, könnten sie sich als Mittäter wegen Freiheitsberaubung gem. §§ 239, 25 II StGB strafbar gemacht haben.

1. Objektiver Tatbestand

Ein *gemeinschaftliches Handeln* als Voraussetzung der Mittäterschaft ist gegeben.

Um wegen Freiheitsberaubung belangt werden zu können, ist erforderlich, dass sie einen anderen Menschen *eingesperrt* oder *in sonstiger Weise der Freiheit beraubt* haben. Hier kommt eine Freiheitsberaubung in sonstiger Weise in Betracht; dieses Tatbestandsmerkmal liegt vor, wenn die Täter durch ein Tun oder Unterlassen einen anderen unter vollständiger Aufhebung seiner Fortbewegungsfreiheit am Verlassen seines Aufenthaltsortes hindern[30]. B und C hielten den A für die Dauer

---

[29] SK-*Horn*, § 231 Rn. 6.
[30] *Wessels/Hettinger*, BT 1, Rn. 372.

von mindestens zwei Minuten unter Wasser fest, nachdem sie ihn bereits vorher für einen kürzeren Zeitraum eingekreist und untergetaucht hatten. Für den gesamten Zeitraum konnte sich A folglich nicht fortbewegen. Problematisch erscheint allerdings die relativ kurze Dauer der Beschränkung. Anerkannt ist, dass von einer Freiheitsberaubung im Sinne des § 239 I StGB nur gesprochen werden kann unter der Voraussetzung eines nicht ganz unerheblichen Eingriffs. Grundsätze für eine bestimmte Mindestdauer lassen sich indes nicht aufstellen.

Teilweise wird vertreten, dass der Erfolgsunwert jedenfalls auch dann vorliegt, wenn die Dauer wenigstens eine solche Zeitspanne umfasst, die dem Opfer ein Verlassen des Ortes ermöglicht hätte[31]. Das wird man bei ein paar Minuten bejahen können.

Andere stellen auf die vom Reichsgericht geprägte Formel ab, dass die Dauer eines „Vaterunser" genügt[32]. Auch danach läge eine Freiheitsberaubung vor.

Daneben steht die Auffassung, die bei sehr kurzen Einwirkungen eine Freiheitsberaubung für den Fall sehr intensiver Auswirkungen auf die Bewegungsfreiheit bejaht[33]. Hier wird A durch das gemeinsame Festhalten von B und C mit dem Kopf unter Wasser gedrückt. Seine Freiheit, sich überhaupt zu bewegen, ist gänzlich aufgehoben. Hinzu kommt eine durch das Festhalten im Wasser entstandene besonders bedrohliche Situation für den A. Nach alledem wird man auch mit dieser Meinung zu dem Ergebnis gelangen, dass trotz der relativ kurzen Einwirkung die Unerheblichkeitsschwelle überschritten ist.

Der objektive Tatbestand des § 239 I StGB ist erfüllt.

2. Subjektiver Tatbestand

Voraussetzung einer mittäterschaftlichen Begehung ist in subjektiver Hinsicht das Vorliegen eines *gemeinsamen Tatplanes*. Diese Voraussetzung ist hier gegeben.

Hinsichtlich der Aufhebung der Bewegungsfreiheit handelten B und C *vorsätzlich*.

3. Rechtswidrigkeit und Schuld

Rechtfertigungsgründe liegen nicht vor. Die Tat ist rechtswidrig. Schuldausschließungsgründe greifen ebenfalls nicht ein. Die Täter handelten schuldhaft.

4. Erfolgsqualifikation (§ 239 III Nr. 2)

Das *Grunddelikt der Freiheitsberaubung* ist durch B und C verwirklicht worden.

---

[31] *Schmidhäuser*, BT, S. 52 Rn. 25.
[32] RGSt 7, 259 (260); *Rengier*, BT 2, § 22 Rn. 8.
[33] *Krey*, BT 1, Rn. 313; LK-*Schäfer*, § 239 Rn. 22.

Mit der halbseitigen Lähmung des A ist eine schwere Körperverletzung gem. § 226 I Nr. 3 StGB eingetreten. Mithin ist durch das Unterwasserhalten des A eine *schwere Gesundheitsschädigung* als Folge der Freiheitsberaubung *verursacht* worden.

Die Erfolgsqualifikation des § 239 III Nr. 2 StGB verlangt aber nicht nur Kausalität zwischen vorsätzlicher Freiheitsberaubung und schwerer Gesundheitsschädigung; in der schweren Folge muss sich vielmehr die *spezifische Gefahr* niedergeschlagen haben, die der Freiheitsberaubung im Hinblick auf den Eintritt der schweren Folge anhaftet. Für den konkreten Fall ist es dabei unerheblich, ob allein auf den Erfolg der Freiheitsberaubung abzustellen ist, oder ob die Gefahr, welche von der freiheitsentziehenden Handlung ausgeht, als ausreichend anzuerkennen ist.

Der Erfolg einer Freiheitsberaubung besteht darin, dass das Opfer in eine Situation gebracht wird, in der es dem Täter „auf Gedeih und Verderb" ausgeliefert und der Möglichkeit beraubt ist, selbst den Gefahren für Leben und Gesundheit zu begegnen[34]. Hier wurde das Opfer mindestens zwei Minuten unter Wasser festgehalten. Durch diese Art der Freiheitsberaubung konnte A nicht dafür sorgen, genug Sauerstoff zu bekommen. Damit hat sich in der Bewusstlosigkeit mit anschließender Lähmung gerade der Erfolg der Freiheitsberaubung niedergeschlagen, so dass auch nach der engeren Auffassung der spezifische Gefahrenzusammenhang gegeben ist.

Gem. § 18 StGB müssen die Täter hinsichtlich der schweren Folge wenigstens *fahrlässig* gehandelt haben. Aus der Formulierung ergibt sich, dass die Anwendung erfolgsqualifizierter Delikte auch dann möglich ist, wenn die Folge vorsätzlich herbeigeführt wird. Hier hatten B und C hinsichtlich der schweren Folge gem. § 226 I StGB bedingten Vorsatz. Der Tatbestand des § 239 III Nr. 2 StGB ist somit ebenfalls erfüllt.

5. Ergebnis

B und C haben sich als Mittäter wegen schwerer Freiheitsberaubung gem. §§ 239 III Nr. 2, 25 II StGB strafbar gemacht.

VI. Konkurrenzen

B und C haben sich strafbar gemacht gem.:

- §§ 223, 224, 25 II StGB,
- §§ 226 I Nr. 3, 25 II StGB,
- §§ 221 II Nr. 2, 25 II StGB,

---

[34] *Küpper*, Zusammenhang, S. 105.

- § 231 I , 2. Alt. StGB,
- §§ 239 III Nr. 2, 25 II StGB.

Umstritten ist das Verhältnis der gefährlichen Körperverletzung gem. §§ 223, 224 StGB zur schweren Körperverletzung gem. § 226 StGB. Nach wohl noch herrschender Meinung soll die schwere Körperverletzung die gefährliche Körperverletzung im Wege der Gesetzeskonkurrenz verdrängen. Die besseren Argumente sprechen jedoch für die Annahme von Idealkonkurrenz gem. § 52 StGB. Es macht einen Unterschied, ob die schweren Folgen des § 226 StGB auf einer einfachen oder einer gefährlichen Körperverletzung beruhen. Diesem Unterschied würde keine Rechnung getragen werden, wenn man der h.M. folgt. Der Unrechtsgehalt der Körperverletzungshandlung würde durch eine alleinige Verurteilung aus § 226 StGB nicht erschöpfend zum Ausdruck kommen. Deshalb gebietet es die Klarstellungsfunktion des Schuldspruchs, Tateinheit statt Gesetzeseinheit anzunehmen. Zu einem solchen Ergebnis gelangt der BGH[35] zudem auch für das Verhältnis der Misshandlung von Schutzbefohlenen gem. § 225 StGB und § 226 StGB. Dann kann bei gleichem Strafrahmen für das Verhältnis der gefährlichen zur schweren Körperverletzung nichts anderes gelten.

Fraglich ist das Verhältnis der schweren Freiheitsberaubung zu den Körperverletzungsdelikten. Da mit der Freiheitsberaubung die Freiheit der Willensentschließung und -betätigung verletzt ist, während die §§ 223 ff. StGB das Rechtsgut der körperlichen Unversehrtheit gewährleisten, ist aus Klarstellungsgründen Tateinheit zwischen beiden anzunehmen[36]. Allerdings darf im Rahmen der Strafzumessung die Herbeiführung der schweren Folge nur einmal zu Lasten des jeweiligen Täters verwertet werden[37].

Für das Verhältnis der Aussetzung gem. § 221 II Nr. 2 StGB zu den Körperverletzungsdelikten gem. §§ 223, 224, 226 StGB muss folgendes gelten: Aus Klarstellungsgründen besteht zwischen den Delikten Tateinheit[38].

Da § 231 StGB anders als die Körperverletzungsdelikte das Leben und die Gesundheit aller der durch die Schlägerei Gefährdeten schützt, handelt es sich nicht um ein schutzrichtungsgleiches Gefährdungsdelikt. Folglich steht § 231 StGB zu den Körperverletzungsdelikten ebenfalls in Tateinheit[39].

B und C haben sich folglich als Mittäter strafbar gemacht gem. §§ 221 II Nr. 2, 223, 224, 226 I Nr. 3, 231 I , 2. Alt., 239 III Nr. 2, 25 II , 52 StGB.

---

[35] In: NJW 1999, 72.
[36] *Lackner/Kühl*, § 239 Rn. 10; SK-*Horn*, § 239 Rn. 23.
[37] BGHSt 39, 100 (109); *Küpper*, JuS 2000, 225 (227); *Tröndle/Fischer*, § 18 Rn. 5.
[38] *Schönke/Schröder/Eser*, § 221 Rn. 18; SK-*Horn*, § 221 Rn. 17.
[39] BGHSt 33, 100 (104); *Tröndle/Fischer*, § 231 Rn. 11; a.A. NK-*Paeffgen*, § 231 Rn. 21.

Gesamtergebnis

I. Strafbarkeit des B

1. Tatkomplex

B hat sich strafbar gemacht wegen Beleidigung gem. § 185 StGB.

2. Tatkomplex

B hat sich als Mittäter strafbar gemacht wegen tateinheitlich begangener schwerer Aussetzung gem. § 221 II Nr. 2, gefährlicher Körperverletzung gem. §§ 223, 224 StGB, schwerer Körperverletzung gem. § 226 I Nr. 3 StGB, Beteiligung an einer Schlägerei gem. § 231 I StGB und schwerer Freiheitsberaubung gem. § 239 III Nr. 2 StGB.

Die Taten der einzelnen Tatkomplexe stehen zueinander in Tatmehrheit gem. § 53 StGB.

II. Strafbarkeit des C

C hat sich als Mittäter des B strafbar gemacht wegen tateinheitlich begangener schwerer Aussetzung gem. § 221 II Nr. 2 StGB, gefährlicher und schwerer Körperverletzung gem. §§ 223, 224, 226 I Nr. 3 StGB, Beteiligung an einer Schlägerei gem. § 231 I StGB und schwerer Freiheitsberaubung gem. § 239 III Nr. 2 StGB.

Fall 9

Die geschwätzige Kaffeerunde

Falschheit der Aussage – Fahrlässigkeitsvorwurf bei fest eingewurzeltem Erinnerungsbild – Rechtfertigung / Entschuldigung falscher Aussagen – Zumutbarkeitsklausel bei § 35 Abs. 1 StGB – Aussagenotstand - Berichtigung falscher Aussagen – Teilnahme und Täterschaft im Rahmen der Aussagedelikte

A hat einen extravaganten und teuren Bekleidungsgeschmack. Dieser und ihr stets leerer Geldbeutel sind die Ursache dafür, dass sie auf ihren ausgedehnten Einkaufstouren des öfteren die eine oder andere Sache mitgehen lässt, ohne dafür zu bezahlen. Leider hat sie deswegen schon häufiger mit der Staatsgewalt Bekanntschaft geschlossen. So verwundert es sie auch nicht allzu sehr, als ihr eines Tages eine Anklageschrift zugestellt wird. Sie soll am 14.11. im Kaufhaus in Potsdam eine Bluse im Wert von 150,00 € gestohlen haben. Tatsächlich hat sie diese Tat aber nicht begangen. Da sie für die angegebene Tatzeit 16.00 Uhr kein Alibi hat, befürchtet sie, das Gericht nicht von ihrer Unschuld überzeugen zu können und, da sie mehrfach vorbestraft ist, nunmehr zu einer Freiheitsstrafe verurteilt zu werden. In ihrer Not wendet sie sich an ihren Onkel O und den gemeinsamen Freund F. Sie bittet die beiden, vor dem Gericht möglicherweise auch unter Eid auszusagen, dass sie sich am Nachmittag des 14.11 zum Kaffee getroffen hätten. A weiß, dass sie sich in der fraglichen Woche zwar gesehen haben, allerdings nicht am 14.11., sondern einen Tag zuvor am 13.11. Sie ist jedoch davon überzeugt, dass sich weder O noch F genau an das richtige Datum erinnern. O glaubt seiner Nichte zwar die Beteuerungen ihrer Unschuld, ist sich aber sicher, dass ihr Treffen am 13.11. stattgefunden hat. Trotzdem greift er die Aufforderung erfreut auf; er sieht in einer solchen Aussage nicht nur die Möglichkeit, A zu helfen, was er für seine Pflicht hält, sondern auch sich selbst – vorsorglich – wegen einer anderweitig unter Umständen drohenden Strafverfolgung ein Alibi zu verschaffen. Ein Ermittlungsverfahren gegen ihn läuft noch nicht. F dagegen erinnert sich an den wahren Termin nicht.

Dem gleichfalls bei der Kaffeerunde zugegen gewesenen Z bietet O, nach einer entsprechenden Aufforderung der A, eine Summe von 500,00 € an, damit dieser ebenso aussage, dass ein Treffen mit den drei anderen am 14.11. stattgefunden habe. Z, der sonst keinen Finger für andere rührt, ohne einen eigenen Vorteil zu erlangen, war allerdings – geläutert durch einen ihm selbst unverhofft gezollten Freundschaftsbeweis in jüngster Zeit – wider Erwarten von vornherein schon fest entschlossen, durch eine derartige Bekundung der in seinen Augen unschuldigen A zu helfen, so dass es des von Z letztlich auch ausgeschlagenen Angebotes gar nicht bedurft hätte. Z kannte den wahren Termin des Treffens, womit A gerechnet hatte. O ging ebenfalls davon aus, dass Z sich nicht täuschen lässt. Er teilte dies der A jedoch nicht mit.

In der Hauptverhandlung werden zunächst O und F als Zeugen vernommen. Sie geben übereinstimmend den 14.11. als den Tag ihres Treffens an. Ihre Aussagen beeidigen sie am Schluss der Vernehmung. F glaubt nach wie vor, sich richtig zu erinnern. Deshalb hält er es nicht für nötig, bei seiner ihn zur Verhandlung begleitenden Frau nachzufragen, die ihm den richtigen Termin hätte nennen können. Auch Z macht seine Aussage. Als er jedoch vereidigt werden soll und der vernehmende Richter ihn nochmals an seine Wahrheitspflicht erinnert, kommen ihm Bedenken. Er gerät beim Sprechen der Eidesformel ins Stocken und erklärt nunmehr, er habe sich wohl geirrt; ihm sei gerade eingefallen, dass ein Treffen nicht am 14.11., sondern am 13.11. stattgefunden habe. Obwohl O und F bei ihren Aussagen bleiben, verurteilt das Gericht die A zu einer Freiheitsstrafe auf Bewährung.

Wie haben sich die Beteiligten strafbar gemacht?

Lösung

A. Strafbarkeit des Z

I. Versuchter Meineid, §§ 154 I, 22, 23 StGB

Durch seine Äußerungen vor dem Gericht könnte sich Z wegen versuchten Meineids gem. §§ 154 I, 22, 23 StGB strafbar gemacht haben.

Z hat die gesetzliche Eidesformel noch nicht vollständig geleistet; die Tat ist nicht vollendet. Die Versuchsstrafbarkeit ergibt sich aus §§ 23 I, 12 I i.V.m. § 154 StGB.

1. Tatentschluss

Z wusste, dass seine Aussage über den Tag des Treffens nicht den Tatsachen entsprach, dass sie unter Eid fällt und dass das Gericht eine für die Eidesabnahme zuständige Stelle ist. Er handelte mithin *vorsätzlich*.

2. Unmittelbares Ansetzen

Z hat mit dem Sprechen der Eidesformel bereits begonnen. Ein *unmittelbares Ansetzen* zur Tat liegt damit vor.

3. Rechtswidrigkeit

Fraglich ist jedoch, ob die Tat des Z gerechtfertigt ist. Da der Z zugunsten der A handelt, könnte die *Notstandshilfe gem. § 34 StGB* als Rechtfertigungsgrund relevant werden.

Dann müsste zunächst ein *rechtlich geschütztes Interesse* der A in Gefahr sein. Hier droht die Verhängung einer Freiheitsstrafe. Als notstandsfähiges Gut kommt somit ihr Freiheitsinteresse in Frage. Dieses ist auch dann als rechtlich geschütztes Interesse anzusehen, wenn eine Freiheitsstrafe in einem rechtlich geordneten Verfahren angeordnet zu werden droht[1].

Des weiteren ist eine Notstandssituation nur bei einer *gegenwärtigen Gefahr* für das Freiheitsinteresse gegeben. Dabei wird auch die so genannte Dauergefahr erfasst. Eine solche ist als gegenwärtig anzusehen, wenn der Eintritt des drohenden Schadens zwar erst nach Ablauf einer gewissen Zeit zu erwarten, aber sofortiges Handeln angezeigt ist, um ihm wirksam zu begegnen[2]. Sofortiges Handeln ist immer dann angezeigt, wenn die Gefahr sich ständig vergrößert, es als wenig wahrscheinlich erscheint, dass sie wieder entfällt, und es bei Beginn des drohenden Erfolgseintritts voraussichtlich zu spät wäre, ihr wirksam entgegen zu treten[3]. In der vorliegenden Situation droht eine Freiheitsentziehung erst nach dem rechtskräftigen Abschluss des Verfahrens, der Schaden lässt also noch einige Zeit auf sich warten. Allerdings ist zu beachten, dass eine spätere Falschaussage des Zeugen in der nächsten Instanz nicht mehr geeignet gewesen wäre, die Gefahr wirksam abzuwenden. In einem solchen Falle wäre nämlich seine Glaubwürdigkeit als Zeuge in Frage gestellt, hat er doch dann erstinstanzlich anders, wahrheitsgemäß, ausgesagt. Eine Verurteilung der A wäre wahrscheinlich gewesen. Somit war hier sofortiges Handeln durch den Z angezeigt, um dem drohenden Schaden wirksam entgegenzutreten. Eine gegenwärtige Dauergefahr liegt vor.

Diese dürfte *nicht anders* als durch die Falschaussage *abwendbar* gewesen sein. Erlaubt ist mit anderen Worten nur ein zur Gefahrenabwehr erforderliches Mittel. Es muss sich also nach Art und Maß um das relativ mildeste Verteidigungsmittel handeln, was dann nicht mehr der Fall ist, wenn in der konkreten Situation weniger einschneidende Maßnahmen möglich sind, mit denen die Gefahrabwendung ebenso aussichtsreich wahrgenommen werden kann[4]. Bei der Notstandshilfe ist die Verteidigung durch den Notstandshelfer insbesondere dann nicht erforderlich, wenn der Bedrohte selbst mildere Mittel zur Gefahrenabwehr in der Hand hat[5].

Gegen A läuft die erstinstanzliche Hauptverhandlung. Ihr bleibt die Möglichkeit, Rechtsmittel einzulegen, um das Gericht von ihrer Unschuld zu überzeugen.

---

[1] *Kühl*, AT, § 12 Rn. 30; *Schönke/Schröder/Lenckner/Perron*, § 35 Rn. 9; a. A. *Wessels/Beulke*, AT, Rn. 302.
[2] LK-*Hirsch*, § 34 Rn. 37.
[3] LK-*Hirsch*, § 34 Rn. 37.
[4] LK-*Hirsch*, § 34 Rn. 52.
[5] *Kühl*, AT, § 7 Rn. 139; *Schönke/Schröder/Lenckner/Perron*, § 32 Rn. 42.

Deshalb ist es allgemeine Auffassung[6], dass dem Betroffenen vor dem rechtskräftigen Abschluss des Verfahrens mildere, gleichermaßen geeignete Mittel zur Gefahrabwendung zur Verfügung stehen, die Gefahr somit anders abwendbar ist. Allerdings erscheint es zweifelhaft, ob bei gleichbleibender Beweissituation Rechtsmittel der A tatsächlich geeignet sind, die Gefahr eines nachteiligen Urteils abzuwenden. Der Sachverhalt macht hierzu keine Angaben. Die A selbst geht wohl davon aus, dass die Falschaussagen die letzte Möglichkeit der Gefahrenabwehr sind.

Unabhängig von dieser Frage scheidet eine Rechtfertigung gem. § 34 StGB aber auf jeden Fall dann aus, wenn das durch die Notstandshandlung geschützte Interesse (Freiheitsinteresse) der A das beeinträchtigte Interesse (Strafrechtspflege) nicht wesentlich überwiegt. Bei der *Güterabwägung* ist zunächst von den Wertungen auszugehen, die in den zum Schutze der Rechtsgüter erlassenen Strafdrohungen des geltenden Rechts ihren allgemeinen Ausdruck gefunden haben[7]. Allerdings sind sowohl der Meineid als auch eine Freiheitsberaubung, die über eine Woche andauert, als Verbrechen mit einer Mindestfreiheitsstrafe von über einem Jahr zu qualifizieren, wobei der Strafrahmen bei § 154 StGB nach oben offen ist, während der des § 239 III Nr. 1 StGB von einem bis zu zehn Jahren reicht. Die Strafrahmen lassen also auf einen etwa gleichgewichtigen Rang der betroffenen Rechtsgüter schließen. Ebenso wenig lässt ein Vergleich des Ausmaßes der drohenden Beeinträchtigung das Freiheitsinteresse der A wesentlich in den Vordergrund rücken. Zwar droht A unter Umständen eine mehrmonatige Freiheitsstrafe, aber durch eine beeidigte Falschaussage ist die Strafrechtspflege ebenso nachhaltig getroffen. Zu berücksichtigen ist darüber hinaus, dass bei einer richtigen Aussage die A zwar kein Alibi hat, damit ihre Schuld aber noch nicht zweifelsfrei nachgewiesen ist, so dass zumindest die Möglichkeit bestanden hätte, dass das Gericht nach dem Grundsatz in dubio pro reo freispricht. Es bestand somit nur eine, wenn auch hohe, Wahrscheinlichkeit einer Verletzung des Freiheitsinteresses, während die Strafrechtspflege durch eine Falschaussage immer beeinträchtigt ist. Aus all dem folgt, dass das Freiheitsinteresse der A das Interesse an einer funktionierenden Strafrechtspflege nicht wesentlich überwiegt.

Damit scheidet eine Rechtfertigung des Z gem. § 34 StGB aus. Die Handlung ist rechtswidrig.

4. Schuld

Zu prüfen ist, ob Z für seine Tat den *Entschuldigungsgrund des § 35 StGB* anführen kann. Dann müsste er gehandelt haben, um die *Gefahr von sich, einem Angehörigen oder einer ihm sonst nahestehenden Person abzuwenden.* Z handelte zugunsten der A. Als Freundin könnte diese eine ihm sonst nahestehende Person sein. Voraussetzung dafür ist aber, dass zwischen ihnen ein Verhältnis existiert, dass an Intensität des Zusammengehörigkeitsgefühls der Beziehung zwischen Ver-

---

[6] *Bernsmann*, Entschuldigung, S. 433; LK-*Hirsch*, § 34 Rn. 52, § 35 Rn. 60; *Schönke/Schröder/Lenckner/Perron*, § 35 Rn. 26.
[7] RGSt 61, 242 (255).

wandten vergleichbar ist[8]. Eine bloße Freundschaft genügt diesen Anforderungen nicht. Z kann sich somit nicht auf § 35 StGB berufen. Er handelte folglich schuldhaft.

5. Rücktritt

Möglicherweise ist Z jedoch vom versuchten Meineid strafbefreiend zurückgetreten.

Dann dürfte zunächst *kein fehlgeschlagener Versuch* vorliegen. Von einem solchen ist auszugehen, wenn der Täter mit den ihm zur Verfügung stehenden Mitteln den Erfolg gar nicht mehr oder nicht ohne zeitliche Zäsur herbeiführen kann und er dies weiß. Hier ist es dem Z möglich, die Eidesformel zu Ende zusprechen und somit den Erfolg des § 154 StGB herbeizuführen. Ein fehlgeschlagener Versuch liegt nicht vor.

Vielmehr ist, da Z aus seiner Sicht noch nicht alles getan hat, um den Erfolg herbeizuführen, ein *unbeendeter Versuch* i.S.d. § 24 I 1, 1. Alt. StGB gegeben. Mit dem Beenden des Sprechens hat er von der weiteren Ausführung der Tat *Abstand genommen*. Dies müsste *freiwillig* geschehen sein. Das ist dann der Fall, wenn der Zurücktretende durch autonome Motive zum Rücktritt gebracht wird, wenn er also die Ausführung abbricht, obwohl er davon ausgeht, dass er die Tat ohne erheblich größeres Risiko erfolgreich zu Ende führen könnte. Hier hält den Z möglicherweise die Angst vor einer Bestrafung wegen Meineides von einer Vollendung des Delikts ab. Das schließt jedoch den Rücktritt nicht aus[9]; entscheidend ist, ob der Täter „Herr seiner Entschlüsse" war. Auch der Umstand, dass er durch den Richter ermahnt wurde, lässt noch ein freiwilliges Handeln zu; das Rücktrittsmotiv kann von außen kommen, solange der Täter sich aus inneren Gründen zur Umkehr entschließt[10]. Z fürchtet keine alsbaldige Entdeckung seiner Straftat, sondern ihm kommen Bedenken. Aufgrund dessen hält er mit dem Sprechen inne. Es ist also nicht durch äußeren Zwang, sondern durch vernünftige innere Abwägung zu seiner Entscheidung gelangt. Damit handelte er freiwillig. Als Ergebnis ist festzuhalten, dass Z vom versuchten Meineid strafbefreiend zurückgetreten ist.

6. Ergebnis

Z hat sich nicht wegen versuchten Meineids gem. §§ 154 I, 22, 23 StGB strafbar gemacht.

---

[8] LK-*Hirsch*, § 35 Rn. 33.
[9] Vgl.: *Schönke/Schröder/Eser*, § 24 Rn. 57.
[10] *Schönke/Schröder/Eser*, § 24 Rn. 44.

II. Falsche uneidliche Aussage, § 153 StGB

1. Tatbestand

Durch die Aussage vor dem Gericht könnte sich Z aber wegen falscher uneidlicher Aussage gem. § 153 StGB strafbar gemacht haben.

In dem hier gegebenen versuchten Meineid liegt eine vollständige falsche uneidliche Aussage. Beim Rücktritt vom versuchten Meineid lebt dieses vollendete Delikt wieder auf[11]. Z handelte rechtswidrig und schuldhaft.

2. Berichtigung einer falschen Aussage, § 158 StGB

Fraglich ist jedoch, ob das Gericht gem. § 158 StGB die Strafe mildern oder ganz von ihr absehen kann. Diese Möglichkeit besteht dann, wenn Z seine Aussage *rechtzeitig berichtigt* hat. Unter einer Berichtigung versteht man die nicht formbedürftige, mündliche oder schriftliche, in der Regel ausdrückliche Erklärung, mit der eine ganz oder teilweise falsche Aussage durch eine richtige Darstellung ersetzt wird[12]. Z sagt letztendlich wahrheitsgemäß aus, das Treffen habe nicht am 14.11., sondern am 13.11. stattgefunden. Allerdings erklärt er, sich geirrt zu haben. Das schließt eine Berichtigung i.S.d. Vorschrift jedoch nicht aus. Ein Geständnis ist nicht erforderlich, § 158 StGB kommt auch dem Täter zugute, der wahrheitswidrig erklärt, er habe sich bei seiner Äußerung getäuscht[13]. Somit hat Z seine Aussage berichtigt. Dies geschah rechtzeitig, da das Gericht die Tatsache noch bei der Entscheidung verwerten konnte.

3. Ergebnis

Z hat sich wegen falscher uneidlicher Aussage gem. § 153 StGB strafbar gemacht. Der Anwendungsbereich des § 158 StGB ist eröffnet.

III. Versuchte Strafvereitelung, §§ 258 I, IV, 22, 23 StGB

Durch sein Verhalten vor dem Gericht könnte sich Z zudem wegen versuchter Strafvereitelung gem. §§ 258 I, IV, 22, 23 StGB strafbar gemacht haben.

Tatsächlich wurde die A im Ergebnis der Verhandlung zu einer Freiheitsstrafe verurteilt, der Erfolg ist somit nicht eingetreten. Die Strafbarkeit des Versuchs folgt aus § 258 IV StGB.

---

[11] BGHSt 8, 301 (315); *Schönke/Schröder/Lenckner*, § 154 Rn. 15.
[12] *Schönke/Schröder/Lenckner*, § 158 Rn. 5.
[13] *Schönke/Schröder/Lenckner*, § 158 Rn. 5.

1. Tatbestand

Zunächst müsste Tatentschluss auf eine Strafvereitelung vorgelegen haben. Das setzt zumindest einen bedingten Vorsatz des Täters auf die Vortat des Begünstigten voraus. Hier geht Z jedoch davon aus, dass A sich gar nicht strafbar gemacht hat. Er stellt sich also keine Vortat vor, hinsichtlich derer eine Vereitelung des staatlichen Strafanspruchs überhaupt in Betracht kommt. Folglich hat er keinen entsprechenden Tatentschluss.

2. Ergebnis

Z hat sich nicht wegen versuchter Strafvereitelung gem. §§ 258 I, IV, 22, 23 StGB strafbar gemacht.

IV. Vortäuschen einer Straftat, § 145d II Nr. 1 StGB

Eine Strafbarkeit gem. § 145d II Nr. 1 StGB wegen Vortäuschens einer Straftat kommt nicht in Betracht, da Z durch das Verschaffen des falschen Alibis lediglich einen Verdacht ablenken wollte, ohne zugleich auf eine Unbeteiligten hinzudeuten[14]. Eine Mehrbeanspruchung der mit der Verfolgung zuständigen Behörden war gerade nicht das Ziel der Bemühungen.

B. Strafbarkeit des F

I. Meineid, § 154 I StGB

Durch seine Äußerung vor dem Gericht könnte sich F wegen Meineides gem. § 154 I StGB strafbar gemacht haben.

1. Objektiver Tatbestand

F hat seine Äußerung vor dem Gericht *beeidigt*. Fraglich ist jedoch, ob diese Aussage *falsch* gewesen ist.

Nach der herrschenden objektiven Theorie ist eine Aussage falsch, wenn sie inhaltlich nicht mit dem tatsächlichen Sachverhalt übereinstimmt, also Wort und Wirklichkeit auseinanderfallen[15]. F gibt als Datum den 14.11. an, tatsächlich hat die Kaffeerunde jedoch am 13.11. stattgefunden. Demnach wäre seine Aussage falsch.

---

[14] BayObLG NJW 1984, 2302 f.; *Küpper*, BT 1, II § 3 Rn. 32.
[15] BGHSt 7, 147 (148); *Küpper*, BT 1, II § 2 Rn. 5, 8; *Rengier*, BT 2, § 49 Rn. 7, 8; *Schönke/Schröder/Lenckner*, Vorbem §§ 153 ff. Rn. 4, 6.

Die subjektive Theorie bewertet eine Aussage dann als falsch, wenn sie von dem Vorstellungsbild und Wissen des Täters abweicht. Wort und Wissen müssen also auseinander fallen[16]. F ist der festen Meinung, seine Aussage stimme mit der Wirklichkeit überein. Nach der subjektiven Theorie wäre seine Aussage somit nicht falsch.

Eine dritte Theorie (Pflichttheorie) stellt bei der Bestimmung einer falschen Aussage auf die Verletzung der prozessualen Wahrheitspflicht ab[17]. Eine falsche Aussage liegt dann vor, wenn der Aussagende nicht das Wissen wiedergibt, das er bei kritischer Prüfung seines Erinnerungsvermögens reproduzieren könnte. F hat eine fest eingewurzelte Erinnerung; er ist sich sicher, dass das Treffen am 14.11. stattgefunden hat. Auch wenn er sein Erinnerungsvermögen noch so sehr angespannt hätte, wäre er nicht zu einer anderen Aussage gelangt. Folglich ist auch nach dieser Theorie, seine Aussage als nicht falsch zu bewerten.

Die unterschiedlichen Ergebnisse machen eine Streitentscheidung erforderlich. Für die objektive Theorie spricht, dass Gefährdungen für die staatliche Rechtspflege bereits von objektiv unwahren Aussagen ausgehen. Ferner kann der Tatbestand des § 160 StGB sinnvoll nur von dieser Theorie erklärt werden. Die subjektive Theorie gerät hier in Schwierigkeiten, da § 160 StGB die Verleitung eines Gutgläubigen betrifft und damit die Strafbarkeit unabhängig von der Redlichkeit der Aussageperson festlegt. Die Pflichttheorie ist schließlich schwer mit § 163 StGB in Einklang zu bringen, weil sie auf eine Gleichstellung von falschen und sorgfaltspflichtwidrigen Aussagen hinausläuft. Angesichts dieser Erwägungen ist die objektive Theorie vorzugswürdig[18].

2. Subjektiver Tatbestand

In subjektiver Hinsicht müsste der F *vorsätzlich* gehandelt haben, wobei bedingter Vorsatz genügt. Dieser muss sich zunächst auf die Unrichtigkeit der Aussage beziehen. F war sich vorliegend sicher, dass der von ihm vor Gericht angegebene Termin der wahre ist. Folglich ging er von der Richtigkeit seiner Aussage aus. Somit fehlt ihm der Vorsatz auf eine falsche Aussage.

3. Ergebnis

F hat sich nicht wegen Meineides gem. § 154 I StGB strafbar gemacht.

II. Fahrlässiger Falscheid, § 163 I StGB

Durch seine Äußerung vor dem Gericht könnte sich F aber wegen fahrlässigen Falscheides gem. § 163 I StGB strafbar gemacht haben.

---

[16] *Gallas*, GA 1957, 315 (321).
[17] *Otto*, BT, § 97 Rn. 7; *ders.*, JuS 1984, 161 (162 ff.).
[18] Vgl. *Küpper*, BT 1, II § 2 Rn. 8.

1. Tatbestand

Eine *falsche beeidigte Aussage* im Sinne des § 154 StGB liegt vor.

Hinsichtlich dieser Falschaussage müsste F *fahrlässig* gehandelt haben. Das kommt dann in Betracht, wenn F sorgfaltspflichtwidrig die Unwahrheit seiner Aussage nicht erkannt hat.

Ein Fahrlässigkeitsvorwurf kann nicht darauf gestützt werden, dass F es im Vorfeld seiner Aussage unterlassen hat, sich auf die Vernehmung vorzubereiten und etwa in diesem frühen Zeitpunkt Erkundigungen einzuholen. Sorgfaltspflichten treffen ihn erst mit dem Beginn seiner Aussage[19]. Problematisch ist hier allerdings, dass F ein fest eingewurzeltes Erinnerungsbild hat. Für einen solchen Fall ist anerkannt, dass hinsichtlich des Vorwurfs einer Sorgfaltspflichtverletzung größte Zurückhaltung geboten ist[20]. Ein Sorgfaltsmangel kann allenfalls darin liegen, dass es der Zeuge versäumt, konkrete tatsächliche äußere Hilfsmittel zu benutzen, die sich ihm darboten und die geeignet waren, ihn von der Unrichtigkeit seines Erinnerungsvermögens zu überzeugen oder doch zumindest Zweifel an seiner Richtigkeit zu wecken[21]. Hier hat es F unterlassen, sich bei seiner Frau zu erkundigen, obwohl sie ihn am Verhandlungstag begleitet hat und während seiner Aussage anwesend war. Eine Frage an seine Frau, die den richtigen Termin kannte, hätte ausgereicht, um ihn von seinem Irrtum zu befreien. Folglich handelte er sorgfaltspflichtwidrig.

2. Rechtswidrigkeit und Schuld

Hinsichtlich der Rechtfertigungs- und Entschuldigungsgründe kann auf die Ausführungen zu Z verwiesen werden. Im Ergebnis handelte auch F rechtswidrig und schuldhaft.

3. Ergebnis

F hat sich wegen fahrlässigen Falscheides gem. § 163 I StGB strafbar gemacht.

---

[19] LK-*Ruß*, § 163 Rn. 6; SK-*Rudolphi*, § 163 Rn. 5.
[20] *Maurach/Schroeder/Maiwald*, BT 2, § 75 Rn. 75; NK-*Vormbaum*, § 163 Rn. 24; ausführlich zur Fahrlässigkeit auch OLG Koblenz JR 1984, 422 ff.
[21] BGH GA 1967, 215; GA 1973, 376 (377); OLG Koblenz JR 1984, 422 f.; OLG Köln MDR 1980, 421; *Küpper*, BT 1, II § 2 Rn. 42; LK-*Ruß*, § 163 Rn. 13; *Rengier*, BT 2, § 49 Rn. 74; SK-*Rudolphi*, § 163 Rn. 6.

C. Strafbarkeit des O

I. Meineid, § 154 I StGB

O könnte sich durch seine Aussage vor dem Gericht wegen Meineides gem. § 154 I StGB strafbar gemacht haben.

1. Tatbestandsmäßigkeit

O hat *wissentlich* in der Hauptverhandlung ein *falsches* Datum für das Treffen mit A und den anderen angegeben. Seine Aussage hat er *beeidigt*. Damit hat er vorsätzlich eine beeidigte falsche Aussage vor einem Gericht getätigt und somit den Tatbestand des § 154 I StGB erfüllt.

2. Rechtswidrigkeit

Fraglich ist, ob seine Handlung gerechtfertigt ist. Als Rechtfertigungsgrund kommt lediglich *§ 34 StGB* in Betracht. Hinsichtlich der Begutachtung seiner Tat zugunsten der A gilt das für Z Ausgeführte. Eine Rechtfertigung des O als Notstandshelfer scheidet aus. O handelt jedoch auch, um vorsorglich eine eigene Strafverfolgung zu verhindern oder wenigstens zu erschweren. Allerdings ist gegen ihn ein Ermittlungsverfahren noch nicht einmal eingeleitet. Somit fehlt es an einer *gegenwärtigen Gefahr* i.S.d. § 34 StGB, da zum Zeitpunkt der Falschaussage kein sofortiges Handeln angezeigt war, um einem drohenden Schaden wirksam zu begegnen. Damit scheidet auch unter diesem Gesichtspunkt eine Rechtfertigung gem. § 34 StGB aus.

3. Schuld

Zu prüfen ist, ob sich O für sein Handeln auf den Entschuldigungsgrund des *§ 35 StGB* berufen kann. Hinsichtlich der Ablenkung der Gefahr eigener Strafverfolgung liegt noch keine gegenwärtige Gefahr vor.

Allerdings könnte O als Notstandshelfer der A gem. § 35 StGB entschuldigt sein. Im Rahmen der Prüfung des § 34 StGB zugunsten des Z wurde festgestellt, dass eine *gegenwärtige Gefahr* für das Freiheitsinteresse der A bestand. Diese Feststellungen sind auch für den entschuldigenden Notstand, der insofern die gleichen Voraussetzungen aufstellt, verbindlich.

Des Weiteren müsste O gehandelt haben, um die Gefahr von einem *Angehörigen oder einer ihm sonst nahestehenden Person* abzuwenden. Da O als Onkel mit der A lediglich in der Seitenlinie verwandt ist, gilt sie nach der Legaldefinition des § 11 I Nr. 1a StGB nicht als Angehörige i.S.d. Gesetzes. A könnte aber eine dem O nahestehende Person sein. Der Begriff der „nahestehenden Person" setzt das Bestehen eines auf eine gewisse Dauer angelegten zwischenmenschlichen Verhältnisses voraus, das ähnliche Solidaritätsgefühle wie unter Angehörigen hervorruft und das deshalb im Falle der Not auch zu einer vergleichbaren psychischen Zwangslage führt[22]. Als „nahestehende Person" anerkannt sind nicht angehörige Verwandte, sofern eine enge persönliche Beziehung tatsächlich besteht[23]. Hier fühlt sich O als Onkel verpflichtet, der A zu helfen. Folglich kann sie als eine ihm nahestehende Person angesehen werden.

Hinsichtlich der Voraussetzung „*einer nicht anders abwendbaren Gefahr*" sind die gleichen Zweifel angebracht, die sich schon im Rahmen der Prüfung des § 34 StGB zugunsten des Z aufgetan haben.

Gem. § 35 I 2, 1. HS StGB scheidet eine Entschuldigung jedoch auf jeden Fall dann aus, wenn dem Täter die *Hinnahme der Gefahr zumutbar* ist. Diesbezüglich ist grundsätzlich auf den Notstandstäter selbst abzustellen[24]. Wenn allerdings der Sympathieperson die Hinnahme der Gefahr zuzumuten ist, so hat das nach der h.M.[25] in der Regel Auswirkungen auf den zu ihren Gunsten handelnden Notstandstäter. Zu prüfen ist also, ob der A die Hinnahme der Gefahr für ihre Freiheit zuzumuten ist. Das ist nach dem Gesetz zunächst dann der Fall, wenn sie entweder die Gefahr selbst verursacht hat oder in einem besonderen Rechtsverhältnis stand. Da A tatsächlich unschuldig ist, hat sie ihre Situation nicht selbst zu verantworten. Allerdings ist sie Angeklagte in einem Strafverfahren und hat somit Duldungspflichten hinsichtlich der damit einhergehenden öffentlich-rechtlichen Eingriffe. Daraus wird zum Teil abgeleitet, dass sie in einem besonderen Rechtsverhältnis i.S.d. § 35 I 2, 1. HS StGB steht[26]. Aufgrund dessen sei ihr, auch wenn sie tatsächlich unschuldig ist, die Hinnahme der Gefahr zuzumuten, jedenfalls solange sie noch das Rechtsmittelverfahren zur Verfügung hat[27]. Andere Autoren dagegen verneinen die Möglichkeit der Begründung besonderer Rechtsverhältnisse aufgrund gesetzlich institutionalisierter Duldungspflichten[28]. Über die Generalklausel des § 35 I 2, 1. HS StGB gelangen aber auch sie zu dem Ergebnis, dass die zu Unrecht drohende Freiheitsstrafe hingenommen werden muss, sofern das Verfahren rechtsstaatlichen Grundsätzen entspricht.

Eine Entschuldigung gem. § 35 StGB kommt demzufolge nicht in Betracht.

---

[22] *Schönke/Schröder/Lenckner/Perron*, § 35 Rn. 15.
[23] *Kühl*, AT, § 12 Rn. 39.
[24] *Lackner/Kühl*, § 35 Rn. 10.
[25] *Lackner/Kühl*, § 35 Rn. 10; LK-*Hirsch*, § 35 Rn. 64 ff.; *Roxin*, JA 1990, 137 (139); *Timpe*, JuS 1985, 35 (38).
[26] *Jakobs*, AT, 20. Abschn. Rn. 14; *Schönke/Schröder/Lenckner/Perron*, § 35 Rn. 24; SK-*Rudolphi*, § 35 Rn. 12.
[27] *Schönke/Schröder/Lenckner/Perron*, § 35 Rn. 26.
[28] LK-*Hirsch*, § 35 Rn. 58; *Roxin*, AT I, § 22 Rn. 42; *Vormbaum*, JuS 1980, 367 (368).

4. Strafzumessung

a) § 35 I 2, 2. HS StGB

Da zwischen Tätern mit berufsbedingten Gefahrtragungspflichten, die regelmäßig in einem besonderen Rechtsverhältnis i.S.d. § 35 I 2, 1. HS StGB stehen, und solchen die aufgrund staatlicher Eingriffsbefugnisse gezwungen sind, Beeinträchtigungen ihrer Rechtsgüter hinzunehmen, ein sachlicher Unterschied besteht – erstere haben die besonderen Gefahrtragungspflichten freiwillig übernommen, während bei letzteren die Beeinträchtigung von vornherein gegen ihren Willen erfolgt – ist der so eben dargestellten zweiten Meinung zu folgen. Konsequenz dessen ist, dass für die A, hätte sie selbst gehandelt, gem. § 35 I 2, 2. HS StGB eine Strafmilderung nach § 49 I StGB in Betracht kommt. Dann muss das auch für den Notstandshelfer wirken.

b) § 157 StGB

Daneben könnte der Anwendungsbereich des § 157 StGB eröffnet sein.

aa) § 157 StGB ist zunächst unter dem Aspekt zu prüfen, dass O eine eigene Strafverfolgung abwenden wollte. Dass er daneben noch ein anderes Motiv verfolgte, schadet nichts[29].

O droht jedenfalls aus seiner Sicht, ein strafrechtliches Ermittlungsverfahren, auf welches er mit der Aussage bereits zu diesem frühen Zeitpunkt Einfluss nehmen will. Auch wenn es um die Abwendung einer noch sehr fernliegenden Gefahr geht, ist der Anwendungsbereich des § 157 StGB grundsätzlich eröffnet[30]. Mit der von § 157 StGB erforderlichen Motivation handelt er folglich.

Fraglich ist jedoch, ob § 157 StGB dahingehend zu verstehen ist, dass die Gefahr der Bestrafung gerade aus der Offenbarung der Wahrheit erwachsen muss. Dies wird von der herrschenden Meinung unter Hinweis darauf gefordert, dass nur dann die für § 157 StGB typisierte Zwangslage besteht[31]. Realisiert sich lediglich der Wunsch des Täters, seine Stellung zu verbessern, entspricht dies der Situation des § 35 StGB.

Hier will sich der O vorsorglich ein Alibi verschaffen. In einem Strafverfahren führt ein fehlendes Alibi aber nicht zwangsläufig zu einem Schuldspruch. Folglich würde der Täter durch die Wahrheit (kein Alibi) seine Situation nicht verschlechtern, sondern sie nur nicht verbessern. Das reicht aber für den § 157 StGB nicht aus. Bei diesem muss aus der Wahrheit die Gefahr der Bestrafung erwachsen[32].

---

[29] NK-*Vormbaum*, § 157 Rn. 13.
[30] NK-*Vormbaum*, § 157 Rn. 18.
[31] *Lackner/Kühl*, § 157 Rn. 6; *Schönke/Schröder/Lenckner*, § 157 Rn. 9; *Vormbaum*, JuS 1980, 367 (369).
[32] NK-*Vormbaum*, § 157 Rn. 24.

bb) Unabhängig von der soeben dargestellten Problematik scheidet auch unter dem Blickwinkel der Handlung zugunsten der A § 157 StGB aus. Die Nichte ist nicht Angehörige i.S.d. Gesetzes. Eine analoge Anwendung des § 157 StGB auf sonst nahestehende Personen ist mangels planwidriger Regelungslücke nicht möglich[33].

Im Ergebnis ist festzuhalten, dass § 157 StGB nicht zugunsten des O wirken kann.

5. Ergebnis

O hat sich wegen Meineides gem. § 154 I StGB strafbar gemacht.

II. Anstiftung zum versuchten Meineid, §§ 154 I, 22, 23, 26 StGB

Durch die Einwirkung auf Z könnte sich O wegen Anstiftung zum versuchten Meineid gem. §§ 154 I, 22, 23, 26 StGB strafbar gemacht haben.

Zwar ist eine *vorsätzlich rechtswidrige Haupttat* des Z, die wenigstens das Versuchsstadium erreicht hat, gegeben, aber der Z war *bereits fest entschlossen zu seiner Tat*. Folglich konnte er durch den O nicht mehr zur Tat *bestimmt* werden. Eine Anstiftung zum versuchten Meineid scheidet damit aus.

III. Versuchte Anstiftung zum Meineid, §§ 154 I, 30 I 1, 1. Alt. StGB

Zu prüfen ist aber, ob sich der O durch seine Einwirkung auf Z wegen versuchter Anstiftung zum Meineid gem. §§ 154 I, 30 I 1, 1. Alt. StGB strafbar gemacht hat. Eine vollendete Anstiftung liegt, wie soeben festgestellt, nicht vor. Da § 154 I StGB ein Verbrechen ist, ist die versuchte Teilnahme zu ihm strafbar.

1. Tatbestandsmäßigkeit

O ging davon aus, dass Z den wahren Termin des Treffens kannte. Er wollte, dass Z vor dem Gericht ein anderes Datum benennt. Man kann davon ausgehen, dass er zumindest mit dolus eventualis die Möglichkeit einer Vereidigung des Z gesehen und in Kauf genommen hat. Folglich hatte er den *Vorsatz* auf einen vorsätzlichen Meineid des Z. Hinsichtlich des Hervorrufens eines Tatentschlusses bei Z handelte er ebenfalls vorsätzlich. Da die eigentliche Anstifterhandlung zwar erfolglos blieb, aber abgeschlossen war, liegt auch ein *unmittelbares Ansetzen* vor.

2. Rechtswidrigkeit und Schuld

Rechtfertigungs- und Schuldausschließungsgründe greifen nicht ein. O handelte rechtswidrig und schuldhaft.

---

[33] *Schönke/Schröder/Lenckner*, § 157 Rn. 6.

3. Strafzumessung

Seine Strafe kann gem. § 35 I 2, 2. HS StGB gemildert werden.

4. Ergebnis

O hat sich wegen versuchter Anstiftung zum Meineid gem. §§ 154 I, 30 I 1, 2. Alt. StGB strafbar gemacht.

IV. Beihilfe zum versuchten Meineid, §§ 154 I, 22, 23, 27 StGB

Indem O auf Z einwirkte, könnte er sich zugleich wegen Beihilfe zum versuchten Meineid gem. §§ 154 I, 22, 23, 27 StGB strafbar gemacht haben.

1. Tatbestandsmäßigkeit

In dem versuchten Meineid des Z liegt eine beihilfefähige vorsätzliche rechtswidrige Haupttat. Zu dieser müsste O Hilfe geleistet haben. Hier kann die Hilfeleistung möglicherweise in der Bestärkung des Z in seinem einmal gefassten Tatentschluss gesehen werden. Es ist jedoch umstritten, ob diese Form der psychischen Beihilfe eine Strafbarkeit gem. § 27 StGB begründen kann.

Dies wird von der h.M. vor allem für die Fälle bejaht, in denen der Gehilfe dem Täter Bedenken ausredet oder durch Lieferung weiterer Motive seinen Entschluss unumstößlich macht[34]. Reine Zustimmungs- und Solidarisierungsbekundungen sollen dagegen nicht ausreichen. Laut Sachverhalt hat O lediglich versucht, den Z zu der Tat anzustiften. Darüber Hinausgehendes ist dem Sachverhalt nicht zu entnehmen. Folglich muss davon ausgegangen werden, dass O dem Z weder Bedenken ausgeredet, noch zusätzliche Motive für die Tat geliefert hat. Insbesondere stellte das Geldangebot keinen zusätzlichen Beweggrund für Z dar. Dieses Ansinnen hat er letztlich ausgeschlagen. Nach alledem wäre O nicht wegen Beihilfe zum versuchten Meineid zu bestrafen.

Zu diesem Ergebnis gelangt man auch mit der Meinung, die generell die Fälle der bloßen Bestärkung des Tatentschlusses aus dem Anwendungsbereich der psychischen Beihilfe ausscheidet[35], da ansonsten unter Umgehung des Grundsatzes „in dubio pro reo" die versuchte Beihilfe als vollendete Beihilfe erfasst wird. Zudem ist eine Kausalität nicht feststellbar und es werde nur auf den Täter und nicht auf die Tat eingewirkt.

---

[34] *Kühl*, AT, § 20 Rn. 226, 227; LK-*Roxin*, § 27 Rn. 13.
[35] *Hruschka*, JR 1983, 177 (178 f.).

2. Ergebnis

O hat sich nicht wegen Beihilfe zum versuchten Meineid des Z gem. §§ 154 I, 22, 23, 27 StGB strafbar gemacht.

V. Versuchte Strafvereitelung, §§ 258, 22, 23 StGB

Eine Strafbarkeit wegen versuchter Strafvereitelung gem. §§ 258, 22, 23 StGB scheidet von vornherein aus, da ebenso wie der Z auch der O von der Unschuld der A überzeugt ist.

D. Strafbarkeit der A

I. Anstiftung zum Meineid, §§ 154 I, 26 StGB

Durch ihre Einwirkung auf O könnte sich die A wegen Anstiftung zum Meineid gem. §§ 154 I, 26 StGB strafbar gemacht haben.

1. Objektiver Tatbestand

O hat sich wegen *Meineides* strafbar gemacht. Da A an den O die Bitte zu der Aussage herangetragen hat, hat sie diesen zu der Tat *bestimmt*.

2. Subjektiver Tatbestand

Problematisch ist jedoch, ob die A mit dem erforderlichen *Anstiftervorsatz* gehandelt hat. Dieser setzt voraus, dass sie sowohl Vorsatz hinsichtlich des Meineides als auch Vorsatz hinsichtlich ihrer eigenen Anstifterhandlung hatte. Hier stellte sich A jedoch vor, dass O den wahren Termin nicht mehr wisse, seine Aussage also gutgläubig mache. Damit könnte ihr der Vorsatz auf die Haupttat fehlen. Andererseits hatte sie, da sie von der Gutgläubigkeit des O ausging, Tatherrschaftswillen. Es fragt sich, ob es zulässig ist, von diesem als maius auf den Anstiftervorsatz zu schließen. Dagegen spricht jedoch die Privilegierung der mittelbaren Täterschaft bei den Aussagedelikten[36]. Der mittelbare Täter wird gem. § 160 StGB milder bestraft als der Anstifter zum Meineid. Diese Begünstigung würde unterlaufen, wenn man vom Tatherrschaftswillen auf den Anstiftervorsatz schließen würde, denn dann käme man zu einer Bestrafung als Anstifter. Der mit Tatherrschaftswillen Handelnde darf nun aber nicht deshalb schlechter gestellt werden, weil das vermeintliche Werkzeug nicht gutgläubig, sondern bösgläubig gewesen ist[37].

---

[36] *Maurach/Schroeder/Maiwald*, BT 2, § 75 Rn. 102; *Schroeder*, GA 1979, 321 (327).
[37] *Wessels/Beulke*, AT, Rn. 549.

A hatte folglich nicht den erforderlichen Anstiftervorsatz.

3. Ergebnis

A hat sich nicht wegen Anstiftung des O zum Meineid gem. §§ 154 I, 26 StGB strafbar gemacht.

II. Verleitung zur Falschaussage, § 160 I StGB

Durch ihre Handlung könnte sich die A jedoch wegen Verleitung zur Falschaussage gem. § 160 I StGB strafbar gemacht haben.

1. Objektiver Tatbestand

Voraussetzung einer Strafbarkeit ist, dass die Einwirkung des A auf den O als *Verleiten* i.S.d. § 160 I StGB zu qualifizieren ist. Ein Verleiten bedeutet primär die Einwirkung auf einen anderen, eine falsche Aussage zu machen, die dieser für richtig hält[38]. Umstritten ist allerdings, ob ein vollendetes Verleiten i.S.d. § 160 I StGB auch dann gegeben ist, wenn der Hintermann zwar davon ausgeht, der Vordermann würde gutgläubig falsch aussagen, dieser den Plan jedoch durchschaut und die Aussage entgegen der Annahme des Hintermannes bösgläubig macht. Die herrschende Meinung nimmt Vollendung des § 160 StGB an[39]. Begründet wird dies vor allem mit dem Schutzzweck der Vorschrift: Der Verleitende habe das von ihm erstrebte Ziel einer falschen Aussage erreicht; der die Rechtspflege gefährdende äußere Erfolg sei eingetreten.

Nach der Gegenansicht liegt wegen des Irrtums über die Werkzeugqualität nur ein Versuch des Verleitens gem. § 160 II StGB vor[40]. Gegen die Vollendungslösung wird eingewandt, sie verfälsche den § 160 StGB zu einem Auffangtatbestand für alle Fälle, in denen keine Bestrafung wegen Anstiftung möglich ist. Zudem sei die vom Hintermann beabsichtigte Gefährdung der Rechtspflege durch ein gutgläubiges Werkzeug nicht gelungen.

Im Ergebnis ist der herrschenden Meinung zu folgen, da die Fehlvorstellung über die innere Einstellung des Aussagenden eine unwesentliche Abweichung vom Kausalverlauf ist und die Vorsatztat des Vordermannes als maius die unvorsätzlich gewollte einschließt.

Damit hat A den O zur Ableistung eines falschen Eides verleitet.

---

[38] *Schönke/Schröder/Lenckner,* § 160 Rn. 7.
[39] BGHSt 21, 116; *Heinrich,* JuS 1995, 1115 (1118); *Küpper,* BT 1, II § 2 Rn. 33; *Lackner/Kühl,* § 160 Rn. 4; LK-*Ruß,* § 154 Rn. 12, § 160 Rn. 2; NK-*Vormbaum,* § 160 Rn. 23; *Schönke/Schröder/Lenckner,* § 160 Rn. 9.
[40] *Eschenbach,* Jura 1993, 407 (411); *Maurach/Schroeder/Maiwald,* BT 2, § 75 Rn. 102; *Otto,* JuS 1984, 161 (171); *Wessels/Hettinger,* BT 1, Rn. 783.

2. Subjektiver Tatbestand

Da A den O tatsächlich für gutgläubig hielt und von diesem eine falsche eidliche Aussage wollte, handelte sie mit dem erforderlichen *Vorsatz*.

3. Rechtswidrigkeit und Schuld

Der A kann mangels wesentlich überwiegender Interessen der Rechtfertigungsgrund des rechtfertigenden Notstandes nicht zur Seite stehen. Da ihr hier die Hinnahme der Gefahr auch zuzumuten ist, scheidet der entschuldigende Notstand ebenso aus. Sie handelte folglich rechtswidrig und schuldhaft.

4. Strafmilderung

Allerdings kommt ihr die fakultative Strafmilderung gem. § 35 I 2, 2. HS StGB zu gute. § 157 StGB kann zugunsten der A nicht wirken, da er nur für die Aussageperson selbst gilt, nicht für den Hintermann bei § 160 StGB.

5. Ergebnis

A hat sich wegen Verleitung des O zur Falschaussage gem. § 160 I StGB strafbar gemacht.

III. Verleitung zur Falschaussage, § 160 I StGB

Durch ihre Bitte an F könnte sie sich nochmals wegen Verleitung zur Falschaussage gem. § 160 I StGB strafbar gemacht haben.

1. Tatbestandsmäßigkeit

F war tatsächlich gutgläubig. Da A ihn durch ihre Bitte zu der Aussage vor dem Gericht veranlasste, hat sie ihn zu der Ableistung eines falschen Eides *verleitet*. Der objektive Tatbestand ist erfüllt.

A handelte auch *vorsätzlich*. Sie ging von der Gutgläubigkeit des F aus und rechnete mit der Möglichkeit einer Vereidigung.

2. Rechtswidrigkeit und Schuld

A handelte mangels Rechtfertigungsgründen rechtswidrig und mangels Schuldausschließungsgründen schuldhaft.

3. Strafmilderung

Wie bereits festgestellt, kommt ihr die fakultative Strafmilderung gem. § 35 I 2, 2. HS StGB zu gute.

4. Ergebnis

Hinsichtlich der Einwirkung auf F hat sich A ebenfalls wegen Verleitung zur Falschaussage gem. § 160 I StGB strafbar gemacht.

IV. Anstiftung zum versuchten Meineid, §§ 154 I, 22, 23, 26 StGB

Indem A mittelbar durch den O auf den Z einwirkte, könnte sie sich wegen Anstiftung zum versuchten Meineid gem. §§ 154 I, 22, 23, 26 StGB strafbar gemacht haben. Allerdings war Z zur Tat bereits fest entschlossen, so dass es an der kausalen Hervorrufung des Tatentschlusses durch A fehlt. Eine Strafbarkeit gem. §§ 154 I, 22, 23, 26 StGB kommt somit nicht in Betracht.

V. Versuchte Anstiftung zum Meineid, §§ 154 I, 30 I 1, 2. Alt. StGB

Möglicherweise hat sich A aber durch ihr mittelbares Einwirken auf Z wegen versuchter Anstiftung zum Meineid gem. §§ 154 I, 30 I 1, 2. Alt. StGB strafbar gemacht. Eine vollendete Anstiftung liegt nicht vor. Die anvisierte Tat, der Meineid, stellt ein Verbrechen dar.

1. Tatentschluss

§ 30 I StGB setzt zunächst den subjektiven Tatbestand der Anstiftung voraus, das heißt, A müsste mit *doppeltem Anstiftervorsatz* gehandelt haben. A wollte, dass Z eine falsche Tatsache vor dem Gericht beeidigt. Da sie von einer Bösgläubigkeit des Z ausging, verfolgte sie somit einen vorsätzlichen Meineid durch den Z. Hinsichtlich der Haupttat handelte sie also mit dem erforderlichen Vorsatz. Des weiteren müsste sie hinsichtlich ihres eigenen Bestimmens vorsätzlich gehandelt haben. A wollte nicht unmittelbar selbst auf den Z einwirken. Das schließt aber das Hervorrufen des Tatentschlusses nicht aus. A darf sich diesbezüglich eines Mittelsmannes bedienen. Hat dieser tatsächlich Werkzeugqualität, kommt eine Anstiftung in mittelbarer Täterschaft in Frage[41], ist er dagegen bösgläubig, liegt eine Anstiftung zur Anstiftung vor, die als Anstiftung zur Haupttat behandelt wird[42]. Vorliegend nimmt A irrtümlich an, O durchschaue ihre Pläne nicht, sei also lediglich unwissendes Werkzeug bei der Anstiftung des Z. Damit will A die Anstiftung des Z

---

[41] *Küpper*, JuS 1996, 23 (25); LK-*Roxin*, § 26 Rn. 107; diese Möglichkeit einer Anstiftung ablehnend *Maurach/Gössel/Zipf*, AT 2, § 50 Rn. 130.
[42] LK-*Roxin*, § 26 Rn. 108.

in mittelbarer Täterschaft begehen, sie hat also insofern Tatherrschaftswillen. In diesem ist als minus der Anstifterwillen enthalten. Somit kann im Ergebnis davon ausgegangen werden, dass A den Vorsatz hat, O zu der Anstiftung des Z anzustiften, § 30 I 1, 2. Alt. StGB. Der Vorsatz auf ein Bestimmen ist gegeben.

2. Unmittelbares Ansetzen

A hat ihre Anstifterhandlung in Bezug auf O bereits beendet und dieser wiederum hat seine Einwirkung auf Z abgeschlossen, so dass auch ein *unmittelbares Ansetzen* zur Tat gegeben ist.

3. Rechtswidrigkeit und Schuld

Rechtfertigungs- und Schuldausschließungsgründe greifen nicht ein. A handelte rechtswidrig und schuldhaft.

4. Strafmilderung

Wie bereits festgestellt, kommt ihr die fakultative Strafmilderung gem. § 35 I 2, 2. HS StGB zu gute.

5. Ergebnis

A hat sich wegen versuchter Anstiftung des Z zum Meineid gem. §§ 154 I, 30 I 1, 2. Alt. StGB strafbar gemacht.

Gesamtergebnis

1. Z hat sich gem. § 153 StGB strafbar gemacht. Die Möglichkeit einer Strafmilderung gem. § 158 StGB ist gegeben.

2. F hat sich gem. § 163 StGB strafbar gemacht.

3. O hat sich wegen § 154 I StGB strafbar gemacht. Daneben steht tatmehrheitlich eine Strafbarkeit gem. §§ 154 I, 30 I 1, 1. Alt. StGB. Die Möglichkeit einer Strafmilderung gem. § 35 I 2, 2. HS StGB ist gegeben.

4. A hat sich durch ihre Einwirkung auf O und F tateinheitlich wegen einer Verleitung zur Falschaussage gem. § 160 Abs. 1 StGB strafbar gemacht. Daneben steht tatmehrheitlich die versuchte Anstiftung des Z zum Meineid gem. §§ 154 I, 30 I 1, 2. Alt. StGB. Ebenso wie bei O ist auch bei A die Möglichkeit einer Strafmilderung gem. § 35 I 2, 2. HS StGB eröffnet.

Fall 10

Zuviel Papier im Revier

„Aufrücken" der Fotokopie zum Original – Fotokopie als Urkunde und technische Aufzeichnung – Gebrauch mittels Fotokopie – tätige Reue – Gesamturkunde – Verfälschen durch den Aussteller – zusammengesetzte Urkunde – vereitelter Strafanspruch und Urkundenunterdrückung

Der junge Polizeibeamte A ist mit seiner beruflichen Stellung sehr unzufrieden; dies nicht nur wegen seines relativ geringen Dienstgrades, sondern vor allem aufgrund der täglichen Anwesenheitspflicht. Als nun auch noch sein ihm nahestehender Onkel verstirbt, wird dem A sein bisheriges Leben immer schwerer. Als Alleinerbe entdeckt er aber bei Durchsicht des Nachlasses ein Dokument der Volkshochschule, welches die Reifeprüfung des O bescheinigt. A beschließt sofort, zukünftig die Freiheiten des Studentenlebens zu genießen. Er überklebt das Zeugnis der Volkshochschule mit seinem Namen und einem aktuellen Datum. Sodann fertigt A hiervon auf dickem Papier eine Farbkopie von bestechender Qualität, in der Absicht, sich mit derselben in einen zulassungsfreien Studiengang einzuschreiben. Zuvor jedoch erstellt er von dem Ergebnis seiner Arbeit eine einfache und als solche erkennbare Kopie, mit deren Unterstützung er auf der Dienststelle mit seinem Erfolg prahlt. Nach einigen Tagen aber vernichtet A alle Dokumente aus Zweifel am Gelingen seines Planes.

Wenig später begeht der Fußballverein des A sein 25-jähriges Jubiläum, wobei der Gastwirt G aus Anlass von Festreden und unzähligen Trinksprüchen kräftig Umsatz macht. Die von den Vereinsmitgliedern zu zahlenden Getränke werden von G mit Strichen auf einem Zettel festgehalten, den jeder vor sich liegen hat. Zu fortgeschrittener Stunde vermerkt G im Anschluss an eine von X bestellte Saalrunde auf dessen Rechnung weitaus mehr Getränke als tatsächlich serviert wurden. Auch als der angetrunkene Y vor Verlassen des Lokals seine Rechnung vorlegt, versäumt G es nicht, beim Zusammenzählen unbemerkt einige Striche hinzuzufügen.

Der Präsident P ist erfreut über den gelungenen Abend und begibt sich erst am frühen Morgen beschwingt und mit 1,8 ‰ BAK per Fahrrad auf den Heimweg, wobei er sich von unkontrollierten Schlenkern nicht erschüttern lässt. Die Stimmung sinkt jedoch, als ihn Kollegen des A aufhalten und eine Blutprobe angeordnet wird. Der hierzu herangezogene Arzt gibt das entnommene Blut in eine Venüle und beklebt diese mit einem Beipackzettel, der Personenangaben enthält und von ihm unterzeichnet ist. Am darauf folgenden Tag erhält A den Auftrag, die in der Nacht entnommenen und zunächst auf der Dienststelle verwahrten Blutproben dem gerichtsmedizinischen Institut zur weiteren Untersuchung zu übergeben. A jedoch hat inzwischen von dem Missgeschick des P erfahren und nutzt die günstige Gelegenheit zur Hilfe. Er öffnet die Venüle des P, verschüttet den Inhalt und setzt den Verschluss locker wieder auf, um den Anschein eines Transportschadens zu erwecken. Die Ermittlungen gegen P müssen daraufhin eingestellt werden.

Strafbarkeit von A, G und P nach dem StGB ?

§§ 263, 303 StGB sind nicht zu prüfen.

Lösung

A. Das Zeugnis, Strafbarkeit des A

I. das Überkleben

1. Urkundenfälschung, § 267 I StGB

Indem A das Abiturzeugnis des O überklebte, könnte er sich gem. § 267 I StGB einer Urkundenfälschung schuldig gemacht haben.

a) Tatbestand

Es ist zweifelhaft, ob A eine unechte Urkunde herstellte oder aber eine echte Urkunde verfälschte. Dies jedoch kann dahinstehen, wenn schon dem Ergebnis seiner Handlung keine Urkundenqualität zukommt. Eine *Urkunde* ist jede verkörperte Gedankenerklärung, die zum Beweis im Rechtsverkehr geeignet und bestimmt ist und ihren Aussteller erkennen lässt[1]. Einem überklebten Text[2] aber wird im Rechtsverkehr kein Vertrauen entgegen gebracht, weshalb es nach objektiven Gesichtspunkten schon an der Eignung zum Beweis der Reifeprüfung fehlt. Mithin ist die von A gefertigte Vorlage keine Urkunde.

b) Ergebnis

Insofern ist A also keiner Urkundenfälschung gem. § 267 I StGB schuldig.

---

[1] *Tröndle/Fischer*, § 267 Rn. 2; *Küpper*, BT 1, II § 1 Rn. 3.
[2] Dazu auch BayObLG JR 1993, 299.

2. Urkundenunterdrückung, § 274 I Nr. 1 StGB

Durch das Überkleben des Zeugnisses könnte A sich gem. § 274 I Nr. 1 StGB wegen Urkundenunterdrückung strafbar gemacht haben.

a) Tatbestand

Hierzu müsste das Zeugnis des O eine Urkunde gewesen sein. Ursprünglich wurde das Dokument dem O von der Volkshochschule zum *Beweis im Rechtsverkehr* ausgestellt. Die Beweisbestimmung dieser Absichtsurkunde könnte aber mit dem Tod von O entfallen sein. So liegt es nur dann, wenn jegliche Beweisbestimmung aufgehoben ist[3]. Die ursprüngliche rechtserhebliche Bedeutung eines Abiturzeugnisses endet jedoch mit dem Tod und wird nicht durch eine neue Funktion ersetzt. Demnach handelte es sich zum Zeitpunkt der Handlung nicht mehr um eine Urkunde.

b) Ergebnis

Mithin hat sich A durch das Überkleben des Zeugnisses auch nicht wegen Urkundenunterdrückung gem. § 274 I Nr. 1 StGB strafbar gemacht.

II. die Farbkopie

1. Urkundenfälschung, § 267 I 1. Var StGB

Indem A die Farbkopie erstellte, könnte er sich einer Urkundenfälschung gem. § 267 I 1. Var. StGB schuldig gemacht haben.

a) Tatbestand

aa) Grundsätzlich ist streitig, ob *Fotokopien* Urkunden i.S.d. § 267 StGB sein können. Soweit jedoch die Reproduktion den Anschein einer Originalurkunde erweckt und der Täter sie als eine von dem angeblichen Aussteller herrührende Urschrift ausgeben will, rückt eine Fotokopie zum Original auf[4]. Die hohe Qualität der von A erstellten Farbkopie erweckt den Eindruck eines Originals und sollte gegenüber der Universität zum Nachweis der Reifeprüfung auch als solches genutzt werden. Somit handelt es sich um eine verkörperte Gedankenerklärung, die zum Beweis im Rechtsverkehr geeignet und bestimmt ist und einen Aussteller erkennen lässt. Die Farbkopie ist also eine Urkunde i.S.d. § 267 I StGB.

---

[3] BGHSt 4, 284 (285); *Küpper*, BT 1, II § 1 Rn. 8.
[4] BayObLG NJW 1989, 2553 f.; OLG Köln StV 1987, 297 f.; *Küpper*, BT 1, II § 1 Rn. 25; *Wessels/Hettinger*, BT 1, Rn. 811.

Unecht ist eine Urkunde, wenn sie nicht von demjenigen stammt, der in ihr als Aussteller bezeichnet ist[5]. Das von A angefertigte Dokument bezeichnet die Volkshochschule als Aussteller und ist damit unecht. Folglich hat A mit der Farbkopie eine unechte Urkunde hergestellt.

bb) Der Vorsatz des Täters muss sich auf alle objektiven Tatumstände beziehen, wobei hinsichtlich der Urkunde die Vorstellung genügt, dass das Tatobjekt beweiserhebliche Funktion im Rechtsverkehr besitzt; einer exakten Subsumtion bedarf es nicht[6]. A kannte die tatsächlichen Umstände seiner Tathandlung und war sich der Bedeutung des Zeugnisses bewusst. Mithin war ihm neben den Tatumständen auch die beweiserhebliche Funktion des Papiers im Rechtsverkehrs bekannt. Somit handelte A vorsätzlich.

Zur Täuschung im Rechtsverkehr handelt, wer erreichen will, dass ein anderer die Urkunde für echt hält und durch diese irrige Annahme zu einem rechtlich erheblichen Verhalten bestimmt wird, wer also mit der Urkunde irgendwie auf das Rechtsleben einwirken will[7]. Ziel des A war es, durch Täuschung über die Echtheit des Dokuments die Einschreibung in den gewünschten Studiengang zu erreichen, wodurch ein Rechtsverhältnis zur Universität begründet worden wäre. Demnach handelte er sogar in *dolus directus* ersten Grades zur Täuschung im Rechtsverkehr. Damit ist der subjektive Tatbestand verwirklicht.

b) Rechtswidrigkeit, Schuld

Gegen Rechtswidrigkeit und Schuld bestehen keine Bedenken.

c) tätige Reue

Problematisch ist, ob der Täter bei freiwilliger Vernichtung des Falsifikats vor dessen bestimmungsgemäßem Gebrauch[8] in analoger Anwendung der Vorschriften über die *tätige Reue* straffrei bleibt[9]. Dafür mag sprechen, dass der gesetzgeberischen Einfügung der Rücktrittsvorschriften vom vollendeten Delikt offensichtlich kein anderes als das Prinzip des Zufalls zugrunde liegt. Gleichwohl handelt es sich aber um eine gesetzliche Entscheidung. Es fehlt demnach an einer planwidrigen Lücke des Gesetzes. Mithin ist eine Analogie nicht zulässig und die Bestrafung als Konsequenz hinzunehmen[10].

---

[5] BGHSt 33, 159 (160); *Lackner/Kühl*, § 267 Rn. 17.
[6] *Küpper*, BT 1, II § 1 Rn. 46.
[7] BGHSt 33, 105 (109); *Rengier*, BT 2, § 33 Rn. 40.
[8] Zur Frage des Gebrauchs durch A vgl. unten IV.
[9] So *Schönke/Schröder/Eser*, § 24 Rn. 116.
[10] LK[10]-*Vogler*, § 24 Rn. 214.

d) Ergebnis

Indem A die Farbkopie erstellte, hat er sich einer Urkundenfälschung gem. § 267 I 1. Var. StGB schuldig gemacht.

2. Fälschung technischer Aufzeichnungen, § 268 I Nr. 1 StGB

Durch das Fertigen der Farbkopie könnte sich A gem. § 268 I Nr. 1 StGB wegen Fälschung einer technischen Aufzeichnung strafbar gemacht haben.

a) Tatbestand

Es ist umstritten, ob eine *Fotokopie* den Anforderungen der in § 268 II StGB definierten *technischen Aufzeichnung* genügt. Während einerseits ein durch den automatischen Vorgang bewirkter Informationsgewinn verlangt wird[11], soll andererseits die selbständige Reproduktion von bereits Vorhandenem genügen, weshalb nur hiernach eine Fotokopie erfasst wird[12]. Doch selbst wenn die Kopie unter § 268 II StGB zu subsumieren ist, scheidet eine Strafbarkeit des A aus, falls es sich nicht um eine unechte technische Aufzeichnung handelt. Eine technische Aufzeichnung ist unecht, wenn sie in ihrer konkreten Gestalt nur scheinbar das Ergebnis selbsttätigen Funktionierens des Aufzeichnungsmechanismus ist[13]. A hingegen bewirkte eine unbeeinflusste Wiedergabe der Vorlage. Demnach ist die Fotokopie eine *echte* Aufzeichnung[14].

b) Ergebnis

Folglich hat sich A durch das Fertigen der Farbkopie nicht gem. § 268 I Nr. 1 StGB wegen Fälschung einer technischen Aufzeichnung strafbar gemacht.

III. die einfache Kopie

1. Urkundenfälschung, § 267 I 1. Var. StGB

Indem A die Farbkopie ablichtete, könnte er sich gem. § 267 I 1. Var. StGB einer Urkundenfälschung schuldig gemacht haben.

---

[11] *Küpper*, BT 1, II § 1 Rn. 24, 76; LK-*Gribbohm*, § 268 Rn. 17; *Rengier*, BT 2, § 34 Rn. 6; *Wessels/Hettinger*, BT 1, Rn. 867 f.
[12] *Schönke/Schröder/Cramer*, § 268 Rn. 17; SK-*Hoyer*, § 268 Rn. 8.
[13] BGHSt 28, 300 (303); *Küpper*, BT 1, II § 1 Rn. 77.
[14] Dazu *Küpper*, BT 1, II § 1 Rn. 24; *Schönke/Schröder/Cramer*, § 268 Rn. 17.

a) Tatbestand

Problematisch ist, ob *Fotokopien*, die als solche eindeutig erkennbar sind, als Urkunden angesehen werden können. Überwiegend wird dies abgelehnt[15]. Nach anderer Ansicht kann auch eine Kopie als solche die Merkmale der Urkunde aufweisen[16]. Voraussetzung dafür ist, dass die unbeglaubigte Fotokopie die gleiche Akzeptanz im Rechtsverkehr genießt wie eine Urschrift. Doch selbst wenn die Kollegen des A der Kopie eine dem Original entsprechende Bedeutung beigelegt hätten, war das beabsichtigte Geschehen jedenfalls rechtlich bedeutungslos. Die Kopie war also nicht zum Beweis im Rechtsverkehr bestimmt und demnach keine Urkunde.

b) Ergebnis

A hat sich also durch die Ablichtung der Farbkopie nicht der Urkundenfälschung gem. § 267 I 1. Var. StGB schuldig gemacht.

2. Fälschung technischer Aufzeichnungen, § 268 Nr. 1 StGB

Eine Strafbarkeit gem. § 268 I Nr. 1 StGB scheidet erneut zumindest mangels einer unechten technischen Aufzeichnung aus.

IV. Vorlage der einfachen Kopie

Urkundenfälschung, § 267 I 3. Var. StGB

Indem A die Ablichtung des von ihm erstellten Dokuments seinen Kollegen vorlegte, könnte er sich gem. § 267 I 3. Var. StGB des Gebrauchs einer unechten Urkunde schuldig gemacht haben.

a) Tatbestand

Eine unechte Urkunde *gebraucht*, wer sie dem zu Täuschenden so zugänglich macht, dass dieser sie wahrnehmen kann[17]. Die Ablichtung selbst ist im vorliegenden Fall keine Urkunde. Dennoch ist sie aber das Abbild einer unechten Urkunde, nämlich des erstellten Zeugnisses. Fraglich ist also, ob eine unechte Urkunde durch Vorlage einer Kopie i.S.d. § 267 I 3. Var. StGB gebraucht wird. Die wohl überwiegende Ansicht lässt eine solche mittelbare Wahrnehmung der unechten

---

[15] BGHSt 24, 140 (141 f.); BayObLG JR 1993, 299; *Küpper*, BT 1, II § 1 Rn. 23; *Lackner/Kühl*, § 267 Rn. 16; *Tröndle/Fischer*, § 267 Rn. 12 b.
[16] *Freund*, JuS 1991, 723 ff.; *Mitsch*, NStZ 1994, 88 (89).
[17] BGHSt 36, 64 (65); *Küpper*, BT 1, II § 1 Rn. 44; *Lackner/Kühl*, § 267 Rn. 23.

Urkunde genügen[18]. Gemessen am Wortlaut wird man jedoch verlangen müssen, dass die Urkunde als solche zugänglich gemacht wird[19]. Indessen bedarf dieses Problem keiner Erörterung, soweit der vorsätzlich handelnde A das erstellte Zeugnis jedenfalls nicht zur Täuschung im Rechtsverkehr gebrauchte. Zwar ging es dem A darum, seine Kollegen über den Aussteller des Zeugnisses zu täuschen, der erhoffte Gewinn bestand jedoch allein in sozialer Achtung und liegt damit außerhalb des Rechtsverkehrs. A handelte also ohne den Willen zur Täuschung im Rechtsverkehr.

b) Ergebnis

Indem A die Ablichtung des von ihm erstellten Dokuments seinen Kollegen vorlegte, hat er sich nicht gem. § 267 I 3. Var. StGB des Gebrauchs einer unechten Urkunde schuldig gemacht.

V. Vernichtung aller Papiere

Unter den von A letztlich vernichteten Papieren befand sich keine echte Urkunde, weshalb er sich hierdurch nicht gem. § 274 I Nr. 1 StGB wegen Urkundenunterdrückung strafbar gemacht hat.

B. Die Feier, Strafbarkeit des G

I. die Rechnung des X

Urkundenfälschung, § 267 I 1. und 2. Var. StGB

Indem G auf der Rechnung des X mehr Getränke vermerkte als tatsächlich serviert wurden, könnte er sich gem. § 267 I 2. Var. StGB wegen Urkundenfälschung strafbar gemacht haben.

1. Tatbestand

a) Dazu müsste der vor X liegende Zettel eine *Urkunde* gewesen sein. Die Striche verkörpern die Anzahl der bestellten Getränke. Ferner konnte G die Getränke nur unter Kontrolle des Gastes vermerken, weshalb der Zettel bei der Abrechnung zum Beweis über die Höhe der Schuld des Gastes dienen sollte. Schließlich ist

---

[18] BGHSt 5, 291 (292); BayObLG NJW 1990, 3221; OLG Köln StV 1987, 297; *Schönke/Schröder/Cramer*, § 267 Rn. 42; *Rengier*, BT 2, § 33 Rn. 35.

[19] *Erb*, GA 1998, 577 (590 f.); *Küpper*, BT 1, II § 1 Rn. 25; *Otto*, JuS 1987, 761 (769 f.); SK-*Hoyer*, § 267 Rn. 88; *Wessels/Hettinger*, BT 1, Rn. 852; krit. auch *Geppert*, Jura 1990, 271 (273 f.).

der Aussteller immer schon dann hinreichend erkennbar, wenn sich seine Identität nicht aus der Verkörperung selbst, sondern aus den Umständen oder der Übereinkunft der Beteiligten ergibt. Insofern war G als Aussteller erkennbar. Die Voraussetzungen einer Urkunde liegen damit in einem derartigen Fall an sich vor [20, 21].

b) Was aber § 267 I 2. Var. StGB angeht, so war die erstellte Urkunde wegen der Identität von tatsächlichem und bezeichnetem Aussteller echt. Folglich könnte es sich hier allenfalls um das *Verfälschen* der Urkunde durch ihren Aussteller handeln. Das ist nach der überwiegenden Ansicht möglich, soweit der ursprüngliche Aussteller die Dispositionsbefugnis über den Inhalt der Urkunde verloren hat[22]. G und X waren sich hingegen im Augenblick der Handlung über die Befugnis zur Vornahme weiterer Eintragungen einig. Daher begründen beim Servieren zu viel vermerkte Striche keine Urkundenfälschung[23].

2. Ergebnis

Demnach hat sich G dadurch, dass er auf der Rechnung des X mehr Getränke vermerkte als tatsächlich serviert wurden, nicht gem. § 267 I 2. Var. StGB wegen Urkundenfälschung strafbar gemacht.

II. die Rechnung des Y

1. Urkundenfälschung, § 267 I 2. Var. StGB

Indem G bei der Abrechnung auf dem Zettel des Y einige Striche hinzufügte, könnte er sich gem. § 267 I 2. Var. StGB des Verfälschens einer echten Urkunde schuldig gemacht haben.

a) Tatbestand

aa) Wegen Identität des tatsächlichen mit dem durch die erstellte Urkunde bezeichneten *Aussteller*, eröffnet sich erneut die Frage, ob der Aussteller die Urkunde verfälschen kann. Das ist nach überwiegender Ansicht möglich, soweit der Aussteller die freie und ausschließliche Dispositionsbefugnis über die Urkunde deshalb verloren hat, weil inzwischen ein anderer ein berechtigtes Beweisinteresse

---

[20] Dazu: RG DStZ 1916, 77; *Haft*, BT, S. 242; *Küpper*, BT I, II § 1 Rn. 10; *Schönke/Schröder/Cramer*, § 267 Rn. 27.

[21] Nach *Krey*, BT 1, Rn. 685 und 687 soll darüber hinaus schon jeder einzelne Strich eine Urkunde und damit das Papier insgesamt eine Gesamturkunde sein, was jedoch in den vorliegenden Konstellationen an den Ergebnissen nichts ändert.

[22] BGHSt 13, 382 (387); KG wistra 1984, 233 (234); OLG Koblenz NJW 1995, 1624 (1625); *Maurach/Schroeder/Maiwald*, BT 2, § 65 Rn. 64 f.; *Rengier*, BT 2, § 33 Rn. 24.

[23] Vgl. dazu *Arzt*/Weber, BT, § 31 Rn. 22 i.V.m. Fn. 26, der darauf hinweist, dass dies nur gilt, solange nicht auch der Gast als Aussteller angesehen wird.

an der Unversehrtheit der Urkunde erlangt hat[24]. Vorliegend konnte der Gast den Wirt beim Notieren der Bestellung kontrollieren, weshalb sich am Ende des Abends allein aus dem vor ihm liegenden Zettel die endgültige Anzahl der zu bezahlenden Getränke ergab. Folglich hatte Y bei Übergabe des Papiers ein berechtigtes Interesse an der Unversehrtheit dieser die Höhe seiner Schuld begrenzenden Urkunde. Nach überwiegender Ansicht hat G also ohne Dispositionsbefugnis den Aussagegehalt der Urkunde verändert und dieselbe daher verfälscht. Nach anderer Ansicht kann der ursprüngliche Aussteller die Urkunde in keinem Fall verfälschen[25], weshalb es einer Entscheidung bedarf.

bb) Die erstgenannte Auffassung verzichtet bei § 267 I 2. Var. StGB auf eine Identitätstäuschung und lässt statt dessen eine Erklärungstäuschung genügen. Folglich wäre eine derart verfälschte Urkunde gleichwohl echt. Ist aber das Ergebnis der Urkundenfälschung nicht stets eine unechte Urkunde, müsste § 267 StGB den Rechtsverkehr sowohl gegen die Schaffung falscher, als auch in seinem Interesse an der Integrität bestehender echter Beweismittel schützen. Das letztere hat jedoch § 274 StGB übernommen. Dagegen wird der Einwand erhoben, der Verfälschungstatbestand sei bei restriktiver Auslegung überflüssig, da in jeder Verfälschung durch Dritte immer auch die Herstellung einer unechten Urkunde liegt. Doch bleibt es dem Gesetzgeber unbenommen, eine besonders wichtige Fallgruppe ausdrücklich hervorzuheben, ohne dass daraus weiterreichende dogmatische Folgerungen gezogen werden müssen. Mithin verstößt ein Verfälschen durch den Aussteller gegen den einheitlichen Echtheitsbegriff des § 267 I StGB. G konnte also die von Y vorgelegte echte Urkunde nicht verfälschen.

b) Ergebnis

Demnach hat er sich durch das Hinzufügen einiger Striche auf der Rechnung der Urkundenfälschung gem. § 267 I 2. Var. StGB nicht schuldig gemacht.

2. Urkundenunterdrückung, § 274 I Nr. 1 StGB

Indem G das von Y vorgelegte Papier mit weiteren Strichen versah, könnte er sich gem. § 274 I Nr. 1 StGB wegen Urkundenunterdrückung strafbar gemacht haben.

a) Tatbestand

Der vorgelegte Zettel war eine echte Urkunde über die G nicht das alleinige Verfügungsrecht hatte, die ihm also nicht ausschließlich gehörte. *Beschädigt* ist eine Urkunde, wenn sie derart verändert wird, dass sie in ihrem Wert als Beweismittel

---

[24] Vgl. Fn. 22.
[25] *Küpper*, BT 1, II § 1 Rn. 42 f.; *Otto*, JuS 1987, 761 (768 f.); NK-*Puppe*, § 267 Rn. 86 ff.; *Schönke/Schröder/Cramer*, § 267 Rn. 68 f.

beeinträchtigt ist[26]. G manipulierte durch die Hinzufügung weiterer Striche die sinntragenden Zeichen und verdeckte dadurch die in ihnen verkörperte Information über die Anzahl der servierten Getränke. Daher sind die objektiven Voraussetzungen des § 274 I Nr. 1 StGB verwirklicht. Hierbei handelte G in Kenntnis aller Tatumstände und war sich der beweiserheblichen Funktion des Papiers bewusst. Zudem handelte er zu dem Zweck, Y den Nachweis einer geringeren Rechnung abzuschneiden, weshalb die Absicht zur Zufügung eines Nachteils sogar in Form des *dolus directus* ersten Grades vorliegt. Somit erfüllt das Verhalten des G den Tatbestand des § 274 I Nr. 1 StGB.

b) Rechtwidrigkeit, Schuld

Bedenken gegen Rechtwidrigkeit und Schuld bestehen nicht.

c) Ergebnis

Mit dem Hinzufügen einiger Striche auf dem Zettel des Y hat sich G also gem. § 274 I Nr. 1 StGB wegen Urkundenunterdrückung strafbar gemacht.

C. Der Heimweg

I. Strafbarkeit des P wegen Trunkenheit im Verkehr, § 316 I StGB

Indem P bei 1,8 ‰ BAK mit seinem Fahrrad fuhr, könnte er sich gem. § 316 I StGB wegen Trunkenheit im Verkehr strafbar gemacht haben.

a) Tatbestand

Fahrzeuge sind, abgesehen von den in § 24 I StVO genannten Ausnahmen, Beförderungsmittel jedweder Art, unabhängig davon, ob sie motorisiert sind oder nicht, also auch Fahrräder[27]. Fraglich ist, ob P bei Führen dieses Fahrzeugs infolge des Genusses alkoholischer Getränke fahruntüchtig war. Bei Fahrradfahrern wird überwiegend ab einer Blutalkoholkonzentration von 1,6 ‰ BAK die Fahruntüchtigkeit unwiderleglich vermutet[28]. Diesen Grenzwert hat P mit 1,8 ‰ BAK sicher überschritten, weshalb er ein Fahrzeug im Verkehr führte, obwohl er infolge des Genusses alkoholischer Getränke nicht in der Lage war, das Fahrzeug sicher zu führen. Dabei war er sich der alkoholbedingt stark beeinträchtigten Fahrweise bewusst und kannte alle übrigen objektiven Tatumstände. P handelte also auch vorsätzlich.

---

[26] *Küpper*, BT 1, II § 1 Rn. 55; NK-*Puppe*, § 274 Rn. 9; *Schönke/Schröder/Cramer*, § 274 Rn. 8.
[27] NK-*Herzog*, § 316 Rn. 6; *Lackner/Kühl*, § 315 c Rn. 3; *Rengier*, BT 2, § 43 Rn. 3.
[28] OLG Hamm NZV 1998, 161; *Tröndle/Fischer*, § 316 Rn. 6.

b) Rechtswidrigkeit, Schuld

Gegen Rechtswidrigkeit und Schuld bestehen keine Bedenken.

c) Ergebnis

Mithin hat sich P auf seiner Heimfahrt gem. § 316 I StGB wegen Trunkenheit im Verkehr strafbar gemacht.

II. Strafbarkeit des A

1. Urkundenunterdrückung, § 274 I Nr. 1 StGB

Indem A das dem P entnommene Blut verschüttete, könnte er sich gem. § 274 I Nr. 1 StGB wegen Urkundenunterdrückung strafbar gemacht haben.

a) Tatbestand

aa) Fraglich ist, ob es sich bei der mit den Personalangaben beklebten Blutprobe um eine Urkunde handelte. Teilweise wird die Urkundeneigenschaft nur Schriftstücken zuerkannt[29]. Indes soll überwiegend eine Urkunde auch dann in Betracht kommen, wenn eine verkörperte Gedankenerklärung mit einem Augenscheinsobjekt, auf das sich ihr Erklärungsgehalt bezieht, räumlich fest zu einer Beweiseinheit verbunden ist[30]. Die Personenangaben beziehen sich auf den Inhalt der Venüle, sind mit dieser fest verbunden und bekunden dadurch die Zuordnung der Blutprobe zur genannten Person. Überdies dient die so zugeordnete Venüle zum Nachweis der Strafbarkeit des P und lässt den unterzeichnenden Arzt als Aussteller erkennen. Folglich handelt es sich nach überwiegender Auffassung um eine Urkunde. Mithin bedarf es einer Entscheidung.

Der Wortlaut des § 267 I StGB begrenzt den Anwendungsbereich nicht auf Schriftstücke, obgleich diese seinen Kern ausmachen. Für die Beschränkung auf Schriftstücke soll aber die bei weiter Auslegung notwendige und teils schwer zu vollziehende Abgrenzung von Beweis- und Kennzeichen sprechen. Doch auch der Begriff der Schriftlichkeit eröffnet angesichts von Kürzeln und Symbolen ähnliche Probleme. Schließlich kommt es aber auf den von § 267 I StGB bezweckten Schutz der Vertrauensgrundlagen des Rechtsverkehrs an, der oftmals auf wortvertretende Zeichen und Verbindungen nicht verzichten kann. Somit ist der letztgenannten Ansicht zu folgen. Zudem hatte die Staatsanwaltschaft an dieser Urkunde, welche durch Beseitigung des Bezugsobjektes vernichtet wurde, das Beweisfüh-

---

[29] *Otto*, JuS 1987, 761 (763); *Welzel*, Lb., § 59 II 1.
[30] BGH NStZ 1984, 73 (74); *Krey*, BT 1, Rn. 694; *Küpper*, BT 1, II § 1 Rn. 12 ff.; *Puppe*, Jura 1980, 18 (20 f.); *Schönke/Schröder/Cramer*, § 267 Rn. 36 a.

rungsrecht. A hat daher den objektiven Tatbestand des § 274 I Nr. 1 StGB verwirklicht.

bb) Wenngleich er hierbei in Kenntnis aller objektiven Tatumstände und im Bewusstsein der Beweiserheblichkeit der beklebten Venüle handelte, ist die erforderliche Absicht zweifelhaft. Zwar muss der über die bloße Tathandlung hinausgehende und mit dolus directus angestrebte Nachteil des anderen nicht vermögensrechtlicher Natur sein[31], die Vereitelung des staatlichen Strafanspruchs steht aber in Streit. Eine vordringende Auffassung bezieht auch diese Fälle mit ein[32], wonach A, der mit der Vernichtung der Urkunde die Vereitelung der Bestrafung des P ohne Selbstbegünstigung beabsichtigte, den Tatbestand des § 274 I Nr. 1 StGB verwirklicht hat. Überwiegend wird eine Urkundenunterdrückung abgelehnt, teils weil kein „anderer" benachteiligt sei[33], teils weil ein „Nachteil" fehle[34].

Ausgehend von der tatbestandlichen Formulierung ist im Rechtsverkehr der hoheitlich handelnde Staat ein „anderer". Auch was die erstrebte Beeinträchtigung angeht, mag zwar eine entgangene Geldstrafe kein Vermögensnachteil sein, sehr wohl bildet aber die vereitelte Bestrafung als solche für die Durchsetzung öffentlicher Interessen einen „Nachteil". Damit wird an sich auch der Strafanspruch von § 274 I Nr. 1 StGB geschützt.

Dennoch darf die Einordnung der Urkundenunterdrückung in das Normengefüge des StGB nicht unberücksichtigt bleiben. Soweit Beweismittel zur Verhinderung einer Bestrafung entzogen werden, verwirklicht dies eine typische Situation des § 258 I HS 1 StGB. Es handelt sich hierbei um einen Sonderfall der Beweismanipulation im Rechtsverkehr, der besonderer Regelungen bedarf. Doch diese sind allein in § 258 I, V und VI StGB getroffen. Dem lässt sich entnehmen, dass § 274 I Nr. 1 StGB den Schutz der Strafrechtspflege nicht bezweckt und dahingehend teleologisch zu reduzieren ist. Folglich hatte der zur Verhinderung einer Bestrafung handelnde A keine von § 274 I Nr. 1 StGB erfasste Absicht.

b) Ergebnis

A hat sich durch das Verschütten der Blutprobe nicht gem. § 274 I StGB wegen Urkundenunterdrückung strafbar gemacht.

2. Strafvereitelung im Amt, § 258 a I HS 1 StGB

Indem A die Blutprobe verschüttete, könnte er sich gem. § 258 a I HS 1 StGB einer Strafvereitelung im Amt schuldig gemacht haben.

---

[31] *Küpper*, BT 1, II § 1 Rn. 56; *Rengier*, BT 2, § 36 Rn. 8 f.; SK-*Hoyer*, § 274 Rn. 15.
[32] AG Elmshorn NJW 1989, 3295; *Puppe*, in: NK, § 274 Rn. 14; SK-*Hoyer*, § 274 Rn. 15.
[33] BayObLG NZV 1989, 81; OLG Düsseldorf MDR 1990, 73 (74); *Lackner/Kühl*, § 274 Rn. 7; *Rengier*, BT 2, § 36 Rn. 8.
[34] *Maurach/Schroeder/Maiwald*, BT 2, § 65 Rn. 106; *Schönke/Schröder/Cramer*, § 274 Rn. 16.

a) Tatbestand

A entzog durch Beseitigung des Inhalts der Venüle den notwendigen Beweis zur Bestrafung des P gem. § 316 I StGB. Überdies ist er als Beamter gem. § 11 I Nr. 2 a StGB Amtsträger und war aufgrund seiner dienstlichen Stellung und der ihm übertragenen Aufgabe zur Mitwirkung am Strafverfahren gegen P berufen. Schließlich handelte A auch absichtlich und in Kenntnis aller Tatumstände. Somit ist der Tatbestand des § 258 I HS 1 StGB verwirklicht.

b) Rechtswidrigkeit, Schuld

Gegen Rechtswidrigkeit und Schuld bestehen keine Bedenken.

c) Ergebnis

Indem A die Blutprobe verschüttete, hat er sich gem. § 258 a I HS 1 StGB einer Strafvereitelung im Amt schuldig gemacht.

3. Verwahrungsbruch, § 133 I, III StGB

Mit dem Verschütten der Blutprobe, könnte sich A gem. § 133 I, III StGB wegen Verwahrungsbruchs strafbar gemacht haben.

a) Tatbestand

Tatobjekt des § 133 III StGB ist nur ein Gegenstand i.S.d. § 133 I StGB[35]. In polizeilichen Diensträumen unzugänglich für Dritte befindliche Blutproben sollen vor unbefugten Eingriffen gesichert und für den Verwahrungszweck unversehrt erhalten werden, weshalb sie sich in *dienstlicher Verwahrung* befinden[36]. Ferner ist eine Sache gem. § 133 III StGB anvertraut, wenn die auf amtlicher Anordnung beruhende Verfügungsmacht ein Vertrauensverhältnis begründet, das zur Erhaltung und sicheren Aufbewahrung verpflichtet[37]. Die Blutprobe wurde dem Amtsträger A mit der dienstlichen Verpflichtung zur unversehrten Übergabe an das gerichtsmedizinische Institut übergeben und war ihm daher anvertraut. Darüber hinaus wurde deren Gebrauchsfähigkeit zu dem mit der Verwahrung verfolgten Zweck völlig aufgehoben. Somit hat A eine ihm als Amtsträger anvertraute Sache zerstört, wobei er in Kenntnis aller tatsächlichen Tatumstände und daher vorsätzlich handelte.

b) Rechtswidrigkeit, Schuld

Gegen Rechtswidrigkeit und Schuld bestehen keine Bedenken.

---

[35] *Schönke/Schröder/Cramer/Sternberg-Lieben*, § 133 Rn. 20.
[36] BayObLG JZ 1988, 726.
[37] BGHSt 3, 304 (305 f.); *Küpper*, BT 1, II § 3 Rn. 62; SK-*Rudolphi*, § 133 Rn. 16.

c) Ergebnis

Mit dem Verschütten der Blutprobe hat sich A gem. § 133 I, III StGB wegen Verwahrungsbruchs strafbar gemacht.

D. Gesamtergebnis

A ist gem. § 267 I 1. Var. StGB einer Urkundenfälschung schuldig. Die hierzu realkonkurrierend verwirklichten §§ 258 a I, 133 I, III StGB stehen aufgrund unterschiedlicher Rechtsgüter zueinander in Tateinheit[38].

G hat sich gem. § 274 I Nr. 1 StGB einer Urkundenunterdrückung schuldig gemacht, und P ist gem. § 316 I StGB wegen Trunkenheit im Verkehr zu bestrafen.

---

[38] So i.E. auch *Krey*, BT 1, Rn. 697.

Fall 11

Die feurige Galeristin

Wochenendhaus als Wohnung – schwere Gesundheitsschädigung – Ermöglichungsabsicht bei § 306 b II Nr. 2 StGB – „Retterfälle" – Versicherungsmissbrauch – Hindernisbereiten durch Verkehrsteilnehmer – Gefährdungsvorsatz – Gewaltbegriff – Verwerflichkeit im Straßenverkehr

Die Galeristin G wird von finanziellen Nöten geplagt, will sich jedoch vor ihrem geschäftstüchtigen und wohlhabenden Vater (V) keine Blöße geben. Ihre letzten wertvollen Gemälde hängen in einem abgelegenen und gemeinsam benutzten, aber dem V gehörenden Wochenendhaus. G beschließt, mit der Versicherungssumme für die Bilder den Engpass zu überwinden. Daher lädt sie diese eines Mittwochs in ihren Wagen, kippt einige Fenster im Obergeschoss an, gießt Benzin über die hölzerne Innentreppe und die Täfelungen, wirft einen Streichholz in die Benzinspur, zieht die Tür ins Schloss und verschwindet wieder.

Taxifahrer T sieht von weitem den sich rasch entwickelnden Rauch aus dem Haus dringen und erkennt in dem eilig davonfahrenden Wagen das Fahrzeug der Täterin. Sofort nimmt er die Verfolgung auf und unterrichtet per Funk seine Zentrale von dem Geschehen.

Als nunmehr auch der V nach einmonatiger Abwesenheit unerwartet am Grundstück erscheint, steht sein Wochenenddomizil bereits in hellen Flammen. Entsetzt stürzt er ins Haus, um die Gemälde seiner Tochter zu retten, obgleich er um den Versicherungsschutz weiß. Dabei bricht V betäubt von der starken Rauchentwicklung im Erdgeschoss zusammen und kommt in den Flammen ums Leben.

Während dessen nimmt die Verfolgung einen heftigen Verlauf über abgelegene Landstraßen. In einer engen Kurve bremst G plötzlich scharf ab. Ob der hohen Geschwindigkeit hofft sie, der dicht nachfolgende T werde dadurch so von der Fahrbahn gedrängt, dass ihm aufgrund einer schweren Beschädigung des Wagens die Weiterfahrt unmöglich wird. Nur mit Glück und einer Vollbremsung entgeht der T einer Kollision, rutscht jedoch in den Straßengraben. Dabei bleibt er zwar unverletzt und auch der Wagen wurde nicht beschädigt, dennoch kann er aber sein Fahrzeug nicht ohne fremde Hilfe befreien. G entkommt.

Strafbarkeit der G ?

Außer Betracht bleibt ein etwaiger Tötungs- oder Körperverletzungsversuch.

Lösung

A. Der Brand

I. Brandstiftung, § 306 I Nr. 1 StGB

Indem G das brennende Streichholz in die Benzinspur warf, könnte sie sich einer Brandstiftung gem. § 306 I Nr. 1 StGB schuldig gemacht haben.

1. Tatbestand

a) Das dem V gehörende Wochenendhaus war ein für G fremdes Gebäude. Ein solches ist *in Brand gesetzt*, wenn ein für dessen bestimmungsgemäßen Gebrauch wesentlicher Bestandteil so vom Feuer ergriffen ist, dass er auch nach Erlöschen des Zündstoffes selbständig weiterbrennen kann[1]. Das Haus stand in hellen Flammen und war daher in Brand gesetzt. Ferner kann das Werfen des Zündholzes nicht hinweggedacht werden, ohne dass dieser Erfolg entfällt, die Handlung der G ist damit conditio-sine-qua-non. Zudem verwirklichte sich gerade die der ursächlichen Handlung inne wohnende Gefahr, weshalb der Brand der G objektiv zuzurechnen ist. Mithin hat die G den objektiven Tatbestand verwirklicht.

b) Darüber hinaus handelte sie willentlich, sowie in Kenntnis aller objektiven Tatumstände und daher vorsätzlich. Somit hat G eine Brandstiftung gem. § 306 I Nr. 1 StGB begangen.

2. Rechtswidrigkeit, Schuld

Gegen Rechtswidrigkeit und Schuld bestehen keine Bedenken.

3. Ergebnis

G hat sich daher mit dem Werfen des Streichholzes einer Brandstiftung schuldig gemacht.

II. Schwere Brandstiftung, § 306 a I Nr. 1 StGB

Indem G das Benzin entflammte, könnte sie eine schwere Brandstiftung gem. § 306 a I Nr. 1 StGB begangen haben.

---

[1] BGHSt 36, 221 (222); *Küpper*, BT 1, II § 5 Rn. 6.

1. Tatbestand

a) Mit dem Wochenendhaus setzte G zwar ein Gebäude in Brand, fraglich ist jedoch, ob dieses der *Wohnung* von Menschen diente. Einhellig wird davon ausgegangen, dass der Wohnungsbegriff den durch reale Widmung bestimmten, tatsächlich räumlichen Mittelpunkt der Lebensführung bedeutet[2]. Indessen ist streitig, ob es genügt, wenn der Raum jeweils nur für vorübergehende Zeit zum Mittelpunkt des Aufenthaltes gemacht, insbesondere mit gewisser Regelmäßigkeit darin übernachtet wird. Eine einschränkende Auffassung verlangt die Brandstiftung zu einer Zeit, während der das Tatobjekt ein Mittelpunkt des Lebens, also im engeren Sinne bewohnt ist, wobei es aber auf die Anwesenheit zur Zeit des Brandes nicht ankommt[3]. Es wird damit für eine begrenzte Wohnungseigenschaft eingetreten, deren Phasen durch Widmungs- und Entwidmungsakte geprägt sind. Mithin käme dem Wochenendhaus nur dann Wohnungsqualität zu, wenn es tatsächlich genutzt wird. Der Brand geschah jedoch an einem Mittwoch, als V sich dort nicht überwiegend aufhielt. G hätte hiernach keine Wohnung in Brand gesetzt. Die ganz überwiegende Ansicht bezieht auch zeitweilig genutzte Wochenendhäuser in den Wohnungsbegriff ein[4], weshalb es einer Entscheidung bedarf. Von besonderem Gewicht ist der abstrakte Gefährdungscharakter des § 306 a I Nr. 1 StGB. Unter Berücksichtigung des Ursprungs dieser Gefahr und der Normstruktur steht die strenge Ansicht vor dem Problem, dass sie die Nr. 1 mit dem Merkmal des zeitweisen Aufenthalts aus Nr. 3 anreichert; das erscheint unsystematisch. Vielmehr geht es hier darum, wann es sich um einen Raum handelt, bei dem aufgrund einer verdichteten privaten Sphäre stets mit Anwesenheit zu rechnen ist, egal wie lange die geschützte Person fern bleibt. Vor diesem Hintergrund bietet auch das Haus des V den stetigen Anreiz der erneuten tatsächlichen Nutzung als Lebensmittelpunkt. Daher ist der zweiten Auffassung zu folgen und dem Wochenendhaus Wohnungsqualität beizumessen.

Möglicherweise wurde das Haus durch tatsächliche Aufgabe der Nutzung entwidmet. Wird ein Raum aber von mehreren bewohnt, so bedarf es der Zustimmung aller Bewohner[5]. Während G konkludent entwidmete, hatte V schon gar nicht die Möglichkeit der Zustimmung.

Mithin setzte G ein Gebäude in Brand, das V als Wohnung diente.

b) Dabei handelte sie willentlich und in Kenntnis aller Tatumstände, also vorsätzlich. Der Tatbestand des § 306 a I Nr. 1 StGB liegt somit vor.

---

[2] *Rengier*, BT 2, § 40 Rn. 12; SK-*Horn*, § 306 a Rn. 7.
[3] NK-*Herzog*, § 306 a Rn. 11; *Schönke/Schröder/Cramer*[25], § 306 Rn. 7; anders nun *Schönke/Schröder/Heine*[26], § 306 a Rn. 6.
[4] BGH wistra 1994, 57; OGHSt 1, 244 (245); *Küpper*, BT 1, II § 5 Rn. 9; LK-*Wolff*, § 306 Rn. 9; SK-*Horn*, § 306 a Rn. 9.
[5] BGH JR 1999, 205 (207); BGH NJW 1988, 1276.

2. Rechtswidrigkeit, Schuld

Rechtswidrigkeit und Schuld stehen außer Zweifel.

3. Ergebnis

G hat sich demnach wegen schwerer Brandstiftung gem. § 306 a I Nr. 1 StGB strafbar gemacht.

III. Schwere Brandstiftung, § 306 a II StGB

G könnte auch wegen schwerer Brandstiftung gem. § 306 a II StGB strafbar sein.

1. Tatbestand

a) G setzte zwar ein Gebäude in Brand, problematisch ist aber, ob allein damit das primäre Tatobjekt erfasst ist. Obgleich wohl Einigkeit darüber besteht, dass der Verweis auf die in § 306 I Nr. 1 bis 6 StGB bezeichneten Sachen nicht an die Fremdheit anknüpft, sind die daraus gezogenen Konsequenzen verschieden. Überwiegend soll die Eigentumslage gleichgültig sein[6], andererseits wurde jedoch für die Begrenzung auf ausschließlich eigene oder herrenlose Sachen eingetreten[7]. Dies wäre also für das Haus des V zu entscheiden. Zudem müsste die Frage der Zurechenbarkeit der konkreten Gefahr einer Gesundheitsschädigung des O erörtert werden, welche seinem Tod vorausging.

b) All das kann aber auf sich beruhen, wenn die G ohne *Vorsatz* handelte. Sie rechnete nicht mit dem Erscheinen des V, weshalb fraglich ist, ob auch die Gefährdung vom Vorsatz getragen sein muss. Im Kern geht es um die Abgrenzung von § 18 StGB und § 15 StGB. Wenngleich der Wortlaut von § 306 a II StGB wenig Aufschluss gibt, macht aber § 306 d I 2. Fall StGB nur Sinn, wenn § 306 a II StGB *kein* erfolgsqualifiziertes Delikt ist[8]. Demzufolge fehlte G schon der nötige Gefährdungsvorsatz.

2. Ergebnis

Mithin ist sie nicht wegen schwerer Brandstiftung gem. § 306 a II StGB strafbar.

---

[6] BGH NStZ 1999, 32 (33); *Geppert*, Jura 1998, 597 (602); *Lackner/Kühl*, § 306 a Rn. 7; *Küpper*, BT 1, II § 5 Rn. 15; *Rengier*, JuS 1998, 397 (399); *Stein*, in: Dencker u.a., Einführung in das 6. StrRG, 4. Teil Rn. 50 f.

[7] *Fischer*, NStZ 1999, 13 (14); krit. auch *Schroeder*, GA 1998, 571/574; dargestellt als Klausurlösung von *Schenkewitz*, JA 2001, 400 (402 f.).

[8] *Küpper*, ZStW 111 (1999), 785 (788); *Lackner/Kühl*, § 306 a Rn. 7; LK/Nachtrag-*Wolff*, § 306 b Rn. 4; *Rengier*, BT 2, § 40 Rn. 24; *Schönke/Schröder/Heine*, § 306 a Rn. 23; SK-*Horn*, § 306 a Rn. 28.

IV. Besonders Schwere Brandstiftung, § 306 b I 1. Alt. StGB

Indem G das Benzin entflammte, könnte sie sich einer besonders schweren Brandstiftung gem. § 306 b I 1. Alt. StGB schuldig gemacht haben.

1. Tatbestand

a) G beging eine Brandstiftung gem. §§ 306 I Nr. 1, 306 a I Nr. 1 StGB. Problematisch ist aber, ob mit dem Tod der verbrannten Person eine *schwere Gesundheitsschädigung* als notwendiges Durchgangsstadium verwirklicht wurde[9]. Diese Frage stellt sich vor dem Hintergrund des Verhältnisses von §§ 223, 224 StGB und § 226 StGB zu den Tötungsdelikten. Während selbst die gefährliche Körperverletzung noch ein Durchgangsstadium bildet, besteht zur schweren Körperverletzung Exklusivität. Im Kern geht es also um die Übertragbarkeit dieser Ergebnisse auf die in §§ 306 a II, 306 b I 2. Alt. StGB bezeichnete Gesundheitsschädigung, sowie die schwere Gesundheitsschädigung des § 306 b I 1. Alt. StGB gegenüber § 306 c StGB. Die schwere Gesundheitsschädigung ist demnach nur dann Durchgangsstadium zum Tod des Opfers, wenn sie anders als die schwere Körperverletzung *keinen* Dauerschaden voraussetzt.

aa) Die Gesetzesentwicklung zeigt, dass die schwere Gesundheitsschädigung anstelle eines Verweises auf § 226 StGB formuliert wurde. Damit sollte unter Umgehung eines abschließenden Kataloges jede Verletzung mit einem dem § 226 StGB entsprechenden Schweregrad erfasst werden. Es wurde also zur Umgehung des auf Art. 103 II GG beruhenden fragmentarischen Charakters dieser Norm ein normatives Tatbestandsmerkmal eingefügt. Schon deshalb ist zur Auslegung eine Orientierung an § 226 StGB geboten[10]. Zudem muss das Merkmal der schweren Gesundheitsschädigung aufgrund seiner erheblich strafschärfenden Wirkung in besonderem Maße bestimmt sein. Dem kann nur durch eine streng an § 226 StGB orientierte Auslegung entgegen gewirkt werden[11]. Mithin sprechen Gesetzgebungstechnik und Bestimmtheitsgebot für das Erfordernis einer dauerhaft beeinträchtigenden Verletzung des Opfers.

bb) Problematisch ist jedoch, dass dann eine leicht fahrlässige schwere Gesundheitsschädigung[12] härter bestraft würde als eine leicht fahrlässige Tötung. Darin mag aber eine gesetzgeberische Entscheidung liegen. Während §§ 221 II Nr. 2, III, 239 III Nr. 2, IV StGB beide Erfolge unter Anknüpfung an § 18 StGB erfassen, nennt § 315 III Nr. 2 StGB nur die schwere Gesundheitsschädigung. Folglich wird

---

[9] Dafür *Bindzus/Ludwig*, JuS 1998, 1123 (1125); *Murmann*, Jura 2001, 258 (264).
[10] Mit umfassenden Nachweisen *Stein*, (Fn. 6), Rn. 60 bis 62.
[11] Wohl auch *Stein*, (Fn. 6), Rn. 62.
[12] Nach h.M. gilt § 18 StGB: *Cantzler*, JA 1999, 474 (476); *Küpper*, BT 1, II § 5 Rn. 16; LK/Nachtrag-*Wolff*, § 306 b Rn. 2; *Rengier*, JuS 1998, 397 (399); *Schönke/Schröder/Heine*, § 306 b Rn. 1; SK-*Horn*, § 306 b Rn. 2; a.A. *Geppert*, Jura 1998, 597 (603) und *Wolters*, JZ 1998, 397 (400).

dort im Umkehrschluss eine Erfolgsqualifikation des Todes nicht bestraft[13]. Übertragen auf die Brandstiftung weisen also auch der den § 18 StGB einschränkende § 306 c StGB und der den Tod nicht erwähnende § 306 b I StGB die nur fahrlässige Tötung § 222 StGB zu. Die mildere Bestrafung einer mit dem Brand verwirklichten leichtfahrlässigen Tötung beruht also auf einer Entscheidung des Gesetzgebers.

Folglich setzt die schwere Gesundheitsschädigung ebenso wie § 226 StGB einen Dauerschaden voraus und steht daher zur Tötung in einem Exklusivitätsverhältnis. Mit dem Tod des O ist demnach keine schwere Gesundheitsschädigung eingetreten.

b) Daher ist der Tatbestand schon mangels Taterfolg nicht verwirklicht.

2. Ergebnis

G ist nicht aus § 306 b I 1. Alt. StGB zu bestrafen.

V. Besonders Schwere Brandstiftung, § 306 b II StGB

Durch die Brandlegung könnte sich die G einer besonders schweren Brandstiftung gem. § 306 b II StGB schuldig gemacht haben.

1. Tatbestand

a) G hat sich gem. § 306 a I Nr. 1 StGB strafbar gemacht, weshalb der Anwendungsbereich des § 306 b II StGB eröffnet ist. Fraglich ist, ob ihr die dem Tod des V vorausgegangene konkrete Todesgefahr zurechenbar ist. G handelte jedoch zumindest ohne den erforderlichen Gefährdungsvorsatz.

b) Somit kommt allein das Handeln in *Ermöglichungsabsicht* gem. § 306 b II Nr. 2, 1. Alt. StGB in Betracht, indem G beabsichtigte einen Versicherungsfall vorzutäuschen[14]. Problematisch ist aber, ob angesichts des hohen Strafrahmens eine restriktive Handhabung geboten ist[15].

aa) Soweit man eine Beschränkung erreicht, indem die spezifischen Gefahren des Brandereignisses zum Mittel der beabsichtigten Tat erhoben werden, sind Einzelheiten noch unklar. Einerseits soll es auf die Ausnutzung der gemeingefährlichen Brandsituation ankommen[16], während andererseits auch die Fortwirkung des Eindrucks vom Brand einbezogen wird[17]. Der von G beabsichtigte Betrug sollte aber

---

[13] *Tröndle/Fischer*, § 315 Rn. 24.
[14] § 61 VVG; zu § 306 StGB als möglicherweise ebenfalls ermöglichte Tat vgl. unten A: X.
[15] Dargestellt als Klausurlösung von *Murmann*, Jura 2001, 258 (264 f.).
[16] *Lackner/Kühl*, § 306 b Rn. 4; Mitsch, ZStW 111 (1999), 65/114 f.; *Tröndle/Fischer*, § 306 b Rn. 8 f.; SK-*Horn*, § 306 b Rn. 12.
[17] *Schönke/Schröder/Heine*, § 306 b Rn. 10 und 13; *Rengier*, BT 2, § 40 Rn. 28b.

selbständig im Anschluss erfolgen, wobei weder die Brandsituation noch eine Einschüchterung der Versicherungsgesellschaft eine Rolle spielte. Hiernach wäre eine Ermöglichungsabsicht abzulehnen.

bb) Dem treten andere mit einer streng an §§ 211 II, 315 III Nr. 1 b StGB orientierten Auslegung entgegen[18]. Somit ist allein die Brandlegung zur Begehung einer späteren Straftat ausreichend; dem genügt die G.

cc) Mithin bedarf es einer Entscheidung. Das Bestreben zu einer Restriktion wurzelt in dem Verhältnis zu §§ 265, 263 III Nr. 5 StGB. Ein Brand zum Zweck des Betruges werde bei tatsächlich erfolgtem Betrug dort strafschärfend berücksichtigt. Daher könne diese Absicht nicht auch noch bei den Brandstiftungsdelikten beachtet werden. Angesichts des höheren Strafrahmens von § 306 b II Nr. 2 StGB sei bei diesem die erforderliche Einschränkung vorzunehmen. Schließlich knüpften Nr. 1 und Nr. 3 der Norm an die konkrete Brandsituation an, weshalb der zu weit geratene Wortlaut von § 306 b II Nr. 2 StGB entsprechend teleologisch zu reduzieren sei.

Allerdings übernimmt die Neufassung unter Aufgabe des beschränkenden „Ausnutzens" die Formulierung und daher auch die Auslegung der §§ 211 II, 315 III Nr. 1 b StGB. Dies ist eine klare gesetzgeberische Entscheidung, obgleich deren systematische Haltbarkeit zu hinterfragen ist. Zunächst ist aber mit § 263 III Nr. 5 StGB nur eine Strafzumessungsregel verwirklicht. Schon deshalb tritt im Kollisionsfall ein härter strafender Tatbestand nicht zurück.

Ferner erfasst § 306 b II Nr. 2 StGB ein Unrecht erhöhter Qualität. Vernachlässigt man religiös genutzte Gebäude, so werden durch den Verweis auf § 306 a StGB *abstrakte* Lebensgefahren erfasst. Diese wiederum werden bei vorliegender Ermöglichungsabsicht der *konkreten* Lebensgefahr des § 306 b II Nr. 1 StGB als gleichwertig erachtet. § 306 b Nr. 1 und 2 StGB wiederholen damit in abgeschwächter Form die Regelungstechnik der Tötungsdelikte für das entsprechende Mordmerkmal. Berücksichtigt wird daher der durch die Verknüpfung zweier Straftaten gesteigerte Unwert. Vor diesem Hintergrund begründet ein Verzicht auf die Brandsituation keinen intrasystematischen Widerspruch und rechtfertigt eine erhöhte Strafdrohung gegenüber dem das Leben nicht schützenden § 263 III Nr. 5 StGB. Zudem läuft § 263 III Nr. 5 StGB nicht leer, da außerhalb der Verwirklichung des § 306 a StGB ein eigenständiger Anwendungsbereich verbleibt. Letztlich wäre die vorgeschlagene Restriktion kaum sinnvoll auf die Verdeckungsabsicht übertragbar.

Folglich kann der Tatbestand nicht eingeschränkt werden. Indem also die G § 306 a I Nr. 1 StGB zum Zweck des Betruges an ihrer Versicherung beging, hat sie in der Absicht gehandelt, eine Straftat zu ermöglichen.

c) G hat daher den Tatbestand der besonders schweren Brandstiftung verwirklicht.

---

[18] BGH NJW 2000, 226 (228); *Hohmann/Sander*, BT 2, § 33 Rn. 20; LK/Nachtrag-*Wolff*, § 306 b Rn. 5; *Stein*, (Fn.6) Rn. 67; ausführlich Rönnau, JuS 2001, 328 ff.

2. Rechtswidrigkeit, Schuld

Dabei handelte sie rechtswidrig und schuldhaft.

3. Ergebnis

Durch die Brandlegung hat sich die G einer besonders schweren Brandstiftung gem. § 306 b II Nr. 2, 1. Alt. StGB schuldig gemacht.

VI. Brandstiftung mit Todesfolge, § 306 c StGB

Indem B das Benzin entflammte, könnte sie gem. § 306 c StGB eine Brandstiftung mit Todesfolge begangen haben.

1. Tatbestand

Das Verhalten der G kann nicht hinweggedacht werden, ohne dass der Tod des V entfällt, weshalb die Brandstiftung Ursache des Todes ist. Problematisch ist dagegen, ob diese Folge der G gem. § 306 c StGB *zugerechnet* werden kann.

a) Soweit sich ein Dritter - wie hier - sehenden Auges in den Gefahrenbereich begibt und dadurch stirbt, wird eine Zurechnung im Rahmen des § 306 c StGB teilweise von *vornherein abgelehnt*. Zwar steht die neue Gesetzesfassung einer Zurechnung nicht mehr entgegen, es fehle jedoch an der Verwirklichung des tatbestandsspezifischen Brandstiftungsrisikos. Mithin liege der bei erfolgsqualifizierten Delikten nötige *Gefahrzusammenhang* nicht vor[19].

b) Selbst wenn man aber diesen Zusammenhang bejaht, scheidet eine Strafbarkeit aus, falls schon die objektive Sorgfaltswidrigkeit nicht den Grad der *Leichtfertigkeit* erreicht. Leichtfertigkeit liegt vor, wenn der Täter in grober Achtlosigkeit die Verursachung des Erfolges verkennt, indem er unbeachtet lässt, was jedem hätte einleuchten müssen[20]. G setzte ein abgelegenes Wochenendhaus an einem Mittwoch in Brand, wobei V schon längere Zeit abwesend und seine Rückkehr nicht erkennbar war. Das Erscheinen des V war daher objektiv als auch für G überraschend. Zudem wusste der V um die Versicherung der Gemälde und die Intensität des Brandes, weshalb sich eine Rettung unter hoher eigener Gefahr nicht aufdrängte. Somit hat G bei der Tat nicht grob achtlos und daher nicht leichtfertig gehandelt.

c) Mithin ist der Tatbestand nicht verwirklicht.

---

[19] *Rengier*, JuS 1998, 397 (400); a.A. *Geppert*, Jura 1998, 597 (604).
[20] *Tröndle/Fischer*, § 15 Rn. 20.

2. Ergebnis

G ist nicht wegen Brandstiftung mit Todesfolge zu bestrafen.

VII. Fahrlässige Tötung, § 222 StGB

Indem G das Zündholz in die Benzinspur warf, könnte sie sich gem. § 222 StGB einer fahrlässigen Tötung schuldig gemacht haben.

1. Tatbestand

a) Das Entzünden des Benzins war Ursache des Todes von V. Ferner erfüllt diese Handlung Brandstiftungstatbestände, was Pflichtwidrigkeit begründet.

b) Der Erfolgseintritt müsste auch vorhersehbar gewesen sein. Dem genügen keine Geschehensabläufe, mit deren Eintritt vernünftigerweise nicht gerechnet werden muss. Allerdings kommt bei dem Brand eines Hauses stets in Betracht, dass sich Bewohner auch zur Rettung von Gegenständen in den Gefahrenbereich begeben und dort umkommen. Der Erfolg war mithin vorhersehbar.

c) Fraglich ist aber, ob sich in dem Tod des V gerade die mit der Sorgfaltswidrigkeit geschaffene rechtlich missbilligte Gefahr verwirklicht hat. Problematisch ist dabei der Entschluss des V, die Gemälde unter Einsatz seiner körperlichen Integrität zu retten. Es werden unterschiedliche Maßstäbe zur Feststellung der noch zurechenbaren Gefahrverwirklichung bei Tötung eines sich bewusst selbst gefährdenden Retters gesetzt[21].

aa) Eine Ansicht orientiert sich durch eine *allgemeine Abwägung am Schutzzweck der Norm*. Danach ist der Tod zurechenbar, wenn der Täter mit seiner deliktischen Handlung die naheliegende Möglichkeit einer bewussten Selbstgefährdung dadurch geschaffen hat, dass er ohne Mitwirkung und ohne Einverständnis des Opfers eine erhebliche Gefahr für ein Rechtsgut des Opfers oder ihm nahestehender Personen begründet und damit für dieses ein einsichtiges Motiv für gefährliche Rettungsmaßnahmen schafft. Etwas anderes gilt, wenn es sich um einen von vornherein sinnlosen oder mit offensichtlich unverhältnismäßigen Wagnissen verbundenen Rettungsversuch handelt[22].

Zwar ist schon das Erscheinen des V überraschend, doch das allein steht einer naheliegenden Selbstgefährdung nicht entgegen. Darüber hinaus musste V aber von einem wirksamen Versicherungsschutz ausgehen, so dass nur noch der ideelle Wert der Gemälde in Frage stand. Isoliert betrachtet ist dies ein einsichtiges Motiv zur Rettung. Allerdings stand das Haus bereits in hellen Flammen, weshalb die

---

[21] Dargestellt als Klausurlösung von *Bindzus/Ludwig*, JuS 1998, 1123 (1124 f.), sowie *Murmann*, Jura 2001, 258 (260).
[22] BGHSt 39, 322 (325 f.) mit Bespr. *Meindl*, JA 1994, 100 und *Derksen*, NJW 1995, 240.

Kunstwerke wahrscheinlich ohnehin schon zu großen Teilen verloren gewesen wären. Zudem bildeten die hölzerne Innentreppe und die Täfelungen einen sehr intensiven Brandherd, so dass durch starke Hitze und Rauchentwicklung eine Todesgefahr sehr nahe lag. Daher handelte es sich um einen teilweise sinnlosen und mit offenkundig unvernünftigen Wagnissen verbundenen Rettungsversuch. Hiernach kann der Tod des V der G also nicht zugerechnet werden.

bb) Eine zweite Ansicht versucht eine dogmatische Anknüpfung, indem die *Freiverantwortlichkeit der Selbstgefährdung* hinterfragt wird. Soweit diese fehle, sei der Erfolg zurechenbar. Die Kriterien hingegen divergieren[23].

Einerseits soll es darauf ankommen, ob im Falle einer Fremdgefährdung die *Verantwortlichkeit des Opfers gem. §§ 19, 20, 35 StGB* ausgeschlossen wäre. Für einen Retter kommt es hiernach auf die analoge Anwendung von § 35 I S.1 2. Alt. StGB an[24]. Das Eigentum jedoch ist insofern kein geschütztes Gut, weshalb Freiverantwortlichkeit des V vorliegt. Der Tod ist G mithin nicht zurechenbar.

Andererseits wird den Grundsätzen der *Einwilligung* Bedeutung beigemessen. Indem der Täter den Verletzten in eine Lage bringt, welche die Entscheidung zwischen zwei Rechtsgütern erfordert, setzt er ihn einer Drucksituation aus. Folgt daraus eine gefährliche Rettung, so wurde der Entschluss hierzu der Sache nach abgenötigt und ist somit unfreiwillig. Dabei kann der Täter dem Bedrohten grundsätzlich nicht vorhalten, seine Wahl zwischen den Übeln beruhe auf falscher Wertung. Demnach ist nur in Extremfällen einer besonderen Unvernunft die Zurechnung blockiert[25]. Auch bei bloßer Sachgefährdung sei zumindest der Eigentümer einem Entscheidungszwang ausgesetzt[26]. Die Gemälde gehörten hier zwar nicht dem V, dennoch drängte ihn aber der hohe ideelle Wert der Bilder zu einer Entscheidung. Daher war V mit dem Brand einer Drucksituation ausgesetzt, dies jedoch abgeschwächt durch eine bloße Sachgefahr und fehlendes Eigentum. Setzt man nun aber diesem Anlass zur Rettung die geringe Wahrscheinlichkeit der Unversehrtheit der Gemälde, den vorgestellten Versicherungsschutz und den Grad der eingegangenen Gefahr entgegen, so hat V grob unvernünftig gehandelt. Die Zurechnung des Todes zur Handlung der G ist daher ausgeschlossen.

cc) Mithin gelangen alle Ansichten zum Ausschluss der Zurechnung des Erfolges, einer Entscheidung bedarf es nicht.

2. Ergebnis

Folglich hat sich G durch das Werfen des Zündholzes in die Benzinspur nicht der fahrlässigen Tötung gem. § 222 StGB schuldig gemacht.

---

[23] Zur parallelen Problematik der bewussten Selbsttötung: *Küpper*, BT 1, I § 1 Rn. 11-13; *Rengier*, BT 2, § 8 Rn. 2 ff.
[24] *Bernsmann/Zieschang*, JuS 1995, 775 (778 f.).
[25] *Amelung*, NStZ 1994, 338; *Puppe*, Jura 1998, 21 (30).
[26] *Amelung*, NStZ 1994, 338.

VIII. Fahrlässige Brandstiftung, § 306 d I 2. HS StGB

Mit der Brandlegung könnte G sich gem. § 306 d I 2. HS StGB strafbar gemacht haben. Indes ging dem durch die vorsätzliche Brandlegung verursachten Tod des V zwar als Durchgangsstadium eine Gesundheitsgefährdung voraus, diese müsste aber auf der Sorgfaltspflichtverletzung von G beruht haben. Die Rettungsbemühungen des V sind jedoch der Verantwortung der G entzogen, weshalb ihr auch die damit verbundene Gesundheitsgefahr nicht zuzurechnen ist. Mithin ist § 306 d I 2. HS StGB nicht verwirklicht.

IX. Versicherungsmissbrauch, § 265 StGB

Indem G das Haus des B in Brand setzte und die Bilder abtransportierte, könnte sie sich eines Versicherungsmissbrauchs gem. § 265 I StGB schuldig gemacht haben.

1. Tatbestand

a) Es ist nicht sicher, ob auch das Gebäude gegen Brand versichert war. Daher sind allein die gegen Untergang versicherten Gemälde Tatobjekt i.S.d. § 265 I StGB. Problematisch ist jedoch, ob G hinreichend auf diese eingewirkt hat. Insofern ist schon das *Verhältnis von versichertem Risiko und Handlungsmodalität* zweifelhaft. Soweit man es als erforderlich erachtet, dass der Täter den eigentlichen Versicherungsfall herbeiführt[27], verwirklicht das hier einzig in Betracht kommende Beiseiteschaffen einer gegen Untergang versicherten Sache *nicht* den Tatbestand des § 265 I StGB. Für ein derart enges Verständnis spricht das Bedürfnis nach Eingrenzung und Bestimmtheit eines zeitlich weit vorverlagerten Tatbestandes. Alle übrigen Fälle wären dann allein nach § 263 StGB zu beurteilen, was die Strafbarkeit aufschiebt und gemessen an den Regeln des § 61 VVG teils – zumindest theoretisch - ganz ausschließt. Indes liegt der Anreiz bei Sachversicherungen gerade darin, das Vermögen per saldo zu erhöhen; nämlich indem der versicherte Gegenstand entweder unversehrt beim Versicherten verbleibt oder aber gegen Entgelt an Dritte überlassen und zusätzlich die Versicherungsleistung in Anspruch genommen wird. Gleichwohl kann nicht jede Vorbereitungshandlung dem § 265 StGB unterfallen. Vielmehr muss eine Sachlage eingetreten sein, die den Versicherer faktisch zur Auszahlung der Versicherungssumme zwingt und dabei in ihrer Endgültigkeit dem eigentlichen Versicherungsfall nahe kommt. Wird dies bei der Auslegung der in § 265 StGB benannten Handlungen berücksichtigt, verwirklicht auch derjenige einen Versicherungsmissbrauch, der eine gegen Untergang versicherte Sache beiseite schafft. Mithin scheidet ein Versicherungsmissbrauch nicht von vornherein mangels einer Zerstörung der Gemälde aus.

---

[27] *Joecks*, Studienkommentar, § 265 Rn. 7; *Wessels/Hillenkamp*, BT 2, Rn. 654.

Umstritten ist ferner, ob ein *Beiseiteschaffen* nur vorliegt, wenn die Sache aus dem räumlichen Herrschaftsbereich des Versicherungsnehmers entfernt wird[28], oder ob auch ein Verbergen in demselben genügt[29]. G hat sich mit dem Brand und den abtransportierten Bildern die Möglichkeit eröffnet, die Versicherungsgesellschaft einer kaum zu entkräftenden Leistungsverpflichtung auszusetzen. Damit wurden die Gemälde dergestalt verborgen, dass die Sachlage einer tatsächlichen Zerstörung gleichsteht. Also hätte G nach der weiteren Auffassung die versicherte Sache beiseite geschafft. Gegen ein eingrenzendes Verständnis spricht auch hier das regelmäßige Streben des Täters nach einem Vermögensgewinn. Somit wird er den Gegenstand oft trotz Versicherungsleistung in seiner Herrschaftsgewalt behalten wollen. Ferner ist aus der Sicht der Versicherungsgesellschaft auch eine beim Täter verborgene Sache dem Zugriff entzogen und daher beiseite geschafft. Mithin steht auch der Wortsinn dieser Auslegung nicht entgegen. Folglich hat die G mit dem Brand und dem anschließenden Abtransport der Gemälde den Tatbestand des Versicherungsmissbrauchs verwirklicht.

b) Dabei hatte sie Kenntnis aller objektiven Tatumstände und handelte gerade zu dem Zweck, die Leistung der Versicherung in Anspruch zu nehmen. Den subjektiven Erfordernissen ist damit genügt.

2. Rechtswidrigkeit, Schuld

G handelte rechtswidrig und schuldhaft.

3. Ergebnis

Indem G den Brand legte und die Gemälde abtransportierte, hat sie sich eines Versicherungsmissbrauchs gem. § 265 I StGB schuldig gemacht.

X. Ergebnis

§ 306 I Nr. 1 StGB geht §§ 303, 305 StGB im Wege der Spezialität vor[30]. § 306 a I Nr. 1 StGB tritt hinter § 306 b II Nr. 2 StGB als Grunddelikt zurück.

Streitig ist dagegen, ob § 306 StGB zu § 306 b II Nr. 2 StGB in Tateinheit steht. Dafür spricht, dass die einfache Brandstiftung das Eigentum schützt, während die übrigen Delikte sich auf die Rechtsgüter Leben und Gesundheit beziehen[31]. Dem würde § 306 b II Nr. 2 StGB entgegen stehen, wenn Idealkonkurrenz

---

[28] *Lackner/Kühl*, § 265 Rn. 3
[29] *Schönke/Schröder/Cramer/Perron*, § 265 Rn. 9 a.E.; *Wessels/Hillenkamp*, BT 2, Rn. 654.
[30] *Lackner/Kühl*, § 306 Rn. 6; *Tröndle/Fischer*, § 306 Rn. 19.
[31] SK-*Horn*, § 306 Rn. 21; a.A. *Arzt/Weber*, BT, § 37 Rn. 63; *Lackner/Kühl*, § 306 Rn. 6; sowie zum ähnlich gelagerten Verhältnis von § 306 StGB zu § 306 a I StGB BGH NStZ 2001, 196 f.

§ 306 StGB zwingend zu einer „anderen" Straftat macht. Gemessen an der Häufigkeit einer Verwirklichung von § 306 StGB neben § 306 a StGB, würde dann § 306 b II Nr. 2 StGB gegenüber § 306 a StGB der Sache nach zum Regelfall - angesichts des hohen Strafrahmens ein unhaltbares Ergebnis. Obgleich Tateinheit eigenständige Bedeutung des § 306 StGB voraussetzt, ist der Gesamtzusammenhang zu § 306 b II Nr. 2 StGB zu beachten. Vor dem Hintergrund einer stark erhöhten Strafdrohung und der trotz § 52 StGB engen systematischen Verknüpfung ist die einfache Brandstiftung allein nicht geeignet, die für § 306 b II Nr. 2 StGB nötige Unwertsteigerung herbeizuführen. § 306 StGB ist also in diesem Sinne keine „andere" Straftat[32], weshalb die Idealkonkurrenz nicht zu unannehmbaren Konsequenzen führt[33]. § 265 StGB steht hierzu schon aufgrund unterschiedlicher Tatobjekte in Tateinheit[34]. Folglich ist G gem. §§ 306 I Nr. 1, 306 b II Nr. 2, 265 I, 52 StGB zu bestrafen.

B. Die Verfolgungsfahrt

I. Gefährlicher Eingriff in den Straßenverkehr, § 315 b I Nr. 2, III i.V.m. § 315 III Nr. 1 a und b StGB

Indem G scharf bremste, könnte sie sich wegen eines gefährlichen Eingriffs in den Straßenverkehr gem. § 315 b I Nr. 2, III i.V.m. § 315 III StGB strafbar gemacht haben.

1. Tatbestand

a) Das *Bereiten eines Hindernisses* liegt vor, wenn ein Zustand verursacht wird, der geeignet ist, den regelmäßigen Straßenverkehr zu hemmen oder zu verzögern[35]. Dem würde das Bremsmanöver der G an sich genügen, es ist jedoch problematisch, ob die Norm auf Verkehrsteilnehmer überhaupt anwendbar ist. Grund hierfür ist die wohl einhellig einschränkende Auslegung auf verkehrsfremde Eingriffe, da fehlerhaftes Verhalten *im* Verkehr abschließend von § 315 c StGB erfasst wird. Davon wird jedoch eine Gegenausnahme zugelassen, wenn der Fahrzeugführer sein Fahrzeug unter grober Einwirkung auf den Verkehrsverlauf und in verkehrsfeindlicher Weise bewusst zweckentfremdend benutzt[36]. Die G beabsichtigte mit der scharfen Bremsung in einer engen Kurve, den T so stark in seiner Fahrt zu behindern, dass dieser von der Fahrbahn abkommt. Mithin hat sie in be-

---

[32] Im Ergebnis auch: *Hecker*, GA 1999, 332 (341); *Schönke/Schröder/Heine*, § 306 b Rn. 13.
[33] A.A. *Schroeder*, GA 1998, 371/375.
[34] Die durch eine weite Auslegung von § 306 b II Nr. 2 StGB eröffnete Frage nach der Konkurrenz zu § 265 I StGB bzgl. der in Brand gesetzten Sache ist also nicht aufgeworfen.
[35] SK-*Horn*, § 315 b Rn. 11.
[36] BGHSt 41, 231 (234); OLG Düsseldorf StV 1994, 247; *Lackner/Kühl*, § 315 b Rn. 4.

wusst grober und verkehrsfeindlicher Weise einen Verkehrsvorgang zu einem Eingriff in den Straßenverkehr pervertiert. Durch das Bremsmanöver ist also ein Hindernis gem. § 315 b I Nr. 2 StGB bereitet worden.

Problematisch ist, ob hierdurch eine beachtliche Gefahr geschaffen wurde. Dazu ist erforderlich, dass eines der in § 315 b I 2. HS StGB genannten Rechtsgüter in eine derart kritische Situation geriet, dass der Eintritt des Erfolges nur noch vom Zufall abhing[37]. Indem aber T bei hoher Geschwindigkeit nur mit Glück und einer Vollbremsung der Kollision mit G entging und in den Straßengraben geriet, beruht das Ausbleiben einer Verletzung und einer schweren Beschädigung des für sie fremden Wagens nur noch auf Zufall. Demnach hat das mit der plötzlichen Bremsung geschaffene Hindernis zu einer konkreten Gefahr sowohl für die körperliche Unversehrtheit eines anderen als auch für eine fremde Sache von bedeutendem Wert geführt. Fraglich ist zudem, ob das auch für das Leben von T gilt. Zwar wurde T in eine bedrohliche Situation versetzt, ob diese aber so verdichtet war, dass auch sein Überleben nur noch vom Zufall abhing, lässt sich nicht feststellen. Folglich scheidet eine Lebensgefahr aus und es bleibt bei einer Leibes- und Sachgefahr. Der objektive Tatbestand des § 315 I Nr. 2 StGB ist damit verwirklicht.

b) G müsste diesen Tatbestand vorsätzlich verwirklicht haben. Sie handelte in Kenntnis der konkreten Verkehrssituation, was den Vorsatz für das tatsächlich geschaffene Hindernis begründet. Der darüber hinaus erforderliche *Gefährdungsvorsatz* ist aufgrund umstrittener Voraussetzungen zweifelhaft. Nach einer Auffassung hat Gefährdungsvorsatz *immer* und *nur*, wer auch entsprechenden Verletzungsvorsatz hat[38]. Die überwiegende Ansicht aber stellt geringere Anforderungen[39]. Demnach bedarf es keiner Entscheidung, soweit G mit Vorsatz zur Verletzung der objektiv nur konkret gefährdeten Güter handelte. Problematisch ist also, ob sie sich die Möglichkeit einer Körperverletzung vorstellte und ob gegebenenfalls die weiteren Voraussetzungen des dolus eventualis vorliegen. G wollte bei hoher Geschwindigkeit in einer engen Kurve plötzlich scharf bremsen, um den dicht nachfolgenden T von der Straße zu drängen. Dabei stellte sie sich als Folge eine schwere Beschädigung von dessen Wagen vor. Folglich war G sich einer äußerst bedrohlichen Situation für die Unversehrtheit und die Gesundheit des T bewusst, weshalb sie sich der Möglichkeit einer Körperverletzung nicht verschlossen haben kann. Das notwendige kognitive Element des Vorsatzes liegt daher vor.

Zu den weiteren *Voraussetzungen des Eventualvorsatzes* werden verschiedene Auffassungen vertreten[40]. Soweit ein voluntatives Element geleugnet wird, soll einerseits die bloße Vorstellung von der Möglichkeit des Erfolges genügen, wäh-

---

[37] *Küpper*, ZStW 100 (1988), 758 (772); LK-*König*, § 315 b Rn. 63; *Rengier*, BT 2, § 44 Rn. 6.
[38] *Ostendorf*, JuS 1982, 426/431; SK-*Horn*, Vorb. § 306, Rn. 13 f. (Hervorhebungen dort).
[39] BGHSt 22, 67 (73 f.); 26, 176 (182); *Lackner/Kühl*, § 15 Rn. 28; zum ganzen *Küpper*, ZStW 100 (1988), 758 (768 ff.).
[40] Zusammenfassend: *Gropp*, AT, § 5 Rn. 99 ff.

rend es andererseits auf dessen Wahrscheinlichkeit ankommen soll. Vorliegend war der Erfolg aus der Sicht der G besonders naheliegend und damit auch wahrscheinlich, weshalb nach beiden Ansichten Vorsatz vorläge. Überwiegend wird dagegen für einen voluntativen Bestandteil des Vorsatzes eingetreten, wobei es entweder darauf ankommen soll, dass der Täter den Erfolg billigend in Kauf nimmt, mit der Verletzung ernsthaft rechnet und sich mit ihr abfindet, oder aber der steuernde Wille auf die Vermeidung des unerwünschten Erfolges gerichtet ist. G wollte den nachfolgenden Wagen trotz äußerster Gefährlichkeit für die körperliche Unversehrtheit des T zum Stillstand bringen, ohne in der vorgestellten Situation auf einen glücklichen Ausgang hoffen zu können. Zudem überließ sie eine Verletzung des T dem Zufall und räumte dem Abbruch der Verfolgung ohne weiteres den Vorrang ein. Daher nahm G den Erfolg ebenso billigend in Kauf, wie sie sich mit der ernstgenommenen Verletzungsmöglichkeit abfand. Schließlich war ihr Wille auch nicht auf eine Vermeidung des Erfolges gerichtet. Folglich liegt nach allen Auffassungen ein auf eine Körperverletzung gerichteter Eventualvorsatz vor. Gemessen an den soeben genannten Kriterien handelte G auch in Bezug auf die erhebliche Beschädigung des fremden Wagens zumindest mit dolus eventualis[41].

Mithin hatte sie Vorsatz zur Verletzung der objektiv nur konkret gefährdeten Güter. Demzufolge ist auch der Gefährdungsvorsatz einerseits gerade deshalb und andererseits erst recht gegeben, einer Entscheidung zwischen den vertretenen Ansichten bedarf es also nicht.

Letztlich hat G den objektiven Tatbestand insgesamt vorsätzlich verwirklicht.

c) Der damit vorliegende gefährliche Eingriff in den Straßenverkehr könnte gem. § 315 III i.V.m. § 315 III Nr. 1 StGB qualifiziert sein.

aa) Fraglich ist daher zunächst, ob G die *Herbeiführung eines Unglücksfalls* beabsichtigte. Unglücksfall ist hier nicht wie bei § 323 c StGB die bloße Gefahr einer Verletzung, sondern erst die sich aus dem Zustand der konkreten Gefahr tatsächlich entwickelnde Güterverletzung[42]. Mithin ist problematisch, ob G mit der Bremsung eine Verletzung des T oder eine bedeutende Beschädigung des Wagens beabsichtigte. Für eine Absicht ist notwendig, dass es dem Täter auf den Erfolgseintritt als Ziel seines Handelns ankommt, wobei es genügt, wenn der Erfolg als Zwischenschritt zur Erreichung eines außertatbestandlichen Zwecks angestrebt wird[43]. Vorliegend verfolgte G den Zweck, die Verfolgung zu beenden. Daher war auch das vorgestellte Bindeglied zwischen der Bremsung und dem Abbruch der Verfolgung von Absicht getragen. Fraglich ist aber, worin dieses besteht. Insofern ist nicht feststellbar, dass erst eine Verletzung des T den Verfolgungsabbruch erreichen sollte. Vielmehr hoffte die G, durch eine schwere Beschädigung des Wagens der Verfolgung ein Ende zu setzen. Daher wurde nur die Realisierung der Gefahr für eine fremde Sache von bedeutendem Wert als Zwischenziel angestrebt. Mithin

---

[41] Zur Absicht sogleich unter c).
[42] SK-*Horn*, § 315 Rn. 13; *Küper*, BT, S. 282.
[43] *Gropp*, AT, § 5 Rn. 92; *Lackner/Kühl*, § 15 Rn. 20.

handelte G im Hinblick auf das Kraftfahrzeug in der Absicht, einen Unglücksfall herbeizuführen.

bb) In der *Absicht eine andere Straftat zu verdecken*, handelt auch, wer nur seine Täterschaft unentdeckt lassen will[44]. Der G ging es beim Bereiten des Hindernisses gerade darum, als unerkannte Brandstifterin zu entkommen, weshalb sie auch in Verdeckungsabsicht handelte.

d) Folglich hat G den Tatbestand des § 315 b I Nr. 2, III i.V.m. § 315 III Nr. 1 StGB verwirklicht.

2. Rechtswidrigkeit, Schuld

Gegen Rechtswidrigkeit und Schuld bestehen keine Bedenken.

3. Ergebnis

G hat sich daher mit dem Abbremsen ihres Fahrzeugs wegen eines gefährlichen Eingriffs in den Straßenverkehr gem. § 315 b I Nr. 2, III i.V.m. § 315 III Nr. 1 StGB strafbar gemacht.

II. Nötigung, § 240 I StGB

Durch die Bremsung könnte G sich einer Nötigung gem. § 240 I StGB schuldig gemacht haben.

1. Tatbestand

a) T wurde durch die Bremsung der G seinerseits zu einer Vollbremsung und sodann zum Abbruch der Verfolgung gezwungen. Problematisch ist aber, ob ihn *Gewalt* i.S.d. § 240 I StGB zu dieser Handlung und der nachfolgenden Unterlassung drängte. Gewalt ist die Anwendung körperlichen Zwangs zur Überwindung eines geleisteten oder erwarteten Widerstandes[45]. Zwar wollte G den Widerstand des T brechen, sie bediente sich dazu aber keiner unmittelbaren Einwirkung auf den Körper oder eine Sache des T, sondern bewirkte allein eine visuelle Wahrnehmung. Die Anerkennung eines derart psychisch vermittelten Zwangs als Gewalt könnte wegen Art. 103 II GG unzulässig sein.

Eine verfassungswidrige Überdehnung des Gewaltbegriffs wurde vom *BVerfG* angenommen, soweit das Verhalten des Täters lediglich in seiner Anwesenheit besteht und die Zwangswirkung auf den Genötigten nur psychischer Natur ist. Soweit aber ein Kraftfahrer einen anderen Kraftfahrer aus verkehrsfremden Gründen absichtlich durch plötzliches Abbremsen zum Anhalten zwingt, beschränkt sich

---

[44] *Lackner/Kühl*, § 315 Rn. 8 i.V.m. § 211 Rn. 12.
[45] *Küpper*, BT 1, I § 3 Rn. 44.

das Verhalten nicht auf bloße Anwesenheit und von dem plötzlich abgebremsten Fahrzeug geht nicht *nur* eine psychische Zwangswirkung aus. Vielmehr wirkt der Täter auf die Entschlussfreiheit des anderen Fahrers durch die Errichtung eines physischen Hindernisses ein. Mithin liegt in der Einordnung eines solchen Verhaltens als Gewalt i.S.d. § 240 StGB keine Verletzung der von dem Wortsinn des Begriffes gesetzten Grenzen[46]. Somit hat die G den T objektiv mit Gewalt zu seiner Bremsung und der Unterlassung der Verfolgung genötigt.

b) Dabei müsste G vorsätzlich gehandelt haben. Im Augenblick der Handlung kannte sie alle objektiven Tatumstände. Ferner ging es ihr gerade um die Beendung der Verfolgung, wozu die Vollbremsung des T ein notwendiges Zwischenstadium bildete. Mithin hatte G sogar eine auf das Verhalten des T gerichtete Absicht, was den subjektiven Tatbestand jedenfalls verwirklicht[47].

2. Rechtswidrigkeit

Die Rechtswidrigkeit der Nötigung bemisst sich nach § 240 II StGB. Eine Gewaltanwendung ist danach immer dann verwerflich, wenn diese gegenüber dem erstrebten Zweck sittlich bzw. sozial in einem so hohen Maße zu missbilligen ist, dass sie ein als Vergehen strafwürdiges Unrecht darstellt[48]. *Vorsätzliche Verstöße gegen die Straßenverkehrsordnung* sind jedoch grundsätzlich als Ordnungswidrigkeit zu ahnden, weshalb ein strenger Maßstab an die Überschreitung der Schwelle vom Bagatellcharakter eines Verhaltens zu strafbarem Unrecht anzulegen ist[49]. Soweit aber ein Kraftfahrzeug durch willkürliches, scharfes Abbremsen bewusst zweckentfremdend gebraucht und als Werkzeug der Gefährdung eingesetzt wird, um von nachfolgenden Fahrern eine Vollbremsung zu erzwingen, ist dieses Verhalten sittlich zu missbilligen und sozial unerträglich[50]. Deshalb ist die Gewaltanwendung der G zum Zweck der Vollbremsung des T verwerflich.

Darüber hinaus erstrebte G mit dem ebenfalls erzwungenen Abbruch der Flucht die Verdeckung einer Straftat[51]. Insofern ergibt die gesetzliche Wertung der §§ 306 b II Nr. 2, 315 III Nr. 1 b StGB, dass eine solche Selbstbegünstigung bei Gefährdung Dritter als verwerflich anzusehen ist. Mithin ist die Anwendung der Gewalt zu den angestrebten Zwecken insgesamt verwerflich, weshalb die Tat gem. § 240 II StGB rechtswidrig ist.

3. Schuld

G handelte schuldhaft.

---

[46] BGH DAR 1995, 296 (298); *Berz*, NZV 1995, 297 (298 f.) m.w.N.
[47] Zu den str. Voraussetzungen des Nötigungsvorsatzes: *Schönke/Schröder/Eser*, § 240 Rn. 34; *Küpper*, BT 1, I § 3 Rn. 55 und 57; *Wessels/Hettinger*, BT 1, Rn. 419.
[48] Zur Auseinandersetzung um die Erheblichkeit entweder sittlicher oder sozialer Kriterien: *Lackner/Kühl*, § 240 Rn. 18; *Roxin*, JuS 1964, 373 ff.
[49] BGHSt 18, 389 (391 f.); OLG Düsseldorf NJW 1989, 51.
[50] OLG Düsseldorf NZV 1989, 441 (442).
[51] Vgl. oben B. I. 1. c).

4. Ergebnis

Somit hat sich die G mit der Bremsung einer Nötigung gem. § 240 I StGB schuldig gemacht.

III. Versuchte Sachbeschädigung, §§ 303, 22 StGB

Mit dem Bremsmanöver könnte G sich zudem einer versuchten Sachbeschädigung gem. §§ 303, 22 StGB schuldig gemacht haben. Ein Erfolg blieb aus und der Versuch ist gem. § 303 II StGB strafbar. Ferner beabsichtigte die G eine schwere Beschädigung des fremden Wagens, wozu sie mit der Bremsung als der vorgestellten Ausführungshandlung gem. § 22 StGB unmittelbar ansetzte. Dabei handelte sie rechtswidrig und schuldhaft. Somit hat sich G auch einer versuchten Sachbeschädigung gem. §§ 303, 22 StGB schuldig gemacht.

IV. Unerlaubtes Entfernen vom Unfallort, § 142 I Nr. 1 StGB

Letztlich könnte G aufgrund ihrer Weiterfahrt wegen einer Unfallflucht gem. § 142 I Nr. 1 StGB strafbar sein. Voraussetzung dafür ist ein Unfall, also ein mit dem Straßenverkehr und seinen Gefahren ursächlich zusammenhängendes Ereignis, durch das ein Mensch zu Schaden kommt oder ein nicht ganz *belangloser Sachschaden* verursacht wird. Der T hingegen blieb unverletzt und auch der Wagen wurde nicht beschädigt. Damit könnte der Schaden allein in etwaigen Aufwendungen zur Rücksetzung des Fahrzeugs auf die Fahrbahn liegen. Abgesehen davon, ob derartige Aufwendungen genügen, ist jedenfalls nicht sicher, dass für die fremde Hilfe eine Zahlung von mindestens 25,- € nötig gewesen ist. Mithin liegt *dubio pro reo* schon kein Unfall vor. Folglich ist G nicht wegen Unfallflucht gem. § 142 I Nr. 1 StGB strafbar.

V. Ergebnis

Indem G ihr Fahrzeug abbremste, hat sie sich wegen § 240 I, § 315 b I Nr. 2, III i.V.m. § 315 II Nr. 1 a und b StGB in Tateinheit zu §§ 303, 22 StGB strafbar gemacht.

Fall 12

Staatsanwalt mit Schulden

Urkundenfälschung mit eigenem Namen - Zahlung einer Geldstrafe - Strafvereitelung im Amt - Rechtsbeugung durch Staatsanwalt – Bestechung und Bestechlichkeit – Falschverdächtigung und Selbstbegünstigung

Anton Krause ist rechtskräftig zu einer Geldstrafe in Höhe von insgesamt 2000 DM verurteilt worden. Da er sich in Geldnöten befindet, wendet er sich hilfesuchend an seinen wohlhabenden Onkel Alfred Krause (A). Der A ist gerne bereit, seinem Lieblingsneffen aus der Klemme zu helfen und sendet einen Scheck über die entsprechende Summe an die Staatsanwaltschaft als Vollstreckungsbehörde (§ 451 StPO). Den Scheck hat er mit „A. Krause" unterschrieben, damit die Vollstreckungsstelle annimmt, er stamme von dem Verurteilten. Der Scheck gelangt an den zuständigen Staatsanwalt S. Auch S hat beträchtliche Schulden und ergreift deshalb die Gelegenheit, gewisse Beitragsrückstände zu tilgen. Nach Dienstschluss reicht er den Scheck bei der Bank ein und weist sie an, die Schecksumme dem Konto seines Tennisclubs gutzuschreiben, was auch geschieht.

Prokurist P ist ebenfalls Clubmitglied und kennt die finanzielle Situation des S. Gegen P läuft ein Ermittlungsverfahren wegen Untreue, das S zu bearbeiten hat. P sucht den S zu einem vertraulichen Gespräch auf und bittet ihn, die Angelegenheit noch einmal gründlich zu prüfen. Beim Hinausgehen lässt er wie zufällig einen mit Hundertmarkscheinen prall gefüllten Briefumschlag auf dem Schreibtisch des S zurück. Der Überzeugungskraft dieses „Arguments" kann sich S nicht entziehen. Er stellt das Verfahren mangels Tatverdacht ein, obwohl P die Tat begangen hat und genügend Belastungsmaterial gegen ihn vorliegt. Als der Vorgesetzte des S zwei Wochen später Einsicht in die Akten nimmt, wird der Vorgang aufgedeckt.

Nunmehr holt S zum Befreiungsschlag aus: In einer dienstlichen Stellungnahme für den Leitenden Oberstaatsanwalt gibt er an, während seiner Urlaubszeit habe ihn der Kollege K vertreten. Was dieser mit der Akte gemacht habe, wisse er (S) nicht; es sei ihm (K) aber „alles zuzutrauen". Der von der Polizei vernommene P sagt aus, er sei mit S nie in persönlichen Kontakt getreten.

Wie ist das Verhalten von A, P und S strafrechtlich zu beurteilen?

Eigentums- und Vermögensdelikte bleiben außer Betracht.

Lösung

1. Tatkomplex: Die Vorgänge um den Scheck

I. Strafbarkeit des A

1. Urkundenfälschung, § 267 StGB

Indem A den Scheck ausstellt, könnte er sich wegen des Herstellens einer unechten Urkunde gem. § 267 I 1. Var. StGB strafbar gemacht haben.

a) Tatbestand

Zunächst müsste es sich bei dem Scheck um eine Urkunde handeln. Urkunde ist jede verkörperte Gedankenerklärung, die zum Beweis geeignet und bestimmt ist und die ihren Aussteller erkennen lässt. Der Scheck enthält die Anweisung an die bezogene Bank, eine bestimmte Geldsumme zu zahlen, sowie die Unterschrift des Ausstellers (vgl. § 1 ScheckG). An der Urkundeneigenschaft bestehen demnach keine Zweifel.

Fraglich ist jedoch die Unechtheit. Eine Urkunde ist dann unecht, wenn sie nicht von demjenigen stammt, der in ihr als Aussteller bezeichnet ist[1].

Die Besonderheit besteht nun darin, dass A seinen eigenen Namen verwendet hat. Aber auch eine mit dem richtigen Namen unterschriebene Urkunde kann nach h. M. unecht im Sinne des § 267 StGB sein, wenn damit der Eindruck erweckt werden soll, die Urkunde stamme von einer anderen Person als derjenigen, die sie tatsächlich hergestellt hat[2]. In der Literatur wird als Beispiel genannt, dass eine Minna A mit „M. A." unterzeichnet und nach den Umständen hierdurch auf Max A. als Aussteller hinweist[3]. Nach diesen Kriterien ist hier auch der Scheck des A als unechte Urkunde anzusehen.

Die Gegenmeinung verneint allerdings eine Identitätstäuschung[4]. Denn die Urkunde stamme ja tatsächlich von dem angegebenen Aussteller. Unecht wäre sie nur dann, wenn der wirkliche Urheber mit dem scheinbaren Aussteller nicht personengleich wäre. Dem lässt sich jedoch entgegen halten, dass A durch die Abkürzung seines Vornamens einen falschen Anschein gesetzt hat und sein Handeln gerade auf Irreführung angelegt war. Diese Zweckrichtung muss auch zur Beurteilung der Frage, ob eine Identitätstäuschung vorliegt, Berücksichtigung finden.

---

[1] BGHSt 33, 159 (160); *Wessels/Hettinger*, BT 1, Rn. 821.
[2] RGSt 55, 174; BGHSt 40, 203 mit zust. Anm. *Meurer*, NJW 1995, 1655; *Schönke/Schröder/Cramer*, § 267 Rn. 52.
[3] Vgl. LK-*Tröndle* § 267 Rn. 130.
[4] Vgl. SK-*Hoyer*, § 267 Rn. 58; *Puppe*, JZ 1997, 492; *Sander/Fey*, JR 1995, 209.

Deshalb ist mit der h. M. von einer unechten Urkunde auszugehen, die A hergestellt hat.

A handelte mit dem entsprechenden Vorsatz sowie in Täuschungsabsicht, so dass der subjektive Tatbestand erfüllt ist.

b) Rechtswidrigkeit und Schuld

Sowohl Rechtswidrigkeit als auch Schuld sind gegeben.

c) Ergebnis

A ist wegen des Herstellens einer unechten Urkunde zu bestrafen. Durch das Übersenden an die Vollstreckungsbehörde hat er diese Urkunde zudem gebraucht (§ 267 I 3. Var. StGB). Die Tathandlungen bilden insgesamt nur ein Delikt der Urkundenfälschung.

2. Versuchte Strafvereitelung, §§ 258 II, 22, 23 StGB

In Betracht kommt der Versuch, die Vollstreckung einer gegen einen anderen verhängten Strafe zu vereiteln. Die Tat ist durch das Eingreifen des S nicht vollendet worden; der Versuch ist strafbar gem. § 258 IV StGB.

a) Tatbestand

A müsste den Entschluss zu einer Vollstreckungsvereitelung gefasst haben. Dies hängt davon ab, ob die Bezahlung einer Geldstrafe durch Dritte den Tatbestand erfüllt. Die Frage ist stark umstritten[5].

Von einer Auffassung wird eine Strafbarkeit in diesem Falle prinzipiell verneint. Danach begeht Vollstreckungsvereitelung nur, wer durch Störung der äußeren Abläufe (Überstellung in den Vollzug, Beitreibung von Geldstrafen) bewirke, dass eine gegen einen anderen verhängte Strafe oder Maßnahme nicht verwirklicht werden kann. Ein Dritter, der – ohne in den äußeren Ablauf der Vollstreckung einzugreifen – nur dazu beiträgt, dass der Verurteilte von der Strafe nicht oder nur weniger persönlich betroffen wird, vereitele den staatlichen Strafanspruch hingegen nicht[6]. Diese Ansicht vermag jedoch nicht zu überzeugen. Denn in § 258 II StGB bedeutet „Vollstreckung" ja nicht nur die Verhängung, sondern auch die Zufügung der Strafe; deshalb begeht Strafvereitelung auch, wer eine Freiheitsstrafe für einen anderen absitzt. Die Geldstrafe ist ebenfalls eine höchstpersönliche Leistung des Verurteilten, so dass die Verhinderung dieser Einbuße die Verwirkli-

---

[5] Zum Streitstand näher *Hillenkamp*, BT, 11. Problem.
[6] So insb. BGHSt 37, 226; zust. *Krey*, BT 1, Rn. 620b; *Rengier*, BT 1, § 21 Rn. 11.

chung des staatlichen Strafanspruchs unterläuft[7]. Ein Tatentschluss zur Begehung einer Strafvollstreckungsvereitelung liegt somit vor.

Mit dem Absenden des Schecks hat A zur Verwirklichung des Tatbestandes unmittelbar angesetzt (§ 22 StGB).

b) Rechtswidrigkeit und Schuld

Gegen Rechtswidrigkeit und Schuld bestehen keine Bedenken.

c) Ergebnis

A ist der versuchten Vollstreckungsvereitelung schuldig. Das Angehörigenprivileg (§ 258 VI StGB) kommt ihm nicht zugute, weil der Neffe kein Angehöriger i. S. des § 11 I Nr. 1 StGB ist.

II. Strafbarkeit des S

1. Verwahrungsbruch, § 133 StGB

S könnte durch die Verwendung des Schecks zu eigenen Zwecken eine Sache der dienstlichen Verfügung entzogen haben (§ 133 I StGB).

a) Grundtatbestand

Der Scheck ist eine bewegliche Sache, die sich in dienstlicher Verwahrung befunden haben müsste. In dienstlicher Verwahrung befinden sich solche Sachen, die fürsorgliche Hoheitsgewalt in Besitz genommen hat, um sie unversehrt zu erhalten und vor unbefugtem Zugriff zu schützen[8]. Nimmt ein Staatsanwalt im Rahmen seiner Tätigkeit Schriftstücke, Beweismittel oder Zahlungen entgegen, so gehen diese, unabhängig vom tatsächlichen Ort der Aufbewahrung und ihrem vorgesehenen prozessordnungsgemäßen weiteren Verbleib, in amtliche Verwahrung über. Das gilt auch für die Hingabe eines Schecks; sie belegt – wie hier – die Erfüllung einer Geldstrafe und damit einen für das Verfahren wesentlichen Umstand[9]. Der Scheck ist daher in dienstliche Verwahrung gelangt. Dieser Verwahrung hat ihn S durch die Mitnahme entzogen. Dabei handelte er vorsätzlich.

b) Rechtswidrigkeit und Schuld

Rechtswidrigkeit und Schuld liegen vor.

---

[7] Für Strafbarkeit deshalb RGSt 30, 232; OLG Frankfurt StV 1990, 112; *Küpper*, BT 1, II § 3 Rn. 14; LK-*Ruß*, § 258 Rn. 24a; *Scholl*, NStZ 1999, 599.
[8] BGHSt 18, 312; *Küper*, BT, S. 380.
[9] So BGHSt 38, 381 zu einem ähnlichen Sachverhalt.

c) Qualifizierung

Der Scheck könnte dem S als Amtsträger anvertraut worden sein (§ 133 III StPO). Die Sache ist dem Täter anvertraut, wenn die Verfügungsmacht ein Vertrauensverhältnis begründet, das ihn verpflichtet, für die Erhaltung und sichere Aufbewahrung zu sorgen[10]. Für dieses Anvertrautsein kommt es nicht allein auf den Akt der Scheckhingabe an. Maßgebliche Erwägung ist vielmehr, dass die Herstellung der Verfügungsmacht über die Sache auf amtlicher Anordnung und auf dem besonderen, auf die amtliche Eigenschaft des Staatsanwalts gegründeten Vertrauen beruht, für die Erhaltung und Vollständigkeit der Verfahrensunterlagen Sorge zu tragen[11]. Deshalb ist S aus dem qualifizierten Tatbestand zu bestrafen.

2. Strafvereitelung im Amt, §§ 258 II, 258a StGB

In Betracht kommt eine Vollstreckungsvereitelung im Amt, weil S die Beitreibung der Geldstrafe verhindert. Fraglich ist jedoch, ob darin ein Vereiteln gesehen werden kann. Dafür ließe sich der oben (I.2a) genannte Aspekt anführen, dass S in den äußeren Ablauf der Vollstreckung eingegriffen hat. Auf der anderen Seite ist zu beachten, dass Vereiteln die Besserstellung des Vortäters bedeutet[12]; die frühere Deliktsbezeichnung als „persönliche Begünstigung" hatte dies noch deutlicher zum Ausdruck gebracht. Der Vortäter wird aber nicht dadurch besser gestellt, dass die von ihm eingezahlte Geldstrafe der Staatskasse vorenthalten wird und er womöglich in die Gefahr gerät, erneut zahlen zu müssen. Schon der objektive Tatbestand muss daher verneint werden[13].

2. Tatkomplex: Einstellung gegen Belohnung

I. Strafbarkeit des S

1. Bestechlichkeit, § 332 StGB

S könnte wegen der Entgegennahme des Geldes einer Bestechlichkeit schuldig sein.

a) Tatbestand

S ist ein Amtsträger (§ 11 I Nr. 2a StGB), der einen geldwerten Vorteil angenommen hat. Dieser Vorteil müsste die Gegenleistung dafür darstellen, dass S eine

---

[10] BGHSt 3, 304 (306); BayObLG JZ 1988, 72.
[11] BGHSt 38, 381 (387).
[12] BGH NJW 1984, 135; *Tröndle/Fischer*, § 258 Rn. 5.
[13] Es kommt hier deshalb auch nicht mehr auf einen etwaigen Irrtum über die Person des Zahlenden an. Ein Versuch scheidet aus, weil der Vorsatz eben nicht auf Besserstellung gerichtet ist.

Diensthandlung künftig vornehme. Die damit angesprochene *Unrechtsvereinbarung* zwischen Geber und Nehmer erfordert eine vertragsähnliche Willensübereinstimmung, wofür auch ein stillschweigendes Einverständnis genügt. Sie muss sich allerdings auf eine konkrete Diensthandlung beziehen. Zwar hat P ausdrücklich nur um eine „sorgfältige Prüfung" der Angelegenheit gebeten. Im Hinblick auf eine künftige Diensthandlung ist aber kein allzu strenger Maßstab an deren Bestimmtheit anzulegen: Sie muss nicht bereits in allen Einzelheiten festgelegt sein; vielmehr reicht es aus, dass nach den Vorstellungen der Beteiligten die vorzunehmende Handlung einem bestimmten Aufgabenkreis des Amtsträgers zuzuordnen sowie in ihrem sachlichen Gehalt grob umrissen ist, so dass erkennbar wird, in welcher Richtung der Amtsträger tätig werden soll[14]. Hier bestand zwischen P und S ein konkludentes Einvernehmen über den Zweck der Zuwendung; wie sein Verhalten zeigt, hat er die Anregung auch „richtig" verstanden. Demzufolge ist eine Unrechtsvereinbarung zustande gekommen.

Durch die betreffende Diensthandlung muss der Amtsträger seine Dienstpflichten verletzen.

Die Pflichtwidrigkeit der Verfahrenseinstellung resultiert im gegebenen Fall schon aus dem Verstoß gegen das Legalitätsprinzip (§ 152 II StPO). Hinzu kommt, dass in ihr sogar eine Straftat liegen würde (§ 258 I StGB). Eine pflichtverletzende Diensthandlung nimmt auch vor, wer seine amtliche Stellung dazu missbraucht, eine mit Strafe bedrohte Handlung zu begehen, die ihm gerade seine dienstliche Position ermöglicht[15]. Der objektive Tatbestand ist damit erfüllt.

S war sich bewusst, dass er den Vorteil für eine pflichtwidrige Diensthandlung annimmt; er handelte also vorsätzlich.

b) weitere Erfordernisse

Rechtswidrigkeit und Schuld stehen außer Frage. Hinter die Bestechlichkeit tritt die Vorteilsannahme (§ 331 StGB) subsidiär zurück.

2. Rechtsbeugung, § 339 StGB

Indem S das Verfahren trotz zureichender Anhaltspunkte einstellt, könnte er eine Rechtsbeugung begangen haben.

a) Tatbestand

Als Täter des § 339 StGB kommt (nur) ein Amtsträger in Betracht, dem die Leitung oder Entscheidung einer Rechtssache obliegt. Erforderlich dafür ist, dass er wie ein Richter entscheidet, also eine richterliche Funktion ausübt. Diese Voraussetzung trifft auf einen Staatsanwalt jedenfalls dann zu, wenn er im Ermittlungs-

---

[14] St. Rspr.; vgl. BGHSt 32, 290; BGH NStZ 1989, 74; 1999, 561.
[15] BGH NStZ 1987, 326; *Küpper*, BT 1, II § 4 Rn. 19.

verfahren die abschließende Entscheidung zu treffen hat[16]. Damit ist auch S tauglicher Täter.

S müsste sich einer Beugung des Rechts schuldig gemacht haben. Nach h.M. ist das Recht gebeugt, wenn eine Entscheidung ergeht, die objektiv im Widerspruch zu Recht und Gesetz steht[17]. Dies kann auch durch eine Verletzung des Verfahrensrechts erfolgen[18]. Einschränkend will der BGH nicht jede unrichtige Rechtsanwendung in den Schutzbereich der Norm einbeziehen: Rechtsbeugung begehe nur der Amtsträger, der sich bewusst in schwerwiegender Weise vom Gesetz entfernt und sein Handeln als Organ des Staates statt an Recht und Gesetz an seinen eigenen Maßstäben ausrichtet; bloße Abweichungen vom Verfahrensablauf sollen deshalb nicht genügen[19]. Im besagten Fall ging es allerdings darum, dass ein Staatsanwalt nach Einstellung des Verfahrens gem. § 153a StPO die gezahlte Geldauflage einbehält; die Verfahrenseinstellung selbst war objektiv nicht fehlerhaft. Auch bei restriktiver Handhabung des § 339 StGB dürfte indes nicht zweifelhaft sein, dass S das Recht willkürlich gebeugt hat. Die Tat erfolgte zugunsten des P als Partei. Der Begriff der „Partei" ist nicht im technischen Sinne zu verstehen, sondern erfasst jeden Verfahrensbeteiligten.

b) Ergebnis

Da auch Rechtswidrigkeit und Schuld gegeben sind, hat sich S wegen Rechtsbeugung strafbar gemacht.

3. Strafvereitelung im Amt, §§ 258 I, 258a StGB

Die Einstellung des Verfahrens könnte schließlich als Verfolgungsvereitelung im Amt zu beurteilen sein.

a) Vollendung

S war als Amtsträger zur Mitwirkung bei dem Strafverfahren berufen. Er müsste vereitelt haben, dass P wegen einer rechtswidrigen Tat bestraft wird. Dessen Untreue (§ 266 StGB) verwirklicht den Tatbestand eines Strafgesetzes (§ 11 I Nr. 5 StGB). Das Merkmal der Vereitelung ist nach fast einhelliger Ansicht schon erfüllt, wenn der staatliche Strafanspruch für geraume Zeit unverwirklicht bleibt, wozu dann zwei Wochen jedenfalls ausreichen sollen[20].

---

[16] BGHSt 32, 357; 38, 381; OLG Bremen NStZ 1986, 120; *Lackner/Kühl*, § 339 Rn. 2.
[17] Sog. Objektive Theorie; vgl. KG NStZ 1988, 557; *Schönke/Schröder/Cramer*, § 339 Rn. 5a.
[18] Näher dazu BGHSt 42, 343 mit Bespr. *Spendel*, JZ 1998, 85; BGH wistra 1997, 106 mit Bespr. *Seebode*, Jura 1997, 418.
[19] BGHSt 38, 381 (383); insoweit krit. *Seebode*, JR 1994, 1.
[20] Für eine Untergrenze von zwei Wochen: *Rengier*, BT I, § 21 Rn. 4; *Wessels/Hettinger*, BT 1, Rn. 727; zehn Tage lässt genügen: OLG Stuttgart NJW 1976, 2084.

Gleichwohl ist zu beachten, dass § 258 I StGB auf die Verzögerung der Bestrafung abstellt, während vorliegend (nur) die Verfolgung hinausgeschoben wird. Die Meinungen dazu sind geteilt: Vereinzelt wird Vollendung ohne Rücksicht auf die zeitliche Wirkung angenommen, wenn die Tathandlung zur Einstellung des Verfahrens geführt hat[21]. Die h. M. verlangt jedoch die Feststellung, dass ohne die Vereitelungshandlung die Bestrafung des Vortäters geraume Zeit früher erfolgt wäre[22]. Ob P nach dem üblichen Geschäftsgang auch eher verurteilt worden wäre, lässt sich dem Sachverhalt nicht entnehmen; im Zweifel muss deshalb eine Vollendung ausscheiden.

b) Versuch

Es kommt folglich ein gem. § 258a II StGB strafbarer Versuch in Betracht. S wollte die Bestrafung des P zumindest für unbestimmte Zeit vereiteln. Mit der Einstellung des Verfahrens hat er dazu unmittelbar angesetzt. Er handelte rechtswidrig und schuldhaft, so dass eine versuchte Strafvereitelung im Amt vorliegt.

II. Strafbarkeit des P

1. Bestechung, § 334 StGB

P könnte sich durch die Übergabe der Geldscheine wegen Bestechung strafbar gemacht haben.

Die Vorschrift des § 334 StGB bildet auf Seiten des Gebers das Äquivalent zur Bestechlichkeit des Amtsträgers. P hat dem S einen Vorteil als Gegenleistung für eine pflichtwidrige Diensthandlung gewährt. Dies geschah rechtswidrig und schuldhaft, womit eine Strafbarkeit gegeben ist.

Daneben kommt eine Anstiftung zur Bestechlichkeit (§§ 332, 26 StGB) nicht mehr in Betracht. Denn da die entsprechende Handlung durch § 334 StGB bereits täterschaftlich erfasst wird, bleibt für eine zusätzliche Bestrafung der Teilnahme kein Raum.

2. Anstiftung zur Rechtsbeugung, §§ 339, 26 StGB

Des weiteren könnte P den S zur Rechtsbeugung angestiftet haben. Eine vorsätzlich begangene rechtswidrige Haupttat liegt vor.

---

[21] So *Lenckner*, in: Schröder-GedS (1978), S. 344 ff.
[22] Vgl. BGH wistra 1995, 143; KG JR 1985, 25; *Schönke/Schröder/Stree*, § 258 Rn. 16.

a) Tatbestand

P müsste den S zu dessen Tat bestimmt haben. Bestimmen meint das Hervorrufen des Tatentschlusses. Ohne das Angebot hätte S den Rechtsbeugungsvorsatz zwar nicht gefasst. Fraglich ist aber, ob jede Verursachung ausreicht. Die h. M. verlangt nämlich einschränkend eine psychische Beeinflussung[23]; nicht genügen soll demnach das Schaffen einer tatprovozierenden Situation oder das Darbieten einer verlockenden Gelegenheit. Allerdings lässt auch sie eine konkludente Aufforderung ausreichen. Die Gegenmeinung macht geltend, wer provokativ Geld herumliegen lasse, wirke ebenfalls auf die Psyche des Haupttäters ein[24]. Insgesamt wird man das Gespräch zwischen P und S in Verbindung mit der Geldübergabe als taugliches Anstiftungsmittel anzusehen haben.

P hatte „doppelten" Anstiftervorsatz, gerichtet auf das Hervorrufen des Tatentschlusses und die Vollendung der Haupttat.

b) sonstige Voraussetzungen

Rechtswidrigkeit und Schuld unterliegen keinen Bedenken. Da § 339 StGB ein echtes Sonderdelikt darstellt, ergibt sich die Strafbarkeit des Anstifters aus §§ 339, 26, 28 I StGB.

3. Anstiftung zur versuchten Strafvereitelung, §§ 258a, 22, 26 StGB

P hat den S ebenfalls zur versuchten Strafvereitelung im Amt angestiftet. Die Teilnahme an dem unechten Amtsdelikt richtet sich nach dem Grundtatbestand (§§ 258, 26, 28 II StGB). Er bleibt jedoch wegen Selbstbegünstigung straffrei gem. § 258 V StGB. Diese Vorschrift gilt auch für eine vom Vortäter begangene Anstiftung zur Strafvereitelung zu seinen Gunsten[25].

3. Tatkomplex: Die Angaben der Beteiligten

I. Strafbarkeit des S

1. Falsche Verdächtigung, § 164 I StGB

Durch seine Angaben in der Stellungnahme könnte S den K einer rechtswidrigen Tat verdächtigt haben.

---

[23] Vgl. *Jescheck/Weigend*, AT, S. 686; LK-*Roxin*, § 26 Rn. 4; *Otto*, JuS 1982, 560.
[24] So ausdrücklich SK-*Samson*, § 26 Rn. 5; im Ergebnis auch *Baumann/Weber/Mitsch*, AT, § 30 Rn. 63.
[25] BayObLG JR 1979, 252; *Schönke/Schröder/Stree*, § 258 Rn. 38.

a) objektiver Tatbestand

Die Erklärung gegenüber dem Oberstaatsanwalt erfolgte bei einem zur Entgegennahme von Anzeigen zuständigen Amtsträger (vgl. § 158 I StPO). Sie betraf eine bestimmte andere Person und bezog sich – wie oben festgestellt – auf rechtswidrige Taten (§ 11 I Nr. 5 StGB).

Fraglich ist jedoch, ob die besagten Äußerungen schon eine *Verdächtigung* darstellen. Verdächtigen bedeutet jedes Tätigwerden, durch das ein Verdacht begründet oder verstärkt wird[26]. Dies kann vor allem durch Tatsachenbehauptungen geschehen, gleichviel ob in ausdrücklicher, konkludenter oder versteckter Form. Andererseits genügen bloße Vermutungen oder Schlussfolgerungen nicht, weil nur zureichende tatsächliche Anhaltspunkte (§ 152 II StPO) einen Anfangsverdacht und damit ein strafrechtliches Ermittlungsverfahren auslösen können[27]. Zwar stellt der Hinweis des S, dem K sei „alles zuzutrauen", lediglich ein Werturteil dar. Er wird aber in Verbindung mit einer konkreten Tatsache gebracht, nämlich der angeblichen Urlaubsvertretung durch K. Damit wird K zumindest unterschwellig bezichtigt, er habe das Verfahren in strafrechtlich relevanter Weise manipuliert. Demzufolge ist eine objektiv falsche Verdächtigung anzunehmen.

Möglicherweise ergibt sich eine Einschränkung des Tatbestandes unter dem Gesichtspunkt der *Selbstbegünstigung*. Grundsätzlich darf ein Angeschuldigter seine Täterschaft abstreiten, auch wenn er dadurch den Verdacht auf einen anderen lenkt. Nach h. M. ist es sogar zulässig, die andere Person ausdrücklich der Tat zu bezichtigen[28]. Das gilt indes allein für solche Fälle, in denen von vornherein nur zwei Personen als Täter in Betracht kommen. Hier jedoch hat S diese Situation durch seine Angaben überhaupt erst zur Entstehung gebracht, indem sich nunmehr die Alternative einer Täterschaft von S oder K auftut. Der Gedanke der Selbstbegünstigung kann daher den S nicht entlasten.

b) subjektiver Tatbestand

S handelte vorsätzlich, insbesondere wider besseres Wissen im Hinblick auf die Unwahrheit.

Hinzu kommen muss die Absicht, ein behördliches Verfahren gegen den Verdächtigen herbeizuführen. Diese Absicht ist nicht auf den Beweggrund oder das Endziel der Handlungsweise beschränkt und braucht nicht ihr einziger Zweck zu sein. Auch wer die Verfolgung auf die Spur eines anderen lenkt, um den Verdacht von sich abzuwenden, hat die entsprechende Absicht[29]. Zudem genügt es, wenn der Täter – mit dolus directus zweiten Grades – die Einleitung eines Verfahrens

---

[26] BGHSt 14, 240 /246); *Küpper*, BT 1, II § 3 Rn. 21.
[27] Vgl. OLG Karlsruhe NStZ-RR 1997, 37; *Geilen*, Jura 1984, 252; LK-*Ruß*, § 164 Rn. 7.
[28] BayObLG JR 1986, 28 mit Anm. *Keller*; OLG Düsseldorf JZ 1992, 978 mit Anm. *Mitsch*.
[29] So ausdrücklich RGSt 69, 173 (175).

als sichere Folge voraussieht[30]. S wusste und wollte, dass aufgrund seiner Angaben jetzt (zumindest auch) gegen K ermittelt würde. Der subjektive Tatbestand liegt damit vor.

c) Ergebnis

Rechtswidrigkeit und Schuld sind gegeben, so dass sich S wegen falscher Verdächtigung strafbar gemacht hat. Kraft gesetzlicher Subsidiarität tritt § 145d II Nr. 1 StGB dahinter zurück.

2. Verfolgung Unschuldiger, § 344 I StGB

S könnte durch sein Verhalten auf die Verfolgung eines Unschuldigen hingewirkt haben. Er ist Amtsträger und als Staatsanwalt auch zur Mitwirkung an Strafverfahren berufen. Die Begehungsweise des *Hinwirkens* bezieht sich auf solche Personen, die selbst nicht Träger der Verfolgung sind. Umstritten ist allerdings, ob dazu auch Handlungen von Amtsträgern zählen, die im konkreten Verfahren unzuständig sind[31]. Den Vorzug verdient eine vermittelnde Ansicht, welche dies nur bejaht, falls der Betreffende dienstlich auftritt, also gerade als Amtsträger handelt[32]. Hier war S mit der Verfolgung jedoch nicht amtlich befasst; die Äußerung eines Verdachts hätte auch von jedem anderen erfolgen können. Daran ändert sich nichts dadurch, dass es im Rahmen einer „dienstlichen" Stellungnahme geschah. § 344 StGB ist deshalb nicht erfüllt.

II. Strafbarkeit des P

1. Falsche uneidliche Aussage, § 153 StGB

Der objektive Tatbestand verlangt zunächst die Aussage vor Gericht oder einer anderen zur eidlichen Vernehmung zuständigen Stelle. Gem. § 161a I 3 StPO bleibt die *eidliche* Vernehmung jedoch dem Richter vorbehalten, so dass es der Polizei an der entsprechenden Zuständigkeit fehlt. Schon deswegen scheidet eine Strafbarkeit aus.

2. Vortäuschen einer Straftat, § 145 d II StGB

Durch seine Aussage könnte sich P der Täuschung über den Beteiligten an einer rechtswidrigen Tat schuldig gemacht haben. Der Beamte des Polizeidienstes ist eine zur Entgegennahme von Anzeigen zuständige Stelle (§ 158 I StPO). Indem P

---

[30] BGHSt 18, 204 (206); BayObLG 1986, 28; OLG Düsseldorf NStZ-RR 1996, 198.
[31] Bejahend: *Lackner/Kühl*, § 344 Rn. 4; verneinend: *Maurach/Schroeder/Maiwald*, BT II, § 77 Rn. 30.
[32] Vgl. OLG Oldenburg MDR 1990, 1135; NK-*Kuhlen*, § 344 Rn. 8; SK-*Horn*, § 344 Rn. 12.

den Kontakt mit S leugnet, sucht er jedenfalls über dessen Verstrickung in das Geschehen zu täuschen. Fraglich ist allerdings, ob dieses Verhalten dem Schutzzweck des § 145d II Nr. 1 StGB unterfällt. Die Vorschrift soll die ungerechtfertigte Beanspruchung und Irreführung der mit der Verfolgung von Straftaten befassten Behörden verhindern. Dafür reicht das bloße *Ab*lenken eines Verdachts nicht aus; denn dadurch werden die Ermittlungen zwar erschwert, die Verfolgungsorgane aber nicht auf eine falsche Fährte gelockt[33]. Letzteres wäre nur durch *Hin*lenken des Verdachts auf einen Unbeteiligten gegeben. P hat jedoch keine falsche Spur gelegt, die konkret auf einen anderen (als S) hindeutete. Demnach entfällt eine Strafbarkeit aus § 145d II StGB.

Gesamtergebnis

I. Strafbarkeit des A

A hat sich aus § 267 StGB und §§ 258 II, 22 StGB strafbar gemacht; die beiden Taten stehen in Realkonkurrenz.

II. Strafbarkeit des P

P hat § 334 StGB und §§ 339, 26 StGB in Tateinheit verwirklicht.

III. Strafbarkeit des S

S hat zunächst § 133 III erfüllt. Im zweiten Tatkomplex ist er strafbar gem. §§ 332, 339 StGB und §§ 258a, 22 StGB. Hinzu kommt schließlich § 164 StGB. Die Taten aus den verschiedenen Abschnitten stehen im Verhältnis der Tatmehrheit zueinander.

---

[33] BayObLG NJW 1984, 2302; *Küpper*, BT 1, II § 3 Rn. 32.

Fall 13

Mobilitätsprobleme

Willensmängel bei der Einwilligung - Eigentumsbeeinträchtigung durch Wegnahme, Zueignung und Beschädigung - Beeinträchtigung der Benutzbarkeit von Sachen als nötigende Gewalt - Vermögensschaden bei Erpressung - Einverständnis und Einwilligung bei Diebstahl, Unterschlagung und Hausfriedensbruch - Strafbarkeit des „Schwarzfahrens"

Student Stefan (S) fährt mit seinem Fahrrad (Wert 700 Euro) jeden Tag von seiner Wohnung in Kleinmachnow nach Babelsberg in die Universität Potsdam. Dort stellt er sein Rad immer an einem 5 m hohen einbetonierten Laternenpfahl ab, an den er das Rad mit einem nicht sehr stabilen Kettenschloß anschließt. Die Metallkette ist um den Pfahl und den Rahmen des Rades gewickelt. Die beiden Endglieder der Kette sind mit einem Vorhängeschloß verbunden. Das Schloß kann mit einem Schlüssel geöffnet werden, der am Schlüsselbund des S hängt. Kette und Schloß könnten mit einer großen Zange mühelos „geknackt" werden.

Während S in einer Vorlesung sitzt, marschiert Thomas (T), ein Kommilitone des S, zu dem Laternenpfahl, an dem das Rad des S steht. Er hat ein robustes Bügelschloß aus Metall dabei. Dieses Bügelschloß bietet optimale Sicherung gegen Fahrraddiebstähle. Es kann nur mit dem passenden Schlüssel geöffnet werden. Ein Aufbrechen dieses Schlosses ist allenfalls mit extrem hohem Zeit- und Kraftaufwand und speziellem Werkzeug möglich**.

Dieses Bügelschloß bringt T nun so an dem Laternenpfahl an, daß es den Pfahl und die Querstange des Rahmens vom Fahrrad des S umfaßt. Dann schließt T das Schloß mit dem Schlüssel. Das Rad ist nun doppelt gesichert: Mit dem Kettenschloß des S und mit dem Bügelschloß des T. Um das Rad von dem Pfahl zu lösen, müssen Kettenschloß und Bügelschloß geöffnet werden. Den Schlüssel zum Kettenschloß hat S, den Schlüssel zum Bügelschloß hat T.

T bezweckt mit seiner Handlung zunächst nur, dem S einen Streich zu spielen. Er will sich daran ergötzen, wie S ratlos vor seinem Rad steht und dann „radlos" zu Fuß oder mit einem anderen Verkehrsmittel den Heimweg antritt. Am nächsten Tag will T das Bügelschloß entfernen und dem S die Benutzung seines Fahrrads wieder ermöglichen.

---

* Hinweis für den Bearbeiter: Es mag sein, daß es gegenwärtig so stabile Fahrradschlösser tatsächlich – noch – nicht gibt. Gehen Sie dennoch bei der strafrechtlichen Begutachtung des Falles davon aus, daß das Bügelschloß des T die im Sachverhalt beschriebenen Eigenschaften hat!

Nachdem S erkannt hat, daß er sein Fahrrad nicht von dem Laternenpfahl losbekommt, entschließt er sich, mit S-Bahn und Bus nach Hause zu fahren. Er ist zwar Inhaber einer gültigen – übertragbaren – Monatskarte, hat diese aber nicht dabei. Sie liegt bei ihm zu Hause in der Schreibtischschublade. Nach den Beförderungsbedingungen des Verkehrsunternehmens ist die Benutzung von S-Bahn und Bus nur zulässig, wenn der Fahrgast einen gültigen Fahrausweis mitführt.

Wird ein Fahrgast ohne gültigen Fahrausweis angetroffen, erhebt das Unternehmen ein Beförderungsentgelt von 30 Euro. S möchte die 2 Euro, die ein Einzelfahrschein kostet, nicht ausgeben. Er hofft, daß es auf der Fahrt nach Kleinmachnow keine Fahrscheinkontrollen geben wird. Er steigt am Bahnhof Griebnitzsee in die S-Bahn und fährt bis Wannsee. Dort steigt er um und fährt mit der S-Bahn bis Mexikoplatz (Berlin-Zehlendorf). Von dort fährt er mit dem Bus bis nach Kleinmachnow. Während der ganzen Fahrt fanden keine Fahrscheinkontrollen statt.

T hat inzwischen seinen Plan bezüglich des Fahrrads des S etwas modifiziert. Nachdem er seinen Spaß gehabt hat, möchte er jetzt aus seiner Tat auch noch etwas finanziellen Gewinn ziehen. Er ruft den S anonym an und teilt ihm mit, daß er im Besitz des Schlüssels sei, mit dem das Fahrrad von dem Bügelschloß befreit werden kann. Er sei bereit, das Bügelschloß zu entfernen, falls S ihm dafür 100 Euro zahle. Anderenfalls müsse S selber sehen, wie er zurechtkommt. Da S keine andere Chance sieht, die Nutzungsmöglichkeit seines Fahrrads wiederzuerlangen, geht er nolens volens darauf ein. Er hinterlegt ein Kuvert mit zwei Fünfzigeuroscheinen an einer Stelle, die T ihm genannt hat. T holt sich das Geld dort ab und öffnet anschließend das Bügelschloß am Fahrrad des S.

Wie ist das Verhalten des T und des S strafrechtlich zu beurteilen?

Lösung

A. Strafbarkeit des T

1. Tatkomplex: Das Anbringen des Bügelschlosses

I. Diebstahl, § 242 I StGB

1. Objektiver Tatbestand

a) Das Fahrrad des S ist eine *Sache*. Da es im Eigentum des S steht, ist es für T eine *fremde* Sache. Fraglich ist, ob das Fahrrad im Tatzeitpunkt eine *bewegliche* Sache ist. Beweglichkeit bedeutet, daß die Sache tatsächlich von ihrem Stand- oder Lageort entfernt und an einen anderen Ort gebracht werden kann. Beim Dieb-

Fall 13: Mobilitätsprobleme   235

stahl genügt dafür, daß diese Voraussetzung gerade durch die Tat (Tathandlung) – durch die Wegnahme – geschaffen, eine bis dahin unbewegliche Sache also durch die Wegnahme beweglich gemacht wird[1]. Die Anforderungen an die Beweglichkeit der Sache reduzieren sich also auf eine potentielle Beweglichkeit. Daher war das Fahrrad des S auch im angeketteten Zustand eine bewegliche Sache.

b) T müßte das Fahrrad einem anderen *weggenommen* haben. Wegnahme ist der Bruch fremden Gewahrsams und die anschließend oder gleichzeitig erfolgende Begründung neuen Gewahrsams[2].

Fraglich ist, ob S während der Tat *Gewahrsam* an seinem Fahrrad hatte. Gewahrsam ist die von einem Herrschaftswillen getragene tatsächliche Herrschaft über die Sache[3]. Herrschaft setzt eine räumliche Beziehung zwischen Gewahrsamsinhaber und Sache voraus, die ihm einerseits den jederzeitigen ungehinderten Zugriff auf die Sache ermöglicht und andererseits die Sache gegen unbefugte Zugriffe anderer Personen abschirmt. Die zweite Voraussetzung ist hier zweifelhaft, da sich das Fahrrad des S außerhalb seiner Wohnung befand und S selbst sich im Hörsaal aufhielt, also vom Fahrrad recht weit entfernt war.

Jedoch werden die beiden gewahrsamslockernden Aspekte (Sache befindet sich auf öffentlichem Terrain, Inhaber hält sich von der Sache entfernt auf) durch zwei herrschaftssichernde Umstände kompensiert : Die Sicherung des Fahrrades mit dem Kettenschloß gewährleistet einen gewissen Schutz gegen unbefugte Fortschaffung, der der Sicherung durch Unterbringung in der Wohnung des S oder durch unmittelbare Nähe des S nahekommt. Außerdem schützt den S die gesellschaftliche Konvention, daß an dafür eingerichteten öffentlichen Orten abgestellte und zudem mit einem Schloß gesicherte Fahrräder eine Art private Herrschaftsenklave auf nichtprivatem – öffentlichem – Gebiet, symbolisieren, in die einzudringen der gesellschaftlichen Übereinkunft widerspricht. Die konventionskonforme Position des Fahrrads sichert dem Inhaber die gesellschaftliche Anerkennung und Respektierung seines Status als Herrschaftsinhaber auf einem öffentlichen Teil der Erdoberfläche, also außerhalb seines privaten Herrschaftsgebiets. Die Mehrheit der Bevölkerung erkennt an, daß ein auf einem öffentlichen Stellplatz abgestelltes Fahrzeug nicht von seinem Inhaber abgenabelt und wegen ihres Standortes zu einer „öffentlichen Sache" geworden ist, sondern daß die - vielleicht faktisch gelockerte - Herrschaftsbeziehung auch während der Belegenheit der Sache an diesem Ort fortbesteht.

Daher war S Inhaber des Gewahrsams an dem Fahrrad, während er sich in dem Hörsaal aufhielt, um der Vorlesung zu folgen.

---

[1] *Mitsch*, BT II/1, § 1 Rn. 16; *Lackner/Kühl*, § 242 Rn. 3; *Schönke/Schröder/Eser*, § 242 Rn. 11.
[2] *Mitsch*, BT II/1, § 1 Rn. 37; *Lackner/Kühl*, § 242 Rn. 8; *Schönke/Schröder/Eser*, § 242 Rn. 22.
[3] *Mitsch*, BT II/1, § 1 Rn. 40; *Lackner/Kühl*, § 242 Rn. 8 a; *Schönke/Schröder/Eser*, § 242 Rn. 23.

T müßte den Gewahrsam des S *gebrochen* haben. Bruch des Gewahrsams ist die Aufhebung der Sachherrschaft ohne ein diese Zustandsveränderung deckendes Einverständnis des Gewahrsamsinhabers[4]. Im Normalfall erfolgt der Gewahrsamsbruch durch Entfernung (Fortschaffung) der Sache von dem Ort, an dem der Gewahrsamsinhaber seine Sachherrschaft innehat bzw. ausübt. Unter „Wegnahme" versteht die Alltagssprachpraxis die Veränderung des Stand- bzw. Lageorts einer Sache.

Hier hat T das Fahrrad nicht von dem Standort entfernt. Das Fahrrad wurde von T nicht fortbewegt. Im Gegenteil : Durch das Anbringen des zweiten Schlosses wurde eine Ortsveränderung sogar zusätzlich erschwert. Daher ist hier die Frage nach der Eigenschaft „beweglich" (s. o. unter a) wieder aufzugreifen : Damit das Fahrrad das Merkmal „beweglich" erfüllt, hätte es spätestens durch die Wegnahmehandlung zu einer tatsächlich fortbewegbaren Sache gemacht werden müssen. T hat aber das Rad noch unbeweglicher gemacht als es zuvor schon war. Jedenfalls nach dem Anbringen des Bügelschlosses war das Fahrrad im tatsächlichen Sinne keine bewegliche Sache mehr. Deshalb kann das Anbringen des Bügelschlosses auch nicht als Bruch fremden Gewahrsams qualifiziert werden. Zwar erschwert es dem S die Ausübung seiner Verfügungsgewalt über das Fahrrad. Jedoch liegt dieser Erschwerung keine Entziehung der Sache, keine Distanzierung oder Distanzerweiterung zugrunde. Das schlichte Haben als fundamentalste Manifestation von Herrschaft über eine Sache ist durch die Handlung des T nicht vereitelt worden.

Daß die Erschwerung der Fortbewegung nur eine Herrschaftsstörung eigener Art, nicht aber eine Aufhebung der Sachherrschaft im Sinne einer Wegnahme ist, bestätigt auch § 243 I 2 Nr. 2 StGB. Dort wird Sicherungseinrichtungen wie Fahrradschlössern usw. gerade die Funktion zugeschrieben, dem Gewahrsamsinhaber die Herrschaft zu erhalten, Wegnahmeakte also zu verhindern. Daraus ist zu schließen, daß unter Wegnahme gerade die Durchbrechung oder Überwindung solcher Sicherungen zu verstehen ist und nicht deren Installation, mit der gerade der Zustand hergestellt wird, den § 243 I 2 Nr. 2 StGB als Sicherung gegen Wegnahme qualifiziert.

Ein Gewahrsamsbruch ohne Fortschaffung der Sache ist also nicht möglich. Befindet sich die Sache nach der Tat immer noch an dem Ort, an dem vor der Tat fremder Gewahrsam bestanden hatte, ist dieser Gewahrsam nicht aufgehoben worden.

T hat dem S das Fahrrad also nicht weggenommen.

---

[4] *Mitsch*, BT II/1, § 1 Rn. 60; *Lackner/Kühl*, § 242 Rn. 14; *Schönke/Schröder/Eser*, § 242 Rn. 35.

2. Ergebnis

T hat sich nicht aus § 242 I StGB wegen Diebstahls strafbar gemacht[5].

II. Unterschlagung, § 246 I StGB

1. Objektiver Tatbestand

a) Das Fahrrad des S ist für T eine *fremde* und - trotz der doppelten Sicherung - auch *bewegliche Sache* (s. o. I 1 a).

b) T müßte sich oder einem Dritten das Fahrrad *zugeeignet* haben. Zueignung ist die Enteignung des Eigentümers und die eigen- oder drittnützige Aneignung. Obwohl die Neufassung des § 246 StGB durch das 6. Strafrechtsreformgesetz die Merkmale „die er im Besitz oder Gewahrsam hat" aus dem Gesetzestext entfernt hat, spielt der Gewahrsam bei der Auslegung des Zueignungsbegriffs eine Rolle[6]. Die Innehabung des Gewahrsams ist nämlich nach wie vor der Indikator für die Innehabung der rechtlichen Vorherrschaft über die Sache, also das Eigentum. Dem Gewahrsamsinhaber kann leichter die Eigentümerstellung zugeschrieben werden als einem Nichtgewahrsamsinhaber. Wer den Gewahrsam an der Sache hat, kann sich leichter als Eigentümer gerieren als jemand, der keinen Gewahrsam hat. Daher wird man jedenfalls eine Zueignung immer dann verneinen müssen, wenn durch die Tat an den bestehenden Gewahrsamsverhältnissen nichts verändert wird, der Eigentümer also Gewahrsamsinhaber bleibt[7]. Zwar kann man hier das Anbringen des Bügelschlosses als einen Akt der Begründung von Mitgewahrsam des T deuten. Dennoch ist das noch keine Zueignung, weil S dadurch aus seiner Herrschaftsposition nicht vollständig verdrängt wurde. Letztendlich entfällt eine Zueignung auch deswegen, weil T schon gar nicht den Willen hatte, den S endgültig zu enteignen. Er wollte ihn nur einen Tag lang an der Benutzung seines Fahrrades hindern, ihm aber die Ausübung der Eigentümermacht nicht auf Dauer unmöglich machen. Die Handlung des T ist daher nicht Manifestation eines auf dauernde Enteignung gerichteten Willens. T hat sich das Fahrrad nicht zugeeignet.

2. Ergebnis

T hat sich nicht wegen Unterschlagung aus § 246 I StGB strafbar gemacht.

---

[5] Dasselbe Ergebnis läßt sich zusätzlich damit begründen, daß T keine Zueignungsabsicht (subjektives Tatbestandsmerkmal !) hatte, weil er den S nicht dauernd enteignen wollte. T wollte nur vorübergehend die Benutzung des Fahrrads verhindern.
[6] *Mitsch*, BT II/1, § 2 Rn. 19; *Wessels/Hillenkamp*, BT 2, Rn. 293.
[7] *Mitsch*, BT II/1, § 2 Rn. 20; *Rengier*, BT 1, § 5 Rn. 19.

III. Unbefugter Gebrauch eines Fahrzeuges, § 248 b I StGB

1. Objektiver Tatbestand

Das *Fahrrad* des S ist ein taugliches Tatobjekt. T müßte das Fahrrad *in Gebrauch genommen* haben. T hat sich durch das Anbringen des Bügelschlosses an dem Fahrrad zu schaffen gemacht. Er hat sich eine Art Einflußnahme auf den Zustand des Fahrrads angemaßt. Jedoch ist diese Einflußnahme kein Gebrauch iSd § 248 b I StGB. Unter „in Gebrauch nehmen" ist die Benutzung als Fortbewegungsmittel zum Zwecke der Fortbewegung zu verstehen[8]. Nur die Anmaßung dieser Benutzungsmöglichkeit ist tatbestandsmäßig. Als Fortbewegungsmittel hat T hier das Fahrrad nicht benutzt. Also hat er es nicht in tatbestandsmäßiger Weise in Gebrauch genommen.

2. Ergebnis

T hat sich nicht wegen unbefugten Gebrauchs eines Fahrrads aus § 248 b I StGB strafbar gemacht.

IV. Sachbeschädigung, § 303 I StGB

1. Objektiver Tatbestand

a) Das Fahrrad ist eine *fremde Sache*.

b) T müßte das Fahrrad *beschädigt* oder *zerstört* haben.

Das ist fraglich, weil die Substanz des Fahrrads unversehrt geblieben ist. Durch das Anbringen des Bügelschlosses hat T das Rad aber für S unbenutzbar gemacht. Er hat die wesentliche Funktion des Fahrrades ausgeschaltet. Die Arretierung an dem Laternenpfahl hat das Rad als Fortbewegungsmittel unbrauchbar und – jedenfalls vorübergehend – wertlos gemacht. Dennoch ist fraglich, ob diese Art der Beeinträchtigung als Beschädigung der Sache qualifiziert werden kann[9]. Dagegen spricht, daß § 303 I StGB nicht jede Art der Funktionsbeeinträchtigung, nicht jede Art wertmindernden Eingriffs in die Nutzungsmöglichkeiten erfaßt[10]. Der Diebstahl einer Geldkassette ist schließlich auch keine Sachbeschädigung an dem zu der Kassette gehörenden Schlüssel, obwohl dieser ohne die Kassette keine Funktion und keinen Wert hat. Die bloße Sachentziehung, die ohne Eingriff in die

---

[8] *Mitsch*, BT II/2, § 1 Rn. 11; *Kindhäuser*, LPK-StGB, § 248 b Rn. 7; *Lackner/Kühl*, § 248 b Rn. 3, Schönke/Schröder/Eser, § 248 b Rn. 4.
[9] Nach BGHSt 44, 34 (38) ist Beschädigung auch die nachhaltige Brauchbarkeitsminderung durch Hinzufügen eines Gegenstandes.
[10] *Wessels/Hillenkamp*, BT 2, Rn. 24.

Sachsubstanz vollzogen wird, ist noch keine Beschädigung der Sache[11]. Anderenfalls wäre jede ohne Zueignungsabsicht ausgeführte Wegnahme als Sachbeschädigung strafbar.

Entscheidend gegen eine Beschädigung der Sache spricht hier, daß die Handlung des T die Funktionstauglichkeit des Fahrrades nur zu Lasten des S aufhebt, nicht aber zu Lasten des T selbst. S kann sein Fahrrad nicht mehr benutzen, weil er keinen Schlüssel hat, mit dem er das Bügelschloß öffnen könnte. Dagegen hat T diese Möglichkeit ohne weiteres, weil er im Besitz des Schlüssels ist. Würde man also eine Beschädigung des Fahrrads bejahen, müßte man diese Beurteilung dahingehend einschränken, daß sie nur im Verhältnis zu S gilt, nicht aber im Verhältnis zu T. Das Fahrrad wäre also im Verhältnis zu S beschädigt, im Verhältnis zu T dagegen nicht beschädigt. Eine derartige Relativierung des Begriffs „Beschädigung" ist aber nicht möglich[12]. Entweder ist die Sache beschädigt, dann ist sie das gegenüber jedem Menschen, der als Benutzer der Sache in Frage käme. Oder sie ist nicht beschädigt, und das ist schon dann der Fall, wenn es wenigstens einen Menschen gibt, dem gegenüber ein als Beschädigung qualifizierbarer Beeinträchtigungseffekt nicht besteht. Da dies hier so ist, ist das Fahrrad des S überhaupt nicht beschädigt.

Die Richtigkeit dieser Beurteilung wird bestätigt durch die Konsequenzen, die sich einstellten, wenn S den Besitz an dem Bügelschloßschlüssel erlangt hätte. Dann könnte das Rad ihm gegenüber nicht bzw. nicht mehr als beschädigt angesehen werden. Sobald ihm aber dieser Schlüssel wieder abhanden käme, wäre das Fahrrad – ihm gegenüber – beschädigt. Das wäre aber ebenso eine Begriffsklitterei wie es die Bezeichnung des Absaugens von Benzin aus dem Tank eines Pkws als Beschädigung des Pkws wäre. Ein weiterer Vergleichsfall bekräftigt die Auffassung, daß hier keine Beschädigung des Fahrrades vorliegt. Derselbe – oder ein noch stärkerer – Beeinträchtigungseffekt hätte sich dadurch erzielen lassen, daß um das Fahrrad herum ein das Rad einsperrendes und den Eigentümer aussperrendes Gefäß – z. B. eine Mauer, ein Käfig oder ein Zylinder - errichtet worden wäre. In diesem Fall würde sich das natürliche Sprachverständnis gegen eine Bezeichnung der Situation als „Beschädigung" des Fahrrads sträuben. Die Anbindung des Fahrrads an den Laternenpfahl ist zwar eine Eigentumsbeeinträchtigung, aber keine Beschädigung des Fahrrades. Vielmehr beruht die Behinderung der Eigentumsnutzung auf einer Entziehung bzw. Vorenthaltung des zu dem Bügelschloß passenden Schlüssels. Im System der strafrechtlich geschützte Güter – insbesondere Eigentum – beeinträchtigenden Eingriffe ist die Entziehung und Vorenthaltung aber ein klar von der Beschädigung und Zerstörung unterschiedener Vorgang.

---

[11] BGHSt 44, 34 (38); *Mitsch*, BT II/1, § 5 Rn. 25; *Rengier*, BT 1, § 24 Rn. 16; *Wessels/Hillenkamp*, BT 2, Rn. 32; *Kindhäuser*, LPK-StGB, § 303 Rn. 18; *Schönke/Schröder/Stree*, § 303 Rn. 10 : Wer die Autoschlüssel dem Eigentümer wegnimmt, beschädigt nicht dessen Kfz.

[12] *Dietmeier*, JR 1998, 470 (471) : Bei der Sachentziehung kann nur der Berechtigte die Sache nicht mehr nutzen, bei einer Sachbeschädigung dagegen niemand mehr.

2. Ergebnis

T hat sich nicht wegen Sachbeschädigung aus § 303 I StGB strafbar gemacht.

V. Freiheitsberaubung, § 239 I StGB

1. Objektiver Tatbestand

S ist ein *anderer Mensch* und daher taugliches Tatopfer. T müßte eine tatbestandsmäßige Handlung vollzogen haben. *Eingesperrt* hat T den S nicht. Durch die Befestigung des Fahrrades an dem Laternenpfahl hat T es dem S unmöglich gemacht, sich mit dem Fahrrad fortzubewegen. T hat den S daher einer *Möglichkeit körperlicher Fortbewegung beraubt*. Er hat ihn aber nicht der Fähigkeit zur Fortbewegung aus eigener Kraft – zu Fuß – beraubt. Die Freiheit des S zum Verlassen des Universitätsgeländes wurde nicht beseitigt, nicht einmal eingeschränkt. § 239 StGB schützt nicht bestimmte qualifizierte Fortbewegungsarten mit Fortbewegungsmitteln, die den Vorgang der Ortsveränderung beschleunigen oder erleichtern. Geschützt ist nur die Grundfreiheit zur Ausführung von Körperbewegungen, die der Fortbewegung dienen (Gehen, Laufen)[13]. Dieses im Körper des S steckende elementare Fortbewegungspotential hat T nicht beeinträchtigt. T hat den S daher nicht der Fortbewegungsfreiheit beraubt.

2. Ergebnis

T hat sich nicht wegen Freiheitsberaubung aus § 239 I StGB strafbar gemacht.

VI. Nötigung, § 240 I StGB

1. Objektiver Tatbestand

a) S ist ein *anderer Mensch* und damit taugliches Tatopfer. T müßte eine Nötigungshandlung vollzogen haben. T hat dem S nicht mit der Zufügung eines empfindlichen Übels gedroht. T könnte aber *Gewalt* angewendet haben. Die Gewalt könnte in der Befestigung des Fahrrads am Laternenpfahl liegen. Da § 240 I StGB im Unterschied zu § 249 I StGB nicht „Gewalt gegen eine Person" verlangt, kommt bei § 240 StGB auch Gewalt gegen Sachen in Betracht[14]. Dabei kann man sich an den Formen der Gewaltausübung gegenüber Menschen orientieren. Anerkannt ist beispielsweise, daß die Einsperrung oder Fesselung eines Menschen Gewalt gegen die Person ist[15]. Diese Einwirkung auf den Körper des Menschen zwingt diesen, sich nicht zu bewegen bzw. fortzubewegen. Analoge Erscheinungs-

---

[13] *Lackner/Kühl*, § 239 Rn. 2.
[14] BGHSt 44, 34 (39); *Lackner/Kühl*, § 240 Rn. 11.
[15] BGHSt 20, 194 (195).

form im Bereich der Gewalt gegen Sachen ist die Einschließung, Anbindung oder Verankerung einer Sache, die daraufhin nicht mehr fortbewegt werden kann. Das Anbringen des Bügelschlosses an dem Fahrrad ist also eine Gewalt gegen eine Sache.

Fraglich ist allerdings, ob jede Art von Gewalt gegen Sachen geeignet ist, den Nötigungstatbestand zu erfüllen. Im Kontext des Nötigungstatbestandes kommt es nicht auf eine deformierende substanzverändernde, beschädigende oder zerstörende Gewaltwirkung, sondern nur auf willensbeugende Zwangswirkung an. Die gewalttätige Einwirkung auf eine Sache ist also nur dann nötigungsrelevant, wenn diese Einwirkung eine körperliche Zwangswirkung bei einem Menschen entfaltet und diese Wirkung der Grund für ein Verhalten dieses Menschen ist, das dieser gar nicht will[16]. Der Nötigungserfolg – Handlung, Duldung oder Unterlassung – muß gerade auf dieser Zwangswirkung beruhen. Daran fehlt es, wenn die Verwirklichung des auf ein bestimmtes Verhalten gerichteten Willens unabhängig von einer körperlichen Zwangswirkung unmöglich ist, weil es an bestimmten äußeren Verhaltensbedingungen - z. B. Vorhandensein oder Zurverfügungstehen von bestimmten Sachen - fehlt.

Hier kann man von einem körperlich empfundenen Zwang der auf das Fahrrad einwirkenden Gewalt vielleicht insofern sprechen, als S sich einem mit Körperkraft nicht zu überwindenden Hindernis gegenüber sah.

b) S müßte durch diese Gewalt *genötigt* worden sein. Nötigung ist die Überwindung oder Beugung eines entgegenstehenden Willens. Hier hatte S den Willen, mit dem eigenen Fahrrad nach Hause zu fahren. Die Ausführung dieser Handlung wurde durch die Gewalt gegen das Fahrrad unmöglich gemacht.

c) S müßte zu einer *Handlung, Duldung* oder *Unterlassung* genötigt worden sein. S war gezwungen, die beabsichtigte Heimfahrt mit dem Fahrrad zu unterlassen. Dagegen wurde er zu der Fahrt mit der S-Bahn und dem Bus nicht genötigt. S hatte die freie Entscheidung, von dieser Fahrt Abstand zu nehmen und stattdessen zu Fuß zu gehen oder auf dem Universitätsgelände zu bleiben.

d) Fraglich ist aber, ob sich die sachbezogene Gewalt in körperlich empfundenem Zwang niedergeschlagen hat und gerade dieser Zwang den Nötigungserfolg bewirkt hat. Das wäre der Fall, wenn S bis zum Eintritt der Zwangswirkung hätte Fahrrad fahren können und erst infolge der Zwangswirkung dies unterlassen hätte. Unterlassen setzt Möglichkeit zum Handeln voraus[17]. Wenn also eine Handlung unmöglich ist, kann sie nicht mehr unterlassen werden. Zur Unterlassung einer Handlung, die ohnehin nicht ausgeführt werden kann, kann der Mensch nicht genötigt werden. Niemand kann dazu gezwungen werden, das Überspringen einer 3 Meter hohen Mauer zu unterlassen. Einen Nichtschwimmer kann man nicht zum Unterlassen des Schwimmens nötigen. Ebensowenig kann man jemanden zur Unterlassung des Fahrradfahrens nötigen, wenn diesem gar kein Fahrrad zur Verfü-

---

[16] *Lackner/Kühl*, § 240 Rn. 11; *Schönke/Schröder/Eser*, vor § 234 Rn. 13.
[17] BGHSt 6, 46 (57); *Schönke/Schröder/Lenckner*, vor § 13 Rn. 141.

gung steht. Hier war das Fahrradfahren ab dem Moment unmöglich, als T das Bügelschloß anbrachte. Zu diesem Zeitpunkt wußte S aber noch gar nichts von der Tat des T. Eine irgendwie geartete Zwangswirkung auf den Körper oder die Psyche des S lag also noch nicht vor. Als S dann mit der Situation seines angeketteten Fahrrads konfrontiert wurde, war die Verwirklichung eines Willens zum Fahrradfahren schon unmöglich. Eine zwangsbedingte Verhaltenseinstellung in Richtung Unterlassung des Fahrradfahrens war somit ausgeschlossen, weil die dafür nötige Verhaltensalternative – Fahrradfahren – ausgeschlossen war.

Letztendlich scheidet nach vorzugswürdiger Ansicht im vorliegenden Fall eine Nötigung aus, weil der Nötigungserfolg mehr sein muß als eine Kapitulation gegenüber unabänderlichen Sachgegebenheiten[18]. Wäre es anders, läge in jeder Sachzerstörung, Sachentziehung oder Unbrauchbarmachung einer Sache stets eine Nötigung zum Unterlassen der Sachbenutzung. Diebstahl oder Wegnahme ohne Zueignungsabsicht wären immer zugleich Nötigung. Damit würde aber das System der eigentumsschützenden Tatbestände (§§ 242 ff StGB, § 303 StGB) gesprengt und die strafbarkeitsbeschränkende Wirkung dieser Tatbestände - insbesondere die Straflosigkeit der bloßen Sachentziehung - aufgehoben[19]. Die Unmöglichkeit einer Sachnutzung wegen allein in der Sache liegenden Nutzungshemmnissen ist keine Nötigung.

2. Ergebnis

T hat sich nicht wegen Nötigung aus § 240 StGB strafbar gemacht.

2. Tatkomplex : Anruf bei S und Abholen der 100 Euro

I. Erpressung, § 253 I StGB

1. Objektiver Tatbestand

a) Indem T dem S ankündigte, er werde das Bügelschloß nicht entfernen, wenn S nicht die verlangten 100 Euro zahlt, *drohte* er ihm mit einem *empfindlichen Übel*. Das empfindliche Übel ist die Nichtvornahme der Handlung, durch die die Beweglichkeit des Fahrrads wiederhergestellt würde. Da T zur Vornahme dieser Handlung rechtlich verpflichtet war (§§ 1004, 823 I, 249 BGB), wäre die Unterlassung dieser Handlung für S ein empfindliches Übel[20]. Das Problem, ob die Androhung eines Unterlassens auch dann den Tatbestand des § 240 StGB erfüllt, wenn der Täter zur Vornahme der dem Unterlassen korrespondierenden Handlung

---

[18] Anders wohl BGHSt 44, 34 (40).
[19] *Küpper*, BT I, Teil 1 § 3 Rn. 46.
[20] *Lackner/Kühl*, § 240 Rn. 14.

Fall 13: Mobilitätsprobleme 243

nicht verpflichtet wäre, stellt sich hier also nicht[21]. Durch die Drohung hat T den S zur Zahlung der 100 Euro genötigt. Es handelt sich um eine Nötigung, weil S nicht zahlen wollte und ohne die Drohung auch nicht zahlen würde. S wollte die Freiheit seines Fahrrads zurück, ohne dafür 100 Euro zahlen zu müssen. Die abgenötigte Zahlung der 100 Euro ist eine *Vermögensverfügung* des S[22]. Auf den Streit über die Berechtigung eines ungeschriebenen Merkmals „Vermögensverfügung" im objektiven Tatbestand der Erpressung[23] braucht nicht eingegangen zu werden.

b) Fraglich ist, ob durch die Zahlung der 100 Euro das *Vermögen* des S *geschädigt* worden ist. Vermögensschaden ist die Minderung des Gesamtvermögens. Ermittelt wird der Vermögensschaden durch einen Vergleich des Vermögens vor der Vermögensverfügung mit dem Vermögen nach der Vermögensverfügung. War der Vermögensgesamtwert vor der Vermögensverfügung höher als nachher, hat die Vermögensverfügung eine Vermögensminderung, also einen Vermögensschaden verursacht[24].

Vor der Vermögensverfügung hatte S die 100 Euro noch in seinem Besitz, danach hatte er sie nicht mehr in seinem Besitz. Er hat also die 100 Euro verloren, sein Vermögen ist nach der Vermögensverfügung um 100 Euro vermindert. Bei dem Vergleich der beiden Vermögensstände (vorher – nachher) werden außer vermögensverringernden Vorgängen auch vermögensmehrende Vorgänge berücksichtigt, sofern sie mit der Tat (Drohung, Vermögensverfügung) in engem Zusammenhang stehen[25]. Daher könnte der Verlust der 100 Euro dadurch ausgeglichen worden sein, daß dem S nach der Zahlung der 100 Euro sein Fahrrad wieder uneingeschränkt und unbehindert zur Verfügung stand. Vor der Zahlung der 100 Euro hatte S zwar das Eigentum an dem Fahrrad. Er konnte das Fahrrad aber nicht benutzen, es hatte also jedenfalls keinen Gebrauchswert für ihn. Die Möglichkeit, das Fahrrad benutzen zu könne, hat einen wirtschaftlichen Wert. Durch die Wiedererlangung der abhanden gekommenen Nutzungsmöglichkeit wurde also das Vermögen des S vermehrt. Dennoch ist zweifelhaft, ob diese Vermögensmehrung als ein Zuwachs anerkannt werden kann, der den Verlust der 100 Euro kompensiert und damit letztlich einen Vermögensschaden ausschließt. Gegen eine solche Kompensation wird von der h. M. eingewandt, daß die Erlangung einer faktischen Nutzungsmöglichkeit, die dem Erwerber rechtlich ohnehin schon zusteht, dem Vermögensinhaber nichts verschafft, was er nicht schon vorher hatte[26].

Dieser Auffassung kann allerdings entgegengehalten werden, daß die Berechtigung am Fahrrad wirtschaftlich betrachtet nur einen geringen Wert hat, wenn die aus der Rechtsstellung resultierenden Nutzungsbefugnisse tatsächlich nicht ausge-

---

[21] *Küpper*, BT I, Teil I § 3 Rn. 53.
[22] *Lackner/Kühl*, § 253 Rn. 3.
[23] BGHSt 14, 386 ff.
[24] *Schönke/Schröder/Eser*, § 253 Rn. 9.
[25] *Schönke/Schröder/Eser*, § 253 Rn. 9.
[26] BGHSt 26, 346 (347); *Lackner/Kühl*, § 253 Rn. 4; *Schönke/Schröder/Eser*, § 253 Rn. 9; SK-*Günther*, § 253 Rn. 20; im Ergebnis ebenso – mit anderer Begründung – *Mitsch*, BT II/1, § 6 Rn. 58.

übt werden können. Unter dem bei § 253 StGB maßgeblichen wirtschaftlichen Vermögensbegriff hat das tatsächliche Haben der Sache ohne zugrundeliegende Berechtigung einen höheren Wert als die Berechtigung an der Sache ohne tatsächliches Haben. Das am Laternenpfahl angekettete Fahrrad hatte für S einen geringen wirtschaftlichen Wert. Das vom Laternenpfahl wieder befreite Fahrrad hatte für S dagegen den vollen wirtschaftlichen Wert, dessen Grundlage die wertbildenden Faktoren „Eigentum" und „tatsächliche Nutzungsmöglichkeit" sind. Unter dieser Prämisse läßt sich durchaus die Ansicht vertreten, daß S nach der Zahlung der 100 Euro besser dasteht als vorher, weil der Gesamtwert seines Vermögens höher ist als zuvor[27].

2. Subjektiver Tatbestand

T hat *vorsätzlich* gehandelt, § 15 StGB. Außerdem handelte er mit der *Absicht, sich rechtswidrig zu bereichern*. Er wollte sein Vermögen um 100 Euro vermehren, ohne einen Anspruch darauf zu haben. Die Absicht des T erstreckt sich auch auf die erforderliche Stoffgleichheit zwischen dem Schaden des S und der erstrebten Bereicherung des T.

3. Rechtswidrigkeit und Schuld

Die Tat des T war nicht gerechtfertigt. Mittel und Zweck der Erpressung waren verwerflich. T handelte schuldhaft. Er war schuldfähig (§ 20 StGB), hatte Unrechtsbewußtsein (§ 17 StGB) und war nicht entschuldigt.

4. Ergebnis

T hat sich wegen Erpressung aus § 253 I StGB strafbar gemacht.

II. Nötigung, § 240 I, II StGB

Die Ankündigung, das Bügelschloß am Fahrrad des S nicht zu öffnen, ist eine *Drohung mit einem empfindlichen Übel*. Mit dieser Drohung wurde S zu einem Verhalten *genötigt*. Das abgenötigte Verhalten ist die Zahlung der 100 Euro, also eine Handlung. T handelte *vorsätzlich*, § 15 StGB. Die Tat war rechtswidrig. T handelte schuldhaft. T hat sich wegen Nötigung aus § 240 StGB strafbar gemacht. Der Tatbestand tritt aber hinter § 253 StGB zurück.

---

[27] *Trunk*, JuS 1985, 944 (946). Vertretbar sind beide Meinungen. Nach der einen – h. M. – hat S einen Vermögensschaden erlitten (weiter mit der Prüfung des subjektiven Tatbestandes). Nach der anderen Meinung ist das Vermögen des S nicht geschädigt worden und T deshalb nicht aus § 253 I StGB strafbar.

Fall 13: Mobilitätsprobleme 245

III. Diebstahl, § 242 I StGB (bzgl. 100 Euro)

1. Objektiver Tatbestand

a) Die beiden Fünfzig-Euro-Scheine sind *bewegliche Sachen*. Diese Banknoten sind für T auch *fremd*, da sie dem S gehören. S war Eigentümer des Geldes und ist es nach der Zahlung an T auch geblieben. S hatte keinen Eigentumsübertragungswillen (§ 929 BGB). Er hat nur den Besitz an den Geldscheinen übertragen. Das Eigentum behielt er.

b) T müßte dem S das Geld *weggenommen* haben. Ursprünglich hatte S Gewahrsam an dem Geld. Da S das Geld - wenn auch unter Zwang - hergegeben hat, wurde dieser Gewahrsam nicht gebrochen. Als T sich das Geld holte, beging er ebenfalls keinen Gewahrsamsbruch. Denn an diesem Ort hatte S keinen Gewahrsam mehr an dem Geld. Das Geld war gewahrsamslos.

Vertretbar ist auch folgende abweichende – zum selben Ergebnis führende – Argumentation : Da S wußte, wo er das Geld hinterlegt hatte, hatte er noch Gewahrsam an dem Geld. Das Ergreifen des Geldes durch T ist aber kein Gewahrsamsbruch, weil S damit einverstanden war. Denn die Erlangung des Geldes durch T war ja Voraussetzung dafür, daß S die volle Verfügungsmacht über sein Fahrrad zurückerhielt. Da es dem S darauf ankam, war er auch tatsächlich damit einverstanden, daß T die Herrschaft über die 100 Euro erlangt.

2. Ergebnis

T hat sich nicht wegen Diebstahls aus § 242 I StGB strafbar gemacht.

IV. Unterschlagung, § 246 I StGB

1. Objektiver und subjektiver Tatbestand

Die Fünfzig-Euro-Scheine waren *fremde bewegliche Sachen*. Indem T das Geld an sich nahm, *eignete* er es *sich zu*. Da dem S die Chance, sich das Geld zurückzuholen, vereitelt wurde, liegt eine Enteignung vor. Da T sich die unbeschränkte Verfügungsmacht über das Geld verschaffte, hat er es sich angeeignet. T handelte *vorsätzlich*, § 15 StGB.

2. Rechtswidrigkeit

Fraglich ist, ob die Tat rechtswidrig ist. Denn das Ergreifen des Geldes durch T war Voraussetzung dafür, daß S die unbeschränkte Möglichkeit zur Benutzung seines Fahrrades zurückerlangt. Daher war S mit dieser Tat des T einverstanden. Während das Einverständnis beim Diebstahl bereits die Erfüllung des objektiven Tatbestandsmerkmals „Wegnahme" ausschließt, kann es sich bei der Unterschlagung erst auf der Ebene der Rechtswidrigkeit – als Rechtfertigungsgrund „*Einwilligung*"[28] – auswirken.

S hat tatsächlich in die Tat des T eingewilligt und dies dem T vor der Tat auch ausdrücklich erklärt. Dennoch könnte die Einwilligung rechtlich unwirksam sein. Sie kam nämlich nur durch Nötigungsdruck zustande, wurde also nicht freiwillig erklärt. Es ist allgemein anerkannt, daß Willensmängel bei der Einwilligung die Rechtfertigungswirkung ausschließen können. Neben bestimmten Irrtümern kommt als wirksamkeitsschädlicher Willensmangel auch Zwang durch Drohung in Betracht. Obwohl im einzelnen Meinungsverschiedenheiten bestehen, ist es ganz h. M., daß eine Drohung, die den objektiven Tatbestand der Nötigung erfüllt, die Wirksamkeit der Einwilligung ausschließt[29]. Da die Drohung des T diese Qualität hat, liegt keine rechtfertigende Einwilligung des S vor. Die Tat ist rechtswidrig.

3. Schuld

T handelte schuldhaft.

4. Ergebnis

T hat sich wegen Unterschlagung aus § 246 I StGB strafbar gemacht.

B. Strafbarkeit des S

I. Unbefugter Gebrauch eines Fahrzeugs, § 248 b I StGB

1. Objektiver Tatbestand

Die S-Bahn ist kein Kraftfahrzeug iSd § 248 b I StGB, vgl. § 248 b IV StGB. Dagegen ist der Bus, mit dem S von Berlin-Zehlendorf (Mexikoplatz) nach Kleinmachnow fuhr, ein *Kraftfahrzeug* iSd § 248 b I StGB. S ist als Fahrgast mit dem Bus gefahren. Dies müßte ein *In-Gebrauch-nehmen* sein. Ingebrauchnahme ist die Benutzung des Fahrzeugs als Fortbewegungsmittel[30]. S hat hier durch sein Mitfahren die Funktion des Busses als Fortbewegungsmittel ausgenutzt. Allerdings hat er nicht selbst den Bus in Bewegung gesetzt und gesteuert. Insbesondere hat er durch seine Mitfahrt nicht den Berechtigten von der Verfügung über das Fortbewegungsmittel ausgeschlossen. Als diebstahlsähnlicher Tatbestand erfaßt § 248 b StGB aber nur den furtum usus, also das Sich-Bemächtigen des Fahrzeugs bzw. der Funktion des Fahrzeugs als Fortbewegungsmittel unter gleichzeitiger Verdrän-

---

[28] *Mitsch*, BT II/1, § 2 Rn. 57; *Lackner/Kühl*, § 246 Rn. 10; § 242 Rn. 27 *Schönke/Schröder/Eser*, § 246 Rn. 22.

[29] *Gropp*, AT, § 6 Rn. 46; *Schönke/Schröder/Lenckner*, vor § 32 Rn. 48.

[30] *Mitsch*, BT II/2, § 1 Rn. 11; *Lackner/Kühl*, § 248 b Rn. 3; *Schönke/Schröder/Eser*, § 248 b Rn. 4.

Fall 13: Mobilitätsprobleme 247

gung des Berechtigten aus der Herrschaftsstellung bezüglich dieser Funktion. Hier hatte der Busfahrer während der ganzen Fahrt die Herrschaft über den Bus und seine Funktion als Fortbewegungsmittel. S hat den Bus daher nicht in Gebrauch genommen.

2. Ergebnis

S hat sich nicht wegen unbefugten Gebrauchs eines Fahrzeugs aus § 248 b I StGB strafbar gemacht.

II. Betrug, § 263 I StGB

1. Objektiver Tatbestand

S müßte über Tatsachen getäuscht, z. B. *falsche Tatsachen vorgespiegelt* haben. Der Sachverhalt teilt nicht mit, ob S explizit geäußert oder durch konkludentes Verhalten den Eindruck erweckt hat, er sei im Besitz eines gültigen Fahrscheins. Das bloße Mitfahren kann nicht als konkludente Erklärung, im Besitz eines gültigen Fahrscheins zu sein, gedeutet werden. Jedenfalls hat er bei niemandem einen dahingehenden *Irrtum* erregt. Dieses Merkmal des objektiven Betrugstatbestandes ist deshalb sicher nicht erfüllt.

2. Ergebnis

S hat sich nicht wegen Betruges aus § 263 I StGB strafbar gemacht.

III. Erschleichen von Leistungen, § 265 a I StGB

1. Objektiver Tatbestand

a) Die Personenbeförderung durch S-Bahn und Bus ist eine *Beförderung durch ein Verkehrsmittel*. Indem S mit der S-Bahn und dem Bus fuhr, hat er die Beförderungsleistung des Verkehrsunternehmens in Anspruch genommen, ausgenutzt.

b) Die Beförderung durch S-Bahn und Bus ist eine *entgeltliche* (entgeltpflichtige) Beförderungsleistung[31]. Da S eine gültige Monatskarte hatte, hat er die Beförderungsleistung aber nicht unentgeltlich in Anspruch genommen. Vertretbar ist deshalb die Auffassung, aus diesem Grund sei bereits der objektive Tatbestand nicht erfüllt[32]. Ebenso vertretbar ist die Auffassung, aus diesem Grund sei das subjekti-

---

[31] *Mitsch*, BT II/2, § 3 Rn. 141; *Schönke/Schröder/Lenckner/Perron*, § 265 a Rn. 2 : ungeschriebenes objektives Tatbestandsmerkmal.
[32] In diesem Sinne OLG Koblenz, NJW 2000, 87.

ve Tatbestandsmerkmal „Entgelthinterziehungsabsicht" nicht erfüllt (dazu unten 2)[33].

c) S müßte sich die Beförderung durch S-Bahn und Bus *erschlichen* haben. S hat sich befördern lassen, obwohl er keinen gültigen Fahrschein dabei hatte und damit gegen die Beförderungsbedingungen verstieß. Fraglich ist aber, ob das bloße Mitfahren ohne Fahrschein die strafrechtlich erhebliche Qualität eines „Erschleichens" hat. Das ist in Rechtsprechung und Literatur umstritten. Die h. M. bewertet die schlichte unberechtigte Inanspruchnahme der Beförderungsleistung als tatbestandsmäßiges Erschleichen, obwohl in diesem Verhalten keine täuschungsähnliche Komponente enthalten ist. Das unauffällige Mitfahren hat keinen Täuschungscharakter[34]. Nach h. M. ist eine derartige Qualität aber auch nicht erforderlich, da § 265 a StGB als Auffangtatbestand im Verhältnis zu § 263 StGB gerade die Fälle erfassen soll, die sich mangels Täuschungsverhaltens nicht unter § 263 I StGB subsumieren lassen[35]. Die Gegenmeinung schreibt dem Tatbestand des § 265 a StGB hingegen betrugsähnlichen Charakter zu und verlangt deshalb, daß das tatbestandsmäßige Verhalten täuschungsähnlich ist[36].

Nach der letztgenannten Auffassung hat S die Beförderung nicht erschlichen und deshalb den objektiven Tatbestand nicht erfüllt. Nach h. M. erfüllt das Mitfahren des S das Tatbestandsmerkmal „Erschleichen".

2. Subjektiver Tatbestand

S hat *vorsätzlich* gehandelt, § 15 StGB. S müßte desweiteren in der Absicht gehandelt haben, das Beförderungsentgelt nicht zu entrichten. Hier hatte S aber schon durch den Erwerb der Monatskarte im voraus Entgelt für alle Fahrten entrichtet, die er in diesem Monat mit Verkehrsmitteln, bei denen diese Monatskarte als Berechtigungsausweis gilt, durchführen würde. Also hatte er auch für die Fahrt von Griebnitzsee bis Kleinmachnow bezahlt. Folglich konnte er gar nicht die *Absicht* haben, ein für diese Fahrt geschuldetes *Entgelt nicht zu entrichten*. Zwar wollte S kein zusätzliches Entgelt für diese Fahrt (in Form des Erwerbs eines Einzelfahrscheins oder in Form des strafähnlichen Pauschalbetrages von 30 Euro) entrichten. Damit wollte er aber nur gegen Beförderungsbedingungen verstoßen, nicht aber durch Entgeltvorenthaltung das Vermögen des Verkehrsunternehmens schädigen. Außerdem sind die 30 Euro kein Entgelt für eine Beförderungsleistung. Der für die Monatskarte gezahlte Kaufpreis ist ein voller Gegenwert auch für die Fahrt von Griebnitzsee nach Kleinmachnow[37].

---

[33] *Lackner/Kühl*, § 265 a Rn. 7.
[34] *Lackner/Kühl*, § 265 a Rn. 6.
[35] *Otto*, BT, § 52 Rn. 19.
[36] *Arzt/Weber*, BT, § 21 Rn. 17 – 20; *Schönke/Schröder/Lenckner/Perron*, § 265 a Rn. 8, 11; *Tröndle/Fischer*, § 265 a Rn. 3.
[37] Nach OLG Koblenz, NJW 2000, 87(87) entfällt bereits die objektive Tatbestandsmäßigkeit, wenn durch Erwerb einer Dauerkarte die Beförderungsleistung im voraus bezahlt

3. Ergebnis

S hat sich nicht wegen Erschleichen von Leistungen nach § 265 a I StGB strafbar gemacht.

IV. Hausfriedensbruch, § 123 I StGB

1. Objektiver Tatbestand

Die S-Bahn und der Bus sind taugliche Objekte des Hausfriedensbruchs, da es sich um *abgeschlossene Räume* handelt, die *zum öffentlichen Verkehr bestimmt* sind. Dieses Tatbestandsmerkmal bezieht sich nämlich nicht nur auf unbewegliche, sondern auch auf bewegliche Sachen[38]. S müßte in die S-Bahn bzw. den Bus *eingedrungen* sein. Eindringen ist das Betreten ohne Erlaubnis des Berechtigten insbesondere ohne Einverständnis des Berechtigten[39]. Bei öffentlichen Räumlichkeiten, die dazu bestimmt sind, daß sie von beliebigen Personen betreten werden, bedarf es keines individuellen konkretisierten Einverständnisses, um das Tatbestandsmerkmal „Eindringen" auszuschließen. Der generellen undifferenzierten Öffnung der Räumlichkeit für das Publikum liegt ein generelles undifferenziertes Einverständnis mit künftigen Betretungsakten zugrunde. Dieses generelle Einverständnis hat dieselbe strafrechtliche Bedeutung wie ein der konkreten Person gegenüber individuell gewährtes Einverständnis[40]. Es schließt die Tatbestandsmäßigkeit („Eindringen") jedes Betretungsvorganges aus, der von ihm – dem generellen Einverständnis – „gedeckt" ist. Daher gelten auch dieselben Regeln wie bei einem individuellen durch Täuschung erschlichenen Einverständnis. Nach h. M. hat auch ein erschlichenes Einverständnis tatbestandsausschließende Wirkung. Das Einverständnis verliert seine Wirkung also nicht deswegen, weil es durch Täuschung erschlichen wurde[41]. Dem Erschleichen eines individuellen Einverständnisses gleich steht ein Verhalten, mit dem der Täter vorspiegelt, er erfülle die Benutzungs- oder Betretungsbedingungen, die der Berechtigte mit seinem generellen Einverständnis verknüpft. Die Betreiber öffentlicher Personenverkehrsunternehmen verbinden die generelle Gestattung der Benutzung ihrer Beförderungsmittel mit dem Hinweis, daß die Benutzung nur unter Mitführung eines gültigen Fahrausweises erlaubt ist. Ein „blinder Passagier", der ohne Fahrschein in einem S-Bahn-Waggon oder ei-

---

wurde. Ungeschriebenes objektives Tatbestandsmerkmal des § 265 a StGB sei nämlich ein Vermögensschaden bei dem Verkehrsunternehmen.

[38] *Lackner/Kühl*, § 123 Rn. 4; *Schönke/Schröder/Lenckner*, § 123 Rn. 9; *Tröndle/Fischer*, § 123 Rn. 9.

[39] *Lackner/Kühl*, § 123 Rn. 5; *Schönke/Schröder/Lenckner*, § 123 Rn. 11; *Tröndle/Fischer*, § 123 Rn. 13.

[40] *Küpper*, BT I, Teil 1 § 5 Rn. 11; *Lackner/Kühl*, § 123 Rn. 7, *Schönke/Schröder/Lenckner*, § 123 Rn. 23.

[41] *Küpper*, BT I, Teil 1 § 5 Rn. 11; *Lackner/Kühl*, § 123 Rn. 5; *Tröndle/Fischer*, § 123 Rn. 15.

nem Bus mitfährt, erfüllt diese Bedingung nicht. Im Normalfall deckt er aber seine fehlende Berechtigung nicht auf und verhält sich wie ein Fahrgast, der einen gültigen Fahrschein dabei hat. Für den Berechtigten ist daher ohne konkrete Fahrscheinkontrolle nicht erkennbar, ob ein Fahrgast während der Fahrt im Besitz eines gültigen Fahrscheins ist oder nicht. Daher bleibt das generelle Einverständnis auch solchen Personen gegenüber aufrechterhalten und rechtswirksam, die ohne gültigen Fahrschein mitfahren[42].

Da die Mitfahrt des S in S-Bahn und Bus von dem generellen Einverständnis des Verkehrsunternehmens gedeckt ist, ist S nicht in den S-Bahn-Waggon und nicht in den Bus eingedrungen.

2. Ergebnis

S hat sich nicht wegen Hausfriedensbruchs aus § 123 I StGB strafbar gemacht.

C. Gesamtergebnis und Konkurrenzen

T ist strafbar aus § 253 I StGB und aus § 246 I StGB. Die beiden Delikte stehen in Tatmehrheit, § 53 StGB.

S ist nicht strafbar.

---

[42] *Hilgendorf*, Fallsammlung, S. 95; *Schönke/Schröder/Lenckner*, § 123 Rn. 24/25.

Fall 14

Essen auf Rädern

Vollendung und Beendigung - sukzessive Mittäterschaft - sukzessive Beihilfe - Unfall im Straßenverkehr - Begriff des „gefährlichen Werkzeugs" - Wiederholbarkeit der Zueignung - Drittzueignung - Zusammenhang zwischen Nötigung und Wegnahme beim Raub - Betroffensein auf frischer Tat - Abgrenzung von Vortat-Beihilfe und Begünstigung - Teilnahme des Vortäters an der Begünstigung - Sich-Verschaffen einer gestohlenen Sache

Jungunternehmer Otto (O) sitzt mit seiner Freundin Franziska (F) eines Abends an einem auf dem Bürgersteig aufgestellten Tisch des Straßenrestaurants „Die Laube". Seinen Geldbeutel mit 600 Euro Bargeld Inhalt hat er vor sich auf den Tisch gelegt. Plötzlich kommt auf Inline-Skates Thilo (T) herangebraust. In der rechten Hand hält T einen „Döner", von dem er alle zehn Sekunden einen Happen abbeißt. T rollt mit hoher Geschwindigkeit dicht an dem Tisch vorbei, an dem O und F sitzen. Im Vorbeirollen ergreift T mit der freien linken Hand den auf dem Tisch liegenden Geldbeutel. T hat dabei die Absicht, Geldbeutel und Inhalt zu behalten.

O springt sofort auf und rennt hinter T her. T bemerkt dies sogleich und steigert seine Geschwindigkeit. Er will verhindern, daß O ihm die Beute wieder abnimmt. Auf dem sehr engen Bürgersteig stößt T plötzlich auf ein Hindernis: Der 60-jährige Xaver (X) steht mit dem Rücken zu T auf dem Bürgersteig und zündet sich gerade seine Pfeife an. T rollt mit hoher Geschwindigkeit (ca. 30 km/h) auf X zu und rempelt ihn so heftig an, daß X hinfällt und sich Prellungen und Hautabschürfungen zuzieht. Dennoch kann X sogleich aus eigener Kraft wieder aufstehen und seine Pfeife rauchen.

Der Zusammenstoß des T mit X hat zur Folge, daß O, der ein guter Läufer ist, den Abstand zu T verkürzen konnte. T merkt dies und fürchtet, daß O ihn bald eingeholt haben könnte. Daher wirft er dem zufällig an einer Bushaltestelle - die von der „Laube" 150 Meter entfernt ist - stehenden Kegelvereinskamerad Zlatko (Z) den Geldbeutel des O zu und ruft: „Halt das bitte mal für mich!" Z hat das gesamte Geschehen seit der Entwendung des Geldbeutels vor dem Lokal beobachtet und weiß, daß T vor dem O flüchtet, damit dieser ihm den entwendeten Geldbeutel nicht abjagen kann. Er fängt den zugeworfenen Geldbeutel mit der Absicht auf, die Beute dem T zu sichern und sie ihm unverzüglich zurückzugeben, sobald T den O abgeschüttelt hat. Um dies zu beschleunigen, stellt Z dem an ihm vorbeilaufenden O ein Bein. O schlägt der ganzen Körperlänge nach hin und bleibt eine

Minute benommen liegen. Als O sich wieder erholt hat, ist T nicht mehr zu sehen. Z trifft sich eine Viertelstunde später mit T und gibt ihm den Geldbeutel.

Wie haben sich T und Z strafbar gemacht?

Lösung

A. Strafbarkeit des T

I. Diebstahl, § 242 I StGB

1. Objektiver Tatbestand

a) Der Geldbeutel des O und die darin enthaltenen Münzen bzw. Banknoten sind *bewegliche Sachen*. Da diese Sachen Eigentum des O sind, sind sie für den T *fremd*.

b) T müßte diese Sachen dem O *weggenommen* haben.

Wegnahme ist der Bruch fremden Gewahrsams und die Begründung neuen Gewahrsams. Gewahrsam ist die tatsächliche Beherrschung der Sache, verbunden mit einem diese Sache betreffenden Herrschaftswillen. Solange der Geldbeutel auf dem Tisch lag, hatte O *Gewahrsam* an ihm. O war vor der Tat des T Gewahrsamsinhaber. Indem T den Geldbeutel im Vorbeifahren ergriff und sich schnell mit ihm entfernte, hob er den Gewahrsam des O auf. Da O damit nicht einverstanden war, ist diese Gewahrsamsaufhebung ein *Gewahrsamsbruch*. Schon mit dem Ergreifen und erst recht mit dem Wegfahren hatte T neuen - eigenen - *Gewahrsam begründet*. Damit sind alle Voraussetzungen der Wegnahme erfüllt. Bei dem Geldbeutel handelt es sich um ein Diebstahlsobjekt, bei dem die Wegnahme nach den Grundsätzen der „Gewahrsamsenklave" vollzogen werden kann[1].

2. Subjektiver Tatbestand

a) T handelte *vorsätzlich*, § 15 StGB.

b) T handelte auch mit der *Absicht, sich das Geld rechtswidrig zuzueignen*. Denn T hatte den Vorsatz, den O endgültig zu enteignen. T wollte, daß O den Geldbeutel und das darin enthaltene Geld nicht mehr zurückbekommt. Außerdem hatte T

---

[1] BGHSt 16, 271 ff.; *Mitsch*, BT II/1, § 1 Rn. 63; *Rengier*, BT 1, § 2 Rn. 25; *Wessels/Hillenkamp*, BT 2, Rn. 113; *Lackner/Kühl*, § 242 Rn. 16.

die Absicht, sich das Geld anzueignen. Er wollte das Geld dem eigenen Vermögen – zumindest vorübergehend – einverleiben. T hatte kein Recht auf das Geld und wusste dies auch. Also hatte er auch bezüglich der Rechtswidrigkeit der Zueignung Vorsatz.

3. Rechtswidrigkeit, Schuld

Die Tat des T war nicht gerechtfertigt, also rechtswidrig. T handelte schuldhaft.

4. Ergebnis

T hat sich aus § 242 I StGB strafbar gemacht.

Eine auf § 243 I 2 Nr. 2 StGB gestützte Strafschärfung ist nicht begründet. Zwar ist der Geldbeutel ein *verschlossenes Behältnis*, in dem sich das Diebstahlsobjekt „Geld" befindet. Jedoch ist dieses Behältnis in der konkreten Tatsituation selbst gegen Wegnahme nicht gesichert und bietet auch gegen eine Wegnahme des darin aufbewahrten Geldes keinen besonderen Schutz. T brauchte deshalb keine besondere Gewahrsamssicherung zu überwinden, um sich des Geldes bemächtigen zu können[2].

Ein Strafantrag nach § 248 a StGB ist nicht erforderlich, da die Diebesbeute nicht geringwertig ist. Die zugleich mit dem Diebstahl begründete Strafbarkeit wegen Unterschlagung (§ 246 I StGB) kommt nicht zum Tragen, da § 246 StGB gegenüber § 242 I StGB subsidiär ist. Für das Vorliegen diebstahlsqualifizierender Umstände (§§ 244, 244 a StGB) bietet der Sachverhalt keine Anknüpfungspunkte.

II. Raub, § 249 I StGB

1. Objektiver Tatbestand

a) Geld und Geldbeutel sind *fremde bewegliche Sachen*, die T dem O *weggenommen* hat (s. o. I 1).

b) Das Umstoßen des X ist *Gewalt gegen die Person* des X.

c) Die Gewalt müßte in einem *Zusammenhang mit der Wegnahme* stehen.

Die h. M. läßt einen *Finalzusammenhang* bzw. einen subjektiv vorgestellten Kausalzusammenhang genügen[3], eine Mindermeinung fordert einen objektiv gegebenen *Kausalzusammenhang*[4]. Nach beiden Ansichten muß die Gewalt der

---

[2] *Lackner/Kühl*, § 243 Rn. 16; *Schönke/Schröder/Eser*, § 243 Rn. 25.
[3] *Küper*, BT, S. 168; *Rengier*, BT 1, § 7 Rn. 14; *Wessels/Hillenkamp*, BT 2, Rn. 322; *Lackner/Kühl*, § 249 Rn. 4.
[4] NK-*Kindhäuser*, § 249 Rn. 29; SK-*Günther*, § 249 Rn. 36.

Wegnahme zeitlich vorausgehen und die anschließende Wegnahme ermöglichen (erleichtern, fördern)[5]. Denn die Gewalt ist Mittel der Wegnahme. Auf der Grundlage der h. M. (Finalität) reicht es, wenn der Täter die Gewalt zu dem Zweck der Wegnahmeermöglichung einsetzt, nach der Mindermeinung (Kausalität) muß die Gewalt rückblickend tatsächliche Ursache der konkreten Wegnahme sein.

Beide Ansichten stimmen darin überein, daß sich die Wirkung der Gewalt auf die *Vollendung* der Wegnahme beziehen muß[6]. Nach h. M. muß die Gewalt also dem Zweck dienen, die Vollendung der Wegnahme zu ermöglichen. Nach der Mindermeinung muß die Gewalt tatsächliche Ursache der Vollendung der Wegnahme sein. Demzufolge ist der erforderliche Zusammenhang nicht gegeben, wenn sich die Wirkung der Gewalt nicht auf die Vollendung der Wegnahme, sondern auf die Beendigung der Wegnahme bezieht[7]. Dann dient die Gewalt nämlich nicht der Wegnahmeermöglichung, sondern der Sicherung des Weggenommenen (der Diebesbeute). Dieser Zweck der Gewaltanwendung gehört aber schon in den Bereich des räuberischen Diebstahls (§ 252 StGB)[8].

Hier hatte T neuen Gewahrsam an Geld und Geldbeutel bereits begründet, bevor er den X umrempelte. Die Wegnahme war also schon vor dieser Gewaltanwendung vollendet. Die Gewalt gegen X konnte somit nur noch den Zweck verfolgen, die Diebesbeute zu sichern, also den ungehinderten Abtransport nach bereits vollendeter Wegnahme zu ermöglichen. Ein derartiger Zweck der Gewaltanwendung erfüllt nicht den Tatbestand des Raubes, sondern allenfalls den Tatbestand des räuberischen Diebstahls (§ 252 StGB).

2. Ergebnis

T hat sich nicht aus § 249 I StGB strafbar gemacht.

III. Räuberischer Diebstahl, § 252 StGB

1. Objektiver Tatbestand

a) T hat einen *vollendeten*[9] *Diebstahl* begangen.

b) T müßte bei dem Diebstahl *auf frischer Tat betroffen* sein.

aa) Was mit „betroffen" gemeint ist, ist umstritten[10]. Die engste Auffassung verlangt, daß die Diebstahlstat und der Diebstahlstäter von jemand anderem wahrge-

---

[5] *Gössel*, BT 2, § 13 Rn. 35; *Mitsch*, BT II/1, § 3 Rn. 39; *Lackner/Kühl*, § 249 Rn. 4.
[6] *Gössel*, Fälle, S. 264; NK-*Kindhäuser*, § 249 Rn. 34; SK-*Günther*, § 249 Rn. 45.
[7] *Geppert*, Jura 1990, 554 (555); *Mitsch*, BT II/1, § 3 Rn. 39.
[8] *Lackner/Kühl*, § 252 Rn. 3.
[9] Zur Maßgeblichkeit der Diebstahlsvollendung vor der Nötigung vgl. *Gössel*, BT 2, § 15 Rn. 7.

nommen worden ist und diese Person auch die Qualität des wahrgenommenen Geschehens als „Diebstahl" oder jedenfalls strafrechtlich relevanten Vorgang erkannt hat[11]. Die weiteste Auffassung lässt es ausreichen, daß der Täter glaubt, jemand anders habe ihn bei der Begehung des Diebstahls beobachtet bzw. werde ihn sogleich als Dieb wahrnehmen, wenn er – der Täter – dies nicht gewaltsam unterbindet[12].

Im vorliegenden Fall ist T auf der Grundlage der engsten Auffassung von O und von Z betroffen, nicht aber von X. Nach der weitesten Auffassung ist T ebenfalls von O und Z betroffen, nicht aber von X. T ging nicht davon aus, X werde ihn als Täter eines soeben begangenen Diebstahls erkennen und auf Grund dieser Wahrnehmung möglicherweise die Flucht mit der Beute behindern. Für T war X nur ein physisches Hindernis, vergleichbar einer Barriere, einer Mauer oder einem sonstigen „toten" Gegenstand, der den Fluchtweg versperrt.

bb) T müßte „bei einem Diebstahl" betroffen sein. Dieses Tatbestandsmerkmal enthält keine Beschränkung tatbestandsrelevanten Betroffenwerdens in zeitlicher oder räumlicher Hinsicht. Es ist anerkannt, daß der mit dem Betroffenwerden zusammenhängende Wahrnehmungsakt bereits während der Begehung des Diebstahls vollzogen werden kann[13]. Tatbestandsmäßig ist nicht nur ein Betroffenwerden nach Vollendung des Diebstahls. Daß O den T schon während der Wegnahme betroffen hat, steht der Tatbestandserfüllung also nicht entgegen.

cc) T muß „auf frischer Tat" betroffen sein. Dieses Merkmal beschränkt tatbestandsmäßiges Betroffenwerden in zeitlich-räumlicher Beziehung[14]. Der Wahrnehmungsakt muß in engem Zusammenhang mit der Ausführung der Diebstahlstat stehen. Das ist der Fall, wenn der Dieb während oder unmittelbar nach seiner Tat betroffen wird. In der Regel wird eine Wahrnehmung nach Beendigung des Diebstahls nicht tatbestandsmäßig sein, weil der Diebstahl zu diesem Zeitpunkt nicht mehr „frisch" ist.

Hier war der Diebstahl des T noch im Gange und bereits gerade vollendet, als T von O und von Z wahrgenommen – also „betroffen" – wurde. T wurde also von O und von Z auf frischer Tat betroffen.

c) Tatbestandsmäßiges Verhalten ist die Anwendung von *Gewalt gegen eine Person* oder die *Drohung mit gegenwärtiger Gefahr für Leib oder Leben*. Das Umstoßen des X ist unmittelbar gegen den Körper – also gegen die Person – gerichtete Gewalt.

---

[10] *Geppert*, Jura 1990, 554 (556); *Mitsch*, BT II/1, § 4 Rn. 31; *Wessels/Hillenkamp*, BT 2, Rn. 368; *Lackner/Kühl*, § 252 Rn. 4; NK-*Kindhäuser*, § 252 Rn. 12 ff.; SK-*Günther*, § 252 Rn. 11 ff.
[11] *Schnarr*, JR 1979, 314 (316).
[12] BGHSt 26, 95 ff.; *Rengier*, BT 1, § 10 Rn. 7; *Lackner/Kühl*, § 252 Rn. 4.
[13] *Rengier*, BT 1, § 10 Rn. 7; *Wessels/Hillenkamp*, BT 2, Rn. 368; SK-*Günther*, § 252 Rn. 11.
[14] *Wessels/Hillenkamp*, BT 2, Rn. 364; *Lackner/Kühl*, § 252 Rn. 4.

Fraglich ist aber, ob eine gegen X gerichtete Gewalt den objektiven Tatbestand des § 252 StGB erfüllt. Denn bei X handelt es sich um eine Person, die den T als Dieb und die Tat des T als Diebstahl nicht wahrgenommen hat, von der T also bei seinem Diebstahl nicht auf frischer Tat betroffen ist und von der T daher auch keinen Widerstand zu erwarten hat.

Der Text des § 252 StGB begrenzt den Kreis der tauglichen Gewalt- bzw. Drohungsopfer nicht explizit auf die Person/Personen, die den Täter bei dem Diebstahl betroffen hat/haben[15]. Allerdings gewinnt das Tatbestandsmerkmal „betroffen" nur einen Sinn, wenn man ihm die Funktion zuschreibt, die Person, gegen die sich die Gewalt oder Drohung richtet, zu bestimmen. Außerdem spricht die Verknüpfung mit dem subjektiven Tatbestandsmerkmal „um sich im Besitz des gestohlenen Gutes zu erhalten" für eine Beschränkung des Opferkreises auf Personen, die gerade wegen der von ihnen gemachten diebstahlsbezogenen Wahrnehmungen den deliktisch begründeten Besitzstand des Diebes gefährden könnten. Auch beim Raub (§ 249 StGB) bestimmt man das Opfer der Gewalt bzw. Drohung anhand seiner tatsächlichen oder vom Täter angenommenen Bereitschaft, dem beabsichtigten Gewahrsamsbruch Widerstand entgegenzusetzen[16]. Folglich sollte man beim raubähnlichen Delikt „räuberischer Diebstahl" einen ähnlichen Zusammenhang zwischen Gewalt bzw. Drohung und Opfer herstellen : Opfer ist nur die Person, von der der Täter befürchtet, auf Grund der von ihr gemachten Wahrnehmung („betroffen") um den Besitz des gestohlenen Gutes gebracht zu werden[17].

Die h. M. lehnt diese restriktive Auslegung des Tatbestandes ab, verlangt aber immerhin, daß das Opfer der Gewalt bzw. Drohung eine tatsächlich oder vermeintlich zum Schutz des Diebstahlsopfers bereite Person ist[18]. Auch diese Voraussetzung ist bei X nicht erfüllt.

2. Ergebnis

T hat sich nicht aus § 252 StGB strafbar gemacht.

IV. Unerlaubtes Entfernen vom Unfallort, § 142 I Nr. 1 StGB

1. Objektiver Tatbestand

a) Der Zusammenstoß zwischen T und X ist ein *Unfall im Straßenverkehr*. Zu dem Raum, auf dem öffentlicher Straßenverkehr stattfindet, gehört auch ein Bürgersteig. Verkehrsteilnehmer, der in einen Unfall im Straßenverkehr verwickelt sein kann, ist auch der Fußgänger. Folglich kann der Zusammenstoß zweier Fußgän-

---

[15] *Schönke/Schröder/Eser*, § 252 Rn. 6.
[16] *Lackner/Kühl*, § 249 Rn. 2.
[17] *Mitsch*, BT II/1, § 4 Rn. 36.
[18] *Rengier*, BT 1, § 10 Rn. 9; *Wessels/Hillenkamp*, BT 2, Rn. 369; NK-*Kindhäuser*, § 252 Rn. 23; *Schönke/Schröder/Eser*, § 252 Rn. 6; SK-*Günther*, § 252 Rn. 15.

ger[19] – zumal, wenn einer von ihnen mit Rollschuhen unterwegs ist[20] – ein Unfall iSd § 142 I StGB sein.

Fraglich könnte allenfalls sein, ob die vorsätzliche Herbeiführung des Zusammenstoßes durch T der Bejahung eines Unfalls entgegensteht. Vor allem aus der Perspektive des Opfers ist aber eine Differenzierung dahingehend, daß eine unvorsätzliche Verursachung des Zusammenstoßes durch den „Gegner" ein Unfall, die vorsätzliche Verursachung des Zusammenstoßes durch den „Gegner" dagegen kein Unfall ist, nicht einleuchtend[21]. Der Schutzzweck, dem § 142 I StGB dient, ist in dem einen Fall in gleicher Weise berührt wie in dem anderen Fall. Dies gilt jedenfalls dann, wenn sich in dem vorsätzlich verursachten Schaden eine straßenverkehrstypische Gefahr realisiert. Daher ist der von T vorsätzlich verursachte Zusammenstoß mit X ein Unfall iSd § 142 I StGB[22].

b) T ist *Unfallbeteiligter* iSd § 142 V StGB.

c) Indem T mit seinen Inline-Skates weiterfuhr, hat er sich vom Unfallort *entfernt*.

d) T hat die in § 142 I Nr. 1 StGB beschriebenen *Feststellungsförderungspflichten nicht erfüllt*, obwohl feststellungsbereite Personen – z. B. der X – am Unfallort anwesend waren.

2. Weitere Strafbarkeitsvoraussetzungen

T handelte vorsätzlich, § 15 StGB. Die Tat des T war rechtswidrig. T handelte schuldhaft.

3. Ergebnis

T hat sich aus § 142 I Nr. 1 StGB strafbar gemacht.

V. Körperverletzung, § 223 I StGB, bzw. Gefährliche Körperverletzung, §§ 223 I, 224 I Nr. 2 StGB

1. Objektiver Tatbestand

a) Indem T den X umstieß, hat er eine andere Person *körperlich mißhandelt* und an der *Gesundheit geschädigt*.

---

[19] *Lackner/Kühl*, § 142 Rn. 6; *Schönke/Schröder/Cramer/Sternberg-Lieben*, § 142 Rn. 17.
[20] In diesem Sinne einschränkend *Schönke/Schröder/Cramer/Sternberg-Lieben*, § 142 Rn. 17.
[21] *Küpper*, BT I, Teil II § 5 Rn. 47.
[22] BGHSt 24, 382 ff.; *Schönke/Schröder/Cramer/Sternberg-Lieben*, § 142 Rn. 18; *Tröndle/Fischer*, § 142 Rn. 12.

b) T könnte die Tat mittels eines *„anderen gefährlichen Werkzeugs"* begangen haben. Unter diesem qualifizierenden Tatbestandsmerkmal ist eine Sache zu verstehen, deren Beschaffenheit und konkrete Verwendung geeignet ist, erhebliche Verletzungen und Gesundheitsschäden hervorzurufen[23]. Auf Grund des Aufpralls des T auf den X wurde dieser mit Wucht umgestoßen und in die konkrete Gefahr gebracht, bei dem Sturz erhebliche Körperverletzungen zu erleiden. Ursächlich für diese Gefahr waren die Geschwindigkeit und das Körpergewicht des T, sowie die Beschaffenheit des Bürgersteigs, auf den X fiel. Da der menschliche Körper nicht als „Werkzeug" qualifiziert werden kann[24], kommen hier nur die Inline-Skates des T und der Bürgersteig als gefährliches Werkzeug in Betracht. Die Inline-Skates sind zwar dafür ursächlich, daß sich T mit hoher Geschwindigkeit auf X zubewegte. Letztlich ist es aber die Masse und die Bewegung des durch diese Geschwindigkeit mit erheblicher zerstörerischer Energie geladenen Körpers des T, die für die Gefahrenlage unmittelbar verantwortlich war. Ein guter Sprinter hätte diesen Effekt auch ohne Hilfsmittel mit seinem Körper herbeiführen können. Dieselbe Wirkung ließe sich schließlich durch einen Sprung von einem erhöhten Standort auf einen darunter befindlichen Menschen erzielen. In diesen Beispielen wird eindeutig kein gefährliches Werkzeug benutzt. Im vorliegenden Fall ist es nicht anders. Auch der Bürgersteig kann nicht als gefährliches Werkzeug qualifiziert werden. Denn Werkzeugeigenschaft können nur bewegliche Sachen haben[25]. T hat daher den objektiven Tatbestand des § 224 I Nr. 2 StGB nicht erfüllt.

Ob die Tat des T eine *„das Leben gefährdende Behandlung"* (§ 224 I Nr. 5 StGB) war, läßt sich dem Sachverhalt nicht eindeutig entnehmen. T hat also nur den objektiven Tatbestand des § 223 I StGB erfüllt.

2. Weitere Strafbarkeitsvoraussetzungen

T handelte vorsätzlich (§ 15 StGB). Die Tat war rechtswidrig. T handelte schuldhaft.

3. Ergebnis

T hat sich aus § 223 I StGB strafbar gemacht.

---

[23] *Lackner/Kühl*, § 224 Rn. 5; *Schönke/Schröder/Stree*, § 224 Rn. 4.
[24] *Küper*, BT, S. 424; *Küpper*, BT I, Teil I § 2 Rn. 9; *Otto*, BT, § 16 Rn. 7; *Rengier*, BT 2, § 14 Rn. 9; *Tröndle/Fischer*, § 224 Rn. 8; a. A. *Hilgendorf*, Fallsammlung, S. 25.
[25] *Gössel*, Fälle, S. 160; *Küper*, BT, S. 427; *Lackner/Kühl*, § 224 Rn. 4; a. A. *Küpper*, BT I, Teil I, § 2 Rn. 11; *Otto*, BT, § 16 Rn. 7.

B. Strafbarkeit des Z

I. Diebstahl in Mittäterschaft[26], §§ 242 I, 25 II StGB[27]

1. Objektiver Tatbestand

a) Geld und Geldbeutel des O sind für Z *fremde bewegliche Sachen*.

b) Z müßte diese Sachen einem anderen *weggenommen* haben.

Die Handlungen, durch die der Gewahrsam des O gebrochen und neuer Gewahrsam des T begründet wurde, hat nicht Z, sondern T vorgenommen. Z hat also nicht in alleintäterschaftlicher (§ 25 I StGB) Manier weggenommen. Z könnte daher als Täter eines Diebstahls nur unter der Voraussetzung verantwortlich sein, daß die Entgegennahme des Geldbeutels von T eine Handlung des Z ist, die *mittäterschaftlichen* Charakter hat mit der Folge, daß die Wegnahmehandlung des T dem Z gem. § 25 II StGB zugerechnet wird.

    aa) Nach h. M. basiert Mittäterschaft auf subjektiven und objektiven Voraussetzungen[28]: In subjektiver Hinsicht ist ein *gemeinsamer Tatentschluß* erforderlich[29]. Die Mittäter müssen wechselseitig übereingekommen sein, gemeinsam eine Tat zu begehen. In objektiver Hinsicht ist ein *aktiver Tatbeitrag* erforderlich, der zum Gelingen der gemeinsamen Tat beiträgt[30].

    bb) Fraglich ist, ob die Entgegennahme des zugeworfenen Geldbeutels ein objektiver Tatbeitrag ist, der den Anforderungen an mittäterschaftliches Handeln genügt. Das hängt davon ab, welchen Einfluß auf die Tat bzw. das Gelingen der Tat man von dem Beitrag erwartet. Läßt man es ausreichen, daß der Beitrag eine erfolgreiche Beendigung der zuvor schon durch die Tatbeiträge eines anderen Beteiligten oder mehrerer anderer Beteiligter zur Vollendung gebrachten Tat gewährleistet, kann man in dem Verhalten des Z einen ausreichenden Tatbeitrag sehen. Denn die Sicherung der Beute und die Behinderung der Verfolgung des T ermöglichen dem T das Behalten der gestohlenen Sachen. Sie ermöglichen eine Verfestigung des von T begründeten Gewahrsams.

---

[26] Zum Aufbau des Mittäterdelikts vgl. *Gropp*, AT, § 10 Rn. 98 ff.

[27] Beteiligung am Diebstahl (§§ 242 I, 25 II StGB und §§ 242 I, 27 StGB) muß zuerst geprüft werden, weil vom Ergebnis dieser Prüfung abhängen kann, ob sich Z wegen räuberischen Diebstahls (§ 252 StGB) strafbar gemacht hat (dazu unten III).

[28] Dazu *Gropp*, AT, § 10 Rn. 82 ff.; *Kühl*, AT, § 20 Rn. 98 ff., insb. 103 ff.; *Lackner/Kühl*, § 25 Rn. 9 ff.

[29] *Küpper*, ZStW 105 (1993), 295 ff.; *Kühl*, AT, § 20 Rn. 104; a. A. *Lesch*, ZStW 105 (1993), 271 ff.; *ders.*, JA 2000, 73 ff.

[30] *Kühl*, AT, § 20 Rn. 107.

Nach zutreffender Ansicht muß der Mittäterbeitrag aber seine Wirkung vor der Vollendung der Tat - hier also vor Begründung neuen Gewahrsams - entfalten[31]. Er muß nämlich mit dazu beitragen, daß eine vollendete tatbestandsmäßige Tat zustande kommt. Denn nur unter dieser Voraussetzung kann ein Mittäter durch sein Verhalten den objektiven Tatbestand des Delikts erfüllen, auf das sich die Mittäterschaft bezieht[32]. Beitragswirkungen, die sich erst nach einer bereits vollendeten tatbestandsmäßigen Tat entfalten („sukzessive Mittäterschaft"), können allenfalls bei Dauerdelikten mittäterschaftsbegründend sein[33]. Denn bei Dauerdelikten (Freiheitsberaubung, Hausfriedensbruch) kann der Tatbestand auch noch durch Verhalten nach Vollendung verwirklicht werden[34]. Der Diebstahl ist kein Dauerdelikt[35]. Was nach Vollendung des Diebstahls geschieht, verwirklicht den Tatbestand des § 242 I StGB nicht mehr[36]. Beiträge nach Vollendung des Diebstahls, also nach erfolgter Begründung neuen Gewahrsams, tragen zur Tatbestandsmäßigkeit nichts bei und können deshalb selbst nicht tatbestandsmäßig sein[37]. Es ist auch nicht möglich, durch Beiträge nach vollendeter Tat eine gewissermaßen rückwirkende Zurechnung der Handlungen des anderen Tatbeteiligten – hier des T – zu begründen. Der mittäterschaftsbegründende Tatbeitrag muß vor Vollendung der Tat geleistet worden sein.

Hier war der von T begangene Diebstahl bereits vollendet, als Z den zugeworfenen Geldbeutel in Empfang nahm. Diese und die folgenden Handlungen des Z sind deshalb nicht geeignet, den objektiven Tatbestand des mittäterschaftlichen Diebstahls zu erfüllen.

2. Ergebnis

Z hat sich nicht aus §§ 242 I, 25 II StGB strafbar gemacht.

II. Beihilfe zum Diebstahl, §§ 242 I, 27 StGB[38]

1. Objektiver Tatbestand

a) T hat einen Diebstahl begangen. Er hat den objektiven und den subjektiven Tatbestand des § 242 I StGB erfüllt und dabei rechtswidrig gehandelt. Damit sind alle Voraussetzungen einer beihilfetauglichen *Haupttat* erfüllt.

b) Fraglich ist, ob Z dem T zu dessen Tat *Hilfe geleistet* hat.

---

[31] *Kühl*, JuS 1982, 189; *Rengier*, BT 1, § 7 Rn. 24; *Lackner/Kühl*, § 25 Rn. 12.
[32] *Schmitz*, Unrecht und Zeit, S. 194.
[33] *Schmitz*, Unrecht und Zeit, S. 195; *Kühl*, AT, § 20 Rn. 126.
[34] *Kühl*, JuS 1982, 110 (113).
[35] *Schmitz*, Unrecht und Zeit, S. 49.
[36] *Lackner/Kühl*, § 242 Rn. 18.
[37] *Kühl*, AT, § 20 Rn. 127.
[38] Zum Aufbau des Beihilfedelikts vgl. *Gropp*, AT, § 10 Rn. 156.

aa) Die vorübergehende Übernahme des mit Geld gefüllten Geldbeutels zwecks Sicherung desselben sowie das Zufallbringen des O ist zweifellos eine Hilfeleistung beim Beuteabtransport bzw. bei der Flucht mit der Diebesbeute.

bb) Fraglich ist jedoch, ob diese Unterstützung als Hilfeleistung „zu der Tat" bezeichnet werden kann. Das hängt davon ab, in welchem *zeitlichen Stadium* der Haupttat die Hilfeleistung bzw. der Hilfeleistungseffekt sich entfalten muß.

Als Z dem T Hilfe leistete, war dessen Diebstahl schon *vollendet*. Die Wegnahme hatte schon stattgefunden, neuer Gewahrsam an der fremden beweglichen Sache war schon begründet worden. Die Hilfe des Z wirkte sich also nach Vollendung des Diebstahls aus. Sie wirkte sich zugleich vor tatsächlicher erfolgreicher *Beendigung* des Diebstahls aus.

Daß eine strafbare Beihilfe auch durch Hilfeleistung im Stadium zwischen Vollendung und Beendigung der Haupttat („sukzessive Beihilfe") möglich ist, wird in Rechtsprechung und Schrifttum teilweise bejaht[39]. Die „Tat" ende nämlich nicht mit Erreichen der formell-tatbestandlichen Vollendung, sondern erst mit der tatsächlichen materiellen Beendigung des mit dem vollendeten Delikt untrennbar zusammenhängenden und mit ihm eine strafrechtliche Sinneinheit bildenden Gesamtgeschehens. Insbesondere gehöre zur Tat noch der Rechtsgutsverletzungserfolg, auf den es der Täter abgesehen hat, selbst wenn dieser Erfolg keine Voraussetzung tatbestandsmäßiger Vollendung des Delikts ist.

Eine – vorzugswürdige – Gegenansicht hält demgegenüber eine tatbestandsmäßige Beihilfe nur bis zur Vollendung der Haupttat für möglich[40]. Die Hilfeleistung muß bezüglich der Haupttat eine Förderungswirkung haben und diese Wirkung muß sich auf die Tatbestandsverwirklichung dieser Haupttat beziehen. Nur wenn sich die Hilfeleistung in dem Vorgang niederschlägt, der zur Vollendung der Haupttat führt, liegt eine Hilfeleistung „zu der Tat" vor. Wenn es sich bei der Haupttat um einen Diebstahl handelt, ist „Tat" also nur der Vorgang, der zur Begründung neuen Gewahrsams führt. Alles, was nach der Begründung neuen Gewahrsams, also nach der Wegnahme geschieht, ist nicht mehr Bestandteil der Tat „Diebstahl". Folglich bezieht sich eine sich erst nach der Wegnahme auswirkende Hilfeleistung nicht auf die Tat, sondern auf eine Nachtatphase.

Insbesondere die Existenz des Straftatbestandes „Begünstigung" (§ 257 StGB) unterstreicht die Maßgeblichkeit der formell-tatbestandlichen Vollendungsgrenze für die zeitliche Begrenzung der Beihilfe. Eine Hilfeleistung iSd § 27 I StGB scheidet hier also aus, weil der Diebstahl des T bereits vollendet war.

2. Ergebnis

Z hat sich nicht aus §§ 242 I, 27 I StGB strafbar gemacht.

---

[39] *Schönke/Schröder/Cramer/Heine*, § 27 Rn. 17; *Tröndle/Fischer*, § 27 Rn. 4.
[40] *Schmitz*, Unrecht und Zeit, S. 204; *Kühl*, AT, § 20 Rn. 236 ff.; *ders.*, JuS 1982, 189; *Lackner/Kühl*, § 27 Rn. 3.

III. Räuberischer Diebstahl, § 252 StGB

1. Objektiver Tatbestand

a) Die Vortat „*Diebstahl*" liegt vor. Der Diebstahl wurde vollendet. Der Diebstahl wurde aber nicht von Z, sondern von T begangen. Fraglich ist, ob dies der Erfüllung des objektiven Tatbestandes entgegensteht.

aa) Geht man davon aus, daß Z keine Beihilfe zum Diebstahl begangen hat (s. o. II), steht fest, daß Z an dem Diebstahl des T überhaupt nicht in strafrechtlich relevanter Weise beteiligt ist. Das hat bei § 252 StGB zur Folge, daß der objektive Tatbestand nicht erfüllt ist. Denn „bei einem Diebstahl auf frischer Tat betroffen" kann nur sein, wer entweder diesen Diebstahl als Täter begangen oder wenigstens als Teilnehmer an ihm mitgewirkt hat. Täter eines räuberischen Diebstahls kann also nur sein, wer selbst an der Vortat Diebstahl zumindest beteiligt gewesen ist. Ob dafür eine Beteiligung als Gehilfe (§ 27 StGB) ausreicht oder eine Beteiligung als (Mit-) Täter (§ 25 StGB) erforderlich ist, ist umstritten (dazu sogleich).

bb) Aber auch unter der Prämisse, daß Z durch die Inverwahrungnahme des entwendeten Geldbeutels Beihilfe zum Diebstahl begangen hat, ist ein täterschaftlicher räuberischer Diebstahl des Z ausgeschlossen. Denn Täter des räuberischen Diebstahls kann nur sein, wer die Vortat „Diebstahl" als Täter (Alleintäter, Mittäter) begangen hat[41].

Der Wortlaut des § 252 StGB spricht zwar nicht eindeutig, ansatzweise aber für diese engere Auffassung: In § 252 StGB heißt es „bei einem Diebstahl" und nicht „bei der Beteiligung an einem Diebstahl" oder gar „bei der Beihilfe zu einem Diebstahl".

Desweiteren paßt die hohe Strafdrohung des § 252 StGB besser zu der restriktiven Auslegung. Während bei einem Täter, der bereits den Diebstahl täterschaftlich begangen hat, die Strafschärfung des § 252 StGB gegenüber der Diebstahlsstrafe nur 11 Monate (Mindeststrafe des § 242 StGB ist 1 Monat) bis 10 Jahre (Höchststrafe des § 242 StGB ist 5 Jahre) beträgt, ist die Differenz bei einem Diebstahlsgehilfen 11 Monate (Mindeststrafe des §§ 242, 27 II 2 StGB ist 1 Monat) bis 11 Jahre und 3 Monate (Höchststrafe des §§ 242, 27 II 2 iVm § 49 I Nr. 2 S. 1 StGB ist 3 Jahre und 9 Monate).

Ebenfalls für die engere Auffassung spricht die raubähnliche Fassung des Straftatbestandes („gleich einem Räuber"). Beim Raub (§ 249 StGB) kann Täter nur sein, wer die beiden Akte „Qualifizierte Nötigung" (Gewalt gegen eine Person oder Drohung mit gegenwärtiger Gefahr für Leib oder Leben) und „Wegnahme" täterschaftlich vollzogen hat. Daher sollte auch bei § 252 StGB Täter nur sein kön-

---

[41] *Mitsch*, BT II/1, § 4 Rn. 24; *Rengier*, BT 1, § 10 Rn. 15; *Wessels/Hillenkamp*, BT 2, Rn. 373 a; *Lackner/Kühl*, § 252 Rn. 6; *Schönke/Schröder/Eser*, § 252 Rn. 10; a. A. BGHSt 6, 248 ff.

nen, wer die Vortat Diebstahl und die Nötigung täterschaftlich vollzogen hat[42]. Allerdings reicht es für mittäterschaftlichen Raub, daß der eine Mittäter die Nötigung und der andere Mittäter die Wegnahme ausführt. Unter dieser Voraussetzung wird dem nötigenden Mittäter die Wegnahme des anderen Mittäters zugerechnet und dem wegnehmenden Mittäter die Nötigung des anderen Mittäters zugerechnet, § 25 II StGB. Demzufolge muß auch bei § 252 StGB mittäterschaftliches Zusammenwirken in dem Sinne möglich und ausreichend sein, daß ein Mittäter – allein – die Vortat „Diebstahl" begeht und der andere Mittäter nur die Nötigungshandlung ausführt[43]. Allerdings muß die mittäterschaftliche Verabredung schon vor oder spätestens bei Begehung des Diebstahls zustandegekommen sein. Eine sukzessive Mittäterschaft in der Form, daß der zweite (Mit-) Täter erst nach Vollendung der Vortat Diebstahl hinzukommt und dann auf Grund Verabredung die Nötigungshandlung ausführt, reicht nicht aus. Demnach genügt eine Beihilfe zum Diebstahl als Vortat nur, wenn zugleich bereits eine Mittäterschaft bezüglich des anschließenden räuberischen Diebstahls angebahnt worden ist.

2. Ergebnis

Z hat sich nicht aus § 252 StGB strafbar gemacht.

IV. Körperverletzung, § 223 I StGB[44]

1. Objektiver Tatbestand

Indem Z dem O ein Bein stellte und dadurch dessen Sturz verursachte, beging er eine *körperliche Mißhandlung* und fügte dem O eine *Gesundheitsbeschädigung* zu.

2. Weitere Strafbarkeitsvoraussetzungen

Z handelte vorsätzlich, § 15 StGB. Die Tat war rechtswidrig. Z handelte schuldhaft.

3. Ergebnis

Z hat sich aus § 223 I StGB strafbar gemacht.

---

[42] *Lackner/Kühl*, § 252 Rn. 6; *Schönke/Schröder/Eser*, § 252 Rn. 10.
[43] *Arzt/Weber*, BT, § 17 Rn. 26; *Schönke/Schröder/Eser*, § 252 Rn. 10.
[44] Für die Prüfung einer gefährlichen Körperverletzung (§ 224 StGB) bietet der Sachverhalt keine Anknüpfungspunkte.

V. Nötigung, § 240 I, II StGB

1. Objektiver Tatbestand

Indem Z dem O ein Bein stellte, übte er körperliche *Gewalt* gegen O aus. Dadurch wurde O *genötigt*, die Verfolgung des T vorübergehend zu unterbrechen.

2. Weitere Strafbarkeitsvoraussetzungen

Z handelte vorsätzlich, § 15 StGB. Die Tat war rechtswidrig. Z handelte schuldhaft.

3. Ergebnis

Z hat sich aus § 240 I, II StGB strafbar gemacht.

VI. Begünstigung, § 257 I StGB

1. Objektiver Tatbestand

a) T hat die *Vortat* Diebstahl begangen. Er hat aus dieser Tat Vorteile erzielt, nämlich den Geldbeutel mit Inhalt als Diebesbeute. Diese Vorteile sind noch vorhanden.

b) Z hat dem T nach seiner Vortat *Hilfe geleistet*. Die gegen O gerichtete Gewalt war geeignet, dem T die Diebesbeute zu erhalten, den Verlust der Beute zu verhindern.

2. Subjektiver Tatbestand

a) Z handelte *vorsätzlich*, § 15 StGB.

b) Z handelte mit der *Absicht, dem T die Vorteile seiner (Diebstahls-) Tat zu sichern*.

3. Rechtswidrigkeit, Schuld

Die Tat des Z war rechtswidrig. Z handelte schuldhaft.

4. Ergebnis

Z hat sich aus § 257 I StGB strafbar gemacht.

VII. Hehlerei, § 259 I StGB

1. Objektiver Tatbestand

a) T hat einen Diebstahl (Vortat) begangen.

b) Der Geldbeutel und das darin befindliche Geld sind *Sachen*, die T *gestohlen*, d.h. durch den Diebstahl erlangt hat.

c) T hat die gestohlenen Sachen in *Besitz*. Der Besitz widerspricht der rechtlichen Vermögenszuordnung, ist also rechtswidrig.

d) Z müßte eine hehlerische Handlung ausgeführt haben. Das ist aber nicht der Fall. Er hat sich die Sachen nicht selbst *verschafft*, weil er die Diebesbeute nur vorübergehend für T sichern („verwahren") wollte. Er hat also keine eigentümergleiche Herrschaft über die Sachen erlangt[45]. Er hat die Sachen auch keinem Dritten verschafft. T ist als Vortäter kein Dritter. Außerdem konnte Z dem T die Beute nicht verschaffen, da T sie ja schon erlangt hatte. Die Beutesicherung ist auch kein *Absetzen* und keine *Absatzhilfe*.

2. Ergebnis

Z hat sich nicht aus § 259 I StGB strafbar gemacht.

VIII. Unterschlagung, § 246 I StGB

1. Objektiver Tatbestand

a) Geldbeutel und Geld sind *fremde bewegliche Sachen*.

b) Z müßte diese Sachen entweder sich selbst oder einem Dritten *zugeeignet* haben.

aa) Sich selbst hat Z den Geldbeutel und das Geld nicht zugeeignet. Er agierte nur als Helfer (Gewahrsamshüter) des T. Die Sicherung der Diebesbeute diente der Ermöglichung einer Zueignung durch T. Z hat Geldbeutel und Geld nicht dem eigenen Vermögen einverleibt.

bb) Die Sicherung der Diebesbeute gegen Verlust könnte eine *Drittzueignung* sein. Die Handlung bezweckte eine endgültige Enteignung des O und eine – zumindest vorübergehende – Aneignung durch T.

Fraglich ist jedoch, ob eine Zueignung nicht schon deswegen ausscheidet, weil T sich die Sachen bereits zuvor – durch den Diebstahl – zugeeignet hatte. Damit ist die Frage der Wiederholbarkeit der Zueignung aufgeworfen.

---

[45] *Mitsch*, BT II/1, § 10 Rn. 37; *Rengier*, BT 1, § 22 Rn. 23; *Wessels/Hillenkamp*, BT 2, Rn. 851; *Lackner/Kühl*, § 259 Rn. 11; *Schönke/Schröder/Stree*, § 259 Rn. 19.

Das 6. Strafrechtsreformgesetz hat zur Lösung dieses schon vorher umstrittenen Problems nichts beigetragen. Die Subsidiaritätsklausel des § 246 I StGB betrifft diesen Fall nicht. Nach der Rechtsprechung kann man sich eine Sache nur einmal zueignen[46]. Zueignungswillen manifestierende Folgeakte erfüllen demnach den Tatbestand der Unterschlagung nicht. Die wohl h. M. in der Literatur bejaht die Wiederholbarkeit der Zueignung[47]. Mit jeder Handlung, die als Anmaßung eigentümergleicher Macht erscheint, eigne sich der Täter die Sache erneut zu. Die folgenden Zueignungen seien also tatbestandsmäßig, träten aber hinter der ersten strafbaren Zueignung als mitbestrafte Nachtaten zurück[48].

Im vorliegenden Fall ist zudem der besondere Aspekt zu berücksichtigen, daß einer primären Selbstzueignung – des T – eine Drittzueignung – des Z – folgt[49]. Für Z ist diese Drittzueignung der erste Zueignungsakt. Dennoch würde die Rspr. hier vermutlich eine tatbestandsmäßige Zueignung verneinen, weil sich zuvor bereits T die Sache zugeeignet hat. Mit dieser Verschiebung der Sache aus dem Vermögen des O in das Vermögen des T ist nach der Rspr. die Zueignung unwiederholbar abgeschlossen.

Vorzugswürdig ist die Literaturmeinung, weil sie Strafbarkeitslücken vermeidet. Zudem entspricht die Konkurrenzlösung der allgemeinen strafbarkeitsausdehnenden Tendenz, die mit der Neufassung des § 246 StGB verbunden ist[50].

2. Weitere Strafbarkeitsvoraussetzungen

Z handelte vorsätzlich, § 15 StGB. Die Tat war rechtswidrig. Z handelte schuldhaft.

3. Ergebnis

Z hat sich aus § 246 I StGB strafbar gemacht. Die Strafbarkeit aus § 246 I StGB wird aber von der Strafbarkeit aus § 257 I StGB verdrängt.

---

[46] BGHSt 14, 38 ff.; zust. *Gössel*, Fälle, S. 146; *Rengier*, BT 1, § 5 Rn. 22; *Wagner*, Fälle, S. 47; *Lackner/Kühl*, § 246 Rn. 7.
[47] *Tenckhoff*, JuS 1984, 775 (779); *Hilgendorf*, Fallsammlung, S. 100; *Mitsch*, BT II/1, § 2 Rn. 53; *Wessels/Hillenkamp*, BT 2, Rn. 301.
[48] *Schönke/Schröder/Eser*, § 246 Rn. 19.
[49] *Mitsch*, BT II/1, § 2 Rn. 51; *Schönke/Schröder/Eser*, § 246 Rn. 21.
[50] *Mitsch*, ZStW 111 (1999), 65 (92).

C. Strafbarkeit des T

I. Anstiftung zur Begünstigung, §§ 257, 26 StGB

1. Objektiver Tatbestand

Z hat die *Haupttat* „Begünstigung" begangen. T hat den Z zur Begehung der Tat *bestimmt*.

2. Weitere Strafbarkeitsvoraussetzungen

T handelte vorsätzlich. Die Tat war rechtswidrig. T handelte schuldhaft.

3. Ergebnis

T hat sich aus §§ 257 I, 26 StGB strafbar gemacht.

Daß T schon wegen der Vortat, auf die sich die Begünstigung des Z bezieht, strafbar ist, würde an sich gem. § 257 III 1 StGB die Strafbarkeit aus §§ 257, 26 StGB ausschließen. Allerdings wird die Regel des § 257 III 1 StGB durchbrochen, wenn es sich um die Anstiftung zur Begünstigung handelt und der Angestiftete an der Vortat (des T) nicht beteiligt war, § 257 III 2 StGB. Die Strafbarkeit des T aus § 257, 26 (§ 257 III 2 StGB) hängt also davon ab, ob man eine Strafbarkeit des Z wegen Beihilfe zum Diebstahl (§§ 242, 27 StGB) bejaht oder nicht. Wenn man Strafbarkeit des Z wegen Beihilfe zum Diebstahl bejaht, ist T nicht aus §§ 257, 26 StGB strafbar, weil Z dann kein „an der Vortat Unbeteiligter" iSd § 257 III 2 StGB ist.

II. Unterschlagung, § 246 I StGB

1. Objektiver Tatbestand

a) Geldbeutel und Geld sind *fremde bewegliche Sachen*.

b) T müßte sich – oder einem Dritten – diese Sachen *zugeeignet* haben. Da T sich Geldbeutel und Geld bereits durch den Diebstahl zugeeignet hatte, ist eine tatbestandsmäßige Zueignung durch Entgegennahme der von Z zwischenzeitlich in Obhut genommenen Sachen nur möglich, wenn man die Wiederholbarkeit der Zueignung bejaht. Dieses Problem wurde schon oben bei der Strafbarkeit des Z angesprochen. Die h. M. in der Strafrechtsliteratur hält eine wiederholte Zueignung der Sache für möglich.

2. Weitere Strafbarkeitsvoraussetzungen

T handelte vorsätzlich, § 15 StGB. Die Tat des T war rechtswidrig. T handelte schuldhaft.

3. Ergebnis

T hat sich aus § 246 I StGB strafbar gemacht. Die Strafbarkeit wegen Unterschlagung wird aber durch die Strafbarkeit wegen Diebstahls verdrängt.

D. Gesamtergebnis und Konkurrenzen

T hat sich aus §§ 242, 142 I Nr. 1, 223 und 257, 26 StGB strafbar gemacht. Die Delikte stehen in Tatmehrheit, § 53 StGB.

Z hat sich aus §§ 223, 240 und 257 StGB strafbar gemacht. Die Delikte stehen in Tateinheit, § 52 StGB.

Fall 15

Drahtseilakt

Eigentumsverletzungsvorsatz und Gebrauchsrechtsverletzungsvorsatz - Autofalle als Unfall im Straßenverkehr - Erpresserischer Menschenraub und Geiselnahme im Zweipersonenverhältnis - Rechtswidrigkeit der Nötigung - Vermögensschaden bei Erpressung - Derivativer Erwerb bei Hehlerei und Geldwäsche - Drittnützige Pfandkehr - Ausnutzung der besonderen Verhältnisse des Straßenverkehrs

Eiben (E) bringt seinen Pkw zur Reparatur in die Werkstatt des Kfz-Händlers Wolf (W). W handelt mit Neu- und Gebrauchtwagen und betreibt auch eine Reparaturwerkstatt. Da die Reparatur voraussichtlich vier Tage in Anspruch nehmen wird, stellt W dem E einen Ersatzwagen für 30 Euro pro Tag zur Verfügung. Am Abend desselben Tages wird E von Traugott (T) überfallen. T hatte den E zuvor einige Tage lang beobachtet und weiß daher, daß E auf dem Weg von seiner Arbeitsstätte zu seinem Haus immer durch ein Waldgebiet fährt. Auf der Straße durch dieses Waldgebiet errichtet T eine Straßensperre : Er spannt ein Drahtseil quer über die Fahrbahn und befestigt es an zwei Bäumen, die am Straßenrand stehen. Als der ahnungslose E mit dem Wagen des W an diese Stelle kommt, wird er durch das Drahtseil zum Anhalten gezwungen. Da es schon Abend und deshalb recht dunkel ist, bemerkt E das Drahtseil sehr spät und muß den Wagen durch eine Vollbremsung zum Stehen bringen. E steigt aus, um das Hindernis zu beseitigen. Der hinter einem Busch lauernde T stürmt nun auf E zu und bedroht ihn mit einer geladenen und schussbereiten Pistole. E hebt zum Zeichen der Kapitulation sofort beide Hände. Machtlos muß er mitansehen, wie T sich in den Wagen setzt, wendet und davonfährt.

T nahm an, der Pkw sei Eigentum des E. Er verfolgt mit seiner Tat die Absicht, den Wagen dem Gebrauchtwagenhändler W zu einem Preis von 1500 Euro zum Kauf anzubieten. Er weiß nicht, daß der Wagen dem W gehört und dieser deshalb auf das „Kaufangebot" nicht eingehen, sondern vielmehr die Polizei von dem Vorfall unterrichten wird.

E benachrichtigt sogleich den W von dem Vorfall. W beauftragt daraufhin seinen Mitarbeiter Arnold (A) nach dem Wagen und dem Täter zu forschen. A, der gute Kontakte zur Unterwelt hat, erfährt bald, daß T den Pkw im Besitz hat. A sucht den T auf und sagt ihm auf den Kopf zu, daß er – T – den Pkw auf illegale Weise in seinen Besitz gebracht hat. A droht dem T mit einer Anzeige bei der Polizei, wenn er ihm das Fahrzeug nicht sofort herausgebe. T sieht keinen Ausweg und übergibt dem A die Wagenschlüssel. Einen Tag zuvor hatte T den Wagen aufgetankt. Jetzt befinden sich noch 30 Liter Benzin im Tank, die T bezahlt hatte. Darauf weist T den A hin. Dieser gibt dem T daraufhin mit den Worten „Das dürfte für 30 Liter reichen, den Rest können Sie behalten" einen 50-Euro-Schein und fährt dann mit dem Wagen zu W.

Wie ist das Verhalten des T und des A strafrechtlich zu beurteilen ?

Lösung

A. Strafbarkeit des T

I. Schwerer Raub, §§ 249 I, 250 I Nr. 1 a, II Nr. 1 StGB

1. Objektiver Tatbestand

a) Der Pkw gehört dem W und ist daher für T eine *fremde bewegliche Sache*. Indem T sich in den Wagen setzte und mit ihm davonfuhr, hat er den Wagen dem E *weggenommen*. E hatte Gewahrsam an dem Pkw. Mit dem Wegfahren brach T den Gewahrsam des E und begründete zugleich eigenen Gewahrsam an dem Pkw. Das abgenötigte Verhalten des E ist keine Vermögensverfügung, sondern lediglich Duldung der Wegnahme.

b) Das Vorhalten der geladenen Pistole war konkludenter Ausdruck der Ankündigung der Absicht, den E zu erschießen, falls dieser Widerstand leisten sollte. Das ist nach richtiger Ansicht keine Gewalt[1], wohl aber eine *Drohung mit gegenwärtiger Gefahr für Leib und Leben*. Die Drohung ermöglichte bzw. erleichterte dem T die Wegnahme des Pkw. Der erforderliche *Zusammenhang* zwischen Nötigung und Wegnahme ist also gegeben.

c) Die Pistole ist eine *Waffe* iSd § 250 I Nr. 1 a StGB. T hat die Waffe während des Raubes *bei sich geführt*, § 250 I Nr. 1 a StGB. Indem T den E mit der Pistole bedrohte, hat er die Waffe während des Raubes *verwendet*, § 250 II Nr. 1 StGB. Die Art der Verwendung läßt auch die spezifische Gefährlichkeit der Pistole für Leben und Gesundheit zur Geltung kommen[2]. Aus der Pistole hätte sich leicht ein Schuß lösen und den E verletzen oder gar töten können.

2. Subjektiver Tatbestand

a) T handelte mit *Vorsatz* (§ 15 StGB) bezüglich der objektiven Tatbestandsmerkmale des § 249 I StGB. Unerheblich ist dabei, daß er den E irrig für den Eigentü-

---

[1] *Küpper*, BT I, Teil I § 3 Rn. 43; *Rengier*, BT 2, § 28 Rn. 23; a. A. BGHSt 23, 126 (127).
[2] *Mitsch*, ZStW 111 (1999), 65 (104); *ders.*, JuS 1999, 640 (643); *Rengier*, BT 1, § 8 Rn. 9.

mer hielt (error in persona)³. Wahrer Eigentümer war W. Ausreichend ist, daß sich T – zutreffend – vorstellte, der Pkw gehöre jemand anderem und ist daher „fremd".

b) T handelte mit der *Absicht*, sich den Pkw *rechtswidrig zuzueignen*. T hatte den Vorsatz, den Eigentümer – d. h. die Person, die er für den Eigentümer hielt, also E – endgültig zu enteignen. Daß er den wirklichen Eigentümer – den W – nicht enteignen würde, wenn er seinen Plan erfolgreich ausführen würde, ist hier ohne Bedeutung. Denn im Rahmen des subjektiven Tatbestandsmerkmals „Zueignungsabsicht" kommt es nur auf das an, was sich der T vorstellte. T stellte sich vor, E sei Eigentümer und werde seinen Pkw nie mehr zurückbekommen. T wollte sich den Pkw vorübergehend aneignen. T hatte Vorsatz bezüglich der Rechtswidrigkeit der beabsichtigten Zueignung.

c) T hatte *Vorsatz* (§ 15 StGB) bezüglich der objektiven Tatbestandsmerkmale des § 250 I Nr. 1 a, II Nr. 1 StGB.

3. Rechtswidrigkeit, Schuld

Die Tat war rechtswidrig. T handelte schuldhaft.

4. Ergebnis

T hat sich aus §§ 249 I, 250 I Nr. 1 a, II Nr. 1 StGB strafbar gemacht. § 250 II Nr. 1 StGB ist eine Qualifizierung des § 250 I Nr. 1 a StGB und verdrängt diesen⁴.

T hat außerdem die Strafbarkeitsvoraussetzungen der §§ 239 I, 240 I, II, 241 I, 242 I, 246 I und 248 b I StGB erfüllt. Alle diese Straftatbestände treten aber hinter dem schweren Raub zurück.

II. Räuberischer Angriff auf Kraftfahrer, § 316 a I StGB

1. Objektiver Tatbestand

a) E ist *Führer eines Kraftfahrzeugs* und damit taugliches Tatopfer.

b) Indem T das Drahtseil über die Fahrbahn spannte, verübte er einen *Angriff auf die Entschlußfreiheit* des T. Das Hindernis zwang den E zum Anhalten. Denn er konnte seinen Entschluß, die Heimfahrt ohne Unterbrechung fortzusetzen, nicht in die Tat umsetzen. Da es tatsächlich zu einer Nötigung des E gekommen war, hat T den Angriff schon *verübt*⁵. E hatte bei Beginn des Angriffs auf seine Entschlußfreiheit auch noch die erforderliche Tatobjektseigenschaft als „Führer" des

---

³ *Gropp*, AT, § 13 Rn. 82.
⁴ *Schönke/Schröder/Eser*, § 250 Rn. 27.
⁵ *Mitsch*, BT II/2, § 2 Rn. 14; SK-*Horn*, § 316 a Rn. 7.

Kraftfahrzeugs. Denn der Pkw war noch in Fahrt, als sich das Drahtseil entschlußfreiheitsbeschränkend zu entfalten begann[6].

c) T hat bei dem Angriff die *besonderen Verhältnisse des Straßenverkehrs ausgenutzt*. Da das Drahtseil sein Nötigungspotential bereits freisetzte, als E noch in dem Pkw saß und dieser in Bewegung war, handelt es sich nicht um einen Angriff auf einen Fußgänger und auch nicht um einen Angriff außerhalb des fließenden Verkehrs[7]. Die angriffsbegünstigenden besonderen Verhältnisse des Straßenverkehrs bestehen hier darin, daß das Drahtseil für einen in Fahrt befindlichen Fahrzeugführer spät zu erkennen war. Der Fahrer war daher zu einer abrupten Bremsung gezwungen und hatte keine Möglichkeit, dem Hindernis auszuweichen oder den Wagen rechtzeitig zu wenden und der Autofalle durch Fahrtrichtungswechsel zu entgehen. Einen Radfahrer oder einen Fußgänger hätte man mit dem Drahtseil nicht beeindrucken können. Für den Kraftfahrer hingegen ist der Zwang zu plötzlich-abruptem Anhalten - so es denn überhaupt gelingt - ein Schockerlebnis, das ihn gegenüber dem lauernden Angreifer relativ wehrlos macht.

Kein objektives Tatbestandsmerkmal ist die Begehung des beabsichtigten Raubes, räuberischen Diebstahls bzw. der beabsichtigten räuberischen Erpressung[8].

2. Subjektiver Tatbestand

a) T hat *vorsätzlich* gehandelt, § 15 StGB.

b) T beging den Angriff, weil er sich des Wagens, mit dem E fuhr, bemächtigen wollte. Diese beabsichtigte Tat müßte entweder ein Raub (§ 249 StGB) oder ein räuberischer Diebstahl (§ 252 StGB) oder eine räuberische Erpressung (§ 255 StGB) sein. Wie oben festgestellt wurde, ist die durch Drohung ermöglichte Wegnahme des Pkw ein Raub. Also verübte T den Angriff *zur Begehung eines Raubes*.

3. Rechtswidrigkeit, Schuld

Die Tat war rechtswidrig. T handelte schuldhaft.

4. Ergebnis

T hat sich aus § 316 a I StGB strafbar gemacht.

---

[6] *Schönke/Schröder/Cramer/Sternberg-Lieben*, § 316 a Rn. 5; SK-*Horn*, § 316 a Rn. 3.
[7] *Mitsch*, BT II/2, § 2 Rn. 28; *Schönke/Schröder/Cramer/Sternberg-Lieben*, § 316 a Rn. 6.
[8] *Mitsch*, BT II/2, § 2 Rn. 12.

III. Schwere räuberische Erpressung, §§ 253, 255, 250 I Nr. 1 a, II Nr. 1 StGB

1. Objektiver Tatbestand

a) T hat den E mit gegenwärtiger Gefahr für Leib oder Leben *bedroht*.

b) Mit der Drohung hat T den E zur Duldung der Wegnahme des Pkw *genötigt*.

c) In Rechtsprechung und Literatur ist umstritten, ob der objektive Tatbestand der Erpressung und der räuberischen Erpressung eine *Vermögensverfügung* des genötigten Opfers voraussetzt[9]. Des weiteren ist umstritten, ob die Duldung der Wegnahme den Charakter einer solchen Vermögensverfügung hat. Die Rechtsprechung läßt die erzwungene Duldung der Wegnahme genügen. Die h. M. in der Literatur verlangt eine über die Duldung der Wegnahme hinausgehende Mitwirkung des genötigten Opfers an dem vermögensmindernden Vorgang[10].

Zu dem Streit braucht hier nicht Stellung genommen zu werden, da seine unmittelbare Ergebnisrelevanz im vorliegenden Fall gering ist[11]. Denn auch nach der Auffassung der Rechtsprechung käme es hier nicht zu einer Bestrafung aus §§ 253, 255, 250 I, II StGB, da der schwere Raub die schwere räuberische Erpressung verdrängen würde. Vorzugswürdig erscheint die weitere – auf eine Vermögensverfügung verzichtende – Auffassung. Für sie spricht der Gesetzeswortlaut und ihre strafbarkeitslückenschließende Wirkung[12].

d) Keiner Klärung bedarf hier die Frage, ob die besonderen Voraussetzungen der *„Dreieckserpressung"* vorliegen[13]. Darauf käme es nur an, wenn Inhaber des betroffenen Vermögensgutes nicht der E, sondern ein Dritter – hier der W – wäre. Stellt man allein auf das Eigentum an dem Pkw ab, liegt tatsächlich eine Dreieckskonstellation vor. Letztlich brauchen die Voraussetzungen des Dreiecksbetrugs aber nicht erörtert zu werden, da auch das Vermögen des E betroffen ist : E hatte den Pkw des W nicht nur in Besitz, sondern darüber hinaus sogar ein – auf Miete beruhendes – Besitzrecht an dem Fahrzeug. Dieses Recht kostete den E 30 Euro am Tag. E wurde also von T gezwungen, den Zugriff auf sein eigenes Vermögen zu dulden.

e) Durch die abgenötigte Duldung der Wegnahme wurde dem *Vermögen des E ein Schaden* zugefügt, da E nun sein Besitz- und Nutzungsrecht an dem Pkw nicht mehr ausüben konnte.

---

[9] Vgl. dazu *Arzt/Weber*, BT, § 18 Rn. 14 ff.
[10] *Gössel*, BT 2, § 31 Rn. 10; *Rengier*, BT 1, § 11 Rn. 18; *Wessels/Hillenkamp*, BT 2, Rn. 711; *Schönke/Schröder/Eser*, § 253 Rn. 8.
[11] Mittelbar bedeutsam ist die Erfüllung des Erpressungstatbestandes im Kontext des § 239 a StGB, wo nur die Absicht zur Begehung einer Erpressung erfaßt ist.
[12] *Arzt/Weber*, BT, § 18 Rn. 16; *Mitsch*, BT II/1, § 6 Rn. 40.
[13] *Arzt/Weber*, BT, § 18 Rn. 19; *Mitsch*, BT II/1, § 6 Rn. 41 ff.; *Schönke/Schröder/Eser*, § 253 Rn. 6.

f) Die objektiven Tatbestandsmerkmale des § 250 I Nr. 1 a, II Nr. 1 StGB sind ebenfalls erfüllt.

2. Subjektiver Tatbestand

T handelte *vorsätzlich* bezüglich der objektiven Tatbestandsmerkmale der räuberischen Erpressung, sowie bezüglich der objektiven Tatbestandsmerkmale des § 250 I Nr. 1 a, II Nr. 1 StGB. T hatte außerdem die *Absicht, sich* – auf Kosten des E – *rechtswidrig zu bereichern*.

3. Rechtswidrigkeit, Schuld

Die Tat war rechtswidrig. T handelte schuldhaft.

4. Ergebnis

T hat sich aus §§ 253, 255, 250 I Nr. 1 a, II Nr. 1 StGB strafbar gemacht. Allerdings tritt die schwere räuberische Erpressung hinter dem schweren Raub zurück.

IV. Erpresserischer Menschenraub, § 239 a I 1. Alt. StGB

1. Objektiver Tatbestand

E ist ein anderer *Mensch*. Indem T den E mit dem Drahtseil zum Anhalten zwang und anschließend mit der Pistole bedrohte, hat er *sich des E bemächtigt*[14]. Denn E war angesichts der Drohung nicht in der Lage, sich frei zu bewegen und unabhängig vom Willen des T den Ort zu verlassen. T hatte den E in der Hand und konnte nach Belieben über ihn verfügen.

2. Subjektiver Tatbestand

a) T handelte *vorsätzlich*, § 15 StGB.

b) T müßte mit der Absicht gehandelt haben, die Macht über den E dazu zu benutzen, die auf der Zwangslage beruhende *Sorge des E um sein Wohl zu einer Erpressung auszunutzen*.

T stellte sich vor, daß E in Sorge um sein leibliches Wohl ist. T wollte diese Sorge dazu ausnutzen, ungehindert durch E mit dem von diesem gefahrenen Pkw wegzufahren. Fraglich ist, ob diese Tat eine Erpressung iSd § 253 StGB wäre.

Die beabsichtigte Drohung mit der Pistole ist eine Drohung mit einem empfindlichen Übel (§ 253 StGB), darüber hinaus sogar eine Drohung mit gegenwärtiger

---

[14] *Mitsch*, BT II/2, § 2 Rn. 75; *Lackner/Kühl*, § 239 a Rn. 3; *Schönke/Schröder/Eser*, § 239 a Rn. 7; SK-*Horn*, § 239 a Rn. 4.

Gefahr für Leib und Leben (§ 255 StGB). Fraglich ist allerdings, ob diese Nötigungshandlung nicht schon deswegen unberücksichtigt bleiben muß, weil sie zugleich die Handlung ist, mit der sich der T des E bemächtigt. Bemächtigung und Erpressung fallen gewissermaßen uno actu zusammen. In Rechtsprechung und Literatur wird dem erpresserischen Menschenraub inzwischen überwiegend eine unvollkommen zweiaktige Struktur zugeschrieben[15], die aus den beiden deutlich voneinander abgesetzten Akten des Entführens bzw. Bemächtigens und der – beabsichtigten – anschließenden Erpressung gebildet wird[16]. Die Absicht muß sich demnach auf eine Erpressungshandlung richten, die mit der Entführung / Bemächtigung nicht identisch ist und ihr mit deutlichem Abstand folgt. Diese Einschränkung des Tatbestandes ist zu befürworten, da anderenfalls viele "Normalfälle" der räuberischen Erpressung (§§ 253, 255 StGB) zugleich erpresserischer Menschenraub wären, damit der viel höheren Strafdrohung des § 239 a I StGB unterfielen und demzufolge § 255 StGB seine Bedeutung als Strafvorschrift einbüßen würde.

3. Ergebnis

T ist nicht aus § 239 a I StGB strafbar.

V. Geiselnahme, § 239 b I 1. Alt. StGB[17]

1. Objektiver Tatbestand

Der objektive Tatbestand der Geiselnahme ist identisch mit dem objektiven Tatbestand des erpresserischen Menschenraubs. Also hat T den objektiven Tatbestand der Geiselnahme erfüllt.

2. Subjektiver Tatbestand

a) T handelte *vorsätzlich*, § 15 StGB.

b) T müßte mit der *Absicht* gehandelt haben, den E durch die Drohung mit dem Tod oder einer schweren Körperverletzung oder mit Freiheitsentziehung von über einer Woche Dauer zu einer *Handlung, Duldung oder Unterlassung zu nötigen*.

---

[15] Zu anderen Tatbestandseinschränkungsansätzen, die sich nicht durchsetzen konnten, vgl. *Müller-Dietz*, JuS 1996, 110 (112 ff.); *Zschieschack*, Geiselnahme, S. 37 ff..
[16] BGHSt 40, 350 (355 ff.); *Mitsch*, BT II/2, § 2 Rn. 99; *Rengier*, BT 2, § 24 Rn. 18; *Wessels/Hillenkamp*, BT 2, Rn. 743; *Schönke/Schröder/Eser*, § 239 a Rn. 13 a; krit. *Müller-Dietz*, JuS 1996, 110 (116); *Tröndle/Fischer*, § 239 a Rn. 8; gegen eine „zeitliche Schranke" *Renzikowski*, JZ 1994, 492 (496).
[17] Geiselnahme muß vor allem von denen geprüft werden, die Strafbarkeit aus § 239 a I 1. Alt. StGB mit der Begründung ablehnen, daß sich die Absicht des T nicht auf eine Erpressung, sondern auf einen Raub richtete.

T hatte die Absicht, den E mit dem Tod zu bedrohen. T wollte den E zur Duldung der Wegnahme des Pkw nötigen. Hier stellt sich aber wie beim erpresserischen Menschenraub das Problem des Zusammenfallens von Bemächtigungshandlung und Drohung. Nach vorzugswürdiger Ansicht muß die beabsichtigte Nötigungshandlung eine von dem Bemächtigungsakt verschiedene, ihm nachfolgende Handlung sein[18]. Da T hier nur eine mit der Bemächtigung vollkommen kongruente Drohung begehen wollte, hatte T nicht die Absicht, eine für den Tatbestand der Geiselnahme spezifische Nötigung zu begehen.

3. Ergebnis

T hat sich nicht aus § 239 b I StGB strafbar gemacht.

VI. Gefährliche Eingriffe in den Straßenverkehr, §§ 315 b I Nr. 2, III, 315 III Nr. 1 b StGB

1. Objektiver Tatbestand

Indem T das Drahtseil über die Straße spannte, *bereitete* er ein *Hindernis*. Dadurch wurde die *Sicherheit des Straßenverkehrs beeinträchtigt*, da dieses Hindernis vor allem motorisierte und mit hoher Geschwindigkeit fahrende Verkehrsteilnehmer einer erheblichen Gefahr aussetzte. Obwohl E die Konfrontation mit dem Drahtseil unverletzt überstand, beinhaltete die Beinahe-Kollision eine *konkrete Gefahr* zumindest für das Fahrzeug. Also wurde eine *fremde Sache von bedeutendem Wert* konkret gefährdet.

2. Subjektiver Tatbestand

a) T handelte *vorsätzlich*, § 15 StGB.

b) T handelte in der *Absicht*, durch den gefährlichen Eingriff in den Straßenverkehr *eine andere Straftat* – den Raub – *zu ermöglichen*, § 315 b III iVm § 315 III Nr. 1 b.

3. Rechtswidrigkeit, Schuld

Die Tat war rechtswidrig. T handelte schuldhaft.

4. Ergebnis

T hat sich aus §§ 315 b I Nr. 2, III, 315 III Nr. 1 b StGB strafbar gemacht.

---

[18] *Rengier*, BT 2, § 24 Rn. 22.

VII. Unerlaubtes Entfernen vom Unfallort, § 142 I Nr. 1 StGB

1. Objektiver Tatbestand

Es müßte ein *Unfall im Straßenverkehr* vorliegen. Der Überfall des T ist für den E zwar ein ebenso plötzliches, unerwartetes und unangenehmes Ereignis, wie z. B. der Zusammenstoß mit einem anderen Pkw. Im Kontext des § 142 I StGB kommt es aber allein darauf nicht an. Entscheidend ist, daß durch den Unfall Schäden verursacht worden sind, die ein Interesse an Klärung der zivilrechtlichen Anspruchsbeziehungen, insbesondere etwaiger Schadensersatzansprüche und Schadensersatzverpflichtungen begründen[19]. § 142 StGB dient dem Schutz der Interessen an Feststellung der Umstände, die für derartige Ansprüche und Verpflichtungen erheblich sind[20].

Hier wurde dem E durch die Wegnahme des Pkw ein Schaden zugefügt. Das der Wegnahme vorausgegangene Hindernisbereiten hat hingegen keinen Schaden verursacht. E hat deshalb gegen T noch keinen Schadensersatzanspruch, der durch das Drahtseil und den Zwang zum Anhalten begründet sein könnte. Da die Wegnahme des Pkw zugleich das Entfernen vom Ort des Geschehens – also die den Tatbestand des § 142 I StGB erfüllende Handlung – ist, liegt im Zeitpunkt des Entfernens noch kein Schadensersatzanspruch und deshalb auch kein Klärungsbedarf – und kein Feststellungsinteresse – vor. Erst durch das Entfernen wird ein Schadensersatzanspruch begründet. Dies kann aber die vorangegangene Situation nicht rückwirkend zu einem „Unfall" machen.

Ein Unfall im Straßenverkehr liegt also nicht vor.

2. Ergebnis

T hat sich nicht aus § 142 I Nr. 1 StGB strafbar gemacht.

VIII. Pfandkehr, § 289 I StGB

1. Objektiver Tatbestand

a) Der Pkw ist eine *bewegliche Sache*. Da der Pkw im Eigentum des W steht, ist er für T keine eigene, sondern eine *fremde* Sache. Eine fremde Sache ist tauglicher Tatgegenstand, wenn der Täter sie „zugunsten des Eigentümers" wegnimmt.

Nach einer Mindermeinung in der Literatur handelt es sich dabei um ein objektives Tatbestandsmerkmal. Eigentümerbegünstigend sei die Wegnahme dann, wenn entweder der Eigentümer auf Grund der Tat seinen Gewahrsam zurückerhält

---

[19] *Gössel*, BT 2, § 29 Rn. 13.
[20] *Krey/Hellmann*, BT 2, Rn. 607; *Küpper*, BT I, Teil II § 5 Rn. 44; *Kindhäuser*, LPK-StGB, § 142 Rn. 1; *Schönke/Schröder/Cramer/Sternberg-Lieben*, § 142 Rn. 1.

oder die Gewahrsamsbegründung eines Dritten – des Täters oder einer anderen mit dem Eigentümer nicht identischen Person – mit Einverständnis bzw. mutmaßlichem Einverständnis des Eigentümers geschieht[21]. Allerdings hat diese straftatsystematische Einordnung eine Reduzierung des Rechtsgüterschutzes in den Fällen zur Folge, in denen die Wegnahme weder von einem wirklichen noch von einem mutmaßlichen Einverständnis des Eigentümers gedeckt ist, der Täter sich aber die Sache verschafft, um dem Eigentümer die Wiedererlangung des Gewahrsams zu ermöglichen. Nach der Auffassung, die diese Strafbarkeitsvoraussetzung dem objektiven Tatbestand zuordnet, läge nur versuchte Pfandkehr vor. Damit würde aber die Tat unterbewertet werden, da mit der Wegnahme bereits ein vollständige Verletzung des geschützten Rechtsgutes herbeigeführt worden ist. Die Bewertung als vollendete Pfandkehr wird dieser Situation besser gerecht. Deshalb sollte die Strafbarkeitsvoraussetzung „zugunsten des Eigentümers" dem subjektiven Tatbestand zugeordnet werden (s. u. 2)[22].

b) T hat den Pkw dem E *weggenommen*[23]. E ist auf Grund der mietvertraglichen Vereinbarung mit W Inhaber eines *Gebrauchsrechts* an dem Pkw.

2. Subjektiver Tatbestand

a) T müßte *vorsätzlich* gehandelt haben, § 15 StGB. Dies ist fraglich, da T den E für den Eigentümer des Pkw hielt, also keinen Vorsatz bezüglich des mietvertraglichen Gebrauchsrechts hatte, das dem E an dem für ihn fremden – dem W gehörenden – Pkw zustand. Allerdings könnte man daran denken, die Vorstellung, den Pkw dem Eigentümer wegzunehmen, als „wesensgleiches Plus" im Verhältnis zu der Vorstellung, dem Mieter das Fahrzeug wegzunehmen, zu qualifizieren. Eine ähnliche Methode der Vorsatzbegründung wird vereinzelt in anderen – aber ähnlichen – Zusammenhängen vertreten.

Bei dem Delikt „Wilderei" (§ 292 StGB) ergibt sich eine vergleichbare Irrtumskonstellation, wenn der Täter annimmt, das Objekt seiner Tat sei nicht herrenloses fremdem Jagdrecht unterliegendes Wild, sondern ein Tier, das in fremdem Eigentum steht[24]. Mit der Argumentation, wer fremdes Eigentum verletzen wolle, habe zwangsläufig auch den Vorsatz, die gegenüber dem Eigentum schwächere Rechtsstellung des Jagdrechtsinhabers zu verletzen, wird vereinzelt in einem solchen Fall Wildereivorsatz bejaht, obwohl der Täter mit Diebstahlsvorsatz handelt[25].

---

[21] SK-*Hoyer*, § 289 Rn. 11.
[22] *Wessels/Hillenkamp*, BT 2, Rn. 443; *Joecks*, § 289 Rn. 4; *Kindhäuser*, LPK-StGB, § 289 Rn. 13.
[23] Der Streit um die Maßgeblichkeit des § 242 StGB zugrundeliegenden Wegnahme-Begriffs (vgl. dazu z. B. *Mitsch*, BT II/2, § 5 Rn. 126; *Kindhäuser*, LPK-StGB, § 289 Rn. 9; SK-*Hoyer*, § 289 Rn. 8 ff.) ist hier entscheidungsunerheblich, da T den Gewahrsam des E gebrochen und eigenen Gewahrsam begründet, also eine Wegnahme begangen hat, die auch dem engeren Wegnahme-Begriff des § 242 StGB entspräche.
[24] *Mitsch*, BT II/2, § 1 Rn. 88.
[25] *Kindhäuser*, LPK-StGB, § 292 Rn. 19.

Da die mietvertragliche Gebrauchsberechtigung ein Ausschnitt aus der umfassenden Herrschaftsmacht des Eigentümers und daher aus ihr abgeleitet ist, läßt sie sich durchaus als im Eigentum enthaltenes Teilrecht qualifizieren. Der Vorsatz, die Sache dem Eigentümer wegzunehmen, umfaßt deshalb den Vorsatz, die Sache demjenigen wegzunehmen, der das Recht zur Benutzung der Sache hat. Mit dieser Begründung kann im vorliegenden Fall ein Vorsatz des T bezüglich der Gebrauchsberechtigung des E bejaht werden.

b) Da der Pkw nicht dem T gehört, müßte T ihn dem E *„zugunsten des Eigentümers"* weggenommen haben. Die vom Täter beabsichtigte Eigentümerbegünstigung ist die Kehrseite der Eigentumsbelastung durch das an der Sache bestehende Gebrauchsrecht. Diese Belastung durch die Tat zu beseitigen und so eine faktisch unbelastete und unbeschränkte Sachherrschaft des Eigentümers wiederherzustellen, ist die Intention des Täters, auf die das Merkmal „zugunsten des Eigentümers" abstellt. Hier hatte T zwar die Absicht, den Pkw dem W zum Kauf anzubieten und ihm auf diese Weise den Besitz an dem Pkw zu verschaffen. Jedoch wußte T nicht, daß W Eigentümer des Pkw ist. Daher hatte T nicht den Vorsatz, dem Eigentümer eine Sachherrschaft zu verschaffen, die ihm auf Grund des Mietvertrages mit E gar nicht zustand. Außerdem wollte T dem W den Pkw verkaufen, also ihm das Fahrzeug nur gegen Zahlung eines Kaufpreises überlassen. Die mit „zugunsten des Eigentümers" gemeinte Begünstigungsabsicht beinhaltet aber die Wiederherstellung der unbeschränkten Eigentümermacht durch Beseitigung der diese Rechtsstellung einschränkenden Lasten. Das impliziert die Anerkennung des durch die Tat Begünstigten als Eigentümer. An einer solchen Anerkennung fehlt es, wenn der Täter die Sache im Wege des Kaufs übertragen will. Dann hält er den Erwerber nicht für den Eigentümer und erkennt folglich nicht an, daß der Erwerber eine umfassende Herrschaftsbefugnis hat, für die er nichts mehr bezahlen muß. „Zugunsten" des Eigentümers handelt der Täter nur, wenn er dem Inhaber des Gebrauchsrechts die Sache wegnimmt, um dem Eigentümer die Erlangung der Sache ohne jedes Opfer zu ermöglichen. Hier wollte T nicht den W, sondern sich selbst durch die Tat begünstigen.

3. Ergebnis

T hat sich nicht aus § 289 I StGB strafbar gemacht.

B. Strafbarkeit des A

I. Erpressung, § 253 I StGB

1. Objektiver Tatbestand

a) Indem A dem T ankündigte, er werde ihn bei der Polizei anzeigen, *drohte* er ihm mit einem *empfindlichen Übel*. Dadurch wurde T zur Herausgabe des Pkw *genötigt.* Die Herausgabe des Pkw ist die Übertragung eines Vermögensgutes und daher eine *Vermögensverfügung.*

b) Die erzwungene Herausgabe des Pkw müßte einen *Vermögensschaden* verursacht haben. Der Verlust des Benzins in dem Tank des Pkw ist kein Vermögensschaden, weil A durch die Zahlung der 50 Euro dem T diesen Verlust mehr als ersetzt hat. Ein Vermögensschaden könnte also nur im Verlust des Fahrzeugs selbst liegen. Da der Pkw nicht Eigentum des T ist, kann allein der Verlust des Besitzes an dem Fahrzeug als möglicher Vermögensschaden in Ansatz gebracht werden. Der Besitz an einer Sache ist wirtschaftlich betrachtet ein Vermögensvorteil. Damit ist aber noch nicht gesagt, daß dieser Besitz zum rechtlich geschützten Vermögen des Besitzers gehört. Bei Zugrundelegung eines rein wirtschaftlichen Vermögensbegriffs, der die rechtliche Bewertung der Besitzposition und die rechtliche Güterzuordnung ausblendet, wäre auch der deliktisch erlangte Besitz Bestandteil des in § 253 StGB strafrechtlich geschützten Vermögens[26]. Diese Konsequenz kann aber nicht richtig sein, weil anderenfalls in den Tatbeständen des Betrugs und der Erpressung das subjektive Merkmal „Bereicherungsabsicht" überhaupt nicht oder nur unter Inkaufnahme eines inneren Widerspruchs erfüllt werden könnte : Wenn nämlich der durch Diebstahl erlangte Besitz ein gegen betrügerische oder erpresserische Entziehung geschütztes Vermögensgut wäre, würde derjenige, der sich den Besitz durch Wegnahme, Täuschung oder Nötigung verschaffen will, eine strafrechtliche geschützte Position verschaffen. Wenn diese Position – Besitz an der Sache – strafrechtlich geschützt ist, kann sie nicht zugleich eine „rechtswidrige Bereicherung" sein. Es steht aber außer Zweifel, daß der durch Betrug oder Erpressung erlangte Sachbesitz ein rechtswidriger Vermögensvorteil ist, wenn der Erwerber kein Recht zum Besitz hat. Der Vermögensbegriff, der dem Tatbestandsmerkmal „Vermögensschaden" zugrundeliegt, muß also zumindest insoweit durch rechtliche Kriterien eingeschränkt werden, daß er Güter aus dem Bereich des strafrechtlich geschützten Vermögens ausgrenzt, die ihr Inhaber auf rechtswidrige Weise erlangt hat und im Widerspruch zur rechtlichen Güterzuordnung innehat[27]. Daraus folgt, daß der Besitz an dem Pkw, den T durch einen Raub erlangt hat, nicht zum strafrechtlich geschützten Vermögen des T gehört. T hat also durch die Tat des A keinen Vermögensschaden erlitten[28].

Ein Vermögensschaden des Gebrauchsrechtsinhabers E liegt nicht vor, da die Lage des E durch die Tat des A nicht verschlechtert worden ist. E hatte den Besitz an dem Pkw bereits auf Grund der Tat des T verloren. Die Tat des A hat sogar seine Chancen erhöht, den Besitz an dem Pkw zurückzubekommen. Außerdem wäre dem E die Herausgabe des Pkw durch T nicht nach den Kriterien der „Dreieckserpressung" zuzurechnen. Zwischen T und E bestand kein „Näheverhältnis".

---

[26] *Haft*, BT, S. 211 : „Ein strafrechtlich ungeschütztes Vermögen gibt es nicht"; ebenso *Krey/Hellmann*, BT 2, Rn. 436.
[27] *Mitsch*, BT II/1, § 6 Rn. 51; *Gössel*, BT 2, § 21 Rn. 119 ff.
[28] *Gössel*, BT 2, § 21 Rn. 145; *Schönke/Schröder/Cramer*, § 263 Rn. 95.

Ein Vermögensschaden des Eigentümers W liegt auch nicht vor. A handelte im Auftrag des W und verbesserte dessen Stellung, da die Tat des A den endgültigen Verlust des Fahrzeugs abwendete.

2. Ergebnis

A hat sich nicht aus § 253 I StGB strafbar gemacht.

II. Nötigung, § 240 I StGB

1. Objektiver Tatbestand

Die Ankündigung der Anzeige bei der Polizei ist eine *Drohung mit einem empfindlichen Übel*. Daß T diese Anzeige hätte hinnehmen müssen, ändert nichts daran, daß sie für ihn ein empfindliches Übel wäre. Die Drohung *nötigte* den T zu einer *Handlung*, der Herausgabe des Pkw.

2. Subjektiver Tatbestand

A handelte vorsätzlich, § 15 StGB.

3. Rechtswidrigkeit

Die Nötigung wäre rechtswidrig, wenn das Nötigungsmittel oder der Nötigungszweck oder die Mittel-Zweck-Verknüpfung *verwerflich* wären, § 240 II StGB. Die Drohung mit der Strafanzeige ist nicht verwerflich, weil T eine Straftat begangen hat und daher jeder das Recht hat, ihn wegen dieser Tat bei der Polizei anzuzeigen. Der Nötigungszweck ist ebenfalls nicht verwerflich, da T kein Recht zum Besitz des Pkw hat und A das Ziel verfolgte, die durch T gestörte rechtmäßige Besitzlage wiederherzustellen. Nicht verwerflich ist schließlich auch die Mittel-Zweck-Verknüpfung, da zwischen der angedrohten Strafanzeige und dem damit verfolgten Ziel ein innerer Zusammenhang (Konnexität) besteht. Die Drohung mit der Strafanzeige soll den Schaden beseitigen helfen, der durch die Tat verursacht wurde, auf die sich die Strafanzeige bezieht[29].

4. Ergebnis

A hat sich nicht aus § 240 I StGB strafbar gemacht.

---

[29] *Küpper*, BT 1, Teil I § 3 Rn. 61; *Rengier*, BT 2, § 23 Rn. 62; *Gössel*, BT 1, § 19 Rn. 37.

III. Hehlerei, § 259 I StGB

1. Objektiver Tatbestand

a) Der Pkw ist eine *Sache*, die T durch eine *gegen fremdes Vermögen gerichtete Tat* – Raub iSd § 249 StGB – *erlangt* und außerdem – da Diebstahl im Raubtatbestand enthalten ist – *gestohlen* hat.

b) Solange T den Pkw in Besitz hat, besteht an dem Fahrzeug eine *rechtswidrige Besitzlage*[30].

c) A müßte den Pkw sich oder einem Dritten *verschafft* haben. Darunter ist die Erlangung der Herrschaft über die Sache im Wege vom Vorbesitzer abgeleiteten (derivativen) Erwerbes zu verstehen. Die Erfüllung dieses Tatbestandsmerkmals ist hier aus zwei Gründen fraglich : Ob A sich den Pkw verschafft hat, ist zweifelhaft, weil A im Auftrag und im Rahmen seiner Stellung als Arbeitnehmer des W handelte. A hat den Besitz an dem Fahrzeug nicht zur Begründung eigener eigentümerähnlicher Herrschaftsmacht erlangt, sondern zur Sicherung der Herrschaft des Eigentümers W. A ordnete sich der Herrschaft des W unter und maßte sich nicht die Stellung eines Quasi-Eigentümers an[31]. Eine Dritt-Verschaffung scheidet aus, weil Eigentümer W kein „Dritter" iSd § 259 I StGB ist und mit der Verschaffung an ihn die rechtswidrige Besitzlage aufgehoben wird[32]. Dritter kann nur sein, wer weder Vortäter noch Inhaber des von der Tat betroffenen Vermögens ist. Der zweite Grund für die Verneinung des Tatbestandsmerkmals „verschaffen" beruht auf der Art und Weise, wie A den T dazu brachte, ihm den Pkw zu übergeben. Zwar impliziert dieser Besitzübertragungsvorgang einen von T abgeleiteten Erwerb des A. Jedoch entspricht diese Erwerbsmethode nicht dem spezifischen Unrechtsgehalt der Hehlerei. Dieses Delikt empfängt seine eigentümliche Strafwürdigkeit aus der Unterstützungswirkung, die die Hehlerei gegenüber der Vortat entfaltet. Hehlerei ist ähnlich wie die Begünstigung eine Spielart nachträglicher Beihilfe („auxilium post delictum"). Die Hehlerei ist also typischerweise für den Vortäter vorteilhaft. Wenn hingegen der Täter den Vortäter durch Täuschung oder durch Nötigung veranlaßt, ihm die aus der Vortat stammende Sache zu übertragen, stellt sich dieser Übetragungsakt als Angriff gegen den Vortäter und den aus der Vortat erlangten Vorteil dar. Daher ist dies kein „Verschaffen" iSd § 259 I StGB[33].

---

[30] *Mitsch*, BT II/1, § 10 Rn. 32; *Schönke/Schröder/Stree*, § 259 Rn. 8.
[31] *Gössel*, BT 2, § 27 Rn. 35; *Mitsch*, BT II/1, § 10 Rn. 37; *Schönke/Schröder/Stree*, § 259 Rn. 19.
[32] *Schönke/Schröder/Stree*, § 259 Rn. 33.
[33] BGHSt 42, 196 ff.; *Krey/Hellmann*, BT 2, Rn. 587 a; *Mitsch*, BT II/1, § 10 Rn. 38; *Lackner/Kühl*, § 259 Rn. 10; SK-*Hoyer*, § 259 Rn. 31; *Tröndle/Fischer*, § 259 Rn. 16; a. A. *Schönke/Schröder/Stree*, § 259 Rn. 42.

2. Ergebnis

A ist nicht aus § 259 I StGB strafbar.

IV. Geldwäsche, § 261 I, II Nr. 1 StGB

1. Objektiver Tatbestand

Der Pkw ist ein *Gegenstand*, den T durch einen Raub, also durch ein *Verbrechen* (§ 261 I 2 Nr. 1 StGB) erlangt hat. Eine unter Absatz 1 fallende Tathandlung hat A dadurch, daß er sich den Pkw von T herausgeben ließ, nicht begangen. In Betracht käme aber ein „*Verschaffen*" iSd Abs. 2 Nr. 1. Wie im Tatbestand der Hehlerei (§ 259 I StGB) ist darunter ein vom Vorbesitzer abgeleiteter Erwerb zu verstehen[34], wobei ebenfalls umstritten ist, ob eine durch Nötigung veranlaßte Besitzübertragung das Tatbestandsmerkmal erfüllt[35]. Letzteres kann hier allerdings unentschieden bleiben, da die Erfüllung des Tatbestandes aus einem anderen Grund entfällt: Wie alle „Anschlußdelikte" (§§ 257 ff. StGB) ist auch die Geldwäsche eine Tat, deren Strafwürdigkeitsgehalt - jedenfalls zum Teil - darauf beruht, daß das Opfer der Vortat - hier W - erneut viktimisiert wird. Eine Handlung, mit der die Restitution des dem Opfer durch die Vortat zugefügten Schadens bewirkt oder angestrebt wird, hat somit einen genau entgegengesetzten Charakter. Ihr fehlt von vornherein der Unrechtsgehalt, der für die Geldwäsche typisch ist. Eine Besitzerlangung zum Zwecke der Rückführung der Sache zum Vortatopfer ist deshalb kein „Verschaffen" iSd § 261 II Nr. 1 StGB[36].

2. Ergebnis

A hat sich nicht aus § 261 I, II Nr. 1 StGB strafbar gemacht.

C. Gesamtergebnis und Konkurrenzen

T ist aus §§ 249, 250 I Nr. 1 a, II Nr. 1; 316 a I und 315 b I Nr. 2, III iVm 315 III Nr. 1 b StGB strafbar. Die gleichzeitige Erfüllung dieser drei Straftatbestände begründet Tateinheit, § 52 I StGB[37]. A bleibt straflos.

---

[34] *Lackner/Kühl*, § 261 Rn. 8.
[35] Bejahend *Mitsch*, BT II/2, § 5 Rn. 33; *Lackner/Kühl*, § 261 Rn. 8; verneinend SK-*Hoyer*, § 261 Rn. 15.
[36] *Schönke/Schröder/Stree*, § 261 Rn. 13; SK-*Hoyer*, § 261 Rn. 18.
[37] *Lackner/Kühl*, 316 a Rn. 8; *Schönke/Schröder/Cramer/Sternberg-Lieben*, § 316 a Rn. 15.

Fall 16

Makler mit Makeln

Fehlgeschlagener Versuch und Rücktritt - Bestimmung eines generell Tatentschlossenen - Wohnungseinbruchsdiebstahl - Zueignungstheorien - Dreiecksbetrug - Vermögensschaden durch Verlust illegalen Besitzes - Vermögensgefährdung als Vermögensschaden - Vermögensbetreuungspflicht

Das Akademikerehepaar Eichelbaum (E) wohnt in einem Reihenhaus in Berlin. Da nach der Geburt des zweiten Kindes dieses Haus zu klein für die vierköpfige Familie geworden ist, bauen die Eichelbaums im Berliner Umland ein Einfamilienhaus, das spätestens Ende 2000 fertig werden soll. Ihr Berliner Haus wollen sie daher möglichst bis Ende 2000 verkaufen. Zu diesem Zweck wenden sie sich im März 2000 an den Makler Maus (M), der für sie Kaufinteressenten aquirieren soll. Sie erteilen dem M einen Alleinauftrag, statten ihn mit allen nötigen Informationen aus und überlassen ihm einen Hausschlüssel, damit M auch während der Abwesenheit der Familie E jederzeit Hausbesichtigungen mit Interessenten durchführen kann. Die Eichelbaums erhoffen sich einen Verkaufserlös von mindestens 780 000 DM.

M bemüht sich ein halbes Jahr um den Verkauf des Hauses, verschickt Exposes, schaltet Zeitungsannoncen und führt Interessenten durch das Haus. Dennoch will sich niemand zum Kauf dieses Hauses entschließen. Nachdem die Eichelbaums schon etwas nervös geworden sind, weil der Verkauf des Hauses viel schwieriger als erwartet ist, lernen sie im Oktober zufällig das in München lebende Ehepaar Schimmler (S) kennen. Die Schimmlers sind häufig aus geschäftlichen und privaten Gründen mehrere Tage in Berlin und wohnen dann immer in einem Hotel. Da sie diese Art der Unterbringung stets als Notlösung betrachtet haben, beschließen sie nun, sich ein kleines Haus in Berlin zu kaufen, das sie als Quartier für ihre künftigen Berlin-Aufenthalte benutzen könnten. Die Schimmlers erkennen bald, daß das Haus der Eichelbaums für ihre Zwecke ideal ist. Man wird sich schnell handelseinig und Anfang November wird der notarielle Kaufvertrag geschlossen. Als Kaufpreis wird ein Betrag von 760 000 DM vereinbart. Der dem M erteilte Auftrag wird am 10. November 2000 einvernehmlich aufgehoben. M gibt dem Herrn E den Hausschlüssel zurück. Allerdings hatte M zuvor ohne Wissen und ohne Erlaubnis der E einen Gipsabdruck von dem Hausschlüssel angefertigt, um den Schlüssel jederzeit nachmachen zu können. Nach der Rückgabe des echten Schlüssels lässt M von einem befreundeten Schlosser mit Hilfe des Gipsabdrucks ein Duplikat des Hausschlüssels herstellen. Konkrete Verwendungspläne bezüglich dieses nachgemachten Schlüssels hat M zunächst nicht.

Die Familie E zieht am 15. Dezember 2000 aus ihrem Haus aus und in ihr inzwischen fertiggestelltes neues Haus ein. E und S vereinbaren, daß das Ehepaar S sofort einziehen kann. Herr E gibt Herrn S deshalb drei Hausschlüssel. Den vierten Hausschlüssel behält Herr E im Einvernehmen mit Herrn S noch zurück, weil in den letzten beiden Dezemberwochen im Haus noch einige Reparaturen und Reinigungsmaßnahmen durchgeführt werden sollen. E und S haben vereinbart, daß E für die Erledigung dieser Maßnahmen sorgen soll. Dafür benötigt Herr E den vierten Hausschlüssel, den er dem von ihm noch zu beauftragenden Reparatur- und Reinigungsunternehmen zur Verfügung stellen will.

Am 24. Dezember 2000 trifft M zufällig seinen ehemaligen Schulkameraden Theodor (T). Er erfährt, daß T nach wiederholtem Scheitern in verschiedenen Berufen seinen Lebensunterhalt nunmehr mit Haus- und Wohnungseinbrüchen bestreitet. T fragt den M, ob er auf Grund seiner umfangreichen Kenntnisse über die Berliner Immobilienlandschaft nicht einen guten Tip für einen lohnenden „Bruch" geben könnte. Er – T – werde den M auch großzügig an der Beute teilhaben lassen. Tatsächlich hat T keineswegs vor, dem M etwas von der erhofften Beute abzugeben. Vielmehr will T alles für sich behalten. M glaubt dem T jedoch. Da er zufällig den nachgemachten Schlüssel zum Haus der Familie E in der Hosentasche hat, übergibt er diesen dem T. Er erzählt dem T ausführlich, wie er in den Besitz des inzwischen wieder zurückgegebenen Originalschlüssels gekommen war und dann mit Hilfe dieses Schlüssels den Nachschlüssel angefertigt hat. Außerdem erklärt M dem T, um was für ein Haus es sich handelt, wo es steht und daß sich in ihm viele wertvolle Gegenstände befinden, die einen Einbruch lohnend machten. Dabei nimmt M an, daß die Familie E noch nicht aus diesem Haus ausgezogen ist.

Am Abend des 25. Dezember 2000 betritt T das von E an S verkaufte Haus in Berlin. Mit dem Nachschlüssel, den M ihm gegeben hat, kann T leicht die Haustür öffnen. Entgegen den vollmundigen Versprechungen des M findet T in dem von seinen Bewohnern bereits verlassenen Haus außer mehreren Haufen Schutt und Müll nur noch einen vergammelten Teppich, eine mit Farbe bekleckerte Leiter, einen Besen und mehrere Eimer vor. Diese Gegenstände gehören dem von E beauftragten Reinigungsunternehmen und haben einen Gesamtwert von 25 DM. Enttäuscht verlässt T das Haus wieder, ohne etwas mitzunehmen. Den Schlüssel gibt er dem M zurück. Vorher hatte er aber von diesem Schlüssel einen Gipsabdruck genommen, mit dem er sich einen zu der Haustür passenden Nachschlüssel anfertigte. Dem M erzählt er davon nichts.

Herr und Frau Schimmler ziehen wie geplant am 1. Januar 2001 in das Haus ein und werden im März 2001 im Grundbuch als neue Eigentümer dieses Hauses eingetragen.

Wie ist das Verhalten von M und T strafrechtlich zu beurteilen ?

Lösung

A. Strafbarkeit des T

I. Betrug, § 263 I StGB

1. Objektiver Tatbestand

a) T hat dem M *vorgespiegelt*, er sei bereit, dem M einen Teil der aus dem geplanten Einbruch zu erzielenden Beute abzugeben. Es handelt sich um eine Täuschung über gegenwärtige Tatsachen. Auf den ersten Blick scheint es zwar so, als betreffe die Äußerung einen zukünftigen Vorgang: Beteiligung an der Beute, die ja noch nicht erzielt worden ist, da auch der Einbruch noch bevorsteht. Bezugspunkt der Täuschung ist aber die gegenwärtige innere Einstellung des T bezüglich dieses zukünftigen Vorganges. T ist gegenwärtig nicht bereit, dem M etwas von der erhofften Beute abzugeben. Das ist eine innerpsychische Tatsache, die Gegenstand einer betrugsrelevanten Täuschung sein kann[1]. Indem T dem M erklärte, er sei gegenwärtig bereit, den M künftig an der Beute zu beteiligen, sagte er die Unwahrheit über seine tatsächliche innere Einstellung. Er spiegelte also eine „falsche" – d. h. nicht-existente – Tatsache vor bzw. stellte eine falsche Behauptung über eine Tatsache auf.

b) Durch die Täuschung müßte M in einen *Irrtum* versetzt worden sein. Irrtum ist eine Vorstellung von Tatsachen, die mit der wirklichen Tatsachenlage nicht übereinstimmt[2]. M stellte sich vor, T sei bereit, ihm etwas von der erhofften Beute abzugeben. Tatsächlich war T dazu nicht bereit. Also befand sich M in einem Irrtum darüber. Dieser Irrtum wurde durch die von T begangene Täuschung erregt.

c) Durch den Irrtum müßte M zu einer *Vermögensverfügung* veranlaßt worden sein. Vermögensverfügung ist ein aktives oder passives (Handeln, Unterlassen) Verhalten, das sich unmittelbar auf ein Vermögen auswirkt[3].

Ob es sich um das eigene Vermögen des Verfügenden – hier des M – handeln muß oder ob auch das Vermögen eines Dritten – hier der E oder der S – als Verfügungsobjekt in Betracht kommt, kann an dieser Stelle noch offen bleiben und unter dem nächsten Punkt – Vermögensschaden – erörtert werden.

M hat dem T den nachgemachten Hausschlüssel anvertraut. In der Übergabe des Schlüssels könnte eine Vermögensverfügung liegen. Dafür spricht bereits, daß

---

[1] *Arzt/Weber*, BT, § 20 Rn. 33; *Mitsch*, BT II/1, § 7 Rn. 20; *Rengier*, BT 1, § 13 Rn. 2; *Wessels/Hillenkamp*, BT 2, Rn. 494.
[2] *Arzt/Weber*, BT, § 20 Rn. 50; *Mitsch*, BT II/1, § 7 Rn. 55; *Rengier*, BT 1, § 13 Rn. 16; *Wessels/Hillenkamp*, BT 2, Rn. 508.
[3] *Arzt/Weber*, BT, § 20 Rn. 69; *Mitsch*, BT II/1, § 7 Rn. 64; *Rengier*, BT 1, §13 Rn. 23; *Wessels/Hillenkamp*, BT 2, Rn. 514.

der Schlüssel eine Sache ist, die einen gewissen Materialwert hat – mag dieser auch gering sein –, der den Gesamtwert des Vermögens, zu dem der Schlüssel gehört, erhöht. Man könnte des weiteren auf den spezifischen Nutzwert (Funktionswert) des Schlüssels abstellen. Der Besitz des Schlüssels ermöglicht den Zugang zu dem Haus, den Aufenthalt in dem Haus und den Zugriff auf die in dem Haus vorhandenen und mit dem Haus zusammenhängenden Vermögensgüter und Vermögenswerte. Jedenfalls in faktisch-wirtschaftlicher Sicht hat der Besitz des Schlüssels somit einen Wert, dessen Höhe von dem Wert dieser Güter mitbeeinflußt wird. Die Übergabe des Schlüssels an den T ändert zwar noch nicht unmittelbar den Bestand und den Wert des Vermögens, zu dem das Haus und die Gegenstände gehören, die sich in dem Haus befinden. Sie begründet allerdings eine neuartige Gefährdungslage für dieses Vermögen, die bei wirtschaftlicher Betrachtung durchaus den Charakter einer vermögensbezogenen „Wirkung" hat.

Zu dieser Vermögensverfügung wurde M durch die Täuschung des T und den dadurch erregten Irrtum veranlaßt. Daß daneben noch ein weiterer Irrtum – über die gegenwärtige Nutzung des Hauses – mitwirkte, schließt die Kausalität des täuschungsbedingten Irrtums für diese Vermögensverfügung nicht aus. Es reicht, daß der Irrtum mitursächlich für die Vermögensverfügung ist[4].

d) Die Vermögensverfügung müßte einen *Vermögensschaden* verursacht haben.

An dieser Stelle ist zu klären, ob nur ein Schaden im Vermögen des M oder auch ein Schaden im Vermögen eines Dritten tatbestandsmäßig sein kann. Grundsätzlich gilt, daß zwar Getäuschter und Verfügender stets identisch sein müssen, nicht aber Verfügender und Geschädigter[5]. Verfügender und Geschädigter können verschiedene Personen sein. Inhaber des geschädigten Vermögens kann also auch ein Dritter sein, d. h. jemand, der selbst nicht getäuscht wurde und daher nicht die tatbestandsmäßige Vermögensverfügung vorgenommen hat. Es handelt sich dabei um die Fälle des sog. „*Dreiecksbetrugs*"[6].

Der Einfachheit halber sollte man zunächst einmal prüfen, ob dem M selbst ein Vermögensschaden entstanden ist. Bejahendenfalls ist die komplizierte und schwierige Problematik des Dreiecksbetrugs nämlich nicht entscheidungserheblich.

aa) Ein *eigener Vermögensschaden des M* könnte der – jedenfalls vorübergehende – Verlust des Besitzes an dem Schlüssel sein. Verloren hat M damit die Möglichkeit, sich selbst mit Hilfe des nachgemachten Schlüssels Zugang zu dem Haus der Familie E zu verschaffen und gegebenenfalls dort Sachen zu entwenden. Rein wirtschaftlich betrachtet kann man dieser Nutzungsmöglichkeit zwar einen Vermögenswert attestieren. Rechtlich betrachtet handelt es sich aber um eine Er-

---

[4] *Mitsch*, BT II/1, § 7 Rn. 63; *Wessels/Hillenkamp*, BT 2, Rn. 520; *Schönke/Schröder/Cramer*, § 263 Rn. 77.
[5] *Arzt/Weber*, BT, § 20 Rn. 81; *Mitsch*, BT II/1, § 7 Rn. 70; *Rengier*, BT 1, § 13 Rn. 40; *Wessels/Hillenkamp*, BT 2, Rn. 637.
[6] *Geppert*, JuS 1977, 69.

werbsaussicht, die nur mit illegalen – sogar strafbaren – Mitteln realisiert werden kann. Schon der Besitz des nachgemachten Schlüssels als solcher ist im Verhältnis zu der Familie E und ihren Nachfolgern, dem Ehepaar S, rechtswidrig. Was T dem M durch Täuschung abgeschwindelt hat, ist also nichts anderes als die Möglichkeit, Straftaten zu begehen und durch diese Straftaten eventuell einen Gewinn zu erzielen. Würde man dem § 263 StGB einen streng wirtschaftlichen und streng nichtjuristischen Vermögensbegriff zugrundelegen, spielte dieser strafrechtliche Aspekt keine Rolle, schlösse er also das Vorliegen eines Vermögensschadens bei M nicht aus. Da aber eine radikal wirtschaftliche Definition des Vermögensbegriffs zu evident untragbaren Ergebnissen führen würde, ist heute in der Rechtsprechung und Strafrechtsliteratur überwiegend ein gemischt wirtschaftlich-normativer Vermögensbegriff dominierend. Demnach sind Vermögenswerte, die eine illegale Grundlage haben, die also ausdrücklich rechtlich missbilligt werden, kein Bestandteil des in § 263 StGB strafrechtlich geschützten Vermögens. Der Verlust des nachgemachten Schlüssels ist also kein Vermögensschaden des M[7].

Nach h. M. soll zwar auch der illegale Besitz – z. B. der Besitz des Diebes an der gestohlenen Sache – zum strafrechtlich nach § 263 StGB geschützten Vermögen gehören[8]. Das kann aber allenfalls vertreten werden, wenn der Sachbesitz als solcher einen wirtschaftlichen Wert hat. Dieser Wert kann entweder auf wertvoller Beschaffenheit – z. B. Sachsubstanz ist Edelmetall – oder auf wertvoller legaler Nutzungsmöglichkeit beruhen. Ist die Sache selbst dagegen so gut wie wertlos und nur wegen der durch sie eröffneten Möglichkeit zur Erzielung einer Bereicherung mittels strafbaren Verhaltens Träger eines wirtschaftlichen Wertes, kann der strafrechtliche Vermögensschutz wohl nicht mehr gewährt werden. Würde man den Schlüssel zum strafrechtlich geschützten Vermögen des M zählen, dann würde man der Sache nach dessen Chance, in das Haus der Familie E einzudringen und Sachen zu stehlen, unter strafrechtlichen Schutz stellen.

bb) Die Vermögensverfügung des M könnte im Vermögen der Familie E oder im Vermögen des Ehepaars S einen Schaden angerichtet haben. Zu denken wäre an einen *Schaden im Vermögen des Ehepaars E.*

Ob zwischen M und dem Ehepaar E eine vermögensrelevante Beziehung (Näheverhältnis) besteht, die als Grundlage eines tatbestandsmäßigen „Dreiecksbetrugs" ausreicht, ist fraglich. Nach der „Lagertheorie" könnte man dies bejahen[9]. Zumindest während der Zeit des Maklerauftrags stand M „im Lager" der E. Die Übergabe des nachgemachten Schlüssels an T fand jedoch nach Beendigung des Maklerverhältnisses zwischen M und E statt. Allerdings gibt es nach der Beendigung von Rechtsbeziehungen – vor allem solchen längerer Dauer – nachwirkende Treuepflichten (§ 242 BGB), deren Verletzung Schadensersatzansprüche aus dem

---

[7] *Maurach/Schroeder/Maiwald*, BT 1, § 41 Rn. 99; *Rengier*, BT 1, § 13 Rn. 55; *Schönke/Schröder/Cramer*, § 263 Rn. 94.

[8] *Rengier*, BT 1, § 13 Rn. 59; *Wessels/Hillenkamp*, BT 2, Rn. 536; LK-*Tiedemann*, § 263 Rn. 140.

[9] *Rengier*, BT 1, § 13 Rn. 47; *Wessels/Hillenkamp*, BT 2, Rn. 641; LK-*Tiedemann*, § 263 Rn. 116; *Schönke/Schröder/Cramer*, § 263 Rn. 66.

Gesichtspunkt der „culpa post contractum finitum" auslösen kann. Eine solche nachvertragliche Pflichtenbeziehung bestand hier auch zwischen E und M. Beispielsweise war M verpflichtet, die Bemühungen der E um einen lukrativen Verkauf ihres Hauses nicht zu stören (z. B. durch abfällige oder abwertende Äußerungen über das Objekt gegenüber Kunden). Außerdem war er zur Geheimhaltung von Informationen über E und das Haus verpflichtet, die er im Zusammenhang mit dem Maklerauftrag erlangt hatte. Natürlich war er auch verpflichtet, seine Kenntnisse über die Lage und Sicherung des Hauses nicht zur Begehung von eigenen Straftaten oder Förderung fremder Straftaten auszunutzen. Alle diese Pflichten dienen auch dem Schutz des Vermögens der Familie E. Deshalb kann man sagen, daß die nachvertragliche Pflichtenstellung des M gegenüber E ihn weiter „im Lager" der E stehen lässt.

Beurteilt man den Dreiecksbetrug nach der „Befugnistheorie"[10], muß man einen Dreiecksbetrug verneinen. Danach erfüllt die erschlichene Verfügung über das Vermögen eines Dritten den objektiven Tatbestand des § 263 I StGB nur dann, wenn der Täter den Getäuschten zur Ausübung einer diesem zustehenden Befugnis zur Verfügung über das Drittvermögen verleitet. Da M eine solche Befugnis nicht hatte, ist nach dieser Theorie die Herausgabe des Schlüssels dem Ehepaar E nicht zuzurechnen.

Tatsächlich hat T aus dem Haus nichts mitgenommen, was der Familie E gehört und er hat auch im Haus nichts beschädigt oder zerstört. Da allerdings eine *konkrete Vermögensgefährdung* ausreicht, könnte man unter Berücksichtigung der mit dem Besitz des Schlüssels verbundenen Möglichkeiten des Zugriffs auf das Vermögen der E gleichwohl einen Vermögensschaden annehmen. Dem steht aber entgegen, daß die Familie E im Zeitpunkt der Schlüsselübergabe bereits aus dem Haus ausgezogen war und keine wertvollen Gegenstände zurückgelassen hatte. Das Haus selbst stand zwar bis zur Grundbucheintragung der S noch in ihrem Eigentum. Wirtschaftlich betrachtet war es aber schon aus ihrem Vermögen ausgeschieden. Denn der notarielle Kaufvertrag war wirksam und der Anspruch gegen S auf Zahlung des Kaufpreises von 760 000 DM wäre auch nicht durch etwaige von T verursachte Sachmängel gefährdet worden. Denn mit der Übergabe des Besitzes an S ging auch die entsprechende Gefahr auf die Käufer S über, § 446 S. 1 BGB. Die dem T mit dem Besitz des Nachschlüssels eingeräumte Möglichkeit, sich in dem Haus unerlaubt aufzuhalten, Beschädigungen, Verunreinigungen und sonstige Wertminderungen zu verursachen, ist daher keine Gefährdung des Vermögens der E, sondern eher eine Gefährdung des Vermögens des Ehepaars S.

Ein Vermögensschaden der Familie E ist im Ergebnis zu verneinen.

Eine *konkrete Gefährdung des Vermögens des Ehepaars S* ist mit dem Besitz des Nachschlüssels jedenfalls dann begründet worden, als sich T selbst eine Kopie dieses Schlüssels anfertigte und diese dem M nicht aushändigte. Diese verschaffte dem T nämlich die Möglichkeit, auch nach Einzug des Ehepaars S – insbesondere während deren Abwesenheit in München – in das Haus einzudringen und Sachen

---

[10] *Mitsch*, BT II/1, § 7 Rn. 74; SK-*Günther*, § 263 Rn. 94.

zu entwenden. Allerdings steht M nach keiner zum Dreiecksbetrug vertretenen Theorie im Lager des Ehepaars S. Der Umstand, daß das Ehepaar S Nachfolger des Ehepaars E ist, überträgt die Näheposition des M gegenüber E nicht auf die S. Irrtumsbedingte Verfügungen des M über das Vermögen des Ehepaars S werden diesen also nicht wie eigene zugerechnet. Ein Vermögensschaden oder eine konkrete Vermögensgefährdung des Ehepaars S vermag daher zur Erfüllung des Betrugstatbestandes nichts beizutragen.

Das objektive Tatbestandsmerkmal „Vermögensschaden" ist nicht erfüllt.

2. Ergebnis

T hat sich nicht aus § 263 I StGB strafbar gemacht.

II. Versuchter Betrug, §§ 263 II, 22 StGB[11]

1. Vorprüfung

Vollendeter Betrug liegt nicht vor. Betrugsversuch ist in § 263 II StGB mit Strafe bedroht.

2. Tatentschluß (Subjektiver Tatbestand)

a) T handelte mit *Betrugsvorsatz* (§ 15 StGB), denn er hat den M bewusst und willentlich über seine nicht vorhandene Bereitschaft, ihm Anteile der Beute abzugeben, *getäuscht*, in M dadurch einen entsprechenden *Irrtum erregt* und den M zur Übergabe des nachgemachten Hausschlüssels – einer *Vermögensverfügung* – veranlasst. Darüber hinaus stellte sich T vor, daß mit der Übergabe des Schlüssels eine *konkrete Gefährdung* der – nach Ansicht des T vorhandenen – wertvollen Sachen der Familie E in dem Haus der Familie E verursacht wird. Zudem umfasste der Vorsatz des T die Tatsachen, aus denen sich nach der Lagertheorie der objektive Tatbestand des „Dreiecksbetrugs" zusammensetzt.

b) T handelte mit der *Absicht* (= zielgerichtetes Wollen[12]) *sich zu bereichern*. Die Bereicherung besteht schon in der mit dem Besitz des Schlüssels verbundenen Möglichkeit, das Haus der Familie E zu betreten und dort Gegenstände zu entwenden. Diese mit dem Besitz des Schlüssels gegebene Diebstahlschance ist gewissermaßen die Kehrseite der Gefährdung, der das Vermögen der Familie E ausgesetzt ist. Die erstrebte Bereicherung ist *rechtswidrig*, da T keinen Anspruch auf sie

---

[11] Zum Aufbau des Versuchsdelikts vgl. *Gropp*, AT, § 9 Rn. 49 j; *Beulke*, Klausurenkurs, Rn. 304; *Otto*, Übungen, S. 34.
[12] *Mitsch*, BT II/1, § 7 Rn. 116; *Rengier*, BT 1, § 13 Rn. 104; *Wessels/Hillenkamp*, BT 2, Rn. 579; *Schönke/Schröder/Cramer*, § 263 Rn. 176.

hat. Die erstrebte Bereicherung ist *stoffgleich*[13] mit dem Vermögensschaden, den T sich vorstellte. Der Vermögensschaden ist die konkrete Gefahr, daß T den Besitz des Schlüssels dazu benutzt, das Haus zu betreten und dort wertvolle Sachen zu entwenden. Letzteres ist die Bereicherung, auf die es T abgesehen hat.

3. Unmittelbares Ansetzen (Objektiver Tatbestand)

Indem T dem M vorspiegelte, er werde ihn an seiner Beute beteiligen, beging er bereits eine Täuschung. Die Verwirklichung des Betrugstatbestandes hat damit bereits begonnen[14]. Da sich zudem die dadurch verursachte Vermögensverfügung und die damit einhergehende Vermögensgefährdung unmittelbar anschlossen, liegt auch eine unmittelbare Gefährdung des geschützten Rechtsgutes vor.

4. Rechtswidrigkeit, Schuld, Rücktritt

Die Tat war rechtswidrig. T handelte schuldhaft. Ein strafbefreiender Rücktritt liegt nicht vor.

5. Ergebnis

T hat sich aus §§ 263 II, 22 StGB strafbar gemacht[15].

III. Versuchter Diebstahl, §§ 242 II, 22 StGB

1. Vorprüfung

Vollendeter Diebstahl liegt nicht vor, da T nichts weggenommen hat. Allein das Betreten des Hauses macht T noch nicht zum Inhaber des Gewahrsams an den beweglichen Sachen, die sich in dem Haus befinden. Diebstahlsversuch ist mit Strafe bedroht, § 23 I StGB iVm § 242 II StGB.

2. Tatentschluß (Subjektiver Tatbestand)

a) T müßte *Vorsatz* bezüglich Tatsachen gehabt haben, die den objektiven Tatbestand des Diebstahls erfüllen bzw. erfüllen würden. T erwartete in dem Haus *fremde bewegliche Sachen* vorzufinden. Jedenfalls beim Betreten des Hauses hatte T auch den Vorsatz, Sachen mitzunehmen, von denen er annahm, daß sie sich in fremdem Gewahrsam (Gewahrsam der Familie E) befinden würden. Er stellte sich

---

[13] Dazu *Arzt/Weber*, BT, § 20 Rn. 122; *Mitsch*, BT II/1, § 7 Rn. 119; *Rengier*, BT 1, § 13 Rn. 106 ff.; *Wessels/Hillenkamp*, BT 2, Rn. 585; *Schönke/Schröder/Cramer*, § 263 Rn. 168.

[14] *Krey*, AT 2, Rn. 417.

[15] Auf der Grundlage der engeren „Befugnistheorie" zum Dreiecksbetrug kommt man zu dem entgegengesetzten Ergebnis.

vor, er werde den fremden Gewahrsam brechen, nämlich gegen den Willen des Inhabers aufheben und neuen eigenen Gewahrsam begründen[16]. Also hatte er *Wegnahme*vorsatz.

b) Da T die Sachen, die er wegzunehmen gedachte, behalten wollte, hatte er die *Absicht, sich diese Sachen rechtswidrig zuzueignen*. Er wollte den Berechtigten enteignen und sich die Sachen aneignen, ohne dazu berechtigt zu sein[17].

3. Unmittelbares Ansetzen (Objektiver Tatbestand)

Indem T das Haus betrat, drang er in die fremde Gewahrsamssphäre ein. Er näherte sich damit den Tatgegenständen, die seiner Vorstellung nach vorhanden waren, so stark an, daß es *keiner wesentlichen Zwischenakte* mehr bedurfte, um in die Tatbestandsverwirklichungsphase (Wegnahme) einzutreten[18]. Soweit er sich vorstellte, kleine Wertgegenstände (Münzen, Banknoten, Schmuck) vorzufinden, hätte T schon mit bloßem Ergreifen eine „Gewahrsamsenklave" bilden und damit seiner Vorstellung nach sogar den Diebstahl mit wenig Aufwand bereits vollenden können.

4. Rechtswidrigkeit, Schuld

Die Tat war rechtswidrig. T handelte schuldhaft.

5. Rücktritt

Fraglich ist, ob die Versuchsstrafbarkeit durch einen Rücktritt gem. § 24 StGB beseitigt worden ist.

a) Zunächst muß geklärt werden, ob § 24 I oder § 24 II zur Anwendung kommt. Da T möglicherweise von M angestiftet (§ 26 StGB) worden ist, sind an der Tat des T strenggenommen „*mehrere beteiligt*"[19]. Die Fassung des § 24 II StGB ist aber offensichtlich nicht auf den Rücktritt eines Täters zugeschnitten, der die Tatausführung allein besorgt und an dessen Tat sich ein anderer lediglich im Vorfeld als Anstifter oder Gehilfe beteiligt hat. Für den Rücktritt des angestifteten oder unterstützten Täters reicht § 24 I vollkommen aus[20]. Beide Lösungswege sind gangbar, der über § 24 I StGB und der über § 24 II StGB.

b) Häufig wird im Wege einer „Vorprüfung" erörtert, ob der Versuch *fehlgeschlagen* und aus diesem Grund eine Anwendbarkeit des § 24 StGB von vornherein

---

[16] Zur Definition der „Wegnahme" und den einzelnen Begriffselementen vgl. *Arzt/Weber*, BT, § 13 Rn. 36 ff.; *Rengier*, BT 1, § 2 Rn. 10 ff.; *Wessels/Hillenkamp*, BT 2, Rn. 71 ff.
[17] Zur Zueignungsabsicht *Arzt/Weber*, BT, § 13 Rn. 66 ff.; *Mitsch*, BT II/1, § 1 Rn. 96 ff.; *Rengier*, BT 1, § 2 Rn. 38 ff.; *Wessels/Hillenkamp*, BT 2, Rn. 127 ff.
[18] *Krey*, AT 2, Rn. 420.
[19] *Roxin*, FS Lenckner, S. 267 (269); *Gropp*, AT, § 9 Rn. 87 a.
[20] *Roxin*, FS Lenckner, S. 267 (269); *Krey*, AT 2, Rn. 521; ausführlich dazu *Mitsch*, FS Baumann, S. 89 ff.

ausgeschlossen ist[21]. Gegen diese Methode spricht aber, daß sie letztlich nicht offen legt, welches Merkmal des § 24 StGB im Falle eines fehlgeschlagenen Versuchs nicht erfüllt ist. Der Text dieser Vorschrift erklärt nämlich nicht explizit, daß sich ihr Anwendungsbereich nur auf nicht-fehlgeschlagene Versuche erstreckt. Deshalb ist es besser, im Wege der Subsumtion zu klären, ob das Verhalten des T alle Merkmale des § 24 I StGB bzw. § 24 II StGB erfüllt (dazu unten c, d)[22].

c) T müßte die weitere Ausführung der Tat aufgegeben (§ 24 I 1 Alt. 1 StGB) oder die Vollendung der Tat verhindert (§ 24 I 1 Alt. 2 oder § 24 II 1 StGB) haben.

Aufgeben der weiteren Tatausführung ist ausreichendes Rücktrittsverhalten beim „unbeendeten Versuch"[23]. Unbeendet ist ein Versuch, der nach der Einschätzung des Täters noch nicht so weit gediehen ist, daß er ohne weiteres aktives Zutun des Täters in die Tatvollendung einmünden kann[24]. Um einen solchen Versuch handelt es sich hier. T hatte nach seiner Vorstellung noch nicht alles getan, was zur Vollendung des Diebstahls erforderlich wäre. Er hätte noch Körperbewegungen ausführen müssen, die das Tatbestandsmerkmal „Wegnahme" erfüllt hätten (Zugreifen, Einstecken, Wegtragen). Der Versuch war also unbeendet, § 24 I 1 Alt. 1 StGB. T müßte die weitere Ausführung der Tat aufgegeben, d. h. die Handlungen nicht mehr ausgeführt haben, die seiner Ansicht nach zur Vollendung der Tat geeignet und erforderlich gewesen wären.

Hier könnte man bereits den „Fehlschlags-Aspekt" verarbeiten[25]. Denn „Aufgeben" impliziert einen Vollendungsverzicht und setzt daher die Möglichkeit der Entscheidung zwischen erfolgversprechendem Weitermachen und Aufhören voraus. Wer keine Vollendungsmöglichkeit mehr sieht, hat nicht mehr die Wahl zwischen Fortsetzen und Nicht-Fortsetzen. Der Versuch war hier fehlgeschlagen, weil T die erhofften wertvollen Gegenstände nicht vorgefunden hat. Die vorhandenen wegnehmbaren Gegenstände waren für ihn uninteressant[26]. Man kann argumentieren, „Aufgeben" setze die bewusste Abstandnahme von der weiteren Tatausführung im Bewusstsein der Planverwirklichungsmöglichkeit voraus. Wer seinen Tatplan für nicht mehr durchführbar hält bzw. nicht in der Weise und mit dem Erfolg für durchführbar hält, der der Tatbegehung Sinn gäbe, der gibt die weitere Tatausführung nicht auf.

Man kann diesen Aspekt aber auch als Komponente des Merkmals „freiwillig" behandeln[27]. Denn immerhin hätte T den Diebstahl mit den vorhandenen Sachen

---

[21] *Gropp*, AT, § 9 Rn. 75; *Krey*, AT 2, Rn. 464 („Ungeschriebene Voraussetzung des § 24 StGB"); *Schönke/Schröder/Eser*, § 24 Rn. 7.
[22] *Gössel*, Fälle, S. 239; *Stratenwerth*, AT, § 11 Rn. 76 : „Als eigenständige Rechtsfigur ist der fehlgeschlagene Versuch in der Sache völlig entbehrlich".
[23] *Gropp*, AT, § 9 Rn. 51; *Krey*, AT 2, Rn. 475.
[24] *Beulke*, Klausurenkurs, Rn. 79; *Stratenwerth*, AT, § 11 Rn. 74.
[25] *Lackner/Kühl*, § 24 Rn. 10.
[26] BGHSt 4, 56 ff.; *Schönke/Schröder/Eser*, § 24 Rn. 11.
[27] So z. B. BGHSt 4, 56 ff.

vollenden können. Indem er von dieser Möglichkeit bewusst keinen Gebrauch machte, gab er die weitere Tatausführung auf.

d) Wenn man die Aufgabe der weiteren Tatausführung bejaht, kommt man bei dem Merkmal „*freiwillig*" zu einem negativen Ergebnis. Da die vorgefundenen wertlosen Sachen für T unattraktiv waren, waren überhaupt keine Sachen mehr vorhanden, deren Diebstahl sich für T gelohnt hätte. Er hat deshalb gezwungenermaßen die weitere Tatausführung aufgegeben. Sein Rücktritt war unfreiwillig[28].

6. Ergebnis

T hat sich aus §§ 242 II, 22 StGB strafbar gemacht. T hat bei seiner Tat die Regelbeispiele § 243 I 2 Nr. 1 und Nr. 3 StGB erfüllt. § 243 II StGB greift nicht ein, weil maßgeblich ist, was T sich an Beute vorstellte. § 243 StGB kommt aber nicht zur Anwendung, wenn T aus § 244 I Nr. 3 StGB strafbar ist (dazu sogleich unter IV).

IV. Versuchter Wohnungseinbruchsdiebstahl, §§ 242, 244 I Nr. 3, II, 22 StGB

1. Vorprüfung

Die Tat ist *nicht vollendet*, der Versuch ist in § 244 II StGB *mit Strafe bedroht*.

2. Subjektiver Tatbestand

a) T handelt mit *Vorsatz* bzgl. der objektiven Tatbestandsmerkmale des § 242 I StGB und mit *Zueignungsabsicht* (s. o. III 2).

b) T hätte *Vorsatz bzgl. der qualifizierenden* objektiven Tatbestandsmerkmale des § 244 I Nr. 3 haben müssen.

T stellte sich vor, daß in dem Haus die Familie E wohnt, das Haus also während der Tat die Eigenschaft und Zweckbestimmung einer *Wohnung* hat[29]. Das Problem, daß während der Tatzeit die früheren Bewohner (E) schon ausgezogen und die neuen Bewohner (S) noch nicht eingezogen waren, stellt sich hier also nicht (zum Hausfriedensbruch unten V). T wusste, daß der Schlüssel von M unbefugt nachgemacht worden war. Daher wusste T auch, daß der Berechtigte (E bzw. S) den nachgemachten Schlüssel nicht als ordnungsgemäßes Instrument zum Öffnen und Verschließen der Haustür anerkennen würde, es sich also um einen *falschen Schlüssel* handelt[30]. T wusste, daß der Berechtigte nicht damit einverstanden sein

---

[28] BGHSt 4, 56 (59).
[29] *Wessels/Hillenkamp*, BT 2, Rn. 267; *Schönke/Schröder/Eser*, § 244 Rn. 30.
[30] *Rengier*, BT 1, § 3 Rn. 8; *Wessels/Hillenkamp*, BT 2, Rn. 217; *Schönke/Schröder/Eser*, § 243 Rn. 14.

würde, daß er mit Hilfe des nachgemachten Schlüssels die Haustür öffnet und das Haus betritt. Also hatte T auch den Vorsatz, mit dem falschen Schlüssel in die Wohnung *einzudringen*.

3. Weitere Strafbarkeitsvoraussetzungen

T setzte unmittelbar zur Verwirklichung des Tatbestandes an, handelte rechtswidrig und schuldhaft und trat nicht strafbefreiend vom Versuch zurück (s. o. III 3 – 5).

4. Ergebnis

T hat sich aus §§ 242, 244 I Nr. 3, II, 22 StGB strafbar gemacht. Die Strafbarkeit aus §§ 242 II, 22 StGB tritt dahinter zurück. Deshalb kommt auch § 243 StGB nicht zur Anwendung. Die zugleich mit dem Diebstahlsversuch begangene versuchte Unterschlagung (§§ 246 II, 22 StGB) tritt ebenfalls zurück.

V. Hausfriedensbruch, § 123 I StGB

1. Objektiver Tatbestand

a) Das Haus ist eine *Wohnung*, auch wenn es hier zwei Wochen lang nicht mehr bzw. noch nicht bewohnt wird. Der Wohnungszweck ist durch den Auszug der Familie E nicht aufgehoben worden. Da das Ehepaar S sofort einziehen konnte und die Reparaturen und Reinigungen der Ermöglichung des alsbaldigen Einzugs dienten, blieb die Wohnungsfunktion auch während der zwei Wochen bis zum Einzug des Ehepaars S erhalten.

Eine andere Auffassung ist vertretbar. Denn solange das Ehepaar S noch nicht eingezogen war, konnte es noch nicht „beim Wohnen" gestört werden. Wenn man aus diesem Grund das Vorliegen einer „Wohnung" verneint, kommt man über die Alternative „*befriedetes Besitztum*" zur Bejahung eines tauglichen Tatobjekts[31].

b) Indem T das Haus betreten hat, ohne daß E oder S damit einverstanden waren, ist er in die Wohnung *eingedrungen*[32].

„Widerrechtlich" ist kein objektives Tatbestandsmerkmal, sondern gehört zur „Rechtswidrigkeit" (unten 3.)[33].

---

[31] *Schönke/Schröder/Lenckner*, § 123 Rn. 4.
[32] *Schönke/Schröder/Lenckner*, § 123 Rn. 11.
[33] *Küpper*, BT I, Teil 1 § 5 Rn. 14; *Rengier*, BT 2, § 30 Rn. 1.

2. Subjektiver Tatbestand

T handelte *vorsätzlich*, § 15 StGB. Es spielt keine Rolle, ob sich T als betroffene Hausrechtsinhaber das Ehepaar E oder jemand anders vorstellte. Ein dahingehender Irrtum wäre als error in persona unbeachtlich, d. h. würde die Vorsätzlichkeit nicht ausschließen[34].

3. Rechtswidrigkeit, Schuld

Die Tat war rechtswidrig. T handelte schuldhaft.

4. Ergebnis

T hat sich aus § 123 I StGB strafbar gemacht. Das Strafantragserfordernis (§ 123 II StGB) hat keinen Einfluß auf die materiell-strafrechtlich zu beurteilende Strafbarkeit, sondern betrifft eine Verfahrensvoraussetzung[35].

Die Strafbarkeit aus § 123 I StGB tritt hinter der aus §§ 242, 244 I Nr. 3, II, 22 StGB zurück[36].

VI. Unterschlagung, § 246 I StGB

1. Objektiver Tatbestand

a) Der von M nachgemachte Schlüssel ist eine *bewegliche Sache*. Dieser Schlüssel ist Eigentum des M und daher für T eine *fremde* Sache.

b) T müßte sich diesen Schlüssel zugeeignet haben. *Zueignung* bedeutet Enteignung des Berechtigten und Aneignung des Täters oder eines Dritten[37].

Da T den Schlüssel dem M zurückgegeben hat, könnte eine Zueignung allenfalls darin liegen, daß T den Schlüssel als Vorlage für die Anfertigung eines weiteren Nachschlüssels benutzt und diesen behalten hat. Nach der *Substanztheorie*[38] ist das von vornherein keine Zueignung, da T dem M den von diesem erhaltenen Schlüssel seiner Substanz nach nicht entzogen – den M also nicht enteignet – hat. Auch nach der *Sachwerttheorie*[39] ist das Kopieren des Schlüssels keine Unterschlagung. Es fehlt schon an der Enteignung. Denn dem Schlüssel wurde kein Wert/keine Funktion/keine Gebrauchsmöglichkeit entzogen. Der dem M zurückgegebene Schlüssel kann weiterhin so verwendet werden, wie vorher.

---

[34] *Beulke*, Klausurenkurs, Rn. 53.
[35] *Schönke/Schröder/Stree/Sternberg-Lieben*, § 77 Rn. 8.
[36] *Arzt/Weber*, BT, § 14 Rn. 52.
[37] *Wessels/Hillenkamp*, BT 2, Rn. 279.
[38] *Arzt/Weber*, BT, § 13 Rn. 75.
[39] *Arzt/Weber*, BT, § 13 Rn. 92.

Anders könnte man den Fall beurteilen, wenn man in der Vervielfältigung der Schlüssel eine Funktionsbeeinträchtigung im Sinne einer Funktionsentziehung sieht: Die Sicherungsfunktion des Schlüssels ist nämlich an die Einzigartigkeit des Schlüssels gebunden. Zirkulieren noch weitere gleichartige Schlüssel, kann der Inhaber des Originals nicht mehr sicher sein, daß sein Schlüssel ihm das Monopol bezüglich Schließen und Öffnen der dazugehörigen Tür sichert. Allerdings handelt es sich dabei nicht um eine der Sachsubstanz spezifisch innewohnende Funktion. Exklusivität des Schlüssels und Monopol des Schlüsselinhabers sind nicht von der Beschaffenheit des Schlüssels, sondern vom Umgang mit ihm – insbesondere von der sicheren Verwahrung – abhängig. Es verhält sich genauso wie mit der vierstelligen Geheimnummer einer Codekarte.

2. Ergebnis

T hat sich nicht aus § 246 I StGB strafbar gemacht.

B. Strafbarkeit des M

I. Untreue, § 266 I 2. Alt. StGB

1. Objektiver Tatbestand

a) Untreue ist ein *Sonderdelikt*[40]. Täter kann nur sein, wer eine besondere Stellung mit engem Bezug zum betroffenen Vermögen innehat. § 266 I StGB differenziert diesbezüglich zwischen *Mißbrauchstatbestand* (§ 266 I 1. Alt. StGB) und *Treubruchstatbestand* (§ 266 I 2. Alt. StGB). Hier kommt nur der Treubruchstatbestand in Betracht, da M keine Befugnis hatte, über das Vermögen des Ehepaars E zu verfügen oder das Ehepaar E zu verpflichten.

Voraussetzung der Täterschaft ist eine *Vermögensbetreuungspflicht*. Diese Pflicht muß Hauptbestandteil des Rechtsverhältnisses zum betroffenen Vermögensinhaber sein[41]. Sie muß außerdem ihrem Inhaber ein großes Maß an Selbständigkeit, Bewegungs-, Gestaltungs- und Entscheidungsfreiheit, Verantwortung und Haftungsrisiko verschaffen[42]. Auf einen Vermittlungsmakler trifft dies zu, zumal dann, wenn – wie hier – ein Alleinauftrag erteilt worden ist[43]. M hatte die Pflicht, dem Ehepaar E zu einem möglichst günstigen Verkauf ihres Hauses zu verhelfen. Er hatte dabei weitgehende Handlungsfreiheit, weil er - ohne Rücksprache mit E

---

[40] *Arzt/Weber*, BT, § 22 Rn. 83; *Mitsch*, BT II/1, § 8 Rn. 16; *Rengier*, BT 1, § 18 Rn. 24; *Wessels/Hillenkamp*, BT 2, Rn. 781.
[41] *Arzt/Weber*, BT, § 22 Rn. 58; *Rengier*, BT 1, § 18 Rn. 9; *Wessels/Hillenkamp*, BT 2, Rn. 769.
[42] *Arzt/Weber*, BT, § 22 Rn. 63.
[43] LK-*Schünemann*, § 266 Rn. 113; *Schönke/Schröder/Lenckner*, § 266 Rn. 25.

nehmen zu müssen und ohne von E bindende Weisungen zu erhalten - die Interessenten kontaktieren und bis zur Kaufbereitschaft bringen sollte. Das Ehepaar E hatte die Anbahnung des Verkaufs ganz in die Hände des M gelegt. Damit oblag dem M die Pflicht, Maßnahmen zu ergreifen, von deren Erfolg für das Ehepaar E Gewinne oder Verluste in fünfstelliger Höhe abhängen konnten. Versäumte es M beispielsweise, einen ernsthaften Interessenten zu berücksichtigen, der bereit gewesen wäre, die von E erhofften 780 000 DM zu zahlen, und kam deswegen beispielsweise nur ein Verkauf für 750 000 DM zustande, hätte die fehlerhafte Pflichterfüllung des M einen Verlust von 30 000 DM zur Folge gehabt. Die Vermögensbetreuungspflicht des M wurde *durch Rechtsgeschäft* begründet.

b) Tatbestandsmäßige Handlung ist die *Verletzung der Vermögensbetreuungspflicht*. Anders als beim Missbrauchstatbestand kommen dafür nicht nur rechtsgeschäftliche Handlungen, sondern auch rein tatsächliche Handlungen oder Unterlassungen in Betracht[44].

aa) M könnte seine Vermögensbetreuungspflicht gegenüber dem Ehepaar E bereits dadurch verletzt haben, daß er heimlich den Nachschlüssel zum Haus der E anfertigte. Die für E unkontrollierbare Existenz eines nachgemachten Hausschlüssels erzeugt ein Risiko für die Sicherheit des Hauses und im Haus. Die Herstellung dieses Schlüssels ist daher zweifellos eine Pflichtverletzung des M. Die Überlassung des Originalschlüssels verschaffte dem M die Gelegenheit zur Anfertigung des Nachschlüssels. Daher steht die Pflichtverletzung in engem inneren Zusammenhang mit der Stellung als Vermögensbetreuungspflichtiger.

bb) Die Übergabe des nachgemachten Schlüssels an T und die Verschaffung von Informationen über das Haus verletzen ebenfalls die Interessen des Ehepaars E. Ob es sich um eine Verletzung der Vermögensbetreuungspflicht handelt, ist jedoch deswegen fraglich, weil der Maklerauftrag vorher aufgehoben worden war. Deshalb bestand die rechtsgeschäftlich begründete Vermögensbetreuungspflicht zum Zeitpunkt der hier zu beurteilenden Vorgänge nicht mehr. Nachwirkende Treuepflichten bestehen zwar auch nach Beendigung des Maklerauftrages noch. Jedoch erfüllen diese die strengen Anforderungen an eine Vermögensbetreuungspflicht in der Regel nicht. Es handelt sich weitgehend um schlichte Schadensvermeidungspflichten, also Pflichten, vermögensschädigende Handlungen zu unterlassen. Kernbestandteil der Vermögensbetreuungspflicht ist aber die aktive Wahrnehmung der fremden Vermögensinteressen. Diese Komponente fällt mit der Beendigung des Maklerverhältnisses ersatzlos weg. Der verbleibende "Rest" reicht für eine Vermögensbetreuungspflicht im Normalfall nicht aus[45].

cc) Der Einbruch in das Haus, an dem M durch Übergabe des Schlüssels und Verschaffung von Informationen beteiligt ist, könnte ebenfalls eine Verletzung der Vermögensbetreuungspflicht sein. Daß der Einbruch nicht von M selbst, sondern von T begangen wurde, steht der Tatbestandsmäßigkeit nicht entgegen. Denn als

---

[44] *Arzt/Weber*, BT, § 22 Rn. 38 ff.; *Mitsch*, BT II/1, § 8 Rn. 46; *Rengier*, BT 1, § 18 Rn. 20; *Schönke/Schröder/Lenckner*, § 266 Rn. 35.
[45] LK-*Schünemann*, § 266 Rn. 62; *Schönke/Schröder/Lenckner*, § 266 Rn. 34.

Sonderpflichtiger ist M für diesen Vorgang schon dann täterschaftlich verantwortlich, wenn er ihn pflichtwidrig ermöglicht hat. Untreue ist ein sog. „Pflichtdelikt", bei dem die Täterschaft nicht durch das Kriterium der Tatherrschaft, sondern durch das Kriterium der Pflichtinhaberschaft begründet wird[46]. Wie für die Schlüsselübergabe gilt aber auch hier, daß im Zeitpunkt des Einbruchs das Vermögensbetreuungsverhältnis zwischen M und dem Ehepaar E nicht mehr existierte.

Eine Verletzung der Vermögensbetreuungspflicht wurde also allein durch die Herstellung des Nachschlüssels begangen.

c) Die Verletzung der Vermögensbetreuungspflicht müßte einen *Vermögensnachteil* verursacht haben. Vermögensnachteil ist dasselbe wie Vermögensschaden[47]. Wie bei § 263 reicht nach h. M. auch bei § 266 insofern eine konkrete („schadensgleiche") Vermögensgefährdung[48].

Die Existenz des Nachschlüssels allein bedeutet zwar eine latente Gefahr für die Sicherheit der Hausbewohner. Jedoch hatte sich diese noch nicht zu einer konkreten Gefahr verdichtet. Da M insbesondere zunächst keine konkrete Verwendungsabsicht bezüglich des Schlüssels hatte, läßt sich von der Existenz des nachgemachten Schlüssels keine hinreichend sichere Prognose eines künftigen Schadenseintritts stellen.

Nach der Übergabe des Nachschlüssels an den einbruchsbereiten T verdichtete sich die Gefahrenlage. Von einer konkreten Gefährdung der Vermögenswerte, die durch den Einbruch geschädigt werden könnten, kann nun gesprochen werden. Allerdings hatte die Familie E ihre Vermögensgüter zu diesem Zeitpunkt bereits aus dem Haus geschafft. Für das Vermögen des Ehepaars E war also keine konkrete Gefahr entstanden. Zwar gehörte dem Ehepaar E noch das Haus und das Grundstück, auf dem das Haus steht. Jedoch hatte T nicht die Absicht, Beschädigungen an Haus und / oder Grundstück zu verursachen. Insoweit bestand also keine konkrete Verlustgefahr.

Eine konkrete Gefahr für das Vermögen des Ehepaars S entstand, als sich T selbst einen weiteren Nachschlüssel anfertigte und diesen behielt. Damit verschaffte er sich die Möglichkeit zu weiteren „Besuchen" in dem Haus und zur Entwendung der Wertgegenstände die das Ehepaar S nach seinem Einzug in das Haus gebracht hat. Allerdings vermag diese konkrete Vermögensgefährdung den Tatbestand nicht zu erfüllen, weil M gegenüber dem Ehepaar S keine Vermögensbetreuungspflicht hat. Nur ein Nachteil im Vermögen desjenigen, dessen Vermögen der Täter zu betreuen hat, kann den Tatbestand der Untreue erfüllen[49].

Ein Vermögensnachteil zu Lasten des Ehepaars E ist nicht entstanden. Der objektive Tatbestand ist nicht erfüllt. Im übrigen scheitert die Strafbarkeit auch am Fehlen des Vorsatzes. Als M den Nachschlüssel herstellen ließ, hatte er keine kon-

---

[46] *Schönke/Schröder/Cramer/Heine*, vor § 25 Rn. 84.
[47] *Mitsch*, BT II/1, § 8 Rn. 35; *Schönke/Schröder/Lenckner*, § 266 Rn. 40.
[48] *Schönke/Schröder/Lenckner*, § 266 Rn. 45.
[49] *Schönke/Schröder/Lenckner*, § 266 Rn. 47.

krete Verwendungsabsicht. Folglich hatte er auch nicht den Vorsatz, daß diese Pflichtverletzung irgendwann einmal künftig einen Vermögensschaden bei dem Ehepaar E herbeiführen könnte.

2. Ergebnis

M hat sich nicht aus § 266 I 2. Alt. StGB strafbar gemacht.

II. Anstiftung zum versuchten Wohnungseinbruchsdiebstahl, §§ 242, 244 I Nr. 3, II, 22, 26 StGB

1. Objektiver Tatbestand

a) T hat versuchten Wohnungseinbruchsdiebstahl begangen. Die Tat des T war objektiv-tatbestandsmäßig, subjektiv-tatbestandsmäßig und rechtswidrig. Eine anstiftungstaugliche *Haupttat* liegt also vor.

b) Indem M dem T den nachgemachten Hausschlüssel und Informationen über das Haus gab, weckte er in T den Entschluß zur Begehung der Tat. T hatte zwar schon einen allgemein gehaltenen Tatentschluß. Er war deshalb aber nicht „omnimodo facturus", weil ein konkreter – auf die konkrete Tat gerichteter – Tatbegehungsentschluß noch nicht vorlag[50]. Den Entschluß zur Ausführung der konkreten Tat – um die es hier allein geht – hat erst M in T hervorgerufen. Also hat M den T zur Tatbegehung *bestimmt*.

2. Subjektiver Tatbestand

M hatte Vorsatz bezüglich der von T begangenen Tat. Er hatte auch Vorsatz bezüglich der Bestimmung.

3. Rechtswidrigkeit, Schuld

Die Tat war rechtswidrig. M handelte schuldhaft.

4. Ergebnis

M hat sich aus §§ 242, 244 I Nr. 3, II, 22, 26 StGB strafbar gemacht. Verdrängt wird dadurch die ebenfalls begründete Strafbarkeit wegen Beihilfe zum Whonungseinbruchsdiebstahl (§§ 242 I, 244 I Nr. 3, 27 StGB).

---

[50] *Gropp*, AT, § 10 Rn. 121.

III. Anstiftung zum Hausfriedensbruch, §§ 123 I, 26 StGB

1. Objektiver Tatbestand

T hat den objektiven Tatbestand des § 123 I StGB erfüllt und dabei vorsätzlich und rechtswidrig gehandelt. M hat den T zur Begehung der Tat bestimmt.

2. Subjektiver Tatbestand

Fraglich ist, ob M *Vorsatz* bezüglich der von T begangenen Haupttat hatte. Zwar besteht kein Zweifel daran, daß der M mit dem Vorsatz handelte, in T den Entschluß zur Begehung eines Hausfriedensbruchs hervorzurufen. Dennoch könnte es am Vorsatz fehlen, weil M davon ausging, von der Tat des T betroffener Hausrechtsinhaber würde das Ehepaar E sein. Tatsächlich waren im Zeitpunkt der Tat aber bereits Herr und Frau S Inhaber des Hausrechts an dem Haus. Das Ehepaar S war also Inhaber des von § 123 StGB geschützten und von dem Hausfriedensbruch des T beeinträchtigten Rechtsguts.

Die Fehlvorstellung des M schließt die Vorsätzlichkeit seines Handelns aber letztlich nicht aus. Es handelt sich um einen unbeachtlichen *error in persona*. Der Tatverlauf entspricht nämlich in allen tatbestandlich relevanten Details dem Vorstellungsbild des M. Die einzige Abweichung betrifft den Inhaber des Hausrechts zur Zeit der Tat. Diese Abweichung beruht aber nicht auf einem Fehlgehen der Tat, insbesondere nicht auf einer Personenverwechslung des T. Die Konstellation des berühmten „Rose-Rosahl-Falles"[51] liegt hier deshalb nicht vor. Vielmehr irrt sich M über eine Gegebenheit, die schon vor Tatbeginn feststeht und durch den Tatverlauf selbst überhaupt nicht beeinflusst werden kann.

Unerheblich ist des weiteren, daß M irrig davon ausging, das Haus werde im Tatzeitpunkt bewohnt – also eine „Wohnung" – sein, während es tatsächlich unbewohnt – und deshalb vielleicht nur ein „befriedetes Besitztum" – war. Der Vorsatz braucht nur die Eigenschaft des Hauses als taugliches Tatobjekt zu umfassen. Außerdem kann man „befriedetes Besitztum" als Oberbegriff auffassen, der auch die „Wohnung" umschließt.

M hatte auch Vorsatz bezüglich der Bestimmung des T zur Tatbegehung.

3. Rechtswidrigkeit, Schuld

Die Tat des M war rechtswidrig. M handelte schuldhaft.

4. Ergebnis

M hat sich aus §§ 123 I, 26 StGB strafbar gemacht. Diese Strafbarkeit wird von der aus §§ 242, 244 I Nr. 3, II, 22, 26 StGB verdrängt. Dasselbe gilt für die eben-

---

[51] Dazu *Gropp*, AT, § 13 Rn. 84; *Beulke*, Klausurenkurs. Rn. 62.

falls begründete Strafbarkeit aus §§ 123 I, 27 StGB (Beihilfe zum Hausfriedensbruch).

C. Gesamtergebnis und Konkurrenzen

Strafbarkeit des T :

T hat sich aus §§ 263, 22 StGB und §§ 242, 244 I Nr. 3, II, 22 StGB strafbar gemacht. Die beiden Taten stehen in Realkonkurrenz, § 53 StGB.

Strafbarkeit des M :

M hat sich aus §§ 242, 244 I Nr. 3, II, 22, 26 StGB strafbar gemacht.

Fall 17

Sauberes Geld

Tatbestandsausschließendes Einverständnis - Subjektives Rechtfertigungselement - Wegnahme - Wertsummentheorie - Strafzumessungsregelbeispiele - Ersatzhehlerei - Vortäter als Täter des Anschlussdelikts - Dreiecksbetrug - Vermögensschaden beim Betrug

Leo Lupoferrato (L) fährt mit seinem Pkw an der Tankstelle OXXO vor, um zu tanken. Er hat noch knapp 10 Liter Benzin in seinem Tank. An der Zapfsäule füllt L den Tank mit 35 Liter Benzin auf. Der Preis für diese Menge Benzin beträgt 30 Euro. L betritt den Kassenraum, um das gezapfte Benzin zu bezahlen. Dem Tankstellenpächter Olle (O) übergibt L einen Fünfzig-Euro-Schein. O nimmt den Schein und öffnet die Kasse, um ihn hineinzulegen und 20 Euro Wechselgeld herauszunehmen. Zur Übergabe der 20 Euro an L kommt O aber nicht mehr. Denn im selben Moment wird O von Bulli (B) von hinten mit beiden Händen umklammert und mit einem heftigen Ruck zu Boden gerissen. B hatte das Tankstellengebäude betreten, als L dem O den Fünfzig-Euro-Schein übergab und war weder von L noch von O wahrgenommen worden. Während O am Boden liegt, greift B blitzschnell in die geöffnete Kasse und rafft die darin enthaltenen Banknoten zusammen (insgesamt 380 Euro, darunter sechs Fünfzig-Euro-Scheine). Dabei fällt ein Fünfzig-Euro-Schein (ein anderer, als der, den L dem O gegeben hat) aus der Kasse auf den Fußboden, was weder B noch L bemerken. Dann rennt B mit dem Geld schnell weg. O, der inzwischen wieder aufgestanden ist, läuft hinter B her. Da der Vorsprung des B aber schon zu groß ist, gibt O die Verfolgung nach 50 m auf. Die kurze Abwesenheit des O gibt aber dem L die Gelegenheit, den immer noch auf dem Fußboden liegenden Fünfzig-Euro-Schein, den L inzwischen erblickt hat, aufzuheben und in die Hosentasche zu stecken. Während O die Polizei anruft, verabschiedet sich L und fährt mit seinem Pkw unter Mitnahme des Fünfzig-Euro-Scheins weg. L will die Banknote behalten.

B fährt mit seinem Pkw in die nächste Stadt. Dort hält er vor einer Sparkassenfiliale an. Dann betritt er die Schalterhalle und lässt sich von dem Sparkassenangestellten Käseberg (K) drei der sechs Fünfzig-Euro-Scheine in kleinere Banknoten wechseln, nämlich in : 4 x 20 Euro, 4 x 10 Euro und 6 x 5 Euro.

Zu Hause schenkt B einen 20-Euro-Schein seiner Frau Fritzi (F), der er von den vorangegangenen Vorfällen erzählt hat. Insgesamt hatte B fünf 20-Euro-Scheine erlangt. Vier dieser 20-Euro-Scheine sind Wechselgeld, das B von K erhalten hatte, der fünfte 20-Euro-Schein stammt aus der Kasse des Tankwartes O. Bei dem der F geschenkten 20-Euro-Schein handelt es sich um eine Banknote, die B als Wechselgeld von K erhalten hat. F nimmt an, daß die 20-Euro-Scheine im Besitz des B zum Teil aus der Kasse des Tankwartes O und zum Teil aus dem Geldwechselvorgang auf der Sparkasse stammen. Welcher dieser beiden Gruppen der von B erhaltene 20-Euro-Schein zuzuordnen ist, weiß F nicht. F hält es für möglich, daß der von B geschenkte 20-Euro-Schein unmittelbar aus dem Tankstellenüberfall stammt. Das nimmt sie billigend in Kauf.

Wie haben sich L, B und F strafbar gemacht?

Es ist davon auszugehen, daß die Mineralölgesellschaft dem O das Eigentum an dem gelieferten Benzin übertragen hat und kein Eigentumsvorbehalt vereinbart worden ist.

Lösung

1. Tatkomplex : Tankstelle

A. Strafbarkeit des B

I. Raub, § 249 I StGB

1. Objektiver Tatbestand

a) Die Geldscheine in der Kasse sind *bewegliche Sachen*. Da sie dem O bzw. dem L[1] gehören, sind sie für B *fremde* bewegliche Sachen.

b) Indem B den O mit beiden Händen fest umklammerte, wendete er körperliche *Gewalt gegen die Person* des O an. B müßte dem O die Geldscheine *weggenommen* haben. Wegnahme ist der Bruch fremden Gewahrsams und die Begründung neuen Gewahrsams[2]. Solange sich die Geldscheine in der Kasse befanden, hatte O an ihnen Gewahrsam. Indem B die Geldscheine der Kasse entnahm, hob er den Gewahrsam des O an den Banknoten auf. Da O damit nicht einverstanden war, ist die Aufhebung des Gewahrsams ein Gewahrsamsbruch[3]. Spätestens als B mit den Banknoten das Tankstellengebäude verließ – nach h. M. aber wohl schon in dem Moment, als B die Banknoten ergriff – hat B an den Geldscheinen neuen – eigenen – Gewahrsam begründet. Also hat B dem O die Geldscheine weggenommen.

---

[1] Der Fünfzig-Euro-Schein, den L dem O gegeben hat, stand noch im Eigentum des L. Denn die Übereignung der Banknote zum Zwecke der Kaufpreiszahlung stand unter der aufschiebenden Bedingung (§ 158 I BGB), daß O dem L die Differenz zwischen den 50 Euro und dem Kaufpreis, also 20 Euro zurückgibt, vgl. OLG Saarbrücken, NJW 1976, 65 (66).
[2] *Rengier*, BT 1, § 2 Rn. 10; *Wessels/Hillenkamp*, BT 2, Rn. 71.
[3] *Rengier*, BT 1, § 2 Rn. 31; *Wessels/Hillenkamp*, BT 2, Rn. 103.

Da die Gewaltanwendung der Ermöglichung der anschließenden Wegnahme diente, stehen Gewalt und Wegnahme in dem *raubtatbestandsspezifischen Kausalzusammenhang bzw. Finalzusammenhang*[4].

2. Subjektiver Tatbestand

B handelte *vorsätzlich*, § 15 StGB. Außerdem hatte B dabei den Vorsatz, den Eigentümer der Banknoten endgültig zu enteignen, die Absicht, sich die Banknoten anzueignen und Vorsatz bezüglich der Rechtswidrigkeit der beabsichtigten Zueignung. Also handelte B mit der *Absicht, sich* die Banknoten *rechtswidrig zuzueignen*.

3. Rechtswidrigkeit, Schuld

Die Tat des B war rechtswidrig. B handelte schuldhaft.

4. Ergebnis

B hat sich wegen Raubes aus § 249 I StGB strafbar gemacht[5]. Nötigung (§ 240 StGB), Diebstahl (§ 242 I StGB) und Unterschlagung (§ 246 I StGB) treten hinter dem Raub zurück[6].

II. Hausfriedensbruch, § 123 I StGB

1. Objektiver Tatbestand

a) Das Tankstellengebäude ist ein *Geschäftsraum*.

b) B müßte in dieses Gebäude *eingedrungen* sein. Das ist fraglich, da das Betreten des Gebäudes von einem Einverständnis des O gedeckt sein könnte[7]. Zwar hatte O den B gar nicht bemerkt und deshalb keinen konkreten zustimmenden Willen gebildet. Jedoch ist die Tankstelle ein Bereich, wo der vorübergehende Aufenthalt von Kunden durch ein antizipiertes generelles Einverständnis des O gedeckt ist. Dem könnte hier entgegenstehen, daß sich B nicht zum Tanken, sondern zur Begehung eines Raubes in den Tankstellenbereich und in das Gebäude begab. Allerdings war dies erst erkennbar, als B den O attackierte. Zunächst benahm sich B unauffällig und wäre daher von O für einen Kunden gehalten worden. B hat sich wie ein Kunde geriert. Er ist deshalb wie ein Täter zu behandeln, der sich ein kon-

---

[4] *Rengier*, BT 1, § 7 Rn.14.
[5] Für die Erfüllung eines Qualifikationstatbestandes (§§ 250, 251 StGB) ist dem Sachverhalt nichts zu entnehmen. Insbesondere ginge es zu weit, die am Körper getragenen Kleidungsstücke (Schuhe, Hosengürtel) des B als „gefährliche Werkzeuge" iSd § 250 I Nr. 1 a StGB zu qualifizieren, *Mitsch*, ZStW 111 (1999), 65 (79).
[6] *Rengier*, BT 1, § 7 Rn. 1; *Wessels/Hillenkamp*, BT 2, Rn. 317.
[7] *Küpper*, BT I, Teil I § 5 Rn. 10; *Rengier*, BT 2, § 30 Rn. 9; SK-*Rudolphi*, § 123 Rn. 18.

kretes individuelles Einverständnis des Rechtsinhabers erschleicht[8]. Nach zutreffender h. M. steht auch das durch Täuschung erwirkte Einverständnis der Erfüllung des objektiven Tatbestandsmerkmals „eindringen" entgegen[9]. Denn der Hausfrieden wird nur durch die Anwesenheit von Personen gestört, die sich schon durch das äußere Erscheinungsbild ihres Auftretens als Eindringlinge und Störenfriede zu Erkennen geben. Dies war hier erst der Fall, als B den O angriff. Zu diesem Zeitpunkt drang B aber nicht mehr in das Gebäude ein, weil er sich schon in ihm befand. Der unerwünschte Aufenthalt als solcher ist kein „Eindringen durch Unterlassen", sondern erfüllt den objektiven Tatbestand des Hausfriedensbruchs nur unter den Voraussetzungen der 2. Alternative des § 123 I StGB[10]. Zu diesen Voraussetzungen gehört eine ausdrückliche Aufforderung des Berechtigten zum Verlassen des Raumes. Eine solche Aufforderung hat O nicht ausgesprochen.

2. Ergebnis

B hat sich nicht aus § 123 I StGB strafbar gemacht.

B. Strafbarkeit des L

I. Raub, § 249 I StGB

1. Objektiver Tatbestand

a) Der Fünfzig-Euro-Schein ist eine *bewegliche Sache*. O hatte diese Banknote von einem früheren Kunden übereignet bekommen. Also war O Eigentümer dieses Fünfzig-Euro-Scheins. Daher war der Geldschein für L eine *fremde* bewegliche Sache.

b) L hat selbst gegen O keine *Gewalt* angewendet. Zwar hat er die zuvor von B gegen O angewendete Gewalt und die dadurch geschaffene hilflose Lage des O ausgenutzt, um den Fünfzig-Euro-Schein an sich zu nehmen. Jedoch hat dies nicht den Bedeutungsgehalt einer von L selbst ausgeübten Gewalt[11].

L hat auch nicht „Gewalt durch Unterlassen" ausgeübt, indem er die durch die Gewaltanwendung des B geschaffene Lage des O nicht beseitigte, bevor er sich den Fünfzig-Euro-Schein nahm. Es fehlt schon an der erforderlichen Garantenstellung (§ 13 I StGB) des L. Darüber hinaus ist fraglich, ob man die Untätigkeit des

---

[8] *Rengier*, BT 2, § 30 Rn. 11; *Lackner/Kühl*, § 123 Rn. 7.
[9] *Mitsch*, JuS 1998, 307 (308); *Arzt/Weber*, BT, § 8 Rn. 12; *Hilgendorf*, Fallsammlung, S. 95; *Küpper*, BT I, Teil I § 5 Rn. 11; *Lackner/Kühl*, § 123 Rn. 5; a. A. *Gössel*, Fälle, S. 182; SK-*Rudolphi*, § 123 Rn. 18.
[10] *Mitsch*, JuS 1998, 307 (309); *Küpper*, BT I, Teil I § 5 Rn. 12; *Rengier*, BT 2, § 30 Rn. 17; a. A. *Gössel*, Fälle, S. 262.
[11] *Rengier*, BT 1, § 7 Rn. 15; *Wessels/Hillenkamp*, BT 2, Rn. 335.

L als „Gewalt durch Unterlassen" qualifizieren könnte (Entsprechens-Erfordernis, § 13 I a. E.)[12].

Die von B gegen O ausgeübte Gewalt würde dem L gem. § 25 II StGB zugerechnet werden, wenn B und L Mittäter wären. Dazu ist eine gemeinsame Tatbegehung notwendig. Gemeinsame Tatbegehung ist die Erbringung objektiver Tatbeiträge auf der Grundlage eines gemeinsamen Tatentschlusses. Jedoch fehlt es hier schon an einem gemeinsamen Tatentschluß. B und L sind nicht Mittäter. Die Gewalt des B wird dem L nicht zugerechnet.

2. Ergebnis

L hat sich nicht aus § 249 I StGB strafbar gemacht.

II. Diebstahl, § 242 I StGB (iVm § 243 I 2 Nr. 6 StGB) – bzgl. Geldschein

1. Objektiver Tatbestand

a) Der Fünfzig-Euro-Schein ist eine *bewegliche Sache* und für L *fremd*.

b) L müßte dem O den Geldschein *weggenommen* haben.

O hatte Gewahrsam an allen Banknoten in seiner Kasse. Diesen Gewahrsam hatte O auch noch, als der Fünfzig-Euro-Schein am Boden lag, bevor er von L aufgehoben und eingesteckt wurde. Daran ändert die Tatsache nichts, daß O vorübergehend das Tankstellengebäude verlassen hatte und L allein in dem Gebäude war. Nach der Verkehrsanschauung hat O Gewahrsam an allen Sachen, an denen er Gewahrsam erlangt hatte und die sich nach Gewahrsamserlangung in dem Tankstellengebäude befanden[13]. Das gilt auch für den Fünfzig-Euro-Schein. Hätte O an dem Fünfzig-Euro-Schein während seiner kurzen Abwesenheit nicht Gewahrsam gehabt, wäre der Geldschein gewahrsamslos (L hat nicht dadurch Gewahrsam erlangt, daß O das Tankstellengebäude vorübergehend verließ) gewesen. Das wäre eine von der Verkehrsanschauung nicht gedeckte Lage. Also hatte O Gewahrsam an der Banknote. Indem L den Fünfzig-Euro-Schein aufhob und einsteckte, brach er den Gewahrsam des O. Indem L den Fünfzig-Euro-Schein einsteckte, begründete er neuen – eigenen – Gewahrsam an dem Fünfzig-Euro-Schein. Also hat L dem O den Fünfzig-Euro-Schein weggenommen.

2. Subjektiver Tatbestand

a) L handelte *vorsätzlich*, § 15 StGB.

---

[12] *Rengier*, BT 1, § 7 Rn. 16; *Wessels/Hillenkamp*, BT 2, Rn. 336.
[13] *Rengier*, BT 1, § 2 Rn. 13; *Wessels/Hillenkamp*, BT 2, Rn. 77.

b) L handelte mit der *Absicht*, sich den Fünfzig-Euro-Schein *rechtswidrig zuzueignen*, denn er hatte den Vorsatz, den O endgültig zu enteignen, er hatte die Absicht, sich den Fünfzig-Euro-Schein anzueignen und er hatte Vorsatz bezüglich der Rechtswidrigkeit der beabsichtigten Zueignung.

Zu beachten ist allerdings, daß L gegen O einen Anspruch auf 20 Euro Rückgeld hatte. Hinsichtlich dieses Betrages war die beabsichtigte Zueignung also nicht rechtswidrig. Zwar hatte L hinsichtlich des gesamten Fünfzig-Euro-Scheins keinen Anspruch. Es ist aber in der Dogmatik des Diebstahls anerkannt, daß bei dem Tatobjekt „Geld" die Rechtswidrigkeit der – beabsichtigten – Zueignung nicht nur dann ausgeschlossen ist, wenn der Täter auf die konkrete Banknote einen Anspruch hat, sondern auch dann, wenn der Täter auf einen dem Wert der Banknote entsprechenden Geldbetrag einen Anspruch hat (Wertsummentheorie)[14]. Hinsichtlich der 30 Euro, die L dem O wegen des getankten Benzins schuldete, hat L allerdings keinen Anspruch. Insofern bleibt es dabei, daß sich L einen Teil des von dem Geldschein verkörperten Wertes rechtswidrig zueignen wollte.

3. Rechtswidrigkeit, Schuld

Die Tat des L war rechtswidrig. L handelte schuldhaft.

4. Ergebnis und Strafzumessung

a) L hat sich aus § 242 I StGB strafbar gemacht[15]. Der ebenfalls verwirklichte Unterschlagungstatbestand (§ 246 I StGB) tritt hinter § 242 I StGB zurück.

b) Es könnte ein benannter *besonders schwerer Fall* gem. § 243 I 2 StGB vorliegen. In Betracht kommt § 243 I 2 Nr. 6 StGB. L hat die durch den Überfall des B geschaffene Lage des O ausgenutzt. Der Überfall des B versetzte den O in eine Lage, in der er gegen einen Diebstahl des L erheblich wehrloser war als er es ohne den Überfall gewesen wäre. Die Situation des O als Gewahrsamsinhaber war also eine „*hilflose Lage*". Außerdem ist der Überfall des B für den O ein „*Unglücksfall*". Die dadurch geschaffene Tatgelegenheit hat L ausgenutzt.

Allerdings ist fraglich, ob einem besonders schweren Fall nicht § 243 II StGB entgegensteht. Zwar dürfte ein Sachwert von 50 Euro noch oberhalb der Grenze der *Geringwertigkeit* liegen[16]. Hier ist aber nicht auf den Wert des Fünfzig-Euro-Scheins abzustellen, sondern auf die Höhe des Geldbetrags, den sich L *rechtswidrig* zueignen wollte. L hatte gegen O einen Anspruch auf 20 Euro Rückgeld. Dieser Anspruch verringert den Betrag, auf den sich die Absicht rechtswidriger Zu-

---

[14] *Mitsch*, BT II/1, § 1 Rn. 158; *Rengier*, BT 1, § 2 Rn. 68; *Wessels/Hillenkamp*, BT 2, Rn. 189; *Schönke/Schröder/Eser*, § 242 Rn. 6, 59.

[15] Für die Annahme eines qualifizierten Falles gem. § 244 StGB bietet der Sachverhalt keine Anhaltspunkte.

[16] OLG Zweibrücken, NStZ 2000, 536; *Mitsch*, BT II/1, § 1 Rn. 214; *Rengier*, BT 1, § 3 Rn. 25; *Wessels/Hillenkamp*, BT 2, Rn. 242.

eignung des L richtete, auf 30 Euro. Wie oben bereits festgestellt wurde, ist bei dem Tatobjekt „Geld" für die Anwendung der §§ 242, 243 StGB nicht allein die Sache „Banknote" bzw. „Münze" relevant, sondern auch der in der Sache verkörperte Nominalwert. Soweit es im Rahmen des § 243 StGB darum geht, ob die weggenommene Sache eine geringwertige Sache ist, muß berücksichtigt werden, ob und in welchem Umfang die beabsichtigte Einverleibung dieses Wertes rechtswidrig ist. Hat der Täter auf den Wert der weggenommenen Sache oder einen Teil davon einen Anspruch, ist die - beabsichtigte - Zueignung insoweit nicht rechtswidrig. Für die Anwendung des § 243 I 2 Nr. 6 StGB kann daher nur der Teil des Wertes berücksichtigt werden, hinsichtlich dessen der Täter keinen Anspruch hat.

Eine rechtswidrige Zueignung beabsichtigte L nur hinsichtlich der 30 Euro, auf die er keinen Anspruch hatte. Dieser Betrag dürfte gemessen an der aktuellen Kaufkraft eindeutig noch im Bereich der Geringwertigkeit liegen. Denn bereits Anfang der 80er Jahre wurde die Grenze bei 50 DM (= ca. 25 Euro) gezogen.

Die Voraussetzungen des § 243 II StGB liegen also vor. Der Diebstahl des L war kein besonders schwerer Fall.

III. Diebstahl, § 242 I StGB – bzgl. Benzin

1. Objektiver Tatbestand

a) Das Benzin ist eine *bewegliche Sache*.

b) Jedenfalls bis zu dem Tankvorgang stand das Benzin im Eigentum des O. Daher war es für L eine *fremde* Sache.

c) L müßte dem O das Benzin *weggenommen* haben.

Bis zu dem Zapfvorgang hatte O den Gewahrsam an dem Benzin. Indem L 35 Liter Benzin in den Tank seines Pkw füllte, hob er den Gewahrsam des O an dieser Menge Benzin auf. Allerdings wäre diese Gewahrsamsaufhebung kein Gewahrsamsbruch, wenn sie mit Einverständnis des O stattgefunden hätte. Die Freischaltung der Zapfsäule kann als konkludentes Einverständnis des O mit dem nächsten Zapfvorgang verstanden werden[17]. Dieses schließt einen Gewahrsamsbruch aus. Selbst wenn man annimmt, daß dieses Einverständnis unter der aufschiebenden Bedingung der anschließenden Bezahlung stand, ist hier ein Gewahrsamsbruch ausgeschlossen, da L durch Übergabe des Fünfzig-Euro-Scheins das getankte Benzin bezahlt hat[18]. Damit wurde die Bedingung erfüllt und das wegnahmeausschließende Einverständnis des O wirksam. Die anschließende Wegnahme eines anderen Fünfzig-Euro-Scheins durch L ändert daran nichts mehr.

---

[17] *Rengier*, BT 1, § 2 Rn. 35; NK-*Kindhäuser*, § 242 Rn. 52; *Schönke/Schröder/Eser*, § 242 Rn. 36; *Tröndle/Fischer*, § 242 Rn. 24.
[18] Unschädlich ist, daß das Eigentum an dem Fünfzig-Euro-Schein wegen § 158 I BGB noch nicht auf O übergegangen ist.

L hat dem O das Benzin nicht weggenommen.

2. Ergebnis

L hat sich nicht aus § 242 I StGB bzgl. des Benzins strafbar gemacht.

IV. Unterschlagung, § 246 I StGB – bzgl. Benzin

1. Objektiver Tatbestand

a) Das Benzin war jedenfalls bis zum Beginn des Tankvorgangs eine *fremde bewegliche Sache*.

b) L müßte sich das Benzin *zugeeignet* haben. Mit dem Wegfahren hat L den O endgültig enteignet und sich das getankte Benzin angeeignet. Allerdings müßte das Benzin zu diesem Zeitpunkt noch eine fremde bewegliche Sache gewesen sein. Das wäre nicht der Fall, wenn zuvor schon das Eigentum an dem Benzin auf L übergegangen wäre. Hier kommt sowohl ein Eigentumsübergang nach §§ 947, 948 BGB als auch ein Eigentumsübergang nach § 929 S. 1 oder S. 2 BGB in Betracht.

Hinsichtlich §§ 947, 948 BGB ist aber allenfalls der Erwerb von Miteigentum gegeben, da die in dem Tank des Pkw noch vorhandene Restmenge geringer war als die frisch zugetankte Menge. L und O hätten somit Miteigentum an der Gesamtmenge in dem Tank (45 Liter). Dieses Benzin wäre für L fremd[19].

Unabhängig von der Vermischung des Benzins hat hier aber ein Eigentumsübergang nach § 929 S. 2 BGB stattgefunden. Aufgrund des Selbstbedienungstankens hatte L bereits den Besitz an dem Benzin erlangt. Die für den Eigentumsübergang erforderliche Einigung kam an der Kasse mit der Überreichung des Fünfzig-Euro-Scheins von L an O zustande[20]. In diesem Moment war L Alleineigentümer der gesamten Benzinmenge im Tank seines Pkw geworden. Als L mit dem Pkw weiterfuhr, war das Benzin also keine fremde Sache mehr. Folglich hat sich L nicht eine fremde bewegliche Sache zugeeignet.

2. Ergebnis

L hat sich nicht aus § 246 I StGB strafbar gemacht.

---

[19] *Rengier*, BT 1, § 2 Rn. 6; *Wessels/Hillenkamp*, BT 2, Rn. 68.
[20] NK-*Kindhäuser*, § 242 Rn. 16.

2. Tatkomplex : Sparkasse

Strafbarkeit des B

I. Betrug, § 263 StGB

1. Objektiver Tatbestand

a) B hat *vorgespiegelt*, Eigentümer des Geldes zu sein. Diese Behauptung ist unwahr, weil Eigentümer des Geldes der O ist. B hat den K also über Tatsachen getäuscht. Durch die Täuschung wurde der K in den *Irrtum* versetzt, die ihm von B zum Zwecke des Geldwechselns übergebenen Banknoten seien Eigentum des B.

b) Durch den Irrtum wurde K dazu veranlaßt, das von B angebotene Geld anzunehmen und als Wechselgeld Banknoten herauszugeben, die der Sparkasse gehören. Das Geldwechseln ist seitens des K eine Übereignung der Banknoten nach § 929 S. 1 BGB. Obwohl K nicht selbst Eigentümer des herausgegebenen Geldes ist, ist die Übereignung nach § 929 BGB wirksam. Denn K hat im Verhältnis zu der Sparkasse, der das Geld gehört, Vertretungsmacht. Die Übereignung des Geldes an B ist eine *Vermögensverfügung*. Daß die Verfügungswirkung nicht das eigene Vermögen des K, sondern das Vermögen der Sparkasse betrifft, steht der Erfüllung des Betrugstatbestandes nicht entgegen. Es handelt sich um einen Fall des „Dreiecksbetrugs". Die von K getätigte Vermögensverfügung wird nach allen zum Dreiecksbetrug vertretenen Theorien[21] der Sparkasse zugerechnet[22]. Denn als Angestellter der Sparkasse steht er nicht nur „im Lager" der Sparkasse, sondern ist auch zu Verfügungen dieser Art mit Wirkung für und gegen die Sparkasse befugt.

c) Fraglich ist, ob die Vermögensverfügung des K einen *Vermögensschaden* verursacht hat. Das wäre der Fall, wenn das Vermögen der Sparkasse durch den Geldwechselvorgang vermindert worden wäre. Zwar wurde der Vermögensgesamtwert durch die Übereignung des der Sparkasse gehörenden Geldes an B verringert. Ausgeglichen wurde dieser Verlust jedoch sogleich durch die Übereignung des zum Wechseln angebotenen Geldes[23]. B hat der Sparkasse das Geld übereignet. Daß B nicht Eigentümer des Geldes war, hat nur zur Folge, daß eine allein auf § 929 BGB gestützte rechtsgeschäftliche Eigentumsübertragung ausscheidet. Da K den B aber für den Eigentümer hielt und auch keinen Grund hatte, an der Berechtigung des B zu zweifeln, war K in gutem Glauben, § 932 BGB. Diese Gutgläubigkeit wird der Sparkasse gem. § 166 I BGB zugerechnet. Dem Eigentumserwerb der Sparkasse kraft guten Glaubens steht auch nicht entgegen,

---

[21] Dazu *Mitsch*, BT II/1, § 7 Rn. 70 ff.; *Rengier*, BT 1, § 13 Rn. 44, 45; *Wessels/Hillenkamp*, BT 2, Rn. 639–641.
[22] *Tröndle/Fischer*, § 263 Rn. 24 a.
[23] *Rengier*, BT 1, § 13 Rn. 67.

daß die Banknoten dem O geraubt wurden. § 935 I BGB findet auf Geld nämlich keine Anwendung, § 935 II BGB.

Die Sparkasse hat also Besitz und Eigentum an dem Geld erworben. Der Wert dieses Geldes gleicht den Verlust des Wechselgeldes aus. Eine Wertminderung nach den Kriterien der „Makeltheorie" kommt hier nicht in Betracht[24]. Denn für die Sparkasse besteht keine Gefahr, daß sie von O auf Herausgabe des Geldes in Anspruch genommen wird bzw. daß sich die Sparkasse aus wirtschaftlichen oder sonstigen gesellschaftlich erheblichen Erwägungen gezwungen fühlen könnte, dem O das Geld entschädigungslos freiwillig herauszugeben. Das Geld ist daher nicht in relevanter Weise „bemakelt"[25].

Die Sparkasse hat also keinen Vermögensschaden erlitten.

Daß der O durch die Übereignung von B an die Sparkasse sein Eigentum an den Banknoten verloren hat, ist ebenfalls unerheblich. Selbst wenn man das rechtsgeschäftliche Handeln des K als Verfügung über das Vermögen des O qualifizieren könnte, fehlte es an der für einen „Dreiecksbetrug" erforderlichen Nähebeziehung des K zu O.

2. Ergebnis

B hat sich nicht aus § 263 I StGB strafbar gemacht.

II. Geldwäsche, § 261 I, II StGB

1. Objektiver Tatbestand

a) Die Banknoten sind „*Gegenstände*" iSd § 261 I S. 1 StGB.

b) Der Raub, den B begangen hat (§ 249 I StGB), ist ein *Verbrechen* (§ 12 I StGB) iSd § 261 I S. 2 Nr. 1 StGB. Täter der Geldwäsche kann auch ein an der Vortat als Täter oder Mittäter Beteiligter sein[26]. Anders als bei Begünstigung, Strafvereitelung und Hehlerei braucht der Vortäter im Verhältnis zum Anschluß-Täter kein „anderer" zu sein. Die Banknoten müßten aus der Vortat („Verbrechen" iSd § 261 I S. 2 Nr. 1 StGB) *herrühren*. Das ist eindeutig der Fall, weil die Banknoten die Tatbeute aus dem von B begangenen Raub sind.

c) B müßte ein tatbestandliches *Handlungsmerkmal* erfüllt haben. Hier dürften mehrere Handlungsmerkmale des § 261 I S. 1 StGB zugleich erfüllt sein: Gefährdung der Ermittlung der Herkunft, Gefährdung des Auffindens, Gefährdung des Verfalls, der Einziehung und der Sicherstellung. Alle diese Erscheinungsformen

---

[24] *Mitsch*, BT II/1, § 7 Rn. 105; *Rengier*, BT 1, § 13 Rn. 91; *Schönke/Schröder/Cramer*, § 263 Rn. 111.
[25] *Wessels/Hillenkamp*, BT 2, Rn. 575.
[26] *Mitsch*, BT II/2, § 5 Rn. 10; *Rengier*, BT 1, § 23 Rn. 18; *Wessels/Hillenkamp*, BT 2, Rn. 897.

justiziellen Zugriffs auf die Tatbeute werden erschwert, wenn die Beute ihren Besitzer wechselt. In der Bank werden die Banknoten mit vielen anderen Banknoten vermischt und sind danach als Tatbeute nicht mehr identifizierbar. Zwar könnte bei B an die Stelle der aus dem Raub stammenden Banknoten das Wechselgeld getreten sein. Dieses ist aber nicht unmittelbar Tatbeute und daher schon aus rechtlichen Gründen als Zugriffsobjekt nicht ohne weiteres den unmittelbar aus dem Raub stammenden Banknoten gleichzustellen. Die Position der Strafverfolgungsbehörden gegenüber dem geraubten Geld ist also durch den Geldwechselvorgang erheblich verschlechtert worden. Außerdem hat B der Sparkasse – also „einem Dritten" – die aus dem Überfall herrührenden Geldscheine verschafft, § 261 II Nr. 1 StGB.

2. Subjektiver Tatbestand

B handelte vorsätzlich, § 15 StGB.

3. Rechtswidrigkeit, Schuld

Die Tat war rechtswidrig. B handelte schuldhaft.

4. Strafausschließungsgrund, § 261 IX S. 2 StGB

Da B Täter des Raubes ist, aus dem das Geldwäsche-Tatobjekt stammt, erfüllt er alle Voraussetzungen, um „wegen Beteiligung an der Vortat strafbar" zu sein[27]. Unterstellt, B wird tatsächlich wegen Raubes bestraft, entfällt die Strafbarkeit aus § 261 I, II StGB.

5. Ergebnis

B ist nicht aus § 261 I StGB strafbar.

III. Unterschlagung, § 246 I StGB

1. Objektiver Tatbestand

a) Die Banknoten, die B dem O geraubt hat, sind *fremde bewegliche Sachen*.

b) B müßte sich die Banknoten *zugeeignet* haben. B hat sich die Banknoten bereits zuvor durch den Raub zugeeignet. Daher ist fraglich, ob er sich diese Geldscheine noch einmal zueignen kann. Die Rechtsprechung und ein Teil der Literatur halten eine derartige Wiederholung der Zueignung nach zuvor bereits erfolgter Zueignung für ausgeschlossen[28]. Nach der in der Literatur überwiegenden Auffassung

---

[27] Ausführlich dazu *Mitsch*, BT II/2, § 5 Rn. 40 ff.
[28] BGHSt, 14, 38; *Rengier*, BT 1, § 5 Rn. 22.

ist es hingegen mit dem Begriff „Zueignung" vereinbar, nach bereits erfolgter Zueignung weitere tatbestandsmäßige Zueignung anzuerkennen[29]. Denn mit jeder Handlung, mit der sich der Täter als Eigentümer der Sache geriert, manifestiert er die angemaßte Eigentümerstellung. Außerdem vermeidet diese Auffassung Strafbarkeitslücken.

Im Ergebnis weichen Rechtsprechungs-Auffassung und herrschende Literaturmeinung selten voneinander ab, da auch die überwiegende Literaturmeinung die wiederholte Zueignung straflos stellt, allerdings erst im Bereich der Konkurrenzen: Die spätere Zueignung ist mitbestrafte Nachtat der vorangegangenen Zueignung[30].

2. Weitere Strafbarkeitsvoraussetzungen

B handelte vorsätzlich, § 15 StGB. Die Tat war rechtswidrig. B handelte schuldhaft.

3. Ergebnis

B hat sich aus § 246 I StGB strafbar gemacht. Allerdings tritt § 246 I StGB hinter § 249 I StGB zurück.

3. Tatkomplex : Zu Hause

A. Strafbarkeit der F

I. Hehlerei, § 259 I StGB

1. Objektiver Tatbestand

a) Die Banknote ist eine *Sache*.

b) Die Banknote müßte *gestohlen* sein oder durch eine andere gegen fremdes Vermögen gerichtete rechtswidrige Tat erlangt worden sein. Der 20-Euro-Schein, den F von B geschenkt bekommen hat, stammt aus dem Geldwechselvorgang bei der Sparkasse. B hat ihn von K als Wechselgeld erhalten. Wie oben festgestellt wurde, ist das Geldwechseln kein Betrug und keine Unterschlagung, wohl aber eine Geld-

---

[29] *Mitsch*, ZStW 111 (1999), 65 (93); *Dencker*, in : Dencker/Struensee/Nelles/Stein, Einführung, 1. Teil, Rn. 57; *Wessels/Hillenkamp*, BT 2, Rn. 301; SK-*Hoyer*, § 246 Rn. 32.
[30] *Mitsch*, BT II/1, § 2 Rn. 54; *Tröndle/Fischer*, § 246 Rn. 19.

wäsche. Die Geldwäsche zählt auch zu den Vermögensdelikten, obwohl sie zugleich eine Straftat gegen die Rechtspflege ist[31].

c) B müßte den 20-Euro-Schein *durch die Geldwäsche erlangt* haben. B hat den 20-Euro-Schein von K als Wechselgeld erhalten. Die Erlangung steht also im Zusammenhang mit der Hingabe der Fünfzig-Euro-Scheine, die – wie oben gesehen – den Tatbestand der Geldwäsche erfüllt. B hat den 20-Euro-Schein auch erlangt, d. h. den unmittelbaren Besitz und den Gewahrsam an ihm begründet. Dennoch hat B die Banknote nicht „durch" Geldwäsche erlangt. Denn der Zusammenhang zwischen Vortat (Geldwäsche) und Besitzerlangung, auf den das Wort „durch" verweist, beinhaltet eine vermögensschädigende Komponente in dem Sinne, daß die Erlangung auf Kosten des Rechtsgutsinhabers erfolgt sein muß, den der durch die Vortat verwirklichte Straftatbestand – hier § 261 StGB – schützt. Der 20-Euro-Schein gehörte zuvor der Sparkasse. B hat die Banknote also auf Kosten der Sparkasse erlangt. Diese ist aber dadurch weder an ihrem Vermögen geschädigt worden noch Inhaberin des von § 261 StGB geschützten Rechtsguts. Die Geldwäsche ist hier eine Tat gegen den O. Dessen Vermögen wird durch die Geldwäsche beeinträchtigt. Der 20-Euro-Schein stammt aber nicht unmittelbar aus dem Vermögen des O.

Etwas anderes könnte sich aber daraus ergeben, daß der 20-Euro-Schein gewissermaßen ein *Surrogat der Beute aus dem Tankstellenraub* ist. Die Banknoten, die B dem O weggenommen hat, waren zweifellos taugliches Hehlereiobjekt, da sie unmittelbar aus einem Raub stammten. Da der 20-Euro-Schein an die Stelle eines Teils dieser Banknoten getreten ist, könnte man argumentieren, daß auch der 20-Euro-Schein aus dem Raub stammt, also von B auf Grund des Raubes erlangt wurde. Dem steht aber entgegen, daß der 20-Euro-Schein als Sache nur indirekt mit dem Raub zusammenhängt. Lediglich der in dem 20-Euro-Schein verkörperte Wert ist unmittelbares Produkt des Raubes. Stellt man ausschließlich auf die Sache als körperlicher Gegenstand ab, ließe sich nur eine „Ersatzhehlerei" feststellen. Die Ersatzhehlerei wird aber von § 259 I StGB nicht erfaßt[32]. Wiederum etwas anderes könnte sich daraus ergeben, daß es sich hier bei dem Tatobjekt um Geld handelt. Dies könnte es rechtfertigen, als Hehlereiobjekt nicht die Sachsubstanz, sondern den in der Sache verkörperten monetären Wert zu betrachten. Denn das wirtschaftliche und juristische Interesse an Banknoten richtet sich nicht auf die Sachsubstanz und ihre Verwendungsmöglichkeiten (z. B. als Lesezeichen oder Notizzettel), sondern auf den in der Banknote verkörperten Geld- und Tauschwert. Dies spricht dafür, nicht auf die Banknote, sondern auf den Geldbetrag abzustellen. Diesen hat B unmittelbar aus dem Raub erlangt. Im Rahmen der §§ 242, 246 und 249 StGB ist die Akzentverschiebung von der Sachsubstanz zum Sachwert bei Geld als „Wertsummentheorie" bekannt und akzeptiert. Sie führt nämlich da-

---

[31] *Mitsch*, BT II/2, § 5 Rn. 3; *Rengier*, BT 1, § 23 Rn. 4; *Wessels/Hillenkamp*, BT 2, Rn. 894.
[32] *Mitsch*, BT II/1, § 10 Rn. 30; *Rengier*, BT 2, § 22 Rn. 11; *Wessels/Hillenkamp*, BT 2, Rn. 837; *Tröndle/Fischer*, § 259 Rn. 8.

zu, daß in bestimmten Fällen die Rechtswidrigkeit der (beabsichtigten) Zueignung entfällt und damit die Strafbarkeit ausgeschlossen wird.

Während die Anwendung der Wertsummentheorie im Kontext der Eigentumsdelikte strafbarkeitssauschließende – also den Täter begünstigende – Wirkung hat und deshalb keinen Bedenken aus Art. 103 II GG ausgesetzt ist, hätte die Anwendung der Wertsummentheorie im Kontext des § 259 I StGB strafbarkeitsbegründende – und daher den Täter belastende – Wirkung. Das ist mit Art. 103 II GG nicht zu vereinbaren, da es sich um eine vom Wortlaut des § 259 I StGB abweichende Rechtsanwendung handelt. Daher kann die Wertsummentheorie hier nicht angewendet werden. Es bleibt dabei, daß hinsichtlich des aus dem Raub stammenden Geldes eine den Tatbestand des § 259 I StGB nicht erfüllende Ersatzhehlerei vorliegt[33].

2. Ergebnis

F hat sich nicht aus § 259 I StGB strafbar gemacht.

II. Versuchte Hehlerei, §§ 259 II, 22 StGB

1. Nichtvollendung, Versuchsstrafdrohung

Vollendete Hehlerei liegt nicht vor. Versuchte Hehlerei ist mit Strafe bedroht, § 259 II StGB.

2. Tatentschluß (Subjektiver Tatbestand)

F hatte *Vorsatz* (§ 15 StGB) bezüglich der objektiven Tatbestandsmerkmale. Sie wußte, daß der Geldschein eine *Sache* ist. Da F annahm, der von B erhaltene Geldschein stamme unmittelbar aus dem in der Tankstelle begangenen Raub, stellte sie sich vor, daß B die Banknote *gestohlen* sowie durch eine gegen fremdes Vermögen gerichtete rechtswidrige Tat erlangt hat. F hatte zudem die Vorstellung, an dem Geldschein bestehe – in der Hand des B – noch die durch den Raub geschaffene *rechtswidrige Besitzlage*. F wollte auf Grund der Schenkung des B die alleinige umfassende Verfügungsmacht über die Banknote erlangen. Also hatte F den Vorsatz, sich den Geldschein zu *verschaffen*. F handelte in der *Absicht*, ihr eigenes Vermögen zu vermehren, also *sich zu bereichern*.

3. Unmittelbares Ansetzen (Objektiver Tatbestand)

Indem F den von B geschenkten Geldschein annahm, setzte sie *unmittelbar* zur Verwirklichung des Hehlereitatbestandes an, § 22 StGB.

---

[33] *Zöller/Frohn*, Jura 1999, 378 (381); *Rengier*, BT 2, § 22 Rn. 14; *Wessels/Hillenkamp*, BT 2, Rn. 838; *Schönke/Schröder/Stree*, § 259 Rn. 14.

4. Rechtswidrigkeit, Schuld

Die Tat war rechtswidrig. F handelte schuldhaft.

5. Ergebnis

F hat sich aus §§ 259 II, 22 StGB strafbar gemacht.

III. Geldwäsche, § 261 I, II StGB

1. Objektiver Tatbestand

a) Der 20-Euro-Schein ist ein *Gegenstand*. Der von B begangene Raub ist ein *Verbrechen* (§ 12 I StGB) und daher eine „in Satz 2 genannte rechtswidrige Tat" iSd § 261 I 1 StGB iVm § 261 I 2 Nr. 1 StGB (Vortat).

b) Der 20-Euro-Schein müßte aus dem Raub „*herrühren*". Es müßte also zwischen dem Raub und dem Besitz des B an dem 20-Euro-Schein ein Zusammenhang bestehen. Unmittelbar beruht der Erwerb des 20-Euro-Scheins auf dem Geldwechselvorgang bei der Sparkasse. Mittelbar beruht dieser Besitz aber auch auf dem Raub, da B ohne diesen Raub nicht das Geld zum Wechseln auf der Sparkasse gehabt hätte.

„Herrühren" setzt nach allgemeiner Ansicht keine unmittelbare Vortatherkunft voraus. Taugliches Tatobjekt ist daher auch eine Beutesurrogat, das der Vortäter als Gegenleistung für die Veräußerung eines unmittelbaren Vortat-Beutestücks erhalten hat[34]. Anders als bei § 259 StGB ist bei § 261 I StGB auch die „Ersatzhehlerei" tatbestandlich erfaßt. Diese Auffassung wird dadurch bestärkt, daß das Tatobjekt der Geldwäsche keine Sache zu sein braucht. Jeder „Gegenstand" kann Objekt der Geldwäsche sein. Unter „Gegenstand" kann man auch einen Geldbetrag subsumieren. Dieser verliert seine Identität nicht, wenn das Geld, in dem sich dieser Betrag verkörpert, gewechselt wird.

B hat durch den Raub nicht nur Geldscheine erlangt, sondern auch einen Geldbetrag. Dieser Betrag ist bei B noch vorhanden, nachdem B auf der Sparkasse Geld gewechselt hat. Die 20 Euro, die B der F geschenkt hat, sind Teil dieses Geldbetrages. Daher rühren diese 20 Euro aus dem Raub her.

c) Indem F die 20 Euro angenommen hat, hat sie zumindest das Auffinden dieses Gegenstandes gefährdet. Außerdem hat sich F diesen Gegenstand verschafft, § 261 II Nr. 1 StGB.

---

[34] *Mitsch*, BT II/2, § 5 Rn. 17; *Schönke/Schröder/Stree*, § 261 Rn. 7.

2. Weitere Strafbarkeitsvoraussetzungen

F handelte vorsätzlich, § 15 StGB. Die Tat war rechtswidrig. F handelte schuldhaft.

3. Ergebnis

F hat sich aus § 261 I, II Nr. 1 StGB strafbar gemacht.

IV. Unterschlagung, § 246 I StGB

1. Objektiver Tatbestand

a) Der 20-Euro-Schein ist eine *bewegliche Sache*.

b) Der 20-Euro-Schein wurde dem B von K gem. § 929 S. 1 BGB übereignet. Daher war B Eigentümer der Banknote. Für F war der Geldschein also *fremd*. Allerdings hat B der F den 20-Euro-Schein gem. § 929 S. 1 BGB übereignet. In dem Moment, in dem F den unmittelbaren Besitz an dem Geldschein erlangte, war er nicht mehr fremd, sondern Eigentum der F.

Eigentumserwerb durch die Tat, um deren Qualifizierung als Unterschlagung es geht, steht der Tatbestandsmäßigkeit aber nicht unbedingt entgegen. Grundsätzlich genügt es, daß das Tatobjekt vor der Tat – vor der „Zueignungshandlung" – in fremdem Eigentum stand.

c) F müßte sich den 20-Euro-Schein *zugeeignet* haben. Das ist zweifellos der Fall, da F auf Grund der Übereignung gem. § 929 S. 1 BGB sogar das Eigentum an dem Geldschein erlangte.

2. Subjektiver Tatbestand

F handelte *vorsätzlich*, § 15 StGB. Daß sie annahm, der Geldschein könne unmittelbar aus dem Überfall auf die Tankstelle stammen, steht dem nicht entgegen. Zwar impliziert diese Vorstellung, daß F nicht Eigentum erwerben würde. Aber für eine Zueignung reicht die tatsächliche Verschaffung einer eigentümergleichen Stellung. Darauf richtete sich der Vorsatz der F zweifellos.

3. Rechtswidrigkeit

Die Tat war aber nicht rechtswidrig, da B, der durch sie sein Eigentum an dem 20-Euro-Schein verlor, damit einverstanden war. Schließlich hat B an dem Eigentumsübergang gem. § 929 S. 1 BGB aktiv mitgewirkt. Darin liegt eine *Einwilligung* in die Zueignung der F. F hielt es allerdings für möglich, daß der Geldschein nicht dem B, sondern dem von B beraubten Tankstellenpächter gehört. Insofern hatte sie die Vorstellung, B sei nicht Inhaber des von der Zueignung betroffenen

Rechtsgutsobjekts und daher für die Einwilligung nicht zuständig. Das hat aber nur zur Folge, daß F das subjektive Rechtfertigungselement nicht erfüllt. Nach heute klar h. M. reicht jedoch die Erfüllung der objektiven Rechtfertigungsvoraussetzungen aus, um die Rechtswidrigkeit der vollendeten Tat auszuschließen. Das Fehlen des subjektiven Rechtfertigungselements bewirkt lediglich, daß das Unrecht einer versuchten Tat erhalten bleibt[35].

4. Ergebnis

F hat sich nicht aus § 246 I StGB strafbar gemacht.

V. Versuchte Unterschlagung, §§ 246 II, 22 StGB

1. Nichtvollendung, Versuchsstrafdrohung

F hat keine vollendete Unterschlagung begangen, da ihre Tat alle objektiven Voraussetzungen des Rechtfertigungsgrundes „Einwilligung" erfüllt (s. o. IV 3). Versuchte Unterschlagung ist gem. § 246 II StGB mit Strafe bedroht.

2. Tatentschluß (Subjektiver Tatbestand)

F hatte Vorsatz bezüglich sämtlicher objektiver Tatbestandmerkmale einer Unterschlagung.

3. Unmittelbares Ansetzen (Objektiver Tatbestand)

Indem F den Geldschein von B entgegennahm, setzte sie unmittelbar zur Verwirklichung des Tatbestandes an, § 22 StGB.

4. Rechtswidrigkeit, Schuld

Die Tat war rechtswidrig, weil F es für möglich hielt, daß der Geldschein dem O gehört und deshalb eine rechtfertigende Einwilligung nicht vorliegt. F handelte schuldhaft.

5. Ergebnis

F hat sich aus §§ 246 II, 22 StGB strafbar gemacht. Die versuchte Unterschlagung ist aber gegenüber der versuchten Hehlerei und der Geldwäsche subsidiär.

---

[35] *Gropp*, AT, § 13 Rn. 95; *Beulke*, Klausurenkurs, Rn. 207; *Stratenwerth*, AT, § 9 Rn. 148; a. A. *Krey*, AT 1, Rn. 423 (Strafbarkeit wegen vollendeter Tat).

B. Strafbarkeit des B

I. Geldwäsche, § 261 I, II StGB

1. Objektiver Tatbestand

Der 20-Euro-Schein ist ein *Gegenstand*. Der Raub ist ein *Verbrechen* und damit eine taugliche Vortat gem. § 261 I 2 Nr. 1 StGB. Der 20-Euro-Schein *rührt* aus dem Raub *her*. Daß B selbst Täter der Vortat ist, steht der Erfüllung des Geldwäschetatbestands nicht entgegen. Indem B den 20-Euro-Schein der F schenkte, hat er dessen *Herkunft verschleiert*, das Auffinden usw. zumindest gefährdet. Außerdem hat er den 20-Euro-Schein der F *verschafft*, § 261 II Nr. 1 StGB.

2. Subjektiver Tatbestand

B handelte vorsätzlich, § 15 StGB.

3. Rechtswidrigkeit, Schuld

Die Tat des B war rechtswidrig. B handelte schuldhaft.

4. Strafausschließungsgrund

Da B die Vortat (Raub) begangen hat und ihretwegen strafbar ist, entfällt eine Strafbarkeit wegen Geldwäsche gem. § 261 IX S. 2 StGB.

5. Ergebnis

B hat sich nicht aus § 261 I, II StGB strafbar gemacht.

II. Unterschlagung, § 246 I StGB

1. Objektiver Tatbestand

a) Der 20-Euro-Schein ist eine *bewegliche Sache*.

b) Die Banknote müßte für B *fremd* sein, also in fremdem Eigentum stehen. Der 20-Euro-Schein war dem B von K übereignet worden (§ 929 S. 1 BGB). Daher war B Eigentümer der Banknote. Der 20-Euro-Schein war für B keine fremde Sache.

2. Ergebnis

B hat sich nicht aus § 246 I StGB strafbar gemacht.

Gesamtergebnis und Konkurrenzen :

B ist strafbar aus § 249 StGB.

L ist strafbar aus § 242 I StGB.

F ist strafbar aus §§ 259 II, 22 StGB und § 261 I, II StGB. Die beiden Tatbestände stehen in Tateinheit, § 52 StGB.

Fall 18

Goldesel*

Omissio libera in causa – Strafrechtliche Organ- und Vertreterhaftung – Mißbrauch der Verfügungsbefugnis – Vermögensbetreuungspflicht – Probleme des Vorenthaltens von Sozialabgaben – Delikte gegen Gläubigerinteressen

Georg Gruber (G) ist Geschäftsführer der X-GmbH in Potsdam. Die X-GmbH stellt Computerprogramme her und beschäftigt 15 Arbeitnehmer. Die monatlich zu zahlenden Sozialversicherungsbeiträge betragen 20 000 DM, von denen 10 000 DM auf den Arbeitgeberanteil und 10 000 DM auf den Arbeitnehmeranteil entfallen. Auf Grund ungünstiger Auftragsentwicklung und schlechter Zahlungsmoral einiger Schuldner geriet die X-GmbH im Februar 2001 in Liquiditätsschwierigkeiten. Die Bemühungen des G um neue Kredite bzw. um Stundung der Lohnsteuer- und Sozialversicherungsbeitragsschulden schlugen fehl. Rücklagen hatte die X-GmbH nicht gebildet.

Im Februar 2001 zahlte die X-GmbH Löhne/Gehälter sowie Lohnsteuer noch vollständig. Die am 15. Februar 2001 fällig gewordenen Sozialversicherungsbeiträge für den Monat Januar 2001 wurden von dem für die X-GmbH handelnden G aber nur noch zur Hälfte - also 10 000 DM - an die zuständige Krankenkasse abgeführt. Damit waren die Mittel der X-GmbH vollständig aufgebraucht. Das hat G vorhergesehen. G war sich auch von vornherein bewusst, daß die Zahlung der Löhne, Gehälter, Lohnsteuer und Sozialversicherungsbeiträge im Februar 2001 zur Folge haben würde, daß im folgenden Monat für die Zahlung fälliger Sozialversicherungsbeiträge kein Geld mehr vorhanden sein würde. Dies nahm G billigend in Kauf.

Im Monat März 2001 zahlte die X-GmbH weder Löhne/Gehälter noch Lohnsteuer noch Sozialversicherungsbeiträge. Die Krankenkasse wurde von G über die Höhe der nicht gezahlten Beiträge und die Gründe für deren Nichtentrichtung nicht informiert, weil G - der inzwischen wieder optimistischer geworden war - hoffte, bis zum Ende des Monats März die Beiträge nachentrichten zu können.

Tatsächlich begleicht am 13. April 2001 ein Schuldner der X-GmbH eine ausstehende Forderung in Höhe von 20 000 DM. G überweist der Krankenkasse daraufhin am 15. April 2001 einen Betrag von 20 000 DM. Auf dem Überweisungsformular trägt er unter „Verwendungszweck" nur die für die Sozialversicherungsbeiträge der X-GmbH geltende Geschäftsnummer der Krankenkasse ein. Für welchen Beitragszeitraum die Zahlung der 20 000 DM bestimmt ist, gibt G nicht an.

Nach dieser Zahlung ist die X-GmbH wieder zahlungsunfähig, was zur Folge hat, daß im Monat April 2001 keine weiteren Zahlungen erfolgen, also weder Löhne und Gehälter, noch Lohnsteuer und Sozialversicherungsbeiträge gezahlt werden. Da G über ein beachtliches Privatvermögen verfügte, hätte er die in den Monaten Februar, März und April 2001 fällig gewordenen Sozialversicherungsbeiträge ohne weiteres „aus eigener Tasche" bezahlen können. Dies war dem G klar; allerdings nahm er an, daß er zum Einsatz seines Privatvermögens zwecks Befriedigung von Forderungen der Sozialversicherungsträger nicht verpflichtet sei.

Am 20. April 2001 stellte G beim zuständigen Amtsgericht den Antrag auf Einleitung des Insolvenzverfahrens über das Vermögen der X-GmbH. Der Antrag wurde vom Amtsgericht mangels Masse abgelehnt.

Wie ist das Verhalten des G strafrechtlich zu beurteilen ?

Zu berücksichtigen sind nur Straftatbestände aus dem StGB.

Es ist davon auszugehen, daß die X-GmbH ab 1. März 2001 zahlungsunfähig war.

Auf § 64 GmbHG wird hingewiesen.

Lösung

A. Die Zahlung von Löhnen, Gehältern, Lohnsteuer und Sozialversicherungsbeiträgen im Februar 2001

I. Untreue, § 266 I StGB

1. Objektiver Tatbestand

a) Als Geschäftsführer hat G die *Befugnis*, über das Vermögen der X-GmbH zu *verfügen* und die X-GmbH rechtsgeschäftlich zu *verpflichten*. Diese Befugnis beruht auf *Gesetz*. Er hat gegenüber der X-GmbH außerdem eine *Vermögensbetreuungspflicht*, die sowohl den Erfordernissen des Mißbrauchstatbestandes (§ 266 I 1. Alt. StGB) als auch des Treubruchstatbestandes (§ 266 I 2. Alt. StGB) genügt.

b) Die Bezahlung der Löhne und Gehälter, der Lohnsteuer und der Sozialversicherungsbeiträge ist rechtsgeschäftliches Handeln und damit Ausübung der Verfügungsbefugnis. Ein *Missbrauch der Verfügungsbefugnis* iSd § 266 I 1. Alt. StGB wäre die Zahlung, wenn sie im Außenverhältnis – im Verhältnis zu den Lohn- und Gehaltsempfängern, zum Finanzamt und zum Sozialversicherungsträger – wirksam, im Innenverhältnis – Verhältnis zur X-GmbH – hingegen ein Verstoß gegen eine Verfügungsbeschränkung wäre. Die Zahlung ist im Außenverhältnis wirksam. Eine Beschränkung der Befugnis zur Vornahme solcher Rechtsgeschäfte im Innenverhältnis existiert nicht. Das Zahlungsverbot des § 64 II 1 GmbHG greift nicht ein, da die X-GmbH erst ab 1. März 2001 zahlungsunfähig war. G hat seine Verfügungs- und Verpflichtungsbefugnis also nicht missbraucht. Damit ist der objektive Tatbestand des Missbrauchstatbestandes nicht erfüllt.

Aber auch der objektive Tatbestand des Treubruchstatbestandes ist nicht erfüllt. Die Zahlung auf fällige Forderungen von Gläubigern der X-GmbH ist keine *Verletzung der Vermögensbetreuungspflicht*. Eine andere Bewertung wäre nur dann gerechtfertigt, wenn die X-GmbH gegenüber ihren Gläubigern die Zahlung verweigern dürfte. Ein solches Recht hat die X-GmbH aber vor der Stellung des Insolvenzantrages nicht.

c) Die Zahlungen an die Gläubiger erfüllen den objektiven Tatbestand der Untreue auch deswegen nicht, weil die Erfüllung fälliger Verpflichtungen nach h. M. keinen *Vermögensschaden* verursacht. Der durch die Zahlung bewirkte Abfluß von Mitteln – Vermögensverlust – wird durch die Befreiung von den gleichwertigen Verbindlichkeiten den Gläubigern gegenüber ausgeglichen - Vermögenszufluß -[1]. Nach der Zahlung ist daher der Vermögensgesamtwert nicht geringer als zuvor. Aus diesem Grund ist auch der objektive Tatbestand des Treubruchstatbestandes (§ 266 I 2. Alt. StGB) nicht erfüllt.

2. Ergebnis

G hat sich nicht aus § 266 I StGB strafbar gemacht.

II. Bankrott, § 283 I Nr. 1, II StGB

1. Objektiver Tatbestand

a) Als G Löhne, Gehälter, Lohnsteuer und Sozialversicherungsbeiträge zahlte, drohte der X-GmbH bereits die *Zahlungsunfähigkeit*. Die von § 283 I StGB vorausgesetzte Krisensituation war also schon gegeben.

b) Täter des § 283 StGB kann allerdings nur der *Schuldner* sein, um dessen Insolvenz es geht, über dessen Vermögen das Insolvenzverfahren bevorsteht oder schon eingeleitet ist (vgl. z. B. § 283 I Nr. 1 : „Bestandteile seines Vermögens ..."). G ist nicht Gemeinschuldner, da nicht ihm, sondern der X-GmbH die Insolvenz droht. Jedoch ist G als Geschäftsführer *vertretungsberechtigtes Organ* der X-GmbH. Die Gemeinschuldnerstellung ist ein *besonderes persönliches Merkmal*, welches die täterschaftliche Strafbarkeit nach § 283 StGB begründet. Deshalb wird dem G gemäß § 14 I Nr. 1 StGB die Gemeinschuldnerstellung zugerechnet.

---

* *Ursula Stein*, DStR 1998, 1055.
[1] *Schönke/Schröder/Cramer*, § 263 Rn. 117.

Er kann somit Täter des § 283 sein, wenn er Handlungen mit Bezug zum Vermögen der X-GmbH vollzieht[2].

c) Die Zahlung auf Forderungen ist ein „*Beiseiteschaffen von Vermögensbestandteilen*", weil sie dem Vermögen der X-GmbH etwas entzieht, was in der Insolvenz für die Befriedigung der Gläubiger zur Verfügung gestanden hätte.

Dennoch erfüllt die Zahlung den objektiven Tatbestand es § 283 I Nr. 1 nicht :

aa) Wie sich aus § 283 I Nr. 8 StGB ergibt, haben nur solche Handlungen den erforderlichen materiellen Unrechtsgehalt, die „den Anforderungen einer ordnungsgemäßen Wirtschaft grob widersprechen"[3]. Das gilt auch für das Beiseiteschaffen von Vermögensbestandteilen nach § 283 I Nr. 1 StGB[4]. Das schlichte Bewirken geschuldeter Leistungen aus dem Vermögen des Gemeinschuldners steht aber mit den Anforderungen ordnungsgemäßer Wirtschaft im Einklang[5].

bb) § 283 kommt nicht zur Anwendung, wenn die tatbestandsmäßige Handlung zugleich die Voraussetzungen der Gläubigerbegünstigung (§ 283 c StGB) erfüllt. Denn § 283 c StGB ist ein *privilegierter Fall des Bankrotts*[6]. § 283 c verdrängt also § 283 StGB. Wenn der Täter Vermögensbestandteile dadurch beiseiteschafft, daß er einem Gläubiger eine inkongruente Sicherheit oder Befriedigung gewährt, kommt nur § 283 c StGB zur Anwendung. § 283 I Nr. 1 StGB kommt nicht zur Anwendung, obwohl dessen Voraussetzungen erfüllt sein könnten.

Die Sperrwirkung des § 283 c StGB gegenüber § 283 StGB greift auch dann – bzw. erst recht - ein, wenn es sich bei dem Verhalten des Täters um eine Gläubigerbefriedigung handelt, die Strafbarkeitsvoraussetzungen des § 283 c StGB aber nicht erfüllt sind[7]. Dies ist hier aus zwei Gründen der Fall :

Bei der Zahlung auf die Forderungen handelt es sich nicht um eine inkongruente, sondern um eine kongruente Befriedigung. Die Arbeiter und Angestellten der X-GmbH, das Finanzamt und die Krankenkasse hatten einen fälligen Anspruch auf das von G gezahlte Geld.

Außerdem kann der Tatbestand der Gläubigerbegünstigung erst nach eingetretener Zahlungsunfähigkeit erfüllt werden. Handlungen bei lediglich drohender Zahlungsunfähigkeit werden zwar von § 283, nicht aber von § 283 c erfaßt. Der Täter, der einen Gläubiger vor Eintritt der Zahlungsunfähigkeit befriedigt, darf aber nicht schlechter gestellt werden als ein Täter, der den Gläubiger erst nach eingetretener Zahlungsunfähigkeit befriedigt[8].

---

[2] *Lackner/Kühl*, § 283 Rn. 4; *Schönke/Schröder/Stree/Heine*, § 283 Rn. 65.
[3] LK-*Tiedemann*, § 283 Rn. 8 ff.
[4] LK-*Tiedemann*, § 283 Rn. 28; *Schönke/Schröder/Stree/Heine*, § 283 Rn. 4.
[5] *Lackner/Kühl*, § 283 Rn. 10; *Schönke/Schröder/Stree/Heine*, § 283 Rn. 4.
[6] *Lackner/Kühl*, § 283 c Rn. 1; *Schönke/Schröder/Stree/Heine*, § 283 c Rn. 1.
[7] *Schönke/Schröder/Stree/Heine*, § 283 c Rn. 8.
[8] *Schönke/Schröder/Stree/Heine*, § 283 c Rn. 14.

2. Ergebnis

G hat sich nicht aus § 283 I Nr. 1, II StGB strafbar gemacht.

III. Gläubigerbegünstigung, § 283 c I StGB

1. Objektiver Tatbestand

a) G kann als Geschäftsführer der X-GmbH Täter des § 283 c StGB sein (s. o. II 1 b).

b) Die Zahlungen erfolgten *vor Eintritt der Zahlungsunfähigkeit* der X-GmbH. § 283 c StGB erfaßt aber nur Gläubigerbegünstigungen im Zeitpunkt einer schon bestehenden Zahlungsunfähigkeit. Gläubigerbegünstigungen vor Eintritt der Zahlungsunfähigkeit erfüllen den objektiven Tatbestand es § 283 c I StGB nicht. Schon aus diesem Grund ist der objektive Tatbestand nicht erfüllt.

c) Strafbar ist nur die „*inkongruente*" Gewährung einer Sicherheit oder Befriedigung. Das ist eine Sicherheit oder Befriedigung, die der Gläubiger nicht oder nicht in der Art oder nicht zu der Zeit zu beanspruchen hat. Hier hatten aber die Arbeitnehmer, das Finanzamt und die Krankenkasse fällige Ansprüche gegen die X-GmbH. Die Tat des G war also eine „kongruente" Befriedigung der Gläubiger.

2. Ergebnis

G hat sich nicht aus § 283 c I StGB strafbar gemacht.

IV. Schuldnerbegünstigung, § 283 d I StGB

1. Objektiver Tatbestand

Täter der Schuldnerbegünstigung kann nur sein, wer nicht selbst Gemeinschuldner ist (vgl. § 283 d I Nr. 1 StGB : " ... der einem anderen drohenden Zahlungsunfähigkeit"[9]. G ist zwar nicht selbst Gemeinschuldner und es geht auch nicht um seine Zahlungsunfähigkeit. Gem. § 14 I Nr. 1 StGB steht er aber im Rahmen der Straftatbestände §§ 283 – 283 d StGB dem Schuldner gleich. Das hat für § 283 d StGB zur Folge, daß er diesen Straftatbestand ebenfalls nicht erfüllen kann[10].

2. Ergebnis

G hat sich nicht aus § 283 d I StGB strafbar gemacht.

---

[9] LK-*Tiedemann*, § 283 d Rn. 5.
[10] LK-*Tiedemann*, § 283 d Rn. 6.

V. Vereiteln der Zwangsvollstreckung, § 288 I StGB

1. Objektiver Tatbestand

a) Die X-GmbH ist *Schuldnerin* der Arbeitnehmer, des Finanzamts und der Krankenkasse. G selbst ist nicht Schuldner der gegen die X-GmbH gerichteten Ansprüche. Gem. § 14 I Nr. 1 StGB wird ihm aber die Schuldner-Eigenschaft der X-GmbH zugerechnet[11]. Demzufolge kann G Täter sein, obwohl er den GmbH-Gläubigern selbst nichts schuldet.

b) Die Arbeitnehmer der X-GmbH, das Finanzamt und die Krankenkasse haben *fällige Ansprüche* auf Lohn, Lohnsteuer und Sozialversicherungsbeiträge gegen die X-GmbH. Sie sind taugliche Opfer einer Vollstreckungsvereitelung.

c) Das Geld, mit dem G im Februar Ansprüche befriedigte, war *Bestandteil des GmbH-Vermögens*. Es hätte als Haftungsmasse für einzelne Vollstreckungsmaßnahmen der Gläubiger zur Verfügung gestanden.

d) Die Zahlung im Februar 2001 hat der X-GmbH finanzielle Mittel entzogen, mit denen sie im März fällig werdende Ansprüche dieser Gläubiger hätte – teilweise – befriedigen können. Die Zahlung im Februar 2001 hat insoweit die Wirkung eines „Beiseiteschaffens" von Vermögensbestandteilen. Allerdings erfüllt die Bezahlung fälliger Schulden selbst in der Krisensituation (Zahlungsunfähigkeit, Überschuldung) keinen der Konkursstraftatbestände §§ 283 ff. StGB. Dann kann erst recht die kongruente Befriedigung bei noch nicht eingetretener Krisensituation nicht strafbar sein[12].

Im vorliegenden Fall kommt noch hinzu, daß der X-GmbH auf Grund ihrer schlechten Finanzlage nicht die „Zwangsvollstreckung" drohte, sondern die Insolvenz. Die Gläubiger hätten also gar nicht mehr mit Aussicht auf Erfolg die Einzelzwangsvollstreckung betreiben können. Wenn das Insolvenzverfahren eröffnet ist, findet keine Individualzwangsvollstreckung mehr statt. Nach § 64 II 1 GmbHG hätte G einzelne Gläubiger auch nicht befriedigen dürfen. Die unerlaubte Zahlung an einen Gläubiger vereitelt insoweit nur eine Zahlung an einen anderen Gläubiger, die ihrerseits unerlaubt wäre. Das Merkmal „drohende Zwangsvollstreckung" meint die Individualzwangsvollstreckung, nicht die Gesamtvollstreckung nach den Regeln des Insolvenzrechts. G hat also nicht die Gläubigerbefriedigung mittels Zwangsvollstreckung, sondern allenfalls die gleichmäßige Konkursgläubigerbefriedigung vereitelt.

2. Ergebnis

G hat sich nicht aus § 288 I StGB strafbar gemacht.

---

[11] *Mitsch*, BT II/2, § 5 Rn. 91; *Lackner/Kühl*, § 288 Rn. 2; *Schönke/Schröder/Eser*, § 288 Rn. 24; SK-*Hoyer*, § 288 Rn. 11.

[12] *Lackner/Kühl*, § 288 Rn. 4; *Schönke/Schröder/Eser*, § 288 Rn. 16; SK-*Hoyer*, § 288 Rn. 14.

B. Die Nichtzahlung der Sozialversicherungsbeiträge im Februar, März und April 2001

I. Untreue, § 266 I Alt. StGB

1. Objektiver Tatbestand

a) Als Geschäftsführer hat G zwar eine Position, die ihn zum tauglichen Täter einer Untreue nach § 266 I 1. Alt. StGB (Missbrauchstatbestand) macht. Die Nichtzahlung der Sozialversicherungsbeiträge ist aber kein *Missbrauch der Befugnis*, über fremdes Vermögen zu verfügen oder einen anderen zu verpflichten. Missbrauch kann nämlich nur rechtsgeschäftliches Handeln sein[13], die Nichtzahlung ist hingegen ein rein tatsächliches Unterlassen ohne rechtsgeschäftlichen Charakter.

b) Die Erfüllung des Treubruchstatbestandes (§ 266 I 2. Alt.) setzt voraus, daß der Täter eine *Vermögensbetreuungspflicht* hat.

aa) Das trifft auf den G insoweit zu, als er auf Grund seiner Geschäftsführerstellung die Aufgabe hat, das Vermögen der X-GmbH zu betreuen. Allerdings hat er der X-GmbH durch die Nichtzahlung der Sozialversicherungsbeiträge keinen *Vermögensschaden* zugefügt.

bb) Ein Vermögensschaden kann auf Grund der Nichtzahlung der Sozialversicherungsbeiträge bei dem Träger der Sozialversicherung entstehen. Allerdings haben weder die X-GmbH noch ihr Geschäftsführer G gegenüber dem Sozialversicherungsträger eine Vermögensbetreuungspflicht[14]. Die Pflicht, Sozialversicherungsbeiträge zu zahlen, ist eine schlichte Schuldnerpflicht wie es z. B. die Pflicht des Käufers einer Sache ist, dem Verkäufer den Kaufpreis zu zahlen (§ 433 II BGB). Eine qualifizierte Pflicht zur Wahrnehmung von Vermögensinteressen des Sozialversicherungsträgers, wie § 266 I StGB sie voraussetzt, ist die Beitragspflicht nicht.

cc) Die Pflicht des Arbeitgebers - hier : X-GmbH - zur Zahlung von Sozialversicherungsbeiträgen umfasst auch den Arbeitnehmeranteil. Der Arbeitgeber hat bezüglich dieses Teils der Sozialversicherungsbeiträge eine Art treuhänderische Funktion. Dennoch begründet dies keine Vermögensbetreuungspflicht im Verhältnis zum Arbeitnehmer[15]. Denn die Beitragspflicht besteht selbst dann, wenn der Arbeitgeber dem Arbeitnehmer gar keinen Lohn zahlt. Der Arbeitnehmeranteil gehört deshalb wirtschaftlich betrachtet gar nicht zum Vermögen des Arbeitnehmers. Schließlich hat die Nichtzahlung der Sozialversicherungsbeiträge auch keinen negativen Einfluß auf die Ansprüche des Arbeitnehmers gegen die Sozialversiche-

---

[13] *Rengier*, BT 1, § 18 Rn. 5; *Wessels/Hillenkamp*, BT 2, Rn. 753; *Lackner/Kühl*, § 266 Rn. 6.
[14] *U. Weber*, NStZ 1986, 481 (487).
[15] *U. Weber*, NStZ 1986, 481 (487).

rung. Diese bestehen unabhängig davon, ob die Beiträge vom Arbeitgeber bezahlt werden oder nicht. Der Arbeitnehmer erleidet deshalb auf Grund der Nichtzahlung keinen Vermögensschaden. Somit ist auch dieses objektive Tatbestandsmerkmal des § 266 I 2. Alt. StGB nicht erfüllt.

2. Ergebnis

G ist nicht aus § 266 I StGB strafbar.

II. Vorenthalten von Arbeitsentgelt, § 266 a I StGB

1. Objektiver Tatbestand

a) Täter des in § 266 a I StGB beschriebenen Delikts kann nur ein *Arbeitgeber* oder eine ihm gemäß § 266 a IV StGB gleichgestellte Person sein.

aa) Arbeitgeber der Arbeitnehmer der X-GmbH ist die X-GmbH, nicht G. G ist auch keine Person, auf die die Beschreibungen des § 266 a IV StGB zutreffen.

bb) G könnte aber gemäß § 14 I Nr. 1 StGB einem Arbeitgeber gleichgestellt sein.

Die Arbeitgebereigenschaft ist ein *besonderes persönliches Merkmal* iSd § 14 I StGB. Die GmbH ist eine *juristische Person* iSd § 14 I Nr. 1 StGB, § 13 I GmbHG. Als Geschäftsführer ist G *vertretungsberechtigtes Organ* der X-GmbH, § 35 I GmbHG. Die Zahlung der Sozialversicherungsbeiträge gehört zu den Aufgaben des Geschäftsführers. G handelt deshalb „*als*" vertretungsberechtigtes Organ der GmbH, wenn er die Sozialversicherungsbeiträge zahlt. Unterläßt er die Zahlung, gilt dasselbe. Die Arbeitgebereigenschaft ist ein besonderes persönliches Merkmal, das bei § 266 a I StGB die (täterschaftliche) *Strafbarkeit begründet*. Da die oben genannten Voraussetzungen erfüllt sind, ist § 266 a I StGB auf das Verhalten des G anzuwenden. G wird also im Rahmen des § 266 a I StGB so gestellt, als sei er selbst Arbeitgeber der Arbeitnehmer der X-GmbH[16].

b) Tatobjekt des § 266 a I StGB sind nur die *Beiträge des Arbeitnehmers zur Sozialversicherung und zur Bundesanstalt für Arbeit*. Die Arbeitgeberanteile haben im Tatbestand des § 266 a I StGB keine unmittelbare Bedeutung als Tatobjekt. Die Pflicht zur Entrichtung der Beiträge muß im Zeitpunkt der Tat entstanden und fällig geworden sein. Das ist hier laut Sachverhalt der Fall. Die Beitragspflicht entsteht auch dann, wenn der Arbeitgeber den Arbeitnehmern keinen Lohn zahlt. Fällig wird die Beitragspflicht am 15. des Monats, der auf den Beschäftigungsmonat folgt. Die Beiträge für den Monat Februar werden also am 15. März fällig usw.

c) G müßte die Arbeitnehmerbeiträge der Einzugsstelle *vorenthalten* haben.

---

[16] *Mitsch*, BT II/2, § 4 Rn. 10; *Wessels/Hillenkamp*, BT 2, Rn. 786; *Lackner/Kühl*, § 266 a Rn. 4.

Vorenthalten bedeutet die Nichtzahlung der Beiträge im Fälligkeitszeitpunkt. Es handelt sich um ein Unterlassen, das Delikt hat deshalb den Charakter eines echten Unterlassungsdelikts[17]. Zu differenzieren ist zwischen den Beiträgen für Januar, Februar und März 2001.

aa) Die Beiträge für den Monat Januar 2001

G hat an die Einzugsstelle 10 000 DM gezahlt. Das ist die Hälfte der insgesamt geschuldeten Sozialversicherungsbeiträge. 10 000 DM entsprechen aber immerhin dem vollen Arbeitgeberanteil bzw. dem vollen Arbeitnehmeranteil. Fraglich ist deshalb, ob die Zahlung der 10 000 DM als teilweise Zahlung des Arbeitgeber- und Arbeitnehmeranteils, als volle Zahlung des Arbeitgeberanteils – und damit gleichzeitig Nichtzahlung (Vorenthaltung) des Arbeitnehmeranteils – oder als volle Zahlung des Arbeitnehmeranteils – und damit gleichzeitig Nichtzahlung des Arbeitgeberanteils – zu bewerten ist.

Eine ausdrückliche Tilgungsbestimmung iSd § 366 I BGB hat G nicht getroffen. Gemäß § 366 II BGB gilt in einem solchen Fall aber die Mutmaßung, daß der Schuldner die Schuld primär tilgen will, die ihm am „lästigsten" ist. Das ist im vorliegenden Zusammenhang die auf den Arbeitnehmeranteil entfallende Schuld, weil ihre Nichtbegleichung als Beitragsvorenthaltung Strafbarkeit aus § 266 a I StGB begründen kann[18]. Dagegen ist die Vorenthaltung der Arbeitgeberbeiträge weder strafbar noch als Ordnungswidrigkeit ahndbar. Die Folgen einer Nichtzahlung des Arbeitnehmeranteils sind also für den Beitragsschuldner lästiger als die Folgen der Nichtzahlung des Arbeitgeberanteils. Aus diesem Grund ist davon auszugehen, daß der gezahlte Beitrag bevorzugt auf den Arbeitnehmeranteil anzurechnen ist. Das hat hier zur Folge, daß mit der Zahlung der 10 000 DM der Arbeitnehmerbeitrag vollständig und rechtzeitig entrichtet worden ist. G hat also den Arbeitnehmerbeitrag nicht vorenthalten. Etwas anderes ergibt sich auch nicht aus § 2 der Beitragszahlungsverordnung[19], da die dort normierte Tilgungsreihenfolge gegenüber einer ausdrücklichen und einer mutmaßlichen Tilgungsbestimmung des Arbeitgebers nachrangig ist[20]. Da sich der Arbeitgeber aber sicher nicht für eine Tilgungsreihenfolge entscheiden würde, die seine Strafbarkeit aus § 266 a I StGB begründet, ist stets von einer mutmaßlichen Tilgungsbestimmung auszugehen, durch die die Strafbarkeitsbegründung gerade vermieden würde[21].

Die Zahlung der 10 000 DM und gleichzeitige Nichtzahlung von 10 000 DM im Februar 2001 ist somit kein tatbestandsmäßiges Vorenthalten. An dieser Stelle braucht deshalb nicht darauf eingegangen zu werden, daß G in der Lage gewesen wäre, die fehlenden 10 000 DM aus seinem Privatvermögen zu bezahlen.

bb) Die Beiträge für Februar 2001

---

[17] *Mitsch*, BT II/2, § 4 Rn. 17; *Lackner/Kühl*, § 266 a Rn. 8.
[18] *Schönke/Schröder/Lenckner/Perron*, § 266 a Rn. 10 a.
[19] Abgedruckt bei LK-*Gribbohm*, § 266 a Rn. 60.
[20] LK-*Gribbohm*, § 266 a Rn. 62.
[21] *Mitsch*, BT II/2, § 4 Rn. 21; LK-*Gribbohm*, § 266 a Rn. 62; *Schönke/Schröder/Lenckner/Perron*, § 266 a Rn. 10 a.

(1) Die Beiträge für Februar 2001 wurden am 15. März 2001 fällig. G hat bis zum 15. März 2001 keine Sozialversicherungsbeiträge gezahlt. Die Überweisung am 15. April 2001 vermag nichts daran zu ändern, daß im maßgeblichen Zeitpunkt – am 15. März 2001 – bei der Krankenkasse keine Beiträge der X-GmbH eingegangen waren.

Die Überweisung am 15. April 2001 erfüllt auch nicht die Voraussetzungen des § 266 a V 2 StGB, da G die in § 266 a I 1 Nr. 1 und Nr. 2 StGB normierten Obliegenheiten nicht erfüllt hat. Selbst wenn G die Voraussetzungen des § 266 a V StGB vollständig erfüllt hätte, würde dies nicht die objektive Tatbestandsmäßigkeit seines Verhaltens beseitigen. Vielmehr enthält § 266 a V 2 StGB einen – dem Rücktritt vom Versuch gem. § 24 StGB vergleichbaren – Strafaufhebungsgrund.

(2) Die Nichtzahlung der Beiträge am 15. März 2001 könnte aber deshalb kein tatbestandsmäßiges Vorenthalten sein, weil der X-GmbH zu diesem Zeitpunkt keine liquiden Mittel zur Verfügung standen, mit denen sie ihre Beitragszahlungspflicht hätte erfüllen können. An einer Vorenthaltung könnte es also wegen Unmöglichkeit der Zahlung fehlen. Vorenthaltung ist die Nichtvornahme der Handlungen, die zur Befriedigung des Anspruchs des Sozialversicherungsträgers erforderlich sind. Vorenthalten ist deshalb eine Unterlassung[22]. Nach allgemeinen Regeln ist tatbestandsmäßiges Unterlassen aber nur die Nichtvornahme einer möglichen Handlung[23]. Die Erfüllung einer Zahlungspflicht ist unmöglich, wenn dem Schuldner die erforderlichen finanziellen Mittel nicht zur Verfügung stehen. § 279 BGB a. F.[24] oder der dahinter stehende Rechtsgedanke („Geld hat man zu haben") ist im Strafrecht nicht anwendbar[25].

Demzufolge ist die Nichtzahlung der Beiträge keine tatbestandsmäßige Vorenthaltung, wenn der Beitragsschuldner nicht genügend Geld hat, um die Beiträge zu bezahlen[26]. Hier hatte die X-GmbH bis zum 15. März 2001 nicht genügend Geld, um die Sozialversicherungsbeiträge zu bezahlen. Die Bezahlung der Beiträge aus dem Vermögen der X-GmbH war also unmöglich.

Allerdings hatte G selbst ein umfangreiches Privatvermögen, aus dem er die fälligen Beiträge hätte bezahlen können. Ihm selbst war die Erfüllung der Beitragszahlungspflicht also nicht unmöglich. Jedoch ist das in diesem Zusammenhang unerheblich. Beitragsschuldner gegenüber dem Sozialversicherungsträger ist allein der Arbeitgeber, also die X-GmbH. Daran ändert sich auch nichts durch die

---

[22] *Lackner/Kühl*, § 266 a Rn. 10; *Schönke/Schröder/Lenckner/Perron*, § 266 a Rn. 9; *Tröndle/Fischer*, § 266 a Rn. 12.

[23] BGH, NStZ 2002, 547 (548); *Gropp*, AT, § 11 Rn. 43 ff.; *Schönke/Schröder/Lenckner*, vor § 13 Rn. 141; *Schönke/Schröder/Lenckner/Perron*, § 266 a Rn. 10.

[24] § 279 BGB wurde durch das „Schuldrechtsmodernisierungsgesetz" mit Wirkung vom 1.1. 2002 aufgehoben.

[25] BGH, NStZ 2002, 547 (548); *Gribbohm*. JR 1997, 479, 482; *Tröndle/Fischer*, § 266 a Rn. 12; a. A. OLG Celle, JR 1997, 478 (479).

[26] LK-*Gribbohm*, § 266 a Rn. 56; *Schönke/Schröder/Lenckner/Perron*, § 266 a Rn. 10; *Tröndle/Fischer*, § 266 a Rn. 12.

Zurechnung des Arbeitgeber-Merkmals zu G gemäß § 14 I Nr. 1 StGB. Nur die Arbeitgebereigenschaft, nicht aber die kraft Sozialrecht daran anknüpfende Pflicht zur Beitragszahlung wird durch § 14 I Nr. 1 StGB auf G übertragen. Das bedeutet, daß bei der Prüfung des Merkmals „Vorenthalten" die Würdigung des Gesichtspunkts „Möglichkeit der Beitragszahlung" allein auf die Möglichkeit zur Zahlung aus dem Vermögen des wirklichen Arbeitgebers, also der X-GmbH, zu beschränken ist. Das Privatvermögen des G ist dabei nicht zu berücksichtigen, weil G selbst gegenüber dem Sozialversicherungsträger nicht Beitragsschuldner ist, woran sich durch die Anwendung des § 14 I Nr. 1 StGB nichts ändert[27].

Daß G persönlich gegenüber dem Sozialversicherungsträger eventuell aus § 823 II BGB iVm § 266 a I StGB auf Schadensersatz in Höhe der nicht entrichteten Sozialversicherungsbeiträge haftet, hat im vorliegenden Zusammenhang ebenfalls keine Bedeutung. Tatbestandsmäßig ist nur die Vorenthaltung der „primär" geschuldeten Sozialversicherungsbeiträge. Die Vorenthaltung „sekundärer" Leistungen auf Schadensersatz wird vom Tatbestand des § 266 a I StGB nicht erfaßt.

Möglicherweise kann sich G auf die Unmöglichkeit der Zahlung im März 2001 aber nicht berufen, weil er zu einem früheren Zeitpunkt – z. B. im Februar 2001 - nicht dafür Sorge getragen hat, daß im März 2001 genügend Zahlungsmittel zur Erfüllung der Beitragszahlungspflicht zur Verfügung stehen. Es ist in der Lehre von den Unterlassungsdelikten anerkannt, daß die tatbestandsausschließende Unmöglichkeit der Pflichterfüllung unbeachtlich sein kann, wenn der Handlungspflichtige durch sein eigenes Vorverhalten (aktives Tun oder Unterlassen) die Situation der Unmöglichkeit geschaffen hat (sog. „omissio libera in causa")[28]. Demzufolge ist auch im Rahmen des § 266 a I StGB grundsätzlich anerkannt, daß eine im Zeitpunkt der Fälligkeit bestehende Zahlungsunfähigkeit nicht als Tatbestandsausschlussgrund berücksichtigt wird, wenn der Arbeitgeber oder der für ihn gem. § 14 I StGB handelnde Mitarbeiter zuvor vorhandene Mittel ausgegeben hat oder Finanzierungsquellen nicht ausgeschöpft und so dazu beigetragen hat, daß die erforderlichen Mittel nicht vorhanden waren[29]. Denn die künftige Pflicht zur Zahlung von Sozialversicherungsbeiträgen ist dem Arbeitgeber bzw. dem für ihn gem. § 14 I StGB handelnden Organ frühzeitig bekannt. Er kann und muß sich daher auf den Zahlungstermin einstellen. Dazu gehört die Herbeischaffung und Bereithaltung der für die Zahlung der Sozialversicherungsbeiträge erforderlichen Geldbeträge. Der Gesichtspunkt des Leistungsunvermögens bleibt deshalb außer Betracht, wenn das Unvermögen darauf zurückzuführen ist, daß der Leistungsschuldner zuvor mögliche und zumutbare Maßnahmen zur Ermöglichung der Leistung

---

[27] *Tag*, Das Vorenthalten von Arbeitnehmerbeiträgen zur Sozial- und Arbeitslosenversicherung, 1994, S. 123; *Schönke/Schröder/Lenckner/Perron*, § 266 a Rn. 10.
[28] *Schönke/Schröder/Lenckner*, vor § 13 Rn. 144.
[29] BGH, NStZ 2002, 547 (548); *Schönke/Schröder/Lenckner/Perron*, § 266 a Rn. 10.

nicht getroffen hat bzw. in pflichtwidriger Weise möglichkeitsvereitelnde Handlungen vorgenommen hat[30].

Hier hat sich G vergeblich um Kredite oder um Stundung der Zahlungspflicht bemüht. Insoweit kann ihm also Fehlverhalten nicht vorgeworfen werden. Ein Verhalten, das zu der Liquiditätskrise geführt hat und deshalb als tatbestandsrelevantes Vorverhalten Berücksichtigung finden könnte, ist möglicherweise die Zahlung der Löhne und Gehälter und die Zahlung der Lohnsteuer im Februar 2001. Der Gesamtbetrag dieser Zahlungen beläuft sich naturgemäß auf weit über 20 000 DM. Hätte G also diesen Betrag oder einen Teil davon nicht an die jeweiligen Gläubiger (Arbeitnehmer, Finanzamt) gezahlt, hätten der X-GmbH im März 2001 noch genügend Mittel zur Verfügung gestanden, um die Sozialversicherungsbeiträge fristgerecht und vollständig zu zahlen.

Als pflichtwidriges – und damit die Berufung auf tatbestandsausschließende Unmöglichkeit verhinderndes – Vorverhalten kann die Bezahlung der anderen Forderungen aber nur unter der Voraussetzung bewertet werden, daß die Ansprüche der Sozialversicherungsträger gegenüber den - fälligen (!) - Ansprüchen der anderen Gläubiger Vorrang haben und dies sogar dann, wenn sie später fällig werden als diese. Ein solcher Vorrang der Ansprüche auf Sozialversicherungsbeiträge gegenüber Ansprüchen anderer Gläubiger wird vom BGH sowie von einigen Autoren bejaht[31]. Diese Vorrangigkeit ergebe sich vor allem daraus, daß die Ansprüche der Sozialversicherungsträger auf die Arbeitnehmerbeiträge gem. § 266 a StGB strafrechtlich geschützt seien, die Ansprüche sonstiger Gläubiger dagegen nicht. Außerdem sei das Interesse an ungeschmälertem Beitragsaufkommen und an dem davon abhängigen unbeeinträchtigten Funktionieren der sozialen Sicherungssysteme ein so hohes überindividuelles Rechtsgut, daß im Interesse seiner Förderung Ansprüche anderer Gläubiger zurückstehen müssten.

Die überwiegende Ansicht in der Literatur verneint den vom BGH behaupteten Vorrang der sozialversicherungsrechtlichen Ansprüche[32]. Eine solche Priorität ergäbe sich weder aus dem Sozialversicherungsrecht noch aus dem Strafrecht. Aus § 266 a StGB lasse sich kein Argument im vorliegenden Zusammenhang gewinnen, weil dieser Tatbestand ja gar nicht eingreift, wenn man den Vorrang nicht bejaht, die Berufung auf § 266 a StGB zur Begründung dieser Strafbarkeitsvoraussetzung also eine zirkuläre Argumentation wäre[33]. Auch die Behandlung der Ansprüche der Sozialversicherungsträger im Zwangsvollstreckungs- und Insolvenz-

---

[30] BGH, JR 1998, 60 (61); *Tag*, aaO, S. 122; *Lackner/Kühl*, § 266 a Rn. 10; *Rönnau*, wistra 1997, 13.
[31] BGH, JR 1998, 60; BGH, NStZ 2002, 547 (548); *Holzkämper*, BB 1996, 2142 (2143); *Martens*, wistra 1986, 154 (157); *Schönke/Schröder/Lenckner/Perron*, § 266 a Rn. 10.
[32] *Rönnau*, wistra 1997, 13 (15); *Ursula Stein*, DStR 1998, 1055 (1061); *Tröndle/Fischer*, § 266 a Rn. 12.
[33] *Rönnau*, wistra 1997, 13 (16).

verfahren zeige, daß eine rechtliche Bevorzugung dieser Ansprüche nicht gerechtfertigt ist[34].

Bejaht man mit dem BGH einen Vorrang der Ansprüche auf Sozialversicherungsbeiträge, könnte gleichwohl eine tatbestandsausschließende Unmöglichkeit vorliegen, weil der GmbH-Geschäftsführer G infolge der eingetretenen Zahlungsunfähigkeit der GmbH aus rechtlichen Gründen daran gehindert gewesen ist, Zahlungen an die Krankenkasse zu leisten. Die rechtliche Unmöglichkeit könnte sich aus einem gesetzlichen Leistungs- bzw. Zahlungsverbot ergeben. Rechtsgrundlage eines solchen Verbotes könnte § 64 II GmbHG sein. Laut Sachverhalt war die X-GmbH seit 1. März 2001 zahlungsunfähig. Damit war die Situation, an die § 64 II 1 GmbHG anknüpft, entstanden. Aus § 64 II 1 GmbHG, der unmittelbar nur eine Schadensersatzpflicht des Geschäftsführers normiert, ergibt sich mittelbar die Pflicht des Geschäftsführers, nach Eintritt der Zahlungsunfähigkeit keine Zahlungen mehr zu leisten, sofern nicht die Voraussetzungen des § 64 II 2 GmbHG erfüllt sind. Das Zahlungsverbot erfaßt grundsätzlich auch die Entrichtung der Sozialversicherungsbeiträge[35]. Allerdings könnte die Zahlung der Sozialversicherungsbeiträge erlaubt sein, wenn sie mit der Sorgfalt eines ordentlichen Geschäftsmannes vereinbar wäre, § 64 II 2 GmbHG. Dies wird in der Literatur verschiedentlich mit Hinweis auf die behauptete Vorrangigkeit der Sozialversicherungsansprüche angenommen. Die Übertretung des Zahlungsverbotes wäre dann gerechtfertigt, die Erfüllung der Zahlungspflicht würde also nicht an rechtlicher Unmöglichkeit scheitern[36].

Die Thematik der „omissio libera in causa" und des Zahlungsverbotes aus § 64 II 1 GmbHG ist noch keineswegs ausdiskutiert und geklärt. Als vertretbar erscheinen zum gegenwärtigen Zeitpunkt alle vorgetragenen Auffassungen. Vorzugswürdig ist allerdings die Verneinung eines Vorrangs der Ansprüche auf Sozialversicherungsbeiträge sowie die Beachtlichkeit des Zahlungsverbots aus § 64 II 1 GmbHG, also die daraus folgende rechtliche Unmöglichkeit, die somit der Erfüllung des Tatbestandsmerkmals „Vorenthalten" entgegensteht[37].

cc) Die Beiträge für März 2001

(1) Die Sozialversicherungsbeiträge für den Monat März 2001 wurden am 15. April 2001 fällig. G hatte am 15. April 2001 einen Betrag von DM 20 000 an die Krankenkasse überwiesen. Damit sollten geschuldete Sozialversicherungsbeiträge entrichtet werden. Sofern diese Zahlung den Zweck hat, die Sozialversicherungsbeiträge für März 2001 zu leisten, hätte G rechtzeitig und vollständig gezahlt und deshalb keine Beiträge vorenthalten. Allerdings könnte die Überweisung der

---

[34] *Frister*, JR 1998, 63 ff.; *Wegner*, wistra 1998, 283 (289).
[35] *Rönnau*, wistra 1997, 13 (15).
[36] *Ursula Stein*, DStR 1998, 1055 (1062); *Schönke/Schröder/Lenckner/Perron*, § 266 a Rn. 10.
[37] Nach der vom BGH vertretenen Auffassung hat G aber durch die Nichtzahlung am 15. März 2001 das objektive Tatbestandsmerkmal „Vorenthalten" erfüllt. Wer dieser Auffassung folgt, muß die Prüfung unten mit dem subjektiven Tatbestand fortsetzen.

20 000 DM auch den Zweck haben, die rückständigen Sozialversicherungsbeiträge für den Monat Februar 2001 zu zahlen. Dann ließe sich die Erfüllung des Tatbestandsmerkmals „Vorenthalten" jedenfalls nicht mit Hinweis auf die überwiesenen 20 000 DM verneinen. Laut Sachverhalt hat G der Überweisung der 20 000 DM keine ausdrückliche Tilgungsbestimmung beigefügt.

(2) Möglicherweise kommt es aber im vorliegenden Zusammenhang auf die Zuordnung der 20 000 DM zu den Sozialversicherungsbeiträgen für Februar 2001 oder für März 2001 gar nicht an. Das wäre dann der Fall, wenn schon aus einem anderen – von der Überweisung der 20 000 DM unabhängigen – Grund ein Vorenthalten der Arbeitnehmeranteile für März 2001 nicht gegeben wäre. Dieser Grund könnte darin liegen, daß die X-GmbH ihren Arbeitnehmern (Arbeitern und Angestellten) im Februar 2001 gar keine Löhne und Gehälter gezahlt hat. Die Entstehung und Fälligkeit der Sozialversicherungsbeiträge ist zwar von der Lohnzahlung unabhängig, d. h. die Pflicht zur Zahlung dieser Beiträge entsteht auch, wenn kein Lohn gezahlt wurde. Fraglich ist aber, ob von einem „vorenthalten" gesprochen werden kann, wenn kein Lohn bzw. Gehalt ausgezahlt wurde.

Die Frage ist in Rechtsprechung und Literatur heftig umstritten. Der Grund für den Streit ist vor allem darin zu sehen, daß die Vorläufertatbestände des § 266 a I StGB[38] die tatbestandsmäßige Handlung als Vorenthalten „einbehaltenen" Arbeitsentgelts bezeichnete. „Einbehalten" setzte aber Zahlung von Lohn voraus[39]. Da § 266 a I StGB - anders als § 266 a II StGB - das Merkmal „einbehalten" nicht mehr enthält, wird von vielen die Auffassung vertreten, tatbestandsmäßiges Vorenthalten setze keine Lohnzahlung an den Arbeitnehmer mehr voraus. Vorenthalten würden die Arbeitnehmerbeiträge auch dann, wenn der Arbeitgeber zwar an den Arbeitnehmer gar keinen Lohn gezahlt hat und er auch gegenüber dem Sozialversicherungsträger keine Beiträge zahlt[40]. Demnach würde G das Tatbestandsmerkmal „Vorenthalten" hier durch Nichtzahlung am 15. April 2001 erfüllen, obwohl im März 2001 an die Arbeitnehmer kein Lohn gezahlt wurde und deshalb auch nichts „einbehalten" wurde.

Die Gegenansicht verweist darauf, daß der Gesetzgeber durch die von den früheren Tatbestandsvorschriften abweichende Textfassung des § 266 a I StGB an der Rechtslage nichts ändern wollte[41]. Die Strafbarkeit sollte nicht auf Fälle ausgedehnt werden, in denen der Arbeitgeber keinen Lohn auszahlte. Außerdem habe die Nichtzahlung des Beitrags den für die Strafwürdigkeit erforderlichen Unrechtsgehalt nur, wenn der Täter damit zugleich seine treuhänderische Funktion im Verhältnis zum Arbeitnehmer ausübe und missbrauche. Dies sei nur der Fall, wenn der Arbeitgeber sein Lohnabzugsrecht gegenüber dem Arbeitnehmer ausübe bzw. ausüben könne und dennoch den abgezogenen (= einbehaltenen) Anteil am Arbeitsentgelt nicht an den Sozialversicherungsträger abführt. Nur in diesem Fall

---

[38] Dazu LK-*Gribbohm*, vor § 266 a – „Entstehungsgeschichte".
[39] LK-*Gribbohm*, § 266 a Rn. 30.
[40] BGH, NStZ 2002, 547 (548); *Wegner*, wistra 1998, 283 (286); *Mitsch*, BT II/2, § 4 Rn. 15; *Lackner/Kühl*, § 266 a Rn. 8 a.
[41] LK-*Gribbohm*, § 266 a Rn. 31 ff.; *Gribbohm*, JR 1997, 479 (480).

begehe der Arbeitgeber ein untreueähnliches Delikt[42]. Die schlichte Nichtzahlung der Beiträge allein sei hingegen genauso wenig strafwürdig wie die – vom Tatbestand des § 266 a I StGB nicht erfasste – Nichtzahlung des Arbeitgeberanteils bzw. die Nichtzahlung auf sonstige Geldforderungen (z. B. Nichtbezahlung des Kaufpreises).

Folgt man der zuletzt dargestellten Ansicht, ist die Nichtzahlung der Sozialversicherungsbeiträge im April 2001 schon deswegen kein „Vorenthalten", weil die X-GmbH im März 2001 gar keinen Lohn zahlte und folglich auch nichts vom Arbeitsentgelt einbehalten hat. Auf dieser Grundlage ist es nicht notwendig, die Zahlung der 20 000 DM als Zahlung auf die am 15. April 2001 fällig gewordenen Sozialversicherungsbeiträge für den Monat März 2001 zu behandeln, um auf diese Weise die Tatbestanderfüllung durch Nichtzahlung am 15. April 2001 auszuschließen.

Folgt man dagegen der Gegenmeinung, ist eine Nichtzahlung im April 2001 auch dann tatbestandsmäßiges Vorenthalten, wenn im März 2001 kein Arbeitslohn gezahlt wurde. Unter dieser Voraussetzung lässt sich die Tatbestandserfüllung nur durch Anrechnung der 20 000 DM – Zahlung auf die am 15. April 2001 fällig gewordenen Beiträge (März 2001) ausschließen. Eine solche Tilgungsbestimmung in Anlehnung an § 366 BGB ist möglich[43]. Da die Anrechnung auf die Beiträge für Februar 2001 die Strafbarkeit des G ohnehin nicht mehr beseitigen kann – die Voraussetzungen des § 266 a V StGB wurden nicht erfüllt – ist es für den G günstiger, wenn die Zahlung auf die Beiträge für März 2001 angerechnet werden. Dann wird dadurch nämlich die Tatbestandserfüllung durch Nichtzahlung am 15. April 2001 vermieden.

Im Ergebnis ist festzuhalten, daß auch bezüglich der Arbeitnehmerbeiträge für März 2001 kein tatbestandsmäßiges Vorenthalten vorliegt.

2. Ergebnis

G hat sich nicht aus § 266 a StGB strafbar gemacht.

C. Die Zahlung der 20 000 DM an die Krankenkasse im April 2001

I. Untreue, § 266 I StGB

1. Objektiver Tatbestand

Wie oben A. I ist auch hier der objektive Tatbestand nicht erfüllt.

---

[42] *Schönke/Schröder/Lenckner/Perron*, § 266 a Rn. 9.
[43] *Schönke/Schröder/Lenckner/Perron*, § 266 a Rn. 10 a.

Der einzige Unterschied besteht darin, daß die Zahlung des G nunmehr wegen § 64 II 1 GmbHG pflichtwidrig gewesen sein könnte. Allerdings ist der Verstoß gegen § 64 II 1 GmbHG keine Pflichtverletzung, die dem Schutzzweck des § 266 StGB korrespondiert. § 64 II 1 GmbHG bezweckt nicht den Schutz des von G betreuten GmbH-Vermögens im Interesse der Gesellschafter, sondern im Interesse der GmbH-Gläubiger, die im drohenden Konkurs Befriedigung nur noch aus den vorhandenen Vermögensgütern erlangen können. Damit die Masse dieser Güter nicht zum Nachteil der auf die Konkursquote verwiesenen Gläubiger verringert wird, verbietet § 64 II 1 GmbHG dem Geschäftsführer die Zahlung. Der Verstoß gegen § 64 II 1 GmbHG ist deshalb eine Pflichtwidrigkeit gegenüber den Gläubigern der GmbH, nicht aber gegenüber der GmbH selbst, also der Inhaberin des zu betreuenden Vermögens. Gegenüber den Gläubigern der GmbH hat G keine Vermögensbetreuungspflicht. Somit ist die Zahlung keine Verletzung der Vermögensbetreuungspflicht und auch kein Missbrauch der Verfügungsbefugnis.

2. Ergebnis

G ist nicht aus § 266 I StGB strafbar.

II. Bankrott, § 283 I Nr. 1, II StGB

1. Objektiver Tatbestand

§ 283 StGB entfällt auch hier (wie oben A. II) wegen der Sperrwirkung des § 283 c StGB.

2. Ergebnis

G ist nicht aus § 283 I Nr. 1, II StGB strafbar.

III. Gläubigerbegünstigung, § 283 c I StGB

1. Objektiver Tatbestand

Die Zahlung an die Krankenkasse ist keine inkongruente Befriedigung, weil der Krankenkasse dieser Betrag zustand und er am 15. April 2001 auch fällig war. Es handelt sich bei der Zahlung also um eine kongruente Befriedigung. Aus diesem Grund ist der objektive Tatbestand nicht erfüllt. An der Sperrwirkung des § 283 c StGB gegenüber § 283 StGB ändert das nichts.

2. Ergebnis

G ist nicht aus § 283 c I StGB strafbar.

IV. Vereiteln der Zwangsvollstreckung, § 288 StGB

1. Objektiver Tatbestand

Dieser Straftatbestand ist nur unter der Voraussetzung anwendbar, daß der betroffene Gläubiger seinen Anspruch, dessen Befriedigung durch die Tat des Schuldners beeinträchtigt werden könnte, überhaupt noch im Wege der Individualvollstreckung durchsetzen könnte. Das ist nicht der Fall, wenn Gläubigerbefriedigung nur noch nach den Regeln des Insolvenzrechtes möglich ist. Hier war die GmbH bereits konkursreif, als G der Krankenkasse die 20 000 DM überwies. Gläubigerbenachteiligendes Verhalten war ab diesem Zeitpunkt strafrechtlich nur noch von §§ 283 ff. StGB, nicht mehr von § 288 StGB erfaßt.

Der Tatbestand des § 288 StGB ist darüber hinaus auch deswegen nicht erfüllt, weil die kongruente Befriedigung eines anderen Gläubigers kein „Beiseiteschaffen" ist.

2. Ergebnis

G ist nicht aus § 288 StGB strafbar.

D. Gesamtergebnis und Konkurrenzen

G hat sich nicht strafbar gemacht.

Literaturverzeichnis

Arzt, Gunther / Weber, Ulrich, Strafrecht Besonderer Teil, 2000

Baumann, Jürgen /Weber, Ulrich /Mitsch, Wolfgang, Strafrecht Allgemeiner Teil, 10. Auflage, 1995

Beulke, Werner, Klausurenkurs im Strafrecht I, 2001

Bernsmann, Klaus, „Entschuldigung" durch Notstand, 1989

Bockelmann, Paul /Volk, Klaus, Strafrecht Allgemeiner Teil, 4. Auflage, 1987

Dencker, Friedrich / Struensee, Eberhard / Nelles, Ursula / Stein, Ulrich, Einführung in das 6. Strafrechtsreformgesetz, 1998

Endrulat, Bastian, Der „Umgekehrte Rechtsirrtum": Untauglicher Versuch oder Wahndelikt, 1994

Frank, Reinhard, Das Strafgesetzbuch für das Deutsche Reich, 18. Auflage, 1931

Geilen, Gerd, Strafrecht Allgemeiner Teil, 3. Auflage, 1977

Gössel, Karl Heinz, Strafrecht Besonderer Teil 1, 1987

Ders., Strafrecht Besonderer Teil 2, 1996

Ders., Fälle und Lösungen Strafrecht, 8. Auflage, 2001

Gropp, Walter, Strafrecht Allgemeiner Teil, 2. Auflage, 2001

Haft, Fritjof, Strafrecht Allgemeiner Teil, 8. Auflage, 1998

Ders., Strafrecht Besonderer Teil, 5. Auflage, 1995

Heidingsfelder, Thomas, Der umgekehrte Subsumtionsirrtum, 1991

Heinrich, Manfred, Die gefährliche Körperverletzung, 1993

Hilgendorf, Eric, Fallsammlung zum Strafrecht, 3. Auflage, 1998

Hillenkamp, Thomas, 32 Probleme aus dem Strafrecht Allgemeiner Teil, 10. Auflage, 2001

Ders., 40 Probleme aus dem Strafrecht Besonderer Teil, 9. Auflage, 2001

Hohmann, Olaf / Sander, Günther M., Strafrecht Besonderer Teil II, 2000

Hruschka, Joachim, Strafrecht nach logisch-analytischer Methode, Systematisch entwickelte Fälle mit Lösungen zum Allgemeinen Teil, 2. Auflage,1988

Jakobs, Günther, Strafrecht Allgemeiner Teil, 2. Auflage, 1991

Ders., Studien zum fahrlässigen Erfolgsdelikt, 1972

Jescheck, Hans-Heinrich/ Weigend,Thomas, Lehrbuch des Strafrechts Allgemeiner Teil, 5. Auflage, 1996

Joecks, Wolfgang, Studienkommentar StGB, 3. Auflage, 2001

Kindhäuser, Urs, StGB, Lehr- und Praxiskommentar, 2002

Krey, Volker, Strafrecht Allgemeiner Teil 1, 2001

Ders., Strafrecht Allgemeiner Teil 2, 2001

Ders., Strafrecht Besonderer Teil 1, 12. Auflage, 2002

Ders., Strafrecht Besonderer Teil 2, 12. Auflage, 1999

Krey, Volker/Hellmann, Uwe, Strafrecht, Besonderer Teil 2, 13. Aufl., 2002

Kühl, Kristian, Strafrecht Allgemeiner Teil, 4. Auflage, 2002

Küper, Wilfried, Strafrecht Besonderer Teil, 4. Auflage, 2000

Ders., Grund- und Grenzfragen der rechtfertigenden Pflichtenkollision im Strafrecht, 1979

Küpper, Georg, Der „unmittelbare" Zusammenhang zwischen Grunddelikt und schwerer Folge beim erfolgsqualifizierten Delikt, 1982

Ders., Strafrecht Besonderer Teil 1, 2. Auflage, 2001

Lackner, Karl / Kühl, Kristian, Strafgesetzbuch mit Erläuterungen, 24. Auflage, 2001

Leipziger Kommentar: Großkommentar, Strafgesetzbuch, Hrsg.: H.-H. Jescheck u.a., 10. Auflage: Erster Band, 1985
Fünfter Band, 1989
Hrsg.: B. Jähnke u.a., 11. Auflage, 1992 ff.

Maurach, Reinhart / Gössel, Karl-Heinz / Zipf, Heinz, Strafrecht Allgemeiner Teil 2, 7. Auflage, 1989,

Maurach, Reinhart / Zipf, Heinz, Strafrecht Allgemeiner Teil 1, 8. Auflage, 1992

Maurach, Reinhart / Schroeder, Friedrich-Christian / Maiwald, Manfred, Strafrecht Besonderer Teil 1, 8. Auflage, 1995

Dies., Strafrecht Besonderer Teil 2, 8. Auflage, 1999

Mayer, Hellmuth, Strafrecht Allgemeiner Teil, 1967

Mitsch, Wolfgang, Strafrecht BesondererTeil II, Teilband 1, 2. Auflage 2002
Teilband 2, 2001

Nomos Kommentar zum Strafgesetzbuch, Gesamtred.: U. Neumann u.a., 1995 ff., Bd. 3/4 Besonderer Teil, Stand: 10 Lieferung (August 2001)

Otto, Harro, Grundkurs Strafrecht, Die einzelnen Delikte, 6. Auflage, 2002

Ders., Pflichtenkollision und Rechtswidrigkeitsurteil, 1978

Ders., Übungen im Strafrecht, 5. Auflage, 2001

Palandt, Otto, Bürgerliches Gesetzbuch, 61. Auflage, 2002

Rengier, Rudolf, Strafrecht Besonderer Teil 1, 5. Auflage, 2002

Ders., Strafrecht Besonderer Teil 2, 4. Auflage, 2002

Ders., Erfolgsqualifizierte Delikte und verwandte Erscheinungsformen, 1986

Roxin, Claus, Strafrecht Allgemeiner Teil, 3. Auflage, 1997

Ders., Täterschaft und Tatherrschaft, 7. Auflage, 2000

Schmidhäuser, Eberhard, Strafrecht Allgemeiner Teil, Studienbuch, 2. Auflage, 1984

Ders., Strafrecht Besonderer Teil, 2. Auflage, 1983

Schmitz, Roland, Unrecht und Zeit, 2001

Schönke, Adolf / Schröder, Horst, Strafgesetzbuch, 25. Auflage, 1997,
26. Auflage, 2001

Sinn, Arndt, Die Nötigung im System des heutigen Strafrechts, 2000

Stratenwerth, Günter, Strafrecht Allgemeiner Teil, 4. Auflage, 2000

Systematischer Kommentar zum Strafgesetzbuch, Hrsg.: H.-J.Rudolphi u.a., Neuwied/Kriftel
Bd. 1 Allgemeiner Teil 7./8. Auflage, Stand: 36. Lieferung (April 2001)
Bd. 2 Besonderer Teil 5./6. Auflage, Stand: 53. Lieferung (Oktober 2001)

Tag, Brigitte, Das Vorenthalten von Arbeitnehmerbeiträgen zur Sozial- und Arbeitslosenversicherung sowie das Veruntreuen von Arbeitsentgelt, 1994

Tröndle, Herbert / Fischer, Thomas, Strafgesetzbuch und Nebengesetze, 50. Auflage, 2001

Wagner, Heinz, Fälle zum Strafrecht Besonderer Teil, 4. Auflage, 1998

Welzel, Hans, Das Deutsche Strafrecht, 11. Auflage, 1969

Wessels, Johannes / Beulke, Werner, Strafrecht Allgemeiner Teil, 31. Auflage, 2001

Wessels, Johannes / Hettinger, Michael, Strafrecht Besonderer Teil/1, 25. Auflage, 2001

Wessels, Johannes / Hillenkamp, Thomas, Strafrecht Besonderer Teil/2, 24 Auflage, 2001

Wolter, Jürgen, Objektive und personale Zurechnung von Verhalten, Gefahr und Verletzung in einem funktionalen Straftatsystem, 1981

Zschieschack, Frank, Geiselnahme und erpresserischer Menschenraub (§§ 239a, 239b StGB) im Zwei-Personen-Verhältnis, 2001

Fest- und Gedächtnisschriften

Festschrift für Paul Bockelmann, 1979

Festschrift für Jürgen Baumann, 1992

Festschrift für Eduard Dreher, 1977

Festschrift für Karl Engisch, 1969

Festschrift für Wilhelm Gallas, 1973

Festschrift für Hans Joachim Hirsch, 1999

Festschrift für Hans-Heinrich Jescheck, 1985

Festschrift für Heinz Leferenz, 1983

Festschrift für Theodor Lenckner, 1998

Gedächtnisschrift für Dieter Meurer, 2002

Gedächtnisschrift für Ellen Schlüchter, 2002

Gedächtnisschrift für Horst Schröder, 1978

Festschrift für Horst Schüler-Springorum, 1993

Festschrift für Otto Triffterer, 1996

Festschrift für Herbert Tröndle, 1989

Sachverzeichnis

Actio libera in causa	3 2.TK A II. - IV.
Aberratio ictus	4 1.Fr.: 2. TK A I. 1
Angriff	4 1.Fr.: 1.TK I. 2a
- durch Unterlassen	3 1.TK B I. 2a
Amtsträger	12 1.TK II. 1c, 2.TK I. 1a
Anstiftung	
- zum Hausfriedensbruch	16 B III.
- zum versuchten Wohnungseinbruchs-diebstahl	16 B II.
- zur Begünstigung	14 C I.
Arbeitgeber	18 B II. 1a
Aussagenotstand	9 C I. 4b
Aussetzung	2 A VI., IX; B VI.; 8 2.TK III.
- Erfolgsqualifikation	8 2.TK III. 4
- hilflose Lage	8 2.TK III. 1
- konkrete Gefahr	8 2.TK III. 1
- Versetzen	8 2.TK III. 1
- Versuch	3 1. TK A II., III.
Bande	1 A I. 1a.bb.
Bankrott	18 A II., C II.
Baugefährdung	5 A V., B IV.
Begünstigung	14 B VI.
Beihilfe	1 A III., VI., C II.-VI.
- Gehilfenhandlung	1 A III 1a, C II. 1a
- Gehilfenvorsatz bzgl. der Haupttat	1 A III. 1b
- zum Diebstahl	14 B II.
Beleidigung	8 1.TK A, B II.
- Kollektivbeleidigung	8 1.TK B II. 1
Berichtigung einer falschen Aussage	9 A II. 2
Besitzkehr	3 1.TK C III. 2b
Bestechlichkeit	12 2.TK I. 1
Bestechung	12 2.TK II. 1
Beteiligung an einer Schlägerei	6 3.TK A. - C.; 8 2.TK IV.
Betrug	13 B II.; 16 A I.; 17 2.TK I.
- Bereicherungsabsicht	16 A II. 2b
- Irrtum	16 A I. 1b; 17 2.TK I. 1a

- Kausalität	16 A I. 1c
- Täuschung	16 A I.1a
- Vermögensschaden	16 A I. 1d; 17 2.TK I. 1c
- Vermögensverfügung	16 A I. 1c; 17 2.TK I. 1b
- Versuch	16 A II.
Brandstiftung	
- Ermöglichungsabsicht	11 A V. 1b
- Selbstgefährdung	11 A VI.
- Vorsatz	11 A III. 1b
- Wohnung	11 A II. 1a
Defensivnotstand	2 C II. 3c
Diebstahl	13 A 1.TK I.; A 2.TK III.; 14 A I., B I.; 17 1.TK B II., 1.TK B III.
- Beendigung	14 B II. 1b.bb
- Versuch	16 A III.
- versuchter Wohnungseinbruch	16 A IV.
Diensthandlung	12 2. TK I. 1a
Dreiecksbetrug	16 A I. 1d; 17 2.TK I. 1b
Drittzueignung	14 B VIII. 1b.bb.
Einverständnis	13 B IV. 1; 17 1.TK A II. 1b, 1.TK B III. 1c
Einwilligung	13 A 2.TK IV. 2; 17 3.TK A IV. 3
- mutmaßliche	2 C I. 2, II. 3a
Empfindliches Übel	5 B V. 1a
Entschuldigender Notstand	4 1.Fr.: 1.TK I. 3a,; 9 A I. 4, C I. 3
- Angehöriger	9 C I. 3
- gegenwärtige Gefahr	9 C I. 3
- Hinnahme der Gefahr	9 C I. 3
- nahestehende Person	9 A I. 4, C I. 3
- Notstandshilfe	9 C I. 3
- Strafmilderung	9 C I. 4
Erlaubnistatbestandsirrtum	6 2.TK A I. 2a, II. 3, B I. 3
Error in persona	4 1.Fr.: 2.TK A III. 2; 16 B III. 2
Erpresserischer Menschenraub	15 A IV.
Erpressung	13 A 2.TK I.; 15 B I.
- Drohung	13 A 2.TK I. 1a
- Vermögensschaden	13 A 2.TK I. 1b; 15 B I. 1b
Ersatzhehlerei	17 3.TK A I. 1c
Erschleichen von Leistungen	13 B III.
Exklusivitätsverhältnis von Angriff und Gefahr	6 2.TK A I. 2b
Fahrlässiger Falscheid	9 B II.
Fahrlässige Körperverletzung	5 A II., III., B III.

Fahrlässige Tötung	**2** A IV., B III.; **4** 1.Fr.: 2.TK A II., B II.; **5** A I., IV., B I., II.
Fahrlässigkeitsdelikt	
- Erfolgszurechnung	**5** A I. 1b
- Vorhersehbarkeit des Erfolgs	**5** A I. 1b, III. 1b
Falschaussage	**9** A II.
Freiheitsberaubung	**8** 2.TK V.; **13** A 1.TK V.
- Dauer	**8** 2.TK V. 1
- Erfolgsqualifikation	**8** 2.TK V. 4
- in sonstiger Weise	**8** 2.TK V. 1
- Versuch	**6** 1.TK A II.
Fremdgefährdung	**5** A II. 1b
Garantenstellung	**3** 1.TK I. 1c
- entlassen aus	**2** A III. 1
Gefahrengemeinschaft	**4** 1.Fr.: 1.TK I. 2b
Gefährliche Eingriffe in den Straßenverkehr	**15** A VI.
- Gefährdungsvorsatz	**11** B I. 1b
- Hindernis	**11** B I. 1a
- Unglücksfall	**11** B I. 1c
Gefährliches Werkzeug	**3** 2.TK A I. 1 a; **8** 2.TK I. 1; **14** A V. 1b
Gefahrschaffung	**2** B III. 1; **5** A I. 1b, II. 1b, III. 1b
Gefahrzurechnung	**5** A I. 1b, B I. 1b
Geiselnahme	**15** A V.
Geldwäsche	**15** B IV.; **17** 2.TK II., 3.TK A III., 3.TK B I.
Gemeinschuldner	**18** A II. 1b
Gesundheitsschädigung	
- schwere	**11** A IV. 1
Gewahrsam	**13** A 1.TK I. 1b
Gewahrsamsbruch	**13** A 1.TK I. 1b
Gläubigerbegünstigung	**18** A III., C III.
Güterabwägung	**2** C II. 2c; **4** 1.Fr.: 1.TK I. 2b
Habgier	**7** A I.
Handlungsbegriff	**3** 1. TK C I. 1
Hausfriedensbruch	**13** B IV.; **16** A V.; **17** 1.TK A II.
- Wohnung	**16** A IV. 2b
- eindringen	**13** B IV. 1.; **17** 1.TK A II. 1b
Hehlerei	**14** B VII.; **15** B III.; **17** 3.TK A I.
- Versuch	**17** 3.TK A II.
Heimtücke	**7** A I.
In dubio pro reo	**5** A II. 1b
Internationales Strafrecht	**4** Fr.2

Körperverletzung	3 1.TK C III., D I., 2.TK A IV.; **6** 2.TK I.; **7** A IV. 1; **8** 2.TK I. 1; **14** B IV.
- Einwilligung bei Tötungsverlangen	**7** A IV. 3
- gefährliche	**1** A IV., C IV.; **2** C I.; **3** 2.TK A I.,; **6** 2.TK C II.; **7** A IV.; **8** 2.TK I.; **14** A V.
- gemeinschaftliche	**7** A IV. 1
- körperliche Misshandlung	**7** A IV. 1; **8** 2. TK I. 1
- schwere	**8** 2.TK II.
- versuchte	**3** 2.TK A II., B; **6** 2.TK A II.
Koinzidenzprinzip	**3** 2.TK A II. 4
Meineid	**9** A I., B I., C I.
- Anstiftung	**9** C II., D I., IV.
- Beihilfe	**9** C IV.
- falsche Aussage	**9** B I. 1
- Rücktritt	**9** A I. 5
- versuchte Anstiftung	**9** C III., D IV.
Missbrauch von Notrufen	**6** 1.TK B I.
Mittäterschaft	**1** A II., V., VIII., B I., II. C I.-III.; **8** 2.TK I. 1; **14** B I. 1b.aa
- Mittäterexzess	**1** A V. 1b
Mittelbare Täterschaft	**4** 1.Fr.: 2.TK B I. 2a; **7** A I. 1
- unmittelbares Ansetzen	**7** A I. 2
Mord	**6** 2.TK B II.; **7** A I. 1
- Beihilfe	**7** B II.
- Habgier	**7** A I.
- Heimtücke	**7** A I.
- Versuch	**4** 1.Fr.: 2.TK A III., B I.
Nichtabwägbarkeit menschlichen Lebens	**4** 1.Fr.: 1.TK I. 2b
Niedere Beweggründe	**6** 2.TK B II. 1
Nötigung	**3** 1.TK B I., D II.; **5** B V.; **13** A 1.TK VI.; A 2.TK II.; **14** B V.; **15** B II.
- Drohung	**5** B V. 1a
- Gewalt	**11** B II. 1a; **13** A 1.TK VI. 1a
- Versuch	**3** 1.TK C IV.; **6** 1.TK A I.
- Verwerflichkeit	**11** B II. 2
Nothilfe	**3** 1.TK B I. 2a; **4** 1.Fr.: 1.TK I. 2a; **6** 2.TK A I. 2a, C I. 3
- gegen Handlungen im unvermeidbaren Erlaubnistatbestandsirrtum	**6** 2.TK A I. 2a
Notstand	**3** 1.TK B I. 2c; **4** 1.Fr.: 1.TK I. 2b **6** 2.TK A I. 2b
- § 904 BGB	**3** 1.TK B 2b
Notstandshilfe	**2** C II. 2c; **9** A I.3
- gegenwärtige Gefahr	**9** A I. 3

- Güterabwägung	9 A I. 3
- nicht anders abwendbar	9 A I. 3
- rechtlich geschütztes Interesse	9 A I. 3
Notwehr	2 C II. 2b; 3 2.TK A I. 2; 6 2.TK B I. 2a
-Exzess	3 2.TK A IV. 3
Pater-Noster-Regel	6 1.TK A II. 1
Pfandkehr	15 A VIII.
Pflichtwidrigkeitszusammenhang	5 A I. 1b, II. 1b, III. 1b
Prinzip der Chancengleichheit	4 1.Fr.: 1.TK I. 2b
Rechtfertigende Pflichtenkollision	4 1.Fr.: 1.TK I. 2c
Raub	14 A II.; 17 1.TK A I., 1.TK B. I.
Räuberischer Angriff auf Kraftfahrer	15 A II.
- besondere Verhältnisse des Straßenverkehrs	15 A II. 1c
Räuberischer Diebstahl	14 A III., B III.
- Betroffensein	14 A III. 1b
- frische Tat	14 A III. 1b.cc
Rechtsbeugung	12 2.TK I. 2
Risikoerhöhungslehre	5 A I. 1b, II. 1b, III. 1b
Risikoverringerung	5 A II. 1b
Rücktritt	1 B I. 5, III. 5; 3 2.TK B 4; 16 A III.5
- Aufgeben der Tat	16 A III. 5c
- fehlgeschlagener Versuch	16 A III. 5b
- unbeendeter Versuch	16 A III. 5c
Sachbeschädigung	13 A 1.TK IV.
- beschädigen	13 A 1.TK IV. 1b
Sachwerttheorie	16 A VI. 1b
Schlägerei	6 3.TK A-C
Schuldnerbegünstigung	18 A IV.
Schuldunfähigkeit	3 2.TK A II. 4
Schwere räuberische Erpressung	15 A III.
- Vermögensverfügung	15 A III.1c
Schwerer Raub	1 A I., C I.; 15 A I.
-Versuch	1 B I. - III.
Selbstbegünstigung	12 3.TK I. 1a
Selbstgefährdung	5 A II. 1b; 11 A VII.
Sorgfaltsmaßstab bei Sonderwissen	5 A III. 1b
Stoffgleichheit	16 A II. 2b
Strafvereitelung	9 A III.; 12 1.TK I. 2
- im Amt	10 C II. 2; 12 1.TK II. 2, 2. TK I. 3
Subjektives Rechtfertigungselement	3 2.TK A I. 2c; 6 2.TK A I. 2b; 17 3.TK A. IV. 3.
Substanztheorie	16 A VI. 1b

Tätige Reue	10 A II. 1c
Technische Aufzeichnung	10 A II. 2a
Territorialgrundsatz	4 2.Fr.: I.
Totschlag	4 1.Fr.: 1.TK I.; 6 2.TK B I.
- durch Unterlassen	2 A III., VII., B II., C II.; 3 1.TK A I.
- Versuch	2 A VII.; 3 1.TK C I.; 4 1.Fr.: 2.TK A I.; 6 2.TK C I.
Tötung auf Verlangen	2 A II.; 7 A II.
- Beihilfe	7 B I.
- Tötungsverlangen	7 A II. 1
- Verhältnis zur Körperverletzung	7 A VI.
- Verhältnis zum Mord	7 A III.
Trunkenheit im Verkehr	10 C I.
Übergesetzlicher entschuldigender Notstand	4 1.Fr.: 1.TK I. 3b
Unbefugter Gebrauch eines Fahrzeugs	13 A 1.TK III., B I.
Unerlaubtes Entfernen vom Unfallort	14 A IV.; 15 A VII.
- Sachschaden	11 B IV.
- Unfall im Straßenverkehr	14 A IV.1a; 15 A VII.1.
Unrechtsvereinbarung	12 2.TK I. 1a
Unterlassen	
- Abgrenzung Tun/Unterlassen	2 A I. 1a; 3 1.TK C I. 2; 4 1.Fr.: 1.TK I. 1a
- durch Tun	4 1.Fr.: 1.TK I.1a
Unterlassene Hilfeleistung	2 A V., VIII.; 3 1.TK A IV.
Unterschlagung	13 A 1.TK II.; 14 B VIII., C II.; 16 A VI. 17 1.TK B. IV., 2.TK III., 3.TK A IV., 3.TK B II.
- versuchte Unterschlagung	17 3.TK A V.
Untreue	16 B I.; 18 A I., B I., C I.
- Missbrauchstatbestand	18 A I. 1b
- Treubruchstatbestand	16 B I. 1; 18 A I. 1b
- Vermögensbetreuungspflicht	16 B I. 1a
- Vermögensnachteil	16 B I. 1c
- Vermögensschaden	18 A I. 1c; 18 B I. 1b
Unzumutbarkeit pflichtgemäßen Verhaltens	5 A I. 3b
Urkunde	
- Definition	10 A I. 1a; 12 1.TK I. 1a
- Fotokopie	10 A II. 1a, 2a, III. 1a, IV. a
- Gebrauch	10 A IV.
- Täuschungsabsicht	10 A II. 1a
- unechte	10 A II. 1a; 12 1.TK I. 1a
- Verfälschen	10 B II. 1
- zusammengesetzte	10 C II. 1a

Urkundenunterdrückung	10 B II. 2, C II. 1
Verbotsirrtum	2 A VII. 6; 6 2.TK A II. 4, B I. 3
Verdächtigung	12 3.TK I. 1a
Vereiteln der Zwangsvollstreckung	18 A V., C IV.
Verfolgung Unschuldiger	12 3.TK I. 2
Verfolgung von Auslandstaten	4 2.Fr.
Verleitung zur Falschaussage	9 D II., III.
- Irrtum des Hintermannes	9 D II. 1
Verleumdung	8 1.TK B I.
- Abgrenzung Tatsache/Werturteil	8 1.TK B I.
Vernehmung	12 3.TK II.1
Vertrauensgrundsatz	5 A II. 1b, B II. 1b
Versicherungsmissbrauch	10 C II. 3
Versuch	
- Beginn bei Scheinmittäterschaft	1 B I. 3
- fehlgeschlagener	1 B III. 5
- Tataufgabe durch Beteiligte vor Versuchsbeginn	1 C III. 1c
- Tataufgabe durch Beteiligte vor Tatvollendung	1 A III. 1b, VI. 1
- unmittelbares Ansetzen	16 A III.
Versuch der Beteiligung	1 B IV., C VI.
Verteidigungshandlung	
- Erforderlichkeit	3 2.TK A I. 2b
Verwahrungsbruch	12 1.TK II. 1
Vorenthalten von Arbeitsentgelt	18 B II.
Vorsatz	2 B II. 1b
Vortäuschen einer Straftat	6 1. TK B II. 1; 9 A IV.; 12 3.TK II. 2
Wegnahme	13 A 1.TK I. 1b, A 2.TK III. 1b; 14 A I. 1b 17 1.TK A I. 1b, 1.TK B II. 1b, 1.TK B III. 1c
Wegnahmevorsatz	16 A III. 2a
Wertsummentheorie	17 3.TK A I. 1c
Wohnung	16 A IV. 2b, A V. 1a
Zueignung	13 A 1.TK II. 1b; 14 B VIII. 1b, C II. 1b 16 A VI. 1b; 17 2.TK III. 1b
Zueignungsabsicht	14 A I. 2b; 15 A I. 2b; 17 1.TK B II. 2b

B. Boemke
Fallsammlung zum Arbeitsrecht
Unter Mitarbeit von P. Ankersen

2001. XI, 270 S.
(Juristische Examens-Klausuren) Brosch.
€ **14,95**; sFr 27,-
ISBN 3-540-41298-0

Unter besonderer Berücksichtigung höchstrichterlicher Rechtsprechung deckt der Band die wesentlichen examensrelevanten Fragestellungen im Bereich des Individualarbeitsrechts ab.

R. Brinktrine, B. Kastner
Fallsammlung zum Verwaltungsrecht

2001. Etwa 300 S.
(Juristische Examens-Klausuren) Brosch.
€ **16,95**; sFr 31,-
ISBN 3-540-41988-8

Die vorliegende Fallsammlung präsentiert 16 Klausuren aus den examensrelevanten Gebieten des allgemeinen und besonderen Verwaltungsrechts.

U. Hellmann (Hrsg.)
Fallsammlung zum Strafprozessrecht

2001. XVI, 209 S.
(Juristische Examens-Klausuren) Brosch.
€ **19,95**; sFr 36,-
ISBN 3-540-67960-X

Unter Mitarbeit von K. Beckemper, J. Deutscher, K. Ellbogen, P. Golovnenkov, H. Hentschke, K. Schult

Diese Hausarbeiten- und Klausurensammlung mit zwei Hausarbeits- und 13 Klausurlösungen deckt im wesentlichen das Spektrum strafverfahrensrechtlicher Fragestellungen ab.

R. Jula
Fallsammlung zum Handelsrecht
Klausuren - Lösungen - Basiswissen

2000. XV, 275 S.
(Juristische Examens-Klausuren) Brosch.
€ **19,95**; sFr 36,-
ISBN 3-540-67833-6

Dieses juristische Fachbuch enthält 15 Klausuren mit Musterlösungen, die systematisch die prüfungsrelevanten Schwerpunkte des Handelsrechts abdecken.

H.-P. Schwintowski (Hrsg.)
Fallsammlung zum Privatversicherungsrecht

1998. X, 217 S.
(Juristische Examens-Klausuren) Brosch.
€ **19,95**; sFr 36,-
ISBN 3-540-64228-5

Anhand höchstrichterlicher Rechtsprechung deckt die Klausurensammlung das examensrelevante Grundwissen im Privatversicherungsrecht ab.

Springer · Kundenservice
Haberstr. 7 · 69126 Heidelberg
Tel.: (0 62 21) 345 - 217/-218
Fax: (0 62 21) 345 - 229
e-mail: orders@springer.de

Die €-Preise für Bücher sind gültig in Deutschland und enthalten 7% MwSt.
Preisänderungen und Irrtümer vorbehalten. d&p · BA 42471/2

W. Gropp, Justus-Liebig-Universität Gießen

Strafrecht, Allgemeiner Teil

Klar und übersichtlich, auf studentische Bedürfnisse zugeschnitten, erklärt der Allgemeine Teil den Aufbau der Straftat. Leitfälle und zahlreiche Beispiele ermöglichen dem Studienanfänger eine schnelle Orientierung und einen leichten Einstieg in weiterführende Literatur. Beinhaltet Kontrollfragen.

2., überarb. u. erw. Aufl., 2001. XLIII, 567 S. (Springer-Lehrbuch) 3-540-41209-3 Brosch.
€ **24,95**; sFr 40,00

G. Küpper, Universität Potsdam

Strafrecht, Besonderer Teil 1

Delikte gegen Rechtsgüter der Person und Gemeinschaft

Der Besondere Teil 1 behandelt systematisch Straftaten gegen Rechtsgüter der Person und Gemeinschaft, mit Ausnahme der Eigentums- und Vermögensdelikte. Beinhaltet ausgewählte Fallbeispiele und Kontrollfragen.

2., neu bearb. Aufl., 2001. XIV, 190 S. (Springer-Lehrbuch) 3-540-67856-5 Brosch.
€ **19,95**; sFr 32,00

W. Mitsch, Universität Potsdam

Strafrecht Besonderer Teil 2

Vermögensdelikte (Kernbereich) / Teilband 1

Teilband 1 behandelt ausführlich die wichtigsten Vermögensdelikte, und bietet so auch fortgeschrittenen und wissenschaftlich ambitionierten Juristen reichlich Material und Anregungen für kleine gedankliche Forschungsexpeditionen in die an Rätseln reiche Welt der Vermögensdelikte. Beinhaltet zahlreiche Fallbeispiele.

2., überarbeitete und aktualisierte Aufl., 2003. XXIII, 665 S. (Springer-Lehrbuch) 3-540-41267-0 Brosch.
€ **26,95**; sFr 43,50

W. Mitsch, Universität Potsdam

Strafrecht Besonderer Teil 2

Vermögensdelikte (Randbereich) / Teilband 2

Teilband 2 ergänzt den 1998 erschienenen "Kernbereichs"-Band des Strafrechtslehrbuchs zu den Vermögensdelikten und ermöglicht eine effiziente Verwertung vorhandener Strafrechtskenntnisse bei der Einarbeitung in den Randbereich. Beinhaltet Fallbeispiele.

2001. XXIII, 449 S. (Springer-Lehrbuch) 3-540-41266-2 Brosch. € **24,95**; sFr 40,00

Springer · Kundenservice
Haberstr. 7 · 69126 Heidelberg
Tel.: (0 62 21) 345 - 0
Fax: (0 62 21) 345 - 4229
e-mail: orders@springer.de

Die €-Preise für Bücher sind gültig in Deutschland und enthalten 7% MwSt.
Preisänderungen und Irrtümer vorbehalten. d&p · BA 42484/1